▲内江师范学院校级特色培育项目——学科教学（地理）（项目编号：T100065）资助
▲四川省教育厅高校人文社科研究基地——四川省中小学教师专业发展研究中心项目（项目编号：PDTR2017-04）资助

新课程标准背景下地理课程资源开发研究与实践

王昌勇　著

内 容 简 介

本专著以地理课程资源及其开发作为研究对象,对地理课程资源的内涵、分类、特征、开发意义、基本原则和基本策略,以及地理课程教材资源、教学方法资源、信息化资源和人力资源方面的有关理论进行了较为全面系统的梳理、充实和完善,进而介绍地理课程资源库的建设。本书在进行地理课程资源理论研究的基础上,理论联系实际,结合笔者多年来从事中学地理一线教育教学的实践体会和有关的教研成果,遴选并介绍了大量的地理课程资源开发实践案例,通过实践案例进行实证研究,理论与实践相得益彰,充分体现了国家新课程标准的理念与要求,具有颇高的教学研究及应用价值。

图书在版编目(CIP)数据

新课程标准背景下地理课程资源开发研究与实践/王昌勇著. —哈尔滨:哈尔滨工业大学出版社,2018.8(2023.7重印)
ISBN 978-7-5603-7505-2

Ⅰ. ①新… Ⅱ. ①王… Ⅲ. ①中学地理课-教学研究 Ⅳ. ①G633.552

中国版本图书馆 CIP 数据核字(2018)第 163319 号

策划编辑 闻 竹
责任编辑 陈 洁 宗 敏
出版发行 哈尔滨工业大学出版社
社　　址 哈尔滨市南岗区复华四道街10号 邮编 150006
传　　真 0451-86414749
网　　址 http://hitpress.hit.edu.cn
印　　刷 哈尔滨圣铂印刷有限公司
开　　本 787mm×1092mm 1/16 印张 17.75 字数 399 千字
版　　次 2018年8月第1版 2023年7月第3次印刷
书　　号 ISBN 978-7-5603-7505-2
定　　价 58.00元

(如因印装质量问题影响阅读,我社负责调换)

序

前段时间本人刚主持完成了"基于高中学生地理实践力培养的课程资源体系建设研究"的省级课题"申请·评审书"的撰写工作。之所以设立这样一个课题，首先，在过去的高中地理课程研究及教学中，人地协调观、综合思维、区域认知等方面都有较好的体现，而地理实践力方面教学薄弱，相关教学需要大力推进；其次，课程资源是课程开发和实施的重要支撑，要推进地理实践力教学，需要从理论和实践层面厘清所需课程资源，研究其开发和利用方式，探讨相关课程教学实施策略，构建相关评价模式。此时，拜读王昌勇老师这部新著，有喜悦，也有遗憾。高兴的是，我与王老师都关注到了课程教学中的课程资源问题，并展开了相关的研究工作，今后可以进行有关交流；遗憾的是，如能较早阅读这本论著，一定会对我的课题立项申报工作产生积极影响，在理论和实践层面上，对我就相关问题的认识和阐述，发挥有价值的指导作用。然而，学习没有终点，研究还要继续，本书内容将对我今后的相关研究工作起到重要的借鉴和指导作用。这段时间，对这本书稿从初看到详阅，从学习到反思，我对地理课程资源相关理论和实践问题有了新的认识，对它们进行了系统的梳理，为今后相关工作奠定了思想认识基础，也提供了有价值的工作资源。通过对本书的阅读，我有以下几点主要的感受。

一、加强高等师范教育与基础教育教学实际的联系，有助于更好地实现学生的培养定位

高等师范院校学科教育不仅要为学生奠定坚实的专业知识基础，培养其相关的教育科研能力，还需要训练学生的学科教学实施技能。因此，高等师范院校教育工作者应了解、熟悉基础教育改革现状，关注基础教育教学改革中的理论和实践问题，重视基础教育课程教材教法研究。这样，一方面，能发挥其科研力量的优势，为基础教育改革服务，使更多的研究成果指导和引领基础教育学科教学的实施；另一方面，也能从基础教育的实际出发实施相关教育教学，使其培养的学生能更好地适应基础教育实践工作。基于相关认识，我赞赏王昌勇老师对中学地理课程教学问题的关注，以及所开展的相关研究工作。

二、课程是实现育人目标的重要载体，支撑课程实施的课程资源要能很好地反映社会发展、时代进步，体现国家意志

当前，中学课程资源的开发和利用要有助于落实立德树人的根本任务和发展素质教育的要求，要反映先进的教育思想和教育理念。一方面，要整理和利用好传统、优质的地理课程资源，使其为实现中学地理课程及教育教学目标继续发挥作用；另一方面，我们还应结合课程目标，积极研究和开发那些体现社会主义核心价值观、有助于培养学生分析和解决实际问题的能力、为学生成长奠定必要基础、促进学生创新意识的发展的课程资源，使新时代的中学地理课程能更好地为落实党的教育方针、培养学生的学习能力和学科素养发挥应有的教育功能。

三、基础教育研究工作应注重行动研究，强调理论联系实际，突出实践指导意义

本书内容在这一点上有不凡的表现。本书在对地理课程资源开发和利用等相关问题的论述中，列举了大量的事实、案例进行佐证和说明，使读者能很好地认识和理解有关的理论问题。同时，作者还用大量的篇幅，对地理课程资源开发和利用的方法进行了操作层面的阐述，具有很好的实践指导意义。本书的"实践应用篇"中，作者将自己在长期教学实践工作中积累的众多教学案例进行了整理和呈现，案例内容涉及面广、实用性强，既有理性的分析，也有方法的指导。因此，相关内容不仅可以为教学工作提供可直接利用的课程资源，而且能为教师开发新的课程资源发挥实践意义上的引领作用。

四、教师应树立课程资源开发和利用的意识，具备相关的理论水平和实践能力

教师对课程资源的开发和利用过程，也是教师教学思想不断发展、教学技能不断提升、教学经验不断积累的过程，教师的进步和成长，必定带动学科教育的发展。当前，课程改革的深化和高考综合改革的实施、学生课程学习的"选择性"的增大，对课程资源的开发和利用提出了更高的要求。因此，教师在教学实践工作中，应关注、追踪、设计、研究反映新时代教育特点的课程资源的开发和利用问题。例如，如何更好地利用信息技术开展地理教学；如何唤起学生的生活体验，强化学生学习与真实世界的联系；如何组织和开展地理模拟实验、野外考察、社会调查教学，以增强学生的地理实践力；如何开发校本课程，实施相关教学；如何构建学生思维评价和表现性评价模式；等等。

以上是我对相关问题的点滴认识，愿以此与本书读者进行交流，不当之处，恳请指正。在此，本人以一名中学地理教研工作者的身份，向王昌勇老师求真务实的科学研究精神致敬，对这部论著的正式出版表示祝贺。

张白峡
2018 年 5 月于成都

前　言

随着我国基础教育课程改革的推行,《义务教育地理课程标准》以及《普通高中地理课程标准（2017年版）》替代原来的教学大纲得以推行,为中学地理课程的建设与实施提供了行动纲领与指南。课程资源正是新一轮国家基础教育课程改革提出的一个重要概念。无论是《义务教育地理课程标准》,还是《普通高中地理课程标准（2017年版）》,二者都明确指出,充分开发利用地理课程资源,对于丰富地理课程内容、增强地理教学活力具有重要的意义,并对课程资源的开发与利用提出了合理化的建议。地理课程资源的合理开发是地理课程有效教学的必要保证,也是地理课程的重要组成部分。毫不夸张地说,如果没有课程资源的支撑,地理学科课程的建设与发展将成为无本之木、无源之水。由此可见,地理课程资源的开发不仅十分必要,而且也非常重要。随着新课程改革的不断推进,虽然地理课程资源受到关注并得到开发利用,但是实际上存在的问题不少。就课程资源开发的有关理论而言,可谓仁者见仁,智者见智,亟待进一步充实和完善;就课程资源开发的实践而言,虽然能够见到不少的资源,但是分布十分零散,而且良莠不齐,加之有关地理课程资源开发方面的书籍很少,给广大师生在使用上带来了诸多的不便。笔者曾经在中学地理教学一线工作了20多年,在大学教授中学地理教学设计、地理名师教学赏析、地理微格教学、中学地理课程标准解读与教材分析、地理板书板画训练、中学地理高考试题解析、中学地理课程资源开发研究与实践等多门地理教学理论与实践应用类课程,积累了一定的教学实践经验。笔者正好也想将这些作为课程资源开发整理出来,基于此,在新课程标准的背景下,笔者对地理课程资源及其开发利用进行了理论与实践的研究,依托自己主持的"四川省教育厅高校人文社科研究基地——四川省中小学教师发展研究中心项目""高考改革背景下地理教师深度教学策略研究"（PDTR 2017-04）资助以及主研的"内江师范学院校级特色培育项目——学科教学（地理）（项目编号：T 160005）"资助,在学习、参考和借鉴国内有关研究成果的基础上,将多年来积累的教学实践经验和教学研究成果编撰成本书。

本书参考了大量的课程资源理论文献,对地理课程资源的有关理论进行了进一步的梳理、充实和完善,尤其是补充的一些具体的事例对理论加以实证,使得地理课程资源的理论更加具有说服力,对地理教学实践层面更具指导意义。同时,结合长期从事中学地理教学实践的经历和体会，在地理课程资源开发理论的指引下，理论联系实际，精心遴选设计了大量的地理课程资源开发实践的案例，并且书中所选取的案例都力求充分体现新课程标准的理念与要求。其中，多数案例系笔者原创，包括对教材的独特见解、对有关教学重难点知识的深度挖掘，以及有关教学方法与技巧的总结性展示等，并且不乏诸如子夜太阳高度的计算公式、平面三角形社会统计图判读技巧等原创教研成果，相信对中学地理教学与学生学习研究具有较高的参考价值和启发。

本书共分两篇，分别为理论研究篇和实践应用篇。其中，理论研究篇共七章，主要包括地理课程资源概述、地理课程资源开发基本理论、地理课程人力资源的开发、地理课程教材资源的开发、地理课程教学方法资源的开发、地理课程信息化资源的开发、地理课程资源库的建设；第二篇为实践应用篇，共一章，总体上按照先初中后高中以及目前高中地理教材知识内容编排的顺序，就地理课程资源开发的诸多实践案例进行了详细的分析介绍，旨在抛砖引玉，力求为广大读者开发利用地理课程资源提供有益的参考和借鉴。本书图文并茂，内容丰富翔实，尤其适用于广大的中学地理师生与地理师范大学生学习参考，也可用于中小学地理师资培训等。

为本书的出版提供有力支持和资助的有：内江师范学院地理与资源科学学院，内江师范学院科技处、教务处、学科建设与研究生工作处、学报编辑部，内江师范学院校级特色培育项目——学科教学（地理）（项目编号：T160005），四川省教育厅高校人文社科研究基地——四川省中小学教师发展研究中心项目（项目编号：PDTR 2017 - 04）。感谢为本书的出版提供热情帮助的有关单位：四川省内江市教育科学研究所，四川省南充市顺庆区教育局教研室；有关个人：李晴、袁天凤、张白峡、谢贤健、王新民、周万全、李伟男、谢玉华、诸九胜、袁龙、符扬、吴忠才等老师，内江师范学院学生艾道淋、王琼等。在本书成稿的过程中，参阅和引用了同行们的部分论著和研究论文，在此谨向原作者致以诚挚的谢意。

由于时间仓促，加之编者水平有限，书中错误与疏漏之处在所难免，恳请广大读者朋友们提出批评与建议。

王昌勇

2018 年 4 月 18 日于内江

目　录

第一篇　理论研究篇

第一章　地理课程资源概述 … 3
  一、地理课程资源内涵 … 3
  二、地理课程资源分类 … 4
  三、地理课程资源的主要特征 … 8

第二章　地理课程资源开发基本理论 … 13
  一、地理课程资源开发的意义 … 13
  二、地理课程资源开发的基本原则 … 16
  三、地理课程资源开发的基本策略 … 21

第三章　地理课程人力资源的开发 … 25
  一、地理课程人力资源内涵 … 25
  二、地理课程人力资源的基本特征 … 25
  三、地理课程人力资源开发的作用 … 26
  四、地理课程人力资源开发的基本原则 … 27
  五、地理课程人力资源开发利用的途径 … 28

第四章　地理课程教材资源的开发 … 35
  一、地理课程教材资源整合策略 … 35
  二、乡土地理教材资源的开发 … 41
  三、地理校本课程教材资源的开发 … 45

第五章　地理课程教学方法资源的开发 … 48
  一、BOPPPS 模式在地理教学中的应用 … 48
  二、地理微课的设计 … 53
  三、说课存在的问题及策略 … 57
  四、导学案在地理教学中的运用 … 63
  五、比较法在地理教学中的应用 … 67
  六、过程与方法目标的教学策略 … 70

七、项目式学习模式在地理教学中的应用 …………………………………… 76

八、区域地理复习良方 ………………………………………………………… 79

九、专题复习基本原则 ………………………………………………………… 81

十、课堂导入的方式 …………………………………………………………… 82

十一、教学方法的选择与创新 ………………………………………………… 88

十二、地理学习方法与技巧 …………………………………………………… 93

十三、板书的设计与运用 ……………………………………………………… 96

十四、板画在地理教学中的运用 ……………………………………………… 105

十五、地理试题讲评策略 ……………………………………………………… 110

十六、突破教学难点的有效策略 ……………………………………………… 113

十七、地理题库的建设与使用 ………………………………………………… 119

十八、地理双语教学探讨 ……………………………………………………… 123

十九、地理测试命题的基本策略 ……………………………………………… 125

第六章 地理课程信息化资源的开发 …………………………………………… 133

一、地理课程信息化资源内涵 ………………………………………………… 133

二、地理课程信息化资源的基本特征 ………………………………………… 133

三、地理课程信息化资源开发的意义与作用 ………………………………… 134

四、地理课程信息化资源开发利用的途径 …………………………………… 136

第七章 地理课程资源库的建设 …………………………………………………… 139

一、地理课程资源库的概念与分类 …………………………………………… 139

二、地理课程资源库的意义与作用 …………………………………………… 140

三、地理课程资源库建设的一般流程 ………………………………………… 141

第二篇　实践应用篇

第八章 案例分析 …………………………………………………………………… 145

案例一　人教版教材"澳大利亚"图像系统探究 …………………………… 145

案例二　山脊与山谷的判别 …………………………………………………… 149

案例三　等值线图判读的基本原则 …………………………………………… 152

案例四　新形势下地理中考实践探索——以2017年内江市地理中考试题为例 … 155

案例五　关于天体的几个问题 ………………………………………………… 159

案例六　关于地转偏向问题的探究 …………………………………………… 162

案例七　傅科摆实验 …………………………………………………………… 167

案例八　关于晨昏线（圈）问题的探讨 ……………………………………… 169

案例九　太阳直射点移动规律及其应用 ……………………………………… 173

案例十　关于飞机上昼夜问题的探讨 ………………………………………… 178

案例十一	太阳能集热板的倾角问题	181
案例十二	等太阳高度线图的解读	183
案例十三	多角度命题探究——以昼夜长短变化为例	186
案例十四	关于日期范围问题的探讨	192
案例十五	高中地理"行星地球"单元教学考量	194
案例十六	高考试题例析及相关知识链接	197
案例十七	研学活动案例：太阳周日视运动	200
案例十八	自然地理说课案例：热力环流	206
案例十九	导学案设计案例：世界主要气候类型的分布、成因与特征	209
案例二十	三种锋面活动的比较	212
案例二十一	气候原创试题及解析	215
案例二十二	河流凌汛探秘	217
案例二十三	板块构造图解读	220
案例二十四	地质构造及应用	222
案例二十五	雪线问题探微	227
案例二十六	人文地理说课案例：城市化	228
案例二十七	示范课课例：城市化	235
案例二十八	高考微专题分析：可持续发展	239
案例二十九	平面正三角形结构统计图的判读方法与技巧	242
案例三十	带限制性条件简答题的解答策略	245
案例三十一	高考命题瑕疵案例分析与策略探究	247
案例三十二	从一道高考冻土试题说起	252
案例三十三	案例评析：2016年高考全国文综Ⅲ卷地理试题	254
案例三十四	凭借基本功优化课堂教学尝试	257
案例三十五	跨学科知识的应用	259
案例三十六	利用研学活动开发课程资源	263

参考文献 ……………………………………………………………………………… 271

第一篇

理论研究篇

第一章 地理课程资源概述

一、地理课程资源内涵

伴随着基础教育课程的改革与发展，我国于2003年颁发了中学地理学科课程标准，其中一项十分重要的组成内容就是关于地理课程资源的开发与利用。因此，我国地理基础教育所面临的一个崭新课题就是地理课程资源及其开发利用的问题。要理解地理课程资源的内涵，首先需要了解课程资源的概念。课程资源作为一个新名词，其定义在理论界还没有形成统一的观点，对其理解和定义，还存在诸多的说法，在此部分列举如下。

（1）课程资源是指形成课程的要素来源以及实施课程的必要而直接的条件。

（2）课程资源是课程设计、实施和评价等整个课程编制过程中可资利用的一切人力、物力以及自然资源的总和。包括教材以及学校、家庭、社会中所有有助于提高学生素质的各种资源。课程资源既是知识、信息和经验的载体，也是课程实施的媒介。

（3）课程资源是指可能进入课程活动，直接成为课程活动内容或支持课程活动进行的物质和非物质的一切资源。

（4）课程资源是学校课程设计与实施的全部条件的总和，是课程得以呈现的基石，是课程设计、课程实施的基本组成部分，是富有教育价值的、能够转化为学校课程或服务于学校课程的各种条件的总和。

（5）课程资源也称教学资源，就是课程与教学信息的来源，或者指一切对课程和教学有用的物力和人力。

（6）有的学者还认为，凡是有助于学生成长与发展的活动所能开发和利用的物质的、精神的材料与素材，都属于课程资源。比如报刊图书资料、音像资料、风俗习惯、文史掌故、名胜古迹、自然风光以及有关的人和事等。

（7）通过对课程资源在课程体系中的分析，我们可以把课程资源的概念理解为：在课程目标的指引下，可以通过筛选、整合、充实课程内容并保障课程活动正常顺利进行的各种有形的人力、物力、自然资源以及无形的有关知识结构和经验。并且，课程资源的建设属于课程改革计划的重要组成部分,从课程目标的制定、课程设计的规划到课程管理的实施过程,都要充分考虑课程资源因素,在政策上保证更多的具有育人功能的课程资源能够及时发挥效用。

此外,课程资源还有不少的定义,在此不再一一列举。不难看出,不同学者对课程资源内涵的理解非常广泛,见解存在诸多的差异。目前比较公认的是,课程资源概念存在广义与狭义之分,其中,广义的课程资源是指有利于实现课程目标的各种因素与条件的总和,而狭义的课程资源则仅仅指形成课程的直接因素与条件。

地理课程资源作为课程资源的一个子类型,是指一切有利于地理课程目标实现的所有因素与条件的总和,即广泛蕴藏于学校、社会以及自然界中的有利于地理课程的建设、实施与发展,有利于实现地理课程教学目标的所有教育教学资源。地理课程资源是地理教学的主要工具,包括在地理教学活动中可资利用的一切物质的、精神的,校内的和校外的事物。地理课程资源的概念不是孤立的,它受到地理课程与资源概念发展的制约,兼具课程与资源的双重性质。归纳起来,地理课程资源实际上也包括狭义和广义两个方面。从狭义上来讲,地理课程资源是指有利于形成地理课程的、与地理课程课堂教学密切相关的直接因素与条件,比如地理课程标准、地理课本、地图册、地理填图册、地理练习册、地理教学参考书、地理挂图、电教器材、地理标本与模型、中高考试题以及模拟试题等。从广义上来讲,地理课程资源则是指一切有利于地理课程目标实现的所有因素与条件的总和。换言之,凡是对地理学科课程有用的一切东西,都属于地理课程资源的范畴。本书中的地理课程资源采用广义的概念,即一切有利于实现地理课程目标的因素来源与实施条件的总和。换言之,也就是指一切有利于地理课程的建设、实施和发展的各种因素与条件的总称。

二、地理课程资源分类

所谓地理课程资源的分类,就是建立地理课程资源的次序和系统。具体而言,就是要把众多的地理课程资源,按照一定的标准归属到一起,又按照某些不同的特点,将它们分别区分开来,以便更好地对它们加以开发和利用。

(一)校内地理课程资源与校外地理课程资源

根据来源的不同,地理课程资源分为校内地理课程资源与校外地理课程资源两种类型。其中,校内地理课程资源是指隶属于学校范围之内,并且与地理课程之间具有关联性的各种资源。《普通高中地理课程标准(2017年版)》指出:"教科书以及教学所需的地图集、地理挂图、地理模型、地理标本、实验器材、图书资料、电教器材、教学软件、教学实践场所等,都是学校重要的地理课程资源。"

第一章 地理课程资源概述

校内地理课程资源具有主导性，是达成地理课程教学目标、促进学生全面发展最基本也是最为便利的教学资源。须知，地理课程资源的开发与利用，首先得着眼于校内地理课程资源。具体而言，校内地理课程资源又包括以下4种类型。

（1）地理教材有关系列，包括地理课程标准、地理教科书、地图册、地理教学参考书、地理填充图册、地理练习册、地理习题集、各类地理工具书、地理期刊、学生制作的地理报纸、地理风光景观画册、地理公开课、地理教师培训及各年级地理课件、地理图片、地理教师与学生所拍摄的数码相片、地理动画、科幻电影、地理专题片等光盘与录像带、学校地理论坛、地理博客、QQ群、地理教师的个人教学博客、学校地理网站等。

（2）校内与地理有关联的各种设施设备与活动场所，其中地理教具包括：地理教学图件，如与地理教材配套的各种挂图（地理示意图、统计图、分布图、景观图、航空图片和卫星图片等），以及学生制作的各类地图；地理教学标本，如一些常见的矿物和岩石标本；地理模型，如等高线地形模型、地球仪、自制喀斯特地貌与风蚀地貌等模型、世界与中国地形立体模型、地月系模型、晨昏仪等；地理教学仪器，如天文望远镜、电脑、电视机、投影仪、小型摄像机、照相机、铁锤、罗盘、卷尺、扫描仪、DVD、VCD等；学校地理学习活动场所，如学校图书馆、地理实验室、班级教室、地理专用教室、地理陈列室、资料室、信息中心、阅览室、小天文观测台、地理园等。

（3）校内与地理有关的人力资源，如地理教师和学生群体，尤其是专家型地理教师、学生团体、班级组织等。

（4）与地理教育教学密切相关的各种活动，如地理实验实习、地理专题文艺汇演、地理座谈讨论、地理竞赛、地理社团活动、地理教研会议等。

校外地理课程资源是指存在于学校空间范围之外并且与地理课程之间具有一定关联性的各种资源的总和，包括学生家庭、社区乃至整个社会中各种可用于地理教育教学活动的设施和条件以及各种丰富的自然资源。《普通高中地理课程标准（2017年版）》明确指出："校外地理课程资源丰富多样，包括青少年活动中心、图书馆、科技馆、气象台、天文馆、博物馆、展览馆和主题公园；科研单位、大专院校和政府部门；广播、电视、报刊等信息媒体；区域自然景观和人文景观等。"根据内容和性质的差异，可将校外地理课程资源划分为大众传媒、地理活动场馆、学校周围的社区机构以及学校周围的自然环境资源和人文景观资源（乡土资源）四大类，教师可结合各类资源本身的特点加以合理开发与利用。其中，大众传媒包括互联网、书籍、电视、广播、报刊、电影等；地理活动场馆包括地理野外实习基地、校外图书馆、地理教育基地、气象台、天文台、地震台，以及青少年活动中心、科技馆、博物馆、资料馆、主题公园、植物园、动物园等；学校周围的社区机构包括有关的工业、企业和事业单位，如地震局、气象局、环保局、国土资源局、规划设计院、测绘局等，以及示范农场、商业中心、大专院校、科研机构等；学校周围的自然环境资源和人文景观资源（乡土资源）则包括学校所在地区的地形、植被、河流、湖泊、自然保护区、港口、工厂、农田、城市街道、高新技术开发区、旅游、民风习俗、传统文化等。不难看出，校外地理课程资源具有涵盖面广、信息量大、时代感强、贴近师生日常生活等特点。校外地理课程资源蕴藏着丰富的地理知识、技能、经验、活动方式与方法、情感态度与价值观等课程要素。充分开发与利用校外地理课程资源，可以有效地弥补校内地理课程资源的不足，能为我们转变地理教育教学方式、适应中学地理课程的改革与发展提供有力的支撑和保证。因此，要努力做到《普通高中地理课程标准（2017年版）》所要求的："加强与社会各界的沟通与联系，寻求多种支持，合理开发利用校外地理课程资源。"

二者相比，就地理教学利用的频率和便捷度而言，校内地理课程资源的开发和利用占据主要地位；校外地理课程资源的特点是具有弥补性和辅助性，因而更多地起辅助教学的作用。

（二）自然地理课程资源与人文地理课程资源

根据性质的不同，地理课程资源分为自然地理课程资源与人文地理课程资源两大类。众所周知，我国幅员辽阔、物产丰富多样、山川秀美多姿，因此，可以开发与利用的自然地理课程资源可谓十分丰富，如种类繁多的动物、植物与微生物属于地理要素中的生物要素；隶属于地质地貌要素的多样化的复杂的地形、地貌和地质状况；气象课程的天气与气候；旅游地理学习的各种自然景观；地理课程的水圈、岩石圈、生物圈等。认识自然，融入自然，与自然界和谐共处，以及由此所形成的人地协调观，是构成学生地理核心素养的重要内容，也是整个地理课程应该体现的基本理念之一。

人们可以开发与利用的人文地理课程资源同样也是丰富多样的。为了保存和展示人类文明成果的公共设施，如图书馆、博物馆、科技馆、展览馆等，无疑是重要的课程资源；道路的线条美、雕塑的造型美、音乐的节奏美等，均可成为陶冶学生情操的地理课程资源；人类的交往活动，如政治活动、经济活动、司法活动、军事活动、外交活动、科技活动等，也可以成为地理课程资源；影响人类社会生产生活的价值观念、宗教伦理、风俗习惯等与地理教育教学活动有着直接关系，因而也属于不可或缺的地理课程资源范畴。

自然资源与人文资源有着明显的不同，前者的突出特点是"天然性"和"自发性"，后者则带有"人为性"和"自觉性"的特点。但是，它们都可以经过不同的开发转变为可以利用的地理课程资源，从而服务于中学地理教育教学活动。

（三）地理文字资源、地理实物资源、地理活动资源和地理信息化资源

根据物理特性和呈现方式的不同，地理课程资源分为地理文字资源、地理实物资源、地理活动资源和地理信息化资源4种类型。

我们知道，文字的产生，纸张和印刷术的发明，促进了人类文化的传播和教育教学活动的发展。以书籍为主的印刷品记录着人类的思想、蕴涵着人类的智慧、保存着人类的文化、延续着人类的文明，直到今天，其依然是最重要的课程资源。地理文字资源是指以印刷品的形式存在，并且能够作用于地理课程的各种教育资源的总称，主要包括地理课本、

地理教学参考书、地理练习册、地理期刊等，其特点是具有逻辑性和科学系统性，便于提取利用和保存。

地理实物资源是指以实物的形式存在，并且能够作用于地理课程的各种教育资源的总称，主要包括动植物标本、矿物标本、地理教学挂图、地理模型、地理园、天文台、气象站等。它具体表现为多种形式，一类是自然物质资源，如动植物、矿石等；一类是人类生产生活过程中创造出来的物质资源，如建筑、机械、服饰等；一类是为地理教育教学活动专门制作的物品，如地理模型、地理标本、地理挂图、地理教学仪器等。实物形式的地理课程资源具有直观、形象、具体的特点，属于常见的地理课程资源类型。

地理活动资源内容广泛，包括地理教师的言语活动和体态语言、班级和学生社团的活动、各种与地理有关的集会和文艺演出、地理调查和实践活动，以及师生之间和学生之间的交往等。其特点是有利于学生地理能力的培养及情感、态度、价值观的形成。充分开发和利用地理活动课程资源，有利于打破单一的灌输-接受型课堂教学模式，使学生在掌握地理知识的过程中，增强适应社会和社会交往的能力，培养健全的人格。

地理信息化资源是指存在于音像以及计算机网络媒体中的与地理课程有关的各种资源的总称，主要包括广播、电视、计算机网络等，其特点是形象鲜明、信息容量大、智能化、虚拟化、网络化，对延伸感官、扩大地理教育教学规模和提高地理教育教学效果及效率有着极为重要的作用，可以说是其他课程资源无法替代的重要课程资源。随着教育现代化进程的不断推进，地理信息化课程资源的开发与利用势在必行，可以预见，它将成为最富有开发与利用前景的地理课程资源类型。

（四）显性地理课程资源和隐性地理课程资源

根据存在方式的不同，地理课程资源分为显性地理课程资源和隐性地理课程资源两大类。其中，显性地理课程资源是指那些看得见、摸得着，并可直接用于地理教育教学活动的各种资源的总称，比如各种地理教材、计算机网络、自然资源和人文资源中的地理实物、地理活动等。作为实实在在的物质存在形式，显性地理课程资源的特点是具有公开性、直观性和直接性，可以直接成为地理教育教学的便捷手段或内容，相对而言，其开发与利用比较容易。

隐性地理课程资源则是指以潜在形式对地理教育教学活动施加影响的各种资源的总称，包括校风、学风和社会风气、师生关系、家庭氛围、社会生活方式、价值观念、行为准则以及其他人际关系等。与显性地理课程资源不同的是，隐性地理课程资源具有间接性和潜在隐蔽性的特点，因此不能直接构成地理课程的教育教学内容，但不容忽视的是，它对地理教育教学活动的质量具有持久性的、潜移默化的影响。因此，相对显性地理课程资源而言，隐性地理课程资源的开发与利用，需要付出更多不懈的努力。

（五）素材性课程资源和条件性课程资源

根据课程资源的功能特点，地理课程资源分为素材性课程资源和条件性课程资源两类。其中，素材性课程资源包括知识、技能、经验、活动方式与方法、情感态度和价值观等方面的因素，其特点是作用于课程，并且能够成为课程的素材或来源。条件性课程资源包括直接决定课程实施范围和水平的人力、物力、财力、时间、场地、媒介、设备、设施和环境，以及对于课程的认识状况等因素。

三、地理课程资源的主要特征

由于地理课程资源类型多种多样、数量非常丰富、空间分布极为广泛，因此，不同的地理课程资源具有不同的特点。尽管如此，它们之间也存在诸多共性。归纳起来，地理课程资源的共同特征主要体现在以下几个方面。

（一）形式具有多样性

对于各种地理课程资源而言，既有来自自然界的，也有来自人类社会的；既有人力方面的，也有物力方面的；既有来自校内的，也有来自校外的；既有显性的，也有隐性的。由此可以看出，地理课程资源在形式上具有多样性的特征。由于科学技术手段以及地理教育教学本身的发展与进步，同样的地理课程资源可以通过不同的形式出现或存在，例如，同样的地理教学内容，可以是文字的形式，也可以是板图或板画的形式；可以是纸质的形式，也可以是 PowerPoint 等电子版的形式；可以是框图的形式，也可以是表格的形式；可是静态的形式，也可以是动态的形式，或者是动静结合的形式；等等。地理课程资源形式的多样化，不仅可以丰富地理课程资源本身的内涵，而且可以为地理课堂教学提供多元化选择的可能。需要注意的是，在具体的地理教学实践过程中，一方面，要根据实际的教学条件和需要选择恰当的课程资源形式；另一方面，在地理课程资源的开发过程中，也要注意丰富课程资源的形式，从而为地理教学提供多元化的选择和创造便利的条件。

（二）内容具有科学性

地理课程是传授地理以及与地理有关的科学知识的一门重要课程，而地理课程资源又是地理课程的重要支撑，因此，从内容上来看，地理课程资源具有科学性的特征。在实际的地理课堂教学中，不难发现，作为地理课程资源被选入地理课堂教学中的有些内容缺乏科学性和严谨性。举例来讲，有的地理教师在讲授"全球昼夜长短随纬度的变化规律"时，采用了有关的示意图，如图 1-1 所示。从图中可以看出，在二至日时，除极昼与极夜地区以外，全球其余各地的昼长均随着纬度度数的增加而出现线性的变化。而实际上，分析可知，昼长与纬度之间应该呈非线性的变化关系，如图 1-2 所示。同样是讲授全球昼夜长短随纬度的变化规律，有的教师参考网络或部分地理教学参考书，并用语言文字进行归纳，总结出如下所述的结论。

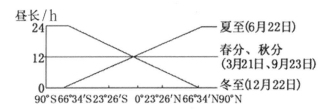

图 1-1 全球昼夜长短随纬度的线性变化

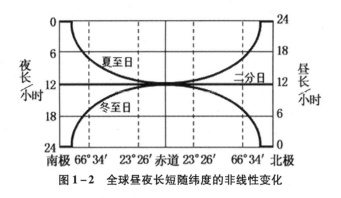

图 1-2 全球昼夜长短随纬度的非线性变化

结论一：太阳直射点所在的半球，昼长夜短，纬度越高，则昼越长，而另一半球则昼短夜长。

结论二：太阳直射点向哪个半球移动，则该半球昼长将变长，而另一半球昼长将变短。

结论三：纬度越高，昼夜长短的变化幅度越大，与太阳直射点的位置无关。

通过分析可以发现，上述三个结论都缺乏严谨性：结论一与结论二均未具体说明是北半球和南半球还是东半球与西半球，并且，在极圈之内出现极昼或极夜的区域，即使纬度增加，该日的昼长或夜长都不随纬度的变化而变化。就一年而言，只有在赤道与极圈之间的地区，其昼夜长短的变化幅度才会随纬度的增加而增大；就某日而言，只有在没有出现极昼或极夜的地区，其昼夜长短的变化幅度才会随纬度的增加而增大。显然，将这种来自于网络的错误的图示以及缺乏严谨性的结论不加辨识就随意地作为地理课程资源加以使用，不仅会误导学生，不利于教学质量的保证，而且还可能会给学生以后的学习带来负面影响。因此，在开发与利用地理课程资源时，务必要认真细致地研究和辨识，以确保其内容上具有严谨性。

（三）发展具有时代性

众所周知，时代在飞速发展，科学技术也日新月异，从而对教育教学提出了更高、更新的要求。地理课程资源作为重要的教育教学资源，在发展上具有时代性的特征。比如，在从前信息并不发达和畅通的时代，地理教学基本上就只能依靠教材，不少教学内容都是老生常谈。究其原因，一方面在于地理课程资源本身非常缺乏，另一方面在于人们本身也缺乏地理课程资源的概念，并因此缺乏课程资源开发的意识和应用的能力。目前，在计算机网络应用技术不断发展与成熟的时代，各种信息层出不穷、日新月异，各种地理课程资源不仅在形式上有了创新，比如flash动画、音频、视频、电影电视剪辑片段、地理课件、地理微课等，而且在内容上也在不断地丰富和变化，为地理教学提供了强大的支撑作用。因此，在开发利用地理课程资源时，应明确把握其发展的时代性特征。比如，在编选命制考查学生时间计算类地理试题的时候，如果选取的题干素材是若干年以前发射卫星或者国家领导人出访他国或地区方面的资料，显然是丢掉了地理课程资源的时代性特征。相反，如果把握地理课程资源的时代性特征，选取的素材是最近新闻报道的有关时事材料，在达到考查学生相关知识与技能目的的同时，有效地增强了时效性。这不仅有利于激发和增强学生的兴趣，而且有利于引导学生关注国内外时事新闻，培养学生的家国情怀和世界眼光，充分发挥地理课程资源的育人价值和正向引导功能，从而达成培养和提高学生地理核心素养的育人目标。

（四）内涵具有开放性

就内涵而言，地理课程资源具有开放性的特征。地理课程资源内涵的开放性，是指其内涵并非静止和固定不变的，而是不受时空限制的，具体为表现在空间上、时间上和开发利用上，以及其自身发展变化上的开放性。地理课程资源在空间上的开放性表现为：无论是自然界的还是人类社会的、国外的还是国内的，无论是城市的还是乡村地区的、书本上的还是现实生活中的，无论是校内的还是校外的、课堂上的还是课堂以外的，无论是网络上的还是网络以外的，凡是对地理课程有用的东西，都可以纳入到地理课程资源的范畴中来，即地理课程资源存在的空间是有开放性的，而并非是封闭性的。地理课程资源在时间上的开放性主要表现在两个方面：一方面，无论是古代的还是近现代的、既有的还是即将创生的，只要能够运用于地理课程教学，都可以成为地理课程资源；另一方面，只要地理课程教学有相关的需要，地理课程资源随时都可以被拿来加以使用。地理课程资源在开发利用上的开放性表现为：无论是有关的专家学者、地理教研人员、地理教师还是学生，都可以成为地理课程资源的开发者，也都可以成为地理课程资源的利用者。地理课程资源自身的发展变化也体现出开放性的特征，比如，随着人们对地理课程资源概念和内涵认识的不断加深，地理教师、学生、家长甚至有关的社会人士都被纳入到课程资源的范畴中；随着计算机网络技术的不断发展与广泛运用，网络资源也成为地理课程资源的重要组成部分；由于科学技术的发展与运用或条件的改变，原来表现为隐性的地理课程资源有可能转变为显性的地理课程资源；原来还不属于地理课程资源范畴的东西，经过整合处理之后，也可能会成为地理课程资源的组成部分等，地理课程资源的外延因此得以不断拓展和延伸。正是由于地理课程资源具有开放性的特征，地理课程得以不断发展和创新，在继承中前行，在改革中完善，从而使地理课程体系充满生机和活力。

（五）功能具有兼容性

由于地理课程本身兼具自然科学与人文社会科学的双重属性，因此，其所涉及的知识面可谓非常广泛。一方面，地理教学需要用到其他学科领域的相关知识与方法；另一方面，地理学科的一些知识与方法也可以被其他学科所利用。因此，地理课程资源作为课程资源的重要组成部分，在功能上具有兼容性的特征。举例来讲，要讲清楚地球运动部分的知识，不仅需要用到物理学上圆周运动、万有引力、开普勒定律、惯性等知识，还需要用到数学上的数轴、解析几何以及立体几何等方面的知识。当然，数学中也需要用到地理上的经纬网知识，物理学上也要用到天体方面的地理知识，等等。除此之外，地理课程资源在功能上的兼容性还表现为：同样的地理课程资源，不仅可以拿来作为地理课堂教学的探究问题，也可以作为地理乃至于其他学科考试的命题素材等，也就是说，地理课程资源可以兼有多方面的教育教学功能。举个例子，下面的题目选自2016年的新课标高考语文试卷Ⅱ。

在下面一段文字横线处补写恰当的语句，使整段文字语意完整连贯，内容贴切，逻辑严密，每处不超过15个字。

气候是一种复杂的自然现象，不仅决定着土壤、植被类型的形成，改变着地表形态，①_____。人们的生活、生产、建设无不需要考虑气候的影响。气候已成为一种自然资源，供人类充分利用，为人类造福。但是，②_____，有时会带来某些灾害。所以，人们会利用一些方法，在一定区域内改变气候状况，③_____。

不难看出，属于地理课程资源范畴的气候知识被选入近年高考语文试题素材中，体现了地理课程资源在功能上的兼容性特征。因此，在具体的地理课程资源开发与利用过程中，需要充分地认识到地理课程资源功能上具有兼容性这一特征，有效地挖掘地理课程资源的潜力，避免地理课程资源的浪费。

（六）价值具有社会性

地理课程资源作为地理课程的重要支撑，其开发与利用是为地理课程的建设、实施与发展服务的。但同时我们也应该看到，地理课程资源还可以为当地的地方经济、社会与环境的发展提供有益的帮助，从而产生可观的经济、社会和环境效益。因此，可以认为，地理课程资源在价值上具有社会性的特征。举例来讲，云南省著名的喀斯特地貌旅游景观"路南石林"，在被开发利用之前只是一片荒无人烟的乱石岗。之所以作为旅游资源得以开发利用，最初源于几位经过这里的地理教师向地方政府建言献策。现在，该景点每年可为云南省当地带来极为可观的旅游经济收入，而这实际上也属于地理课程资源开发利用的范畴。正是由于地理课程资源具有社会性，因此可引起地方政府的重视与投入，其开发利用一方面有利于地理课程资源本身的开发与利用，另一方面也彰显了地理课程资源的社会价值，可以实现双赢甚至多赢。

笔者建议，广大的地理教师以及有关的地理研究人员可以借助地理课程资源所具有的社会性特征，建议并提倡政府部门增加投入，以此加强地理课程资源的开发与利用，从而让地理课程资源服务于地理教学的同时，也更好地为当地社会经济的发展做出贡献。比如，沱江作为长江的一级支流，其部分河段的水质由于受到污染而明显变差。地理教师可据此带领学生开展地理研学活动，通过实地观察、调查和分析，撰写有关沱江水质污染状况的调查报告，分析原因并有针对性地提出行之有效的对策措施，将之提交给当地人民政府，如是，不仅锻炼和提高了学生的地理实践力与综合思维方面的地理核心素养，同时也彰显了地理课程资源的社会价值，可谓一举多得。

第二章

地理课程资源开发基本理论

一、地理课程资源开发的意义

（一）利于课程目标的实现

　　课程资源是新课程改革提出来的一个核心概念，在国家颁布的各学科课程标准中均有"课程资源的开发与利用"这一组成部分。无论是国家地理课程的开发，还是地方地理课程的建设，尤其是地理课堂教学的高质量开展，都离不开大量地理课程资源的支撑。只有积极开发地理课程资源，使校内外潜在的课程资源转化为现实的教学要素，才能不断丰富课程的内涵、拓展课程的外延，从而使地理教学融入生活、走向开放，引领、帮助教师和学生积极主动地利用课程资源进行有关的教学活动，以最大化地获取知识，培养其综合能力。重视地理课程资源的开发与利用，是地理课程理念得以更新和完善的必然，也是地理教育发展和地理新课程教学改革深化的必然。合理开发和利用地理课程资源，可以有效地丰富和拓展地理课堂教学的形式与内容，使地理课程改革顺利达到预期目标，为地理教师教学方式和学生学习方式的转变提供广阔的空间；可以有效地提高地理教育教学的质量，有利于地理课程目标的实现。比如，在讲"季风水田农业"一课时，可以结合当地农业生产的实际来开发地理课程资源，有针对性地选择和补充与当地有关的农业资讯，将理论与实际有机地结合起来。引导学生探究家乡农业的有关现实问题，不仅可使学习由枯燥变得有趣，而且还会使学生感受到学习的是有用的实际生活中的地理知识，在彰显新课程理念的同时，也有效地提高了地理课堂教学的质量和效率，进而使地理课堂教学目标得以顺利达成。而课堂教学目标又是课程目标的具体化，因此，可以说，地理课程资源的开发与利用，有利于课程目标的顺利实现。

（二）促进学生更好更快的发展

　　新课程改革的重大理念之一是切实改变学生在课堂教学中的被动地位，引导学生从被动的知识接收者转变为知识的共同建构者，从而激发学生的学习积极性和主动性，增加他们的知识，培养他们的能力，陶冶他们的情操。要真正达到这一教学目的和效果，仅仅依靠已有的教材内容是远远不够的，因此，必须转变教材观和教学观，积极开发和利用地理课程资源。地理课程资源种类多样、信息丰富并且生动形象，通过运用新的知识信息与技术手段，可以丰富和充实地理教学内容，给学生带来诸多方面的信息刺激，充分调动学生的多种感官并使其参与到地理教学活动过程中来，激发学生的求知欲，促进学生在思考中进行探究学习、形成对知识主动探索并重视解决实际问题能力的学习方式，实现学习方式的转变。加之地理课程资源的许多内容贴近生活、贴近自然、贴近社会，可使学生在不同的场所或情景中得以亲身体验，在轻松愉快的学习氛围中掌握地理知识。可以说，学生对地理课程资源的利用过程，就是学生主动进行探索，获取信息、筛选信息、解读信息，进而解决有关问题的过程，而这些问题的分析和解决过程，也就是学生信息素养能力形成和强化的过程。此外，充分利用地理课程资源还有助于陶冶学生的情操，培养学生形成正确的世界观、人生观和价值观。比如为学生展示有关环境污染的图片、投影；利用植树节、世界水日、世界地球日、世界环境日等宣传环保；开展环保专题讲座，举办有关专题宣传活动；带领学生参观社区园林单位及环境污染严重的单位或地区；组织学生植树、回收垃圾、清理河道等，使学生切实增强对地理环境以及资源的保护意识。

（三）促进教师的专业化发展

在我国当前的基础教育课程改革进程中，教师可谓是课程实施的决定性因素。随着地理课程改革的不断深入，人们越来越清楚地认识到，地理教师才是地理课程改革的关键之所在。因此，地理教师需要不断提高和进步才能适应课程改革和发展的需要。在地理课程资源的开发与利用过程中，教师可以开阔自身的教育视野，转变教育教学观念，树立新的课程资源观，从而更好地激发教育教学的创造性智慧。丰富的课程资源能为教师提供多角度、多途径的教育教学方式。比如在启发式教学中，教师可以利用地理图片、投影、地球仪等教学用具及生动活泼的教学语言对学生进行逐步的启发和引导，从而达到教学目的；在导入式教学中，教师则可以利用日常生活中的诗歌、谚语、时事新闻、故事等对学生进行引导，以激发学生的学习动机和兴趣；在发现式教学中，教师可以为学生提供各种文字材料、统计数据、图像、演示、实验等，引导学生通过细心观察、分析综合、比较鉴别、抽象概括发现解决问题的方法或途径；在互动式教学中，教师可以围绕与社会生活息息相关的现实问题或地理开放性问题提出有关课题，让学生自己按照要求进行相关资料的收集、整理和加工，绘图，演示操作，从各种信息媒体获取相关信息，师生共同研讨，寻求解决途径。同时，教师本身也属于课程资源的组成部分。教师的专业成长是教师从接受师范教育的学生到初任教师，从有经验的教师到实践教育家的持续发展过程。由此可见，地理课程资源的开发利用有利于教师的专业化发展。在此过程中，教师在教育实践中的主体性参与是教师成长的根本性动力。地理课程资源的开发与利用需要地理教师的主体意识去认识和组织。要顺利进行地理课程资源的开发，地理教师必须具备一定的信息素养：要知道如何运用信息工具、运用何种工具；知道如何获取、处理、组织和保持、传递和交流、使用信息。在教学过程中，教师要具有对课程资源进行有效驾驭的能力，能够结合教学内容和学生状况选取合适的地理课程资源切入点或结合点，使之与教学内容合理配置，充分发挥其最佳功能。比如，自然环境中的山川河流、文物古迹、花草树木、风雨雷电、日食、月食、流星雨等都可以成为有益的地理课程资源，但需对其加以开发方能有效地利用。现在教育界提倡研学旅行活动，要求师生走出课堂，融入自然和社会，在实践中进行学习和思考，这实际上就是课程资源开发的过程。比如，关于新疆天山天池的成因，网上流传有3种不同的说法，分别是：冰川终碛垄堰塞成湖、冰川泥石流堰塞成湖和山体滑坡堰塞成湖。深圳石岩中学地理教师唐友能等人从南向北穿越新疆博格达峰，通过研学旅行，对此进行了实地考察和深入的分析探究，认为天山天池官网对大池湖的成因解释欠妥，并提出了自己独到的见解。有关具体分析，读者可参阅中学地理教学参考微信公众号文章《2017徒步穿越天山——亲近博格达峰》。由此可以看出，通过实地考察开发地理课程资源，的确能够开阔地理教师的视野，能够较快地提高地理教师的教学素养，从而成为地理教师专业成长的重要推动力。

（四）促进地理课程自身的发展

地理课程资源与地理课程的关系非常密切，但二者并非等同，地理课程资源的外延要远远大于地理课程的外延。这主要是由于：一方面，条件性地理课程资源很难作为地理素材进入到地理课程中；另一方面，即使是素材性地理课程资源也不能直接构成地理课程，仅仅只是作为地理课程内容的备选材料，还需要经过教育学加工并付诸实施才能进入地理课程。地理课程的内容组成，一方面取决于地理课程资源的丰富程度，另一方面取决于地理课程资源的开发与利用的水平。地理课程资源越丰富、开发利用水平越高，地理课程的内容也就越充实。不同教育情境下的地理课程资源存在着相当大的差别，区域分布也很不均衡。比如我国东部、中部与西部地区的差异，城市与乡村的差异等。因此，实事求是、从实际出发、因地制宜地开发和利用不同类型的地理课程资源，可以有效地丰富地理课程的内容。对于任何一门课程而言，如果自身不能得到发展，老是故步自封，必然跟不上时代发展的步伐，很可能会因此而被淘汰。地理课程也不例外，也需要不断发展。而地理课程资源开发与利用的过程，实际上也就是地理课程不断发展与进步的过程。地理课程与地理课程资源之间存在着十分密切的关系。地理课程资源是地理课程建设的基础和根本，如果没有地理课程资源的存在，也就没有地理课程可言，可以说，地理课程资源决定了地理课程实施的范围和水平。相反，地理课程则决定了地理课程资源的种类和内容。具体而言，地理课程的发展，就意味着课程理念的更新、课程教学观的发展、课程内容与技术手段和方式的拓展与优化等，而这些项目的有效达成，则需要通过地理课程资源的开发与利用才能够真正得以实现。因此可以说，地理课程资源的开发与利用，有利于促进地理课程自身的不断发展与进步。

二、地理课程资源开发的基本原则

（一）科学性原则

地理课程承担着传播地理科学知识、培养学生地理科学素养的重任，与之相匹配的地理课程资源作为地理课程学习的重要载体，应体现地理科学的特点和要求，因此，地理课程资源的开发首先应遵循科学性原则。在开发地理课程资源的过程中，应对相关的内容或对象进行深入的研究，辨别其真伪，探讨其是否正确，确保课程资源的科学合理性，以免以讹传讹。举例来讲，曾经有高三地理复习参考教辅资料书中写道，若某人乘飞机在赤道上空以 1 670 km/h 的速度向东飞行，那么，他所经历的昼夜更替时间将变为 12 h，其中，白昼的时间将变为 6 h，夜晚的时间也将变为 6 h。粗略来看，这个结论好像是对的。一些地理教师没有经过认真深入的思考和探究，便将这一内容传授给学生。但仔细推敲便会发现，这一推论其实是站不住脚的。这里不妨来探讨一下：首先，在前提条件中没有说明飞行究竟共用多长时间，犯了逻辑不严谨的错误。因为，当飞机在赤道上空以 1 670 km/h 的速度向东飞行时，如果总共飞行时间为 12 h，即刚好绕地球赤道运动一圈，并且刚开始飞行时，恰好正值日出或者日落的时刻，那么，从理论上来讲，上述结论是可以成立的。但从飞机飞行的总体时间来看，假如飞行总共的时间少于或等于 12 h，那么，此人在飞机飞行过程中和接下来的时间所经历的昼夜更替时间肯定会小于 24 h，且未必就等于前述结论中所说的 12 h。通过分析推算可知，假如飞行的总共时间为 x h，那么，此人在飞机飞行过程中和接下来的时间所经历的昼夜更替时间应为 $(24-x)$ h。显然，若飞机飞行总共的时间少于 12 h，那么此人在飞机飞行过程中和接下来的时间所经历的昼夜更替时间应长于 12 h 并且短于 24 h。其次，其关于昼夜时间长度的推论也是缺乏科学严谨性的。假如此人在当日所经历的昼夜更替时间等于 12 h，那么，他在当日所经历的白昼和夜晚的时间均为 6 h，该结论可以成立；但假如此人在当日所经历的昼夜更替时间少于或长于 12 h，那么，该结论显然是不成立的。此人所经历的白昼与夜晚的时间长度，还需要根据其开始运动时所处的时刻综合而定。比如，若此人在当日所经历的昼夜更替时间等于 18 h，假如刚好是在日出时开始运动，那么他在当天所经历的白昼和夜晚的时间分别应为 6 h 和 12 h。限于篇幅，在此只做部分探讨，有兴趣的读者可以自行探究或参阅本书有关章节的内容。这只是其中一个个例，类似的地理课程资源案例还有不少。因此，在开发地理课程资源的过程中，教师一定要秉持科学严谨的治学态度以及求真务实的科学精神，严格把守资源质量关，确保地理课程资源科学合理，以真正发挥地理课程资源在地理课程教学中的科学价值与育人功能。

（二）选择性原则

从广义的角度来讲，凡是对地理教育教学有用的东西，都可以看作是地理课程资源。因此，地理课程资源可以说种类多样、内容丰富，并且时空分布极为广泛。须知，一方面，地理教师和学生的时间和精力毕竟有限，而且受学生的认知水平和心理特征的制约，地理教学不可能也完全没有必要将所有的地理课程资源都加以传授和学习。另一方面，地理课程资源本身分布十分零散并且呈现无序化的特点，加之良莠不齐，需要进行整理和加工处理。因此，地理课程资源的开发应遵循选择性原则。可以根据地理课程标准的基本理念与要求，结合学生的学情需要，优先选择具有科学性、趣味性并且对地理课堂教学有益的资源加以开发和利用。学生需要学习的知识很多，远非学校教育所能包揽，为此，教育者应当时时关注：社会发展到底需要什么样的人才，教育如何促进人的发展；教育者应当常常深思：我们的学生必须具备哪些素质以应对未来。正如夸美纽斯所说："学校必须这样组织，使学生除了有价值的事情以外，不学别的。"因此，应在可能的课程资源范围内和充分考虑课程成本的前提下，突出重点，精心选择对学生终身发展具有重大意义的地理课程资源，使之优先得到开发与运用。此外，对于必要而直接的条件性课程资源，应优先加以选择购置，以保证地理课堂教学的使用，比如地球仪、等高线模型等。

（三）实用性原则

在地理课程资源的开发过程中，应遵循实用性原则，也可以称之为针对性原则，也就是说，应在调查学校已有的地理课程硬件设施以及地理师生需求的基础上，针对地理教学的实际需要，开发利用具有实用性价值的资源类型和内容。因为，开发地理课程资源的目的就是为了利用这些资源更好地为地理教学服务，如果这些资源对于地理教学没有多大的实用价值，不仅对教学起不到应有的作用，反而还可能会影响正常的教学实施，给地理教学带来不必要的负面影响，同时还造成时间和资源的浪费，实不可取。比如，为初中学生讲授地球自转运动时，为了满足学生好奇的心理，教师对地转偏向的原因进行了详细的分析讲解，但由于知识本身太难，学生根本难以理解和掌握，而初中地理课程目标并未对此做深入的要求，因此这种教学显然是没有任何效果可言的，是失败的。究其原因，就在于地理教师开发利用地课程资源即地转偏向的原因对初中学生而言并不适用，违背了地理课程资源开发的实用性原则。相反，教师如果本着实用性原则的要求，淡化地转偏向的原因分析，引导学生将课堂教学的重点放在地转偏向的有关自然现象以及生活中的实例上，以此总结出有关的地转偏向规律，不仅可以激发学生的地理学习兴趣和动机，而且因资源的开发实用契合地理新课标的理念与要求，教学效果自然不错。地理课程资源开发讲究实用性，一是在具体开发某种地理课程资源之前，要充分论证这一资源对地理课程实施、学生地理素养提升、学习效率提高具有多大的价值，将来是否能够充分发挥其价值和功能。比如，有的学校匆忙购置了很多地理教学设备和仪器，编写了不少的地理校本教材，但由于种种原因,长期闲置,这就是对相关资源的性质功能与课程的关系没有进行充分论证的结果。二是在地理课程资源开发出来之后,要充分挖掘它的不同价值与功能,完善相关的机制,使其尽快地充分发挥应有的作用。总之,在地理课程资源开发与利用过程中坚持实用性原则,就是要尽力做到地理课程资源的高质量与高回报。

(四)适度性原则

所谓适度性原则,包含开发要求适度、开发范围适度以及开发水平适度。就地理课程资源开发要求而言,如果要求过低,难以引起开发者的重视,而且所开发出来的课程资源质量也相对较低,影响资源的使用价值和使用效益;相反,如果要求过高,使得开发的难度在无形中被人为地加大,很可能会导致开发者产生畏难、退缩甚至从心理上产生抵触情绪等消极影响,难以发挥开发者的积极性和主观能动性,严重者甚至会使得开发工作停滞不前、无法有效地开展下去。因此,需要在调查研究和充分论证的基础上综合考虑,以使制定的开发要求尽可能适应开发者的实际水平,达到适度的标准。就地理课程资源开发的范围而言,是指要尽可能加以明确和导向,一定要适度,不能像大海捞针一样漫无目的。虽然这些资源分布相对比较零散,但也是有一定规律可循的,可以优先考虑在地理课程资源分布较多的地方搜索并加以整合开发,比如地理教材、教辅参考资料书、地理教学网站、地理教师QQ群或微信群、网络论坛、百度文库等。确定了适度的地理课程资源开发范围,一方面,可以加强资源开发的针对性,增强资源开发的效果;另一方面,还可以节约时间,有效地提高课程资源开发的效率。就地理课程资源开发的水平而言,同样不能过高或过低,也要遵循适度的原则。如果开发出来的资源水平太低、太简单,其自身的价值和作用自然不大,可能导致开发成本和资源的浪费;相反,如果开发出来的资源水平过高,脱离中学地理教学要求的实际,不仅使教师教的难度加大,而且也让学生难以理解和掌握,因而难以发挥其应有的价值和功能。总之,只有适度开发地理课程资源,才有利于资源本身的开发及其合理有效的利用。

(五)经济性原则

对地理课程资源的开发,从成本理论的角度来讲,应该在现有的条件和现成资源的基础上进行整合,尽可能以最小的成本投入,获取最大的回报,做到资源的最大化利用,获得最理想的开发效果。换言之,也就是要遵循经济性原则。这里所说的经济性,主要是指地理课程资源开发成本要经济实惠,包括人力、物力、财力、空间以及时间的经济性。具体来讲,在地理课程资源的开发过程中,没有必要组织庞大的研究机构与开发人员队伍,若开发人员过多,分歧和争论也就会越多,意见统一的难度也会大很多,容易产生人浮于事的现象,使得地理课程资源开发的效率因此明显下降。同时,开发人员的敬业精神和工作态度以及专业水平参差不齐,也可能会影响到地理课程资源开发的质量和效果。从投入的物力、财力来看,也没有必要大量投入,因为地理课程资源的开发本身属于地理课程教学自身的需要，同时课程资源开发本身一般也花不了多少费用。从投入的开发空间来看，地理课程资源的开发利用应尽可能就地取材，不应舍近求远、好高骛远，校内有的，不求诸校外，本地有的，则不求诸外地。从投入的开发时间来看，一是要有计划和科学的安排，二是可以穿插在地理教学过程中进行，三是要尽量开发那些耗时短并且见效快的地理课程资源，尽可能地开发利用对当前地理课程教学具有现实意义的课程资源，以确保地理课程资源的应用。这样不仅可以使得地理课程资源的开发工作有序进行，而且还可以使时间得到充分有效的利用。

（六）创新性原则

随着时代的进步和教育的不断发展，国家、社会、家长以及师生对教育教学质量的要求不断提高，因此，需要不断开发更多更好的课程资源，以满足大众对日新月异的课程教学的要求。一方面，原有的课程资源在形式上和内容上可能已经变得陈旧，难以完全满足课程改革和发展的需要；另一方面，不断涌现的新的信息和教育技术手段，需要及时得到开发和运用。不仅要在开发的思路、开发的手段以及开发的形式上创新，而且也要在开发的内容上不断推陈出新。要尽可能与学生原有的生活体验和能力发展相结合，重视课程资源开发质量，深度开发课程资源。教师在增加、改变资源或不改变资源的条件下，从不同的角度审视已经熟悉的地理课程资源，尽力挖掘地理课程资源的内涵和潜在的教学价值。比如，以地球运动的知识点——自转运动规律为例，自转的方向、周期和速度方面的基本知识和有关高考出现的题目等都是大家比较熟悉的地理课程资源，可以从假想思维和比较思维的角度，对之进行创新开发。假如地球运动的其他条件保持不变，只是地球自转运动的方向变为自东向西，据此思考有关问题：①地球自转的周期会有什么变化？②恒星日与太阳日谁更长？长多少？③地转偏向是否会发生改变？如果改变，会发生什么样的变化？举例予以说明。④地球上因此还会出现哪些新的现象？……这些新问题都是没有现成答案的，将之纳入创新型课程资源毫不为过。通过新情景、新问题的学习探究，可以充分发挥创新型课程资源的价值，不仅有助于充分调动学生的学习积极性，而且能够有效地促进学生产生新的思考，以培养和锻炼学生的创新思维意识与能力。可见，创新型课程资源的强力支撑对真正培养创造性思维和创新型人才具有极为重要的意义和作用。当然，创新型的地理课程资源，只有通过创新性的开发才能够获得。因此，对地理课程资源的开发需要遵循创新性原则。

（七）灵活性原则

对地理课程资源的开发而言，无论是开发的思路、开发的方式、开发的手段，还是开发的时间和空间以及开发的内容等，都不是一成不变的，需要针对实际情况，加以灵活的选择和处理，即需要遵循灵活性原则。对物质性的地理课程资源而言，首先需要对已有的相关资源情况进行摸底调查和统计，然后再通过调查，了解师生在地理教学过程中的具体需要，最后通过招投标等方式进行购买配置；对非物质性的地理课程资源而言，需要结合教学的具体需要，通过搜集有关资料，进行讨论分析和探究总结等过程后加以整合开发，在地理教学实践过程中加以检验，然后再根据教学信息反馈予以调整和完善。在此基础上，还需要考虑地理课程改革与发展带来的新的变化和要求，并借此对地理课程资源在形式和内容等方面予以不断更新。要以开放的心态和姿态对待人类创造的一切文明成果，凡是有利于地理教育教学活动的一切可能的课程资源，都要灵活地加以开发和利用。地理课程资源开发与利用的灵活性，包括类型的灵活性、空间的灵活性以及途径的灵活性。类型的灵活性，是指不管以什么形式存在的地理课程资源，只要有利于提高地理课程教学质量和效果，都应成为开发利用的对象。空间的灵活性，是指不管是校内还是校外、城市还是乡村、国内还是国外的地理课程资源，只要有利于提高地理教育教学质量，都应加以开发与利用。途径的灵活性，是指地理课程资源的开发与利用不应局限于某一种途径或方式，而应探索多种开发途径或方式，并且能够尽可能地相互协调，配合使用，以使地理课程资源的开发更加富有成效。

（八）时代性原则

为了实现从应试教育向素质教育的尽快转变，培养更多更好的社会主义建设者和接班人，我国基础教育一直处于不断的改革和发展变化中，地理课程也随之不断改革。这是时代发展赋予教育新使命的重大体现。地理课程资源的开发需要贯穿地理课程改革的理念与要求，因而地理课程的改革必然体现时代新的发展与要求，最新修订并出版发行的《普通高中地理课程标准（2017年版）》明确将时代性作为高中地理课程的基本性质之一。可见，地理课程资源的开发要与时俱进，要遵循时代性原则。一方面，要尽可能学习和运用新的信息技术手段开发新的地理课程资源，比如制作教学课件、动画视频、音频以及微课课例等；另一方面，还要根据新的《普通高中地理课程标准（2017年版）》理念和要求来整合已有的地理课程资源。

（九）系统性原则

地理课程资源的开发是一项长期而复杂的系统工作，因为主体多元、内容多样、目标多维，所以需要从长计议，应遵循系统性原则。坚持系统性原则，即坚持用系统论的基本思想方法来思考和实施地理课程资源的开发，应把地理课程资源的开发工作当作一个系统性工程，分析它的结构和功能，研究系统、要素以及环境三者之间的相互关系及其变化，从而实现地理课程资源的优化。必须站在教育发展以及学生发展的高度，从整体上优化地理课程资源的开发，努力做到国家、政府、教育行政部门、学校以及社会力量的优化整合，努力做到校内与校外课程资源的整合，努力做到知识与技能、过程与方法以及情感态度与价值观的整合。具体而言，一方面，对于地理课程资源的开发要有相关的开发计划和恰当的安排。比如，需要多少开发人员、经费开支如何考虑、需要配置什么设施设备、开发的时间进度怎么考虑等等。另一方面，所开发的地理课程资源要形成一个比较完整和科学的体系，通过设置检索和使用系统，方便查阅和使用，以有效地提高地理课程资源的使用频率和使用效率。同时，系统化的框架有利于开发者随时了解和把握地理课程资源开发的进度和实际情况，便于他们在开发的过程中，适时调整开发的进度和内容等，使地理课程资源的开发工作得以不断优化。

（十）渐进性原则

任何事情，都必须遵循一定的程序和步骤，做到有序进行、合理安排。地理课程资源种类多样、数量十分丰富、时空分布极为广泛，涉及自然、社会和人文等诸多领域。显然，想要一劳永逸地完成地理课程资源的开发和利用工作，既不现实，也不可能。这就要求地理课程资源开发利用的具体工作，务必要有计划、按步骤、循序渐进地进行，也就是要遵循渐进性原则。地理课程资源开发的渐进性原则，主要体现为先简后繁、先近后远、先易后难、先浅后深等，以校内资源为根本，逐步向周边地区扩展，将零散的、无序化的各种课程资源，通过整理加工，使之成为集中的、系统的、可供直接利用的地理课程资源。

三、地理课程资源开发的基本策略

（一）明确目标，把握方向

地理课程资源的开发肩负着为地理教育教学服务的重任，不能随意而为。因此，开发者首先应明确目标，把握地理课程资源开发的方向。这里的目标具有两层含义，一是地理课程目标，这是地理课程资源开发的前提、基础和依据。因为地理课程教学总是围绕课程目标来展开的，如果所开发的地理课程资源无助于地理课程目标的实现，也就对地理教学没有什么作用可言。因此，地理课程资源开发要从地理课程标准要求的角度，对相关的资源项目和内容加以审视和认真解读，以确定其是否具有开发的价值和功能。二是地理课程资源开发本身的目标，也就是说，在地理课程资源开发时，务必要弄清楚开发究竟要达到什么样的目的，因为只有在明确资源开发工作目的的基础上，才可能使所开发的地理课程资源具有针对性和真正意义上的实用性，地理课程资源的开发工作也才能够体现应有的价值和作用。否则，漫无目标地开发地理课程资源，不仅缺乏明确的针对性和实效性，而且还会使地理课程资源开发工作的效率大大降低。

（二）审查资源，确定内容

地理课程资源的开发一般是在原有资源基础上进行的，为了使开发工作富有实效，需要对原有资源进行严格细致的审查，摸清已有地理课程资源的数量和质量状况，同时，根据学校地理教学的实际状况，调研其对地理课程资源的需求情况，然后在此基础上，确定需要开发的地理课程资源项目，列出清单，照单开发，以确保地理课程资源开发工作具有真正的实效。比如，事先对全校已有的物质性地理课程资源做一个实地调查，看看有多少地理图书、地理挂图、地理模型、地理标本教具等，根据学校在校学生人数情况，结合师生的实际需求，综合考虑，合理确定需要购买的物品种类和数量，这样可以避免购置太少满足不了地理课程教学需要，而购置过多又导致课程资源的浪费。

（三）统筹规划，分类开发

要使地理课程资源的开发既具有效率，又富有实效，需要对开发工作进行统筹安排，做好地理课程资源开发的规划，在此基础上，按照规划要求，有计划、有步骤地分类开发。这种做法，一方面，可使地理课程资源开发工作有条不紊、井然有序地进行；另一方面，还便于分工与合作，并有利于开发者把握课程资源开发工作的实际情况，以便于对开发工作加以灵活调整和协调，提高开发工作的灵活性与工作效率。通常可以从物质性和非物质性形态两个方面来分类进行地理课程资源的开发。对物质性的地理课程资源而言，可通过调研，结合实情进行恰当的购置，达到地理课程资源的开发目的和效果；对非物质性的地理课程资源而言，可以首先确定课程资源开发项目，根据地理课程标准的要求，确定开发的内容和深度以及广度，然后对照要求，通过多种方式和途径，搜集有关的资源对象并加以整理和加工处理，以使之成为所需要的真正意义上的地理课程资源。比如，无论是目前何种版本的地理教材，或是市面上已经出版发行的地理教辅参考资料，抑或是网络上的各种地理资料，对地球运动部分的知识"全球各地正午太阳高度季节变化规律"所归纳总结出来的结论，几乎都是比较片面的。对此，可以在认真参考这些结论的基础上，通过深度思考和探究，予以完善，使之成为一份非常有价值的地理课程资源，具体如表2-1所示。

表2-1 全球各地正午太阳高度季节变化规律

地区	夏至日 正午太阳高度	冬至日 正午太阳高度	二分日 正午太阳高度
北回归线及其以北地区	达一年中最大值	达一年中最小值	达一年中的算数平均值
南回归线及其以南地区	达一年中最小值	达一年中最大值	达一年中的算数平均值
赤道上各地	达一年中最小值	达一年中最小值	达一年中最大值90°
南、北回归线之间地区	每年两次太阳直射的时候达到一年中最大值90°。赤道与北回归线之间，冬至日正午太阳高度达一年中最小值。赤道与南回归线之间，夏至日正午太阳高度达一年中最小值		

再比如，对于学生在地理教学过程中通过作业和考试等途径反映出来的学习上的错误，可以将之纳入到学生错误资源的类型中并加以整合开发。

（四）分类建库，整合资源

地理课程资源种类多样，数量庞大，分布十分广泛，并且还在不断地发展和变化，因此，给地理课程资源的开发与利用带来了不小的挑战。面对繁杂的地理课程资源，应根据一定的分类标准，进行必要的梳理和归类，对地理课程资源加以有机整合，可以通过建设地理课程资源库，以实现对地理课程资源有效乃至高效的开发与利用。学校地理课程资源库主要构成如表2-2所示。

表2-2 学校地理课程资源库主要构成

构成	内容
地理教材系列	地理教科书、地理教学参考书、地理填充图、地理练习册、地理习题集等
地理教学设备设施	地理教具（地理教学图件、地理教学标本与模型以及地理教学仪器等）、学校地理学习场所（包括班级教室、地理活动室、学校图书馆、资料室、阅览室、地理园、小天文台等）
大众传播媒体	地理报刊和书籍（包括地理图册、地理期刊、各类画报、游记、报纸、地理科普读物等）、电视、广播、电影与音像资料、电脑与互联网等
人力资源	地理学科专家、地理教师、学生、家长、资料管理员、实验员等
相应的管理系统	学校列出各种资料物件的清单，建立严格的管理制度

根据不同的标准，地理课程资源库建立还可以划分为不同的类型。比如，根据其技术手段与方式的不同，可建立传统资源库与现代资源库；根据地理课程资源内容的差异，可建立自然地理课程资源库、人文地理课程资源库以及区域地理课程资源库，等等。具体如何分类，可视当地的地理教育教学实际需要而定。可以说，地理课程资源库对于地理课程资源的开发与利用作用重大。在开发地理课程资源时，需要什么，就到这个库里进行检索和点击，可以节约大量寻找课程资源的时间，而且，同一资源可以为不同的教师反复使用，相应地提高了地理课程资源的使用效益。资源库里不仅要有大量文本、文献类的资源，还要有许多超文本类的地理课程资源，使资源的数量、品种、形式多样，以保持库资源的充裕丰富。不仅每个学校需要建立这种课程资源库，并且要形成自身的特色，各级地方教育部门也应建立课程资源库和更大、更充裕的图书馆，这样有利于地理课程资源开发深入发展，便于教师和学生进行深层的探究和体验。

（五）充分发挥网络资源的作用

现代信息技术的发展正在突破各种资源的时空限制，使得地理课程资源的广泛交流与共享成为可能。为此，地理教师一方面要充分利用各种资源为地理教育教学工作服务，同时也要积极参与网络资源的建设，运用网络技术贡献自己的地理教育教学经验和成果，使之成为网络资源的一部分，与广大同行交流和分享；另一方面，还要鼓励学生学会合理选择和有效利用网络资源，从而增加和丰富自己的学习生活经验。

第三章 地理课程人力资源的开发

一、地理课程人力资源内涵

人力资源是课程资源中最具活力也最具变数的组成部分，往往对地理课程资源的开发起主导甚至主宰的作用。地理课程人力资源是指地理课程活动范围内的所有参与以及能够参与，并有利于地理课程目标实现的各种人力的总和，包括教师、学生、家长和社区人力等。具体而言，地理课程人力资源又主要是指地理教师与学生的主动精神、知识结构、人格品质以及地理师生之间关系的总和。与物质性资源相比，地理课程人力资源对于地理教育教学具有更加重要的地位和作用。

二、地理课程人力资源的基本特征

（一）能动性

地理课程人力资源是由人组成的，具有社会属性，由于能够有意识、有目的地围绕地理教育教学开展各种活动，因此具有主观能动性特征。正是由于具备这一特征，地理教师与学生作为地理课程人力资源的主体，在地理教育教学过程中能够充分发挥自身的主观能动性，尽力实现自我的优化与不断的发展和进步。

（二）发展变化性

在构成地理课程人力资源的各类人员中，无论教师、学生，还是其他组成人员，都不是固定不变的。一方面，组成人员的个体本身和数量会因人事的变动以及时间的推移而发生变化，比如工作调动、升学以及死亡等；另一方面，组成人员的知识结构与经验等资源内涵也会随着学习交流以及工作的积累而不断发生变化。因此，地理课程人力资源具有发展变化性的特征，需要用发展变化的眼光加以开发和利用。

（三）个体差异性

就地理课程人力资源的组成对象而言，不同的个体由于存在智商以及情商等方面的差异，因此其知识结构、知识水平、主动精神以及经验等方面均存在明显的个体差异，而且在发展的过程中，环境的不同以及自身的愿望和主动性的差异还会导致其发展速度与发展能力水平有所不同。因此，地理课程人力资源具有个体差异性的特征，需要在开发和利用的过程中因人而异，灵活加以对待。

（四）学科专业性

人力资源本身是一个非常宽泛的概念，就地理课程而言，人力资源是为地理教育教学服务的所有以及可能的人员的总称，而地理学科又具有自身的特色与教育教学方面的要求，比如，在知识结构上，教师需要具备地理学方面的专业知识，运用地理学研究的方法，进行国情教育以及环境保护等方面的教育。因此，地理课程人力资源具有学科专业性的特征，需要根据地理学科的专业要求来加以开发和利用。

（五）丰富多样性

地理课程人力资源的丰富多样性，主要体现在两大方面。一是组成人员的丰富多样，不仅有地理教师和地理教研人员，还有不同年级、不同年龄和不同学识的学生，以及具有不同价值观念和文化背景的家长等各类有关的人员等；二是组成对象在文化层次水平以及自身的素养和经验等内涵方面可谓千差万别，也具有丰富多样性的特征。

三、地理课程人力资源开发的作用

（一）提升地理教师综合素质，优化地理教师队伍

地理教师资源可谓是地理课程人力资源开发的重要组成内容，通过对地理教师进行职业技能方面的专门培训，加强地理教师之间的合作与交流，提倡地理教师终身学习并坚持进行不断的教学反思，可以有效地提高地理教师的教育教学技能以及职业道德水平，从而提升地理教师自身的综合素质水平，使地理教师队伍因此不断得以优化，从而更好地服务于地理教育教学工作。

（二）提高学生的地理学科素养

开发地理学生资源同样属于地理课程人力资源开发的重要内容，通过挖掘学生的地理

学习经验、地理学习中存在的错误与失误等问题，以及组织学生开展研学旅行等地理实践性活动，使学生获得对地理学科的良好情感体验，有利于培养和提升学生的地理学科素养，为学生在地理学科方面将来的发展和从事有关的工作奠定良好的基础。

（三）提高地理教育教学质量和水平

地理课程人力资源的开发与利用，不仅可以提高地理教师的教育教学能力和水平，而且也有利于培养和提高学生的地理学科素养，同时，还可以通过整合家长和有关部门的相关人员，使其能够为学校地理教育教学工作提供力所能及的支持与帮助，比如水文站、气象局的相关人员等，群策群力，集思广益，从而有效地提高学校的地理教育教学质量和水平。

四、地理课程人力资源开发的基本原则

（一）人性化原则

地理课程人力资源是由各类人员所组成的资源系统，而人本身是活生生的个体，有自身的需求和愿望，因此，地理课程人力资源的开发需要遵循人性化原则。要进行充分的调查和研究，了解资源对象真实的需求和愿望，在此基础上，制定出可以被接受的地理课程资源开发目标，制订开发计划，如是，地理课程资源的开发工作才可能富有成效，其利用也才能达到相应的效果。

（二）针对性原则

地理课程人力资源的开发需要针对特定的有关人员进行，如果开发目标水平过低，会导致地理课程资源不必要的浪费，也无法引起参与者的兴趣；如果开发目标水平过高，则容易让人对之产生畏难甚至反感的情绪，即使大量投入也难以获得令人满意的课程资源开发效果。由于开发目标水平的高与低需要因人因时因地而异，因此，地理课程人力资源的开发应该遵循针对性原则。

（三）灵活性原则

地理课程人力资源的开发要达到预期的目标、获得良好的效果，需要遵循灵活性原则，根据开发对象既有的知识基础和经验状况，制定灵活多样的开发策略。因为，对不同的开发对象而言，同样的开发内容与方法手段，不一定都能产生同样预期的理想效果，这还需要考虑参与者的个人兴趣与价值取向，以及参与者对新事物的接受和领悟能力所存在的差异。因此，在地理课程开发的过程中，开发者可以根据参与者的信息反馈做出有针

性的适当调整。

（四）发展性原则

如前所述，随着时代的不断发展，地理课程人力资源的组成和内涵都会不断发生改变，因而其具有发展变化性的特征。知识在不断更新，教育技术在不断发展，国家对地理教育的要求也在不断提高，对地理教师和学生以及家长都提出了更多更高的要求，因此，地理课程人力资源的开发还应该结合时代和地理教育发展的要求，遵循发展性的原则，以满足新时期、新形势对地理教育教学的更高要求。

五、地理课程人力资源开发利用的途径

（一）开发地理课程教师资源

1. 地理课程教师资源的内涵

凡是对地理课程教育教学有用的物质和信息，都属于课程资源的范畴。对教师而言，一方面，地理课程的教育教学需要地理教师来具体执行和完成，包括对已有的物质性课程资源的操作使用，比如地理模型、挂图、教具以及标本等；另一方面，地理教师自身的学识、敬业精神、教学智慧、教学经验、人格魅力、个人修养、健康的爱好以及人际关系等，本身也是宝贵的地理课程资源，不仅可以直接对地理教育教学产生有益的作用，而且还可以用于对地理课程资源进行积极主动的整合与开发。因此，务必要想方设法，充分调动广大地理教师的积极性，以充分开发和利用教师作为地理课程人力资源的重要作用与功能。

2. 地理课程教师资源的重要性

在基础教育课程的改革过程中，无论怎么改，课程资源都是必不可少的。一旦离开了课程资源的支撑，课程也就成为无源之水、无本之木。地理课程资源如果不能得到有效的开发和利用，势必会导致课程资源的浪费。而地理课程资源能否得以有效开发和利用，恰好取决于地理课程资源的开发者和使用者的意识和能力水平，地理教师正好担当这一角色。在新课程实施过程中，教师是最关键的资源，影响其他课程资源的鉴别、开发、积累和利用，教师对课程资源的理解会直接影响课程资源的开发利用方式和开发程度。美国教育心理学家基诺特说过，"教学的成功与失败，教师是决定性的因素。"杜威曾经指出，"教师——巨大的课程资源。"由此可见，地理课程教师资源对地理课程的设置和实施具有非常重要的意义和作用。只有提高了地理教师的职业道德和技能水平以及综合素养，才能充分发挥地理教师对地理课程建设与发展的重要作用。

第三章 地理课程人力资源的开发

3. 地理课程教师资源开发利用的途径

(1) 建立健全教师培训体系,提高地理教师课程资源开发利用的能力。

在调查了解地理教师数量和质量水平的基础上,制订有关计划,投入必要的人力、物力和财力,构建以地理课程开发为主的地理教师业务培训体系,提高地理教师课程资源开发利用的意识和能力,促进培养机构与中学地理教育教学实践的有机结合,是有效开发利用地理课程教师资源的主渠道。有计划、有组织的教师职业技能培训,可谓是提高地理教师综合素质的重要途径。地理教师只有通过不断的培训、学习和研究,及时了解和把握国家基础教育改革的方向与要求,秉承新课程理念,树立新的课程观、教材观和学生观,在新课程理念的引领下,努力转变自身的角色,不仅是地理课程资源的开发者和利用者,而且还应是学生利用地理课程资源的引导者、合作者和陪伴者。同时,地理教师还应在认识上打破地理教材是唯一地理课程资源的传统观念,合理构建地理课程资源的内容和结构,切实将教育教学观念从应试教育转变到素质教育的轨道上来,提高地理教师课程资源开发利用的自觉性。须知,只有不断提高地理教师自身的教育教学能力素养,使之真正成为地理课程资源的开发者和利用者,才能更好地为地理课程教学服务。

(2) 加强交流与合作。

每位地理教师都有自己的教学方法与教学特点,尤其是有多年教学实践经历的教师,总会有自己的一套教学风格。但同时可以发现,地理教师在课堂教学过程中不可能做到十全十美,总会存在这样或那样的问题或不足之处。因为,教学可谓是一门缺憾的艺术。因此,可以有计划地加强地理教师之间的交流与合作,促使他们相互学习和探讨教学方法与教学艺术,取长补短,集思广益。这样,一方面,可以培养地理教师的团队合作意识与能力,有效地提升地理教师的教学和研究能力,促进地理教师的专业化成长;另一方面,地理教师之间还可以互通教学信息的有无,实现地理课程教学资源的共享,使地理课堂教学不断得以优化和完善。比如,组织校内地理学科组教师开展集体备课活动,充分发挥集体的智慧,以设计出高质量的教学方案;开展校内地理教师示范课、研究课、比赛课以及观摩课、说课、同课异构等地理教学研究活动,通过相互听课和评课,找出教学中的优点以发扬光大,探讨教学中存在的问题和不足之处,并寻求有效的解决对策,使参与的教师都能从中受益。还可以组织学校的地理教师走出去,到别的兄弟学校进行联合教研活动,开展相互听课、评课以及教学问题的研究、探讨活动,不仅可建立工作上的联系和友谊,而且还可以达成双赢,对彼此的发展和进步都大有裨益。当然,地理教师之间的交流与合作不能浅尝辄止,应当制订合理的计划,长期加以坚持。

(3) 提倡并鼓励教师终身学习。

有道是,活到老,学到老。时代在前进,教育在发展,知识在不断更新,地理教师作为学生学习的组织者、管理者、引领者与合作者,只有坚持不断的学习和进步,才能跟上时代和教育发展的步伐,满足地理教育教学和学生学习发展不断变化的需要。从实际的教学来看,尽管有地理教师在坚持不断学习并践行终身学习的理念,但仍有不少地理教师由于忙于日常的教育教学事务性工作，疏于学习和研究，靠已有的知识和经验来支撑地理教育教学工作，以至于在新课程标准的理念与要求下，仍然有不少地理教师在采用"填鸭式""满堂灌"的落后教学方式，依然在采用"教教材"而不是"用教材来教"的教学方式，甚至于不能采用计算机等多媒体实施地理教学，即使采用自主、合作、探究学习的教学模式，也常常存在假合作、假讨论、假探究的教学假象，课堂看似热闹非凡，实则缺乏应有的课堂学习思考深度和质量。究其原因，就在于这些地理教师缺乏学习、知识陈旧，导致教育教学观念和教学方法与手段十分落后，地理课堂教学效率低下，教学效果也因此受到不良的影响。有教育理论认为，要给学生一碗水，教师就得有一桶水，而且还得是活水。由此表明，教师的学习不仅很有必要，而且非常重要。我们知道，学生每天都在不断地学习和进步，而如果教师不坚持学习新知识、新方法，不仅不能起到榜样的作用，而且也难以满足学生新的学习和发展的要求。因此，有必要提倡并鼓励教师树立终身学习的理念并且身体力行地践行，以不断挖掘教师资源，从而丰富地理课程资源。比如，时下国内流行的"三环五学"教学模式、深度教学、主题式教学以及翻转课堂等一系列新的地理课堂教学模式与教学手段等，非常值得学习、研究和探讨。

（4）积极引导教师开展自我反思。

有一个关于教师的公式是这样的：名师＝经验＋反思。由此可见，要想成为真正的教学名师，就必须要坚持进行不断的教学反思。不少教师教了一辈子的书却依然十分平庸，顶多只能算是一个教书匠而已。之所以如此，其重要的原因之一，就在于部分教师缺乏教学反思的习惯和相关的实践体会。因此，积极地引导地理教师开展自我反思并使之养成反思的好习惯，不仅有利于地理教师的快速专业化成长，而且可以借此开发更多更好的地理课程教师资源，促进地理教学取得更多的实效。反思不应仅局限于课堂教学之后，也完全可以在课前和课堂教学的过程中进行，通过不断反思和总结，坚持撰写教育教学反思记录，并不断地调整自身的教学方式和手段，优化教学的过程，从而使地理教学相对更加完善。

（5）建立地理课程教师资源库。

地理课程资源往往是比较分散、零碎的，教师资源也不例外，因此，可以根据实际情况和发展的需要，建立地理课程教师资源库，将地理教师的个人信息制卡建档，比如教师的学历、年龄、教龄、师德水平、职称、教学成果、发表的教研论文和研究课题、个人的教学特长等，以此掌握地理课程教师资源的具体状况，以便针对地理教师的不同情况，安排不同的教学和教研任务，做到知人善任、扬长避短，充分发挥地理课程教师资源的作用与功能，更好地促进地理教师与教学工作的可持续发展。

（二）开发利用地理课程学生资源

1. 地理课程学生资源的内涵

所谓地理课程学生资源，是指学生自身已经具备和可能具备的与地理课程密切相关的所有信息的总和。其中，有的是学生自身已经具备但并未表现出来的信息资源，称为学生隐性资源，又叫作预设性学生资源；有的则是学生自身已经具备，并且已经表现出来的信息资源，称为学生显性资源；还有的是学生自身将来可能生成的信息资源，称为生成性学生资源。地理课程学生资源包括学生的兴趣、生活、经验、错误以及差异等诸多方面，需要加以充分开发和有效利用，以促进地理教育教学更好地发展。

2. 地理课程学生资源的重要性

地理课程开设实施的目的，是为了让学生通过参与地理教学的过程以及自身不断的思考和学习，从而获取有关的地理知识与技能以及情感态度和价值观，培养地理学科核心素养，最终为进入更高层次的学习和步入社会成为有用的建设人才奠定坚实的基础。学生是教育的对象，一旦离开了学生，地理课程也就没有存在的必要和价值。苏联著名教育家苏霍姆林斯基曾经反复强调："学生是教育最重要的力量。"没有学生，教育也就失去了应有的力量。由此可见，学生不仅仅是教育的对象，更是教育最重要的课程资源。因此，面临新课程改革的新形势，教师在地理教育教学的过程中，应当树立新的课程观、教学观和学生观，将学生看作是地理课程中最重要的课程资源，不仅要对学生已有的知识与技能、学习经验、个体差异等课程资源加以充分利用，而且还要结合地理教学和地理课程建设发展的需要，适时开发地理课程学生资源，以充分发挥地理课程学生资源的重要价值和作用。

3. 地理课程学生资源开发利用的途径

（1）在课堂教学中正确对待和利用学生的错误资源。

课堂应该是允许学生犯错误的地方。从某种意义上来讲，教师教学的过程，就是对学生的错误进行纠正的过程，而学生学习的过程，则是不断发现错误并不断加以纠错的过程。如果教师在课堂上不允许学生犯错误，或者不经过探究的过程而直接对学生学习上的错误加以纠正，一方面，势必会让学生学得过于拘谨，在学习上不敢大胆地表现自身思维的真实过程，只能成为学习思维的奴隶，久而久之，可能会因此养成思维上的惰性，甚至还会导致其学习能力的退化。另一方面，还会导致地理课程学生资源的浪费。须知，学生错误也是一种可资利用的课程资源，它可以真实地反映学生的思维过程以及学习的效果和情况，为教师的课堂教学提供有效的信息反馈，使教师能够有针对性地及时调整教学。因此，在地理课堂教学中，教师应正确对待学生的错误资源，并想办法加以充分开发和利用。比如，如果学生犯错，要对学生持尊重的态度，千万不能看不起学生，要让学生能从心理上有一个较为放松的心态，引导学生正确地面对自身学习上的错误。在此基础上，再逐步引导学生分析犯错的原因，然后对症下药，进一步引导学生对错误进行纠正。参与分析错误并纠正错误的过程，不仅能够使学生有效地学到知识与方法，更为重要的是，学生因此可以获得学习上的成就感，敢于在课堂上大胆思考和质疑，由此使他们的创新思维和创新能力得到很好的锻炼与提升，教师的课堂教学质量也会由此得到显著的提高。

（2）在反思学习中开发地理课程学生资源。

古人云，学而不思则罔，思而不学则殆。可见，学习和思考需要有机结合起来。一方面，对教师而言，在地理教学的过程中，不仅要多动脑筋思考如何教学的问题，而且更要反思自身教学过程中的问题和不足，尤其是学生在地理课堂学习过程中所表现和反馈出来的各种信息问题，即地理课程学生资源。我国教育家叶澜教授曾经说过，"一个教师写一辈子教案不一定能成为名师，如果一个教师坚持写三年反思，则很可能成为名师。"由此可见，教学反思多么重要。另一方面，对学生而言，应在教师的引导之下进行反思性学习。反思自身在地理课堂学习过程中出现的各种错误和不足之处，尤其是要对错误的原因进行及时的反思，并在此基础上寻求纠错的对策，可以建立错题集，时常翻阅，避免以后犯同样或类似的错误，以切实提高学习的针对性和有效性。当然，反思不是一般意义上的回顾，而是思考、探索和解决教育教学与学习过程中存在的各种问题。反思要真正富有成效，一是重在坚持，二是落到实处，不能只是简单想想了事，而是要把反思的东西记录下来。可以写反思随笔、反思日记、反思教案等，以备参考使用。

（3）开发利用学生的经验资源。

学生在进入地理课堂学习之前，已经具备了一定的知识和技能，也有一定的生活体验，这些可以看作是学生的经验资源。学生进行学习的过程，也就是将已有的经验与未知的知识技能进行交叉融合，并不断加以内化，逐步形成自身新的经验的过程。每名学生都有不同的先天素质和生活环境，都有着不同的经历和体验：生活在农村的孩子与生活在城市的孩子有不同的经验；生活在高原、平原、山区和海边的孩子，其经验也各不相同。学生本身就是一部很好的、活的地理教材。教师在地理教学过程中需要了解学生的原有经验以及他们此时此境的兴趣、学习动机、对于学习的预期等；需要了解所教授的知识与学生原有经验如何融合，以促进学生新知的生成，并思考在实际生活中哪些事物可以促进学生新经验的增长。可以说，学生的经验是学生学习必不可少的课程资源。学生往往只有借助于已有的经验才能接纳新的知识，并据此完成知识的内化过程。因此，在地理教学过程中，应重视对学生经验资源的开发和利用。学生所掌握的地理知识与技能、地理学习方法、地理学习习惯、思维方式、解题习惯、对地理学科的兴趣以及情感态度和价值观等，都属于学生经验资源的范畴。可以通过观察、测试、问卷调查以及面谈交流等多种方式和途径，获取学生的经验资源情况。在此基础上，可以建立学生的经验资源档案，以便在地理教学过程中加以有效利用。比如，可以主动邀请自己教过的已经毕业的优秀学生到学校、到班上与学生交流学习方法和经验，也可以安排考试成绩优秀的学生在班上进行学习经验的交流，这样，一方面可以起到示范引领作用，另一方面可以起到鼓舞学生的作用。学生的现身说法，可以充分地发挥学生经验资源的重要价值与作用，收到事半功倍的效果。

（4）重视开发学生课堂动态生成资源。

如前所述，有的学生资源属于已经具备但并未表现出来的信息资源，即预设性学生资

第三章 地理课程人力资源的开发

源。之所以未能表现出来，是因为没有适当的表现机会，一旦有机会，它就可以显现出来。而课堂恰好就是一个极佳的表现场所，为它的显现提供表现机会。当它表现出来的时候，往往已经经历一个动态的生成过程，此时，它就转化成课堂动态生成资源。这种学生资源好比人的灵感一样，很可能转瞬即逝，可谓是可遇而不可求，因此，需要教师随时留心自己课堂上学生新的表现情况，注意在大脑中先行记忆，课后及时进行记录，比如学生犯的不应该犯的错误、学生的突发奇想、学生在课堂上提出的"奇怪"问题等。对地理课堂教学和教学研究而言，这些课堂动态生成资源可以说是极其宝贵的课程资源，教师应当多加重视、关注和不断积累，以不断拓展和丰富地理课程资源，更好地为地理教育教学服务。

（5）在教学设计中开发利用学生资源。

课堂教学质量的高低，首先取决于教学设计的好坏。如果在地理教学设计的环节不能对课程学生资源加以有效开发和利用，地理教学设计就算不上是好的设计，地理课堂教学的质量也就可能会受到不利的影响。因此可以说，在教学设计中开发利用学生资源，不仅必要，而且非常重要。在进行地理教学设计时，可以事先调研学生的学情，了解和把握学生的知识和能力基础以及对有关教学内容的兴趣状况等，结合学生的认知和心理特征，制定满足学生最近学习发展要求的教学目标，提炼教学的重难点内容，采用恰当的教学策略和教学手段，撰写高质量的教案，为课堂教学的顺利开展奠定良好的基础。毕竟，只有符合学生学情的教学，才有可能获得预期的教学效果。不难看出，将所开发的学生资源用于教学设计过程中，是充分发挥地理课程资源价值的一种重要途径和手段。

（6）在作业和考试环节开发利用学生资源。

教师的课堂教学效果如何、学生的学习效果怎样，需要通过作业练习与考试等环节来进行检验。实际上，通过作业和考试所获取的学生信息，也是地理课程学生资源的重要组成内容，因此，可以将作业和考试作为开发利用学生资源的重要方式和途径加以认真对待。根据课程标准的理念与教学目标以及中考、高考的要求，地理教师应结合学生的学情，精心设计地理课后作业练习，提倡课堂教学练习化、平时作业练习考试化、平时考试高考化，将作业练习与考试有机地深度融合，让学生练思维、练运用、练速度。教师对学生在作业与考试过程中真实反映的学生在地理学习上存在的问题和不足之处，进行搜集和整理，然后灵活地穿插到作业和试题的讲评过程中，探究学生错漏的原因，引导学生寻求恰当的对策、采取相应的措施，从而使得教师的教学更富有针对性，进而有效地提升课堂教学的效率和效果。

（7）关注校外活动中的学生资源。

学生的学习生活并不完全局限于学校范围，还有不少校外活动，比如周末、节日以及寒暑假，这些时间学生可以自主安排校外活动。从新课程理念的角度来看，学生是课程人力资源中的变量，是连结家长与教师的纽带，在地理课程资源的开发中扮演着十分重要的角色。学生在校外的活动信息，也属于地理课程人力资源的范畴，因此，有必要关注这些信息，以开发利用校外活动中的学生资源。教师可以通过向家长发放调查问卷，也可以通过电话、QQ、微信以及短信等多种方式和途径与家长进行沟通，以了解学生在校外活动中的真实信息情况，比如学生在家有什么样的学习生活习惯、有什么想法和打算、做了什么事情、哪些爱好和特长等等，然后将搜集到的原始资料信息作为课程资源加以建档备案，在具体的教学过程中可以加以参照利用，以真正做到因人施教，顺利达成教育教学的预期目标。

（8）建立地理课程学生资源库。

通过多种方式和途径，教师可以开发许多学生资源，但这些资源往往比较零散，不成系统，给利用带来诸多的不便。因此，可以将开发出来的地理课程学生资源进行分类整理，比如错误类、经验类、差异类、知识与技能类、情感态度价值观类等，设置有关的目录，创建检索系统，建立地理课程学生资源库，使这些学生资源的存储更加富有条理性，形成课程资源体系，方便检索利用，从而有效地提高学生资源的利用效率和效益。当然，在资源库建成之后，教师还需要对其进行不断补充和更新。

（三）充分开发利用家长资源

家长作为孩子的第一任教师，本身也是一种人力资源，对学校的课堂教育教学工作具有重要的评价、监督和辅助作用，可以说是一类不可替代的课程资源。充分开发利用家长资源，对于教学工作的顺利及有效开展，不仅必要而且也非常重要。尤其是有一定地理素养的父母，往往也是孩子的第一任地理教师，他们可以帮助学生诊断学习上的错误和不足之处，为他们提供学习方法和经验等帮助，充当学生学习上的好伙伴。此外，不同的家长，往往有着不同的学识水平、生活经历、职业体验等，可谓是地理课程资源的重要补充，比如，有的家长在天文馆工作，可以借此开展天文观测活动；有的家长在气象局或者环保局工作，可以借此开展气象观测或环境保护的调研活动，培养和锻炼学生观察以及动手等方面的地理实践力，从而培养和提升学生的地理核心素养。当然，也可以主动邀请有地理专长的家长作为专家到学校开展与地理有关的系列讲座，这样不仅可以很好地激发学生的地理学习兴趣，而且还可以丰富学生的地理知识、开阔学生的视野。

（四）注重社区人力资源的开发

社区中的人往往在不同的工作，具有很多丰富的人生阅历，能够从不同的角度出发，为学校的教育教学工作提供源源不断的、新颖动态的、贴近生活实际的有用信息，可以说是不可多得的地理课程人力资源。因此，应尽可能地创造便利的条件，让他们能够积极地参与到开发地理课程资源中来，为地理课程资源的开发增添新鲜的血液。比如，可以定期或不定期地邀请有关人士到学校开展地理专题系列讲座，这样不仅可以加强学校与有关社区的往来联系，为以后开展学生社会实践活动创造条件，而且还可以让更多的社会人士关心、支持并帮助学校开展工作，以促进教育教学工作的良性发展。

第四章　地理课程教材资源的开发

第四章

地理课程教材资源的开发

一、地理课程教材资源整合策略[①]

目前，基础教育课程改革在基础教育的各个层面引发了一系列的变革，然而传统的教师由于自身的种种弊端而难以适应新课改的要求，在新的教育背景下，教师树立一种与新课改相适应的全新教材观就变得十分必要和紧迫。我国基础教育课程改革提倡树立新的课程教材观，要求教师在教学过程中"使用教材教"，而不是"教教材"。新课程教学更加重视学生学科素养的培养，这就要求教师要突破多年来"紧靠课本""忠实教材"的观念，根据课程标准和学生的学习需要，重新整合教学资源。《普通高中地理课程标准（2017年版）》明确指出，课程资源是实现高中课程目标的重要保障，应该高度重视课程资源的开发。因此，在新课标形势下，从教材整合的角度开发课程资源显得尤为必要和重要。从已有的研究文献资料来看，基础教育课程教材的整合研究，所涉及的学科领域已经在小学、初中以及高中多门学科的教学中得以体现，但其中对中学地理学科教材的整合研究还很少，目前仅有李丽霞和黄晓东分别就高中地理和中职地理教材整合进行了初步的阐述，前者从整体上进行了宏观的阐释，后者就教材整合的原则方法进行了简要分析，二者分别从宏观和理论角度进行了一定的研究，对地理教材整合做进一步具体和深入的研究。鉴于此，依据新课标的理念与要求，在阐述教材整合的内涵和意义的基础上，结合长期中学教学实践与思考，笔者对教材整合存在的主要问题进行分析归纳，并以目前人教版高中地理必修一教材"大规模的海水运动"一节为例，通过案例分析方式，就课程教材资源整合策略加以较深入的探究。

[①] 王昌勇．基于教材整合视角下的课程资源开发策略——以地理必修一"大规模的海水运动"为例 [J]．内江师范学院学报，2018（06）：100-104．

（一）教材资源整合概述

1. 教材资源整合的内涵

教材资源整合是一个非常宽泛的概念。一般认为，所谓教材资源整合，是指在新课程标准的理念与要求下，以学科教学所选定的教材作为基础，结合学科最新发展动态信息，以及学生的具体学情，充分利用相关的课程教学资源，对教材中繁难偏旧的内容加以更新，对需要增加的教学内容加以灵活的补充处理，甚至对教材的编排顺序加以调整，以达到创造性地使用教材的目的，从而达到最佳的教学效果。比如，现行高中地理教材的编写，由于注重选择性，导致教材中部分内容的知识体系显得比较零散，因此，教师在教学过程中对教材加以有机整合，就显得非常必要和重要。

2. 教材资源整合的意义

作为学科课程学习的重要载体，教材汇集了编者的智慧，蕴涵着重要的教育价值，是教师"教"和学生"学"的重要资源，在具体的课堂教学过程中，经常被加以重点使用。但由于时代在不断向前发展，学科的前沿信息在不断更新，教材知识内容的展现不可能与此完全同步，加之我国新课程教育教学理念与要求也在不断变化，因此对学科教材及时进行整合，意义可谓非常重大。一方面，摈弃学生不感兴趣的、陈旧落后的教材内容，不仅可以提高学生的学科学习兴趣与热情，而且增补新的知识内容，有助于学生及时了解学科和时代发展的最新动态，引导学生关心时政，培养他们对学科的良好情感；另一方面，对教材内容加以有机整合并达到创造性地使用教材的目的，使得学科教学更加符合学生的认知发展规律，不仅可以有效地提高课堂教学的效率，更重要的是，还有利于学生学习生活中实际有用的学科知识，可以充分地体现新的《普通高中地理课程标准（2017年版）》的理念与要求，从而达到最佳的课堂教学实效。

（二）教材整合存在的两大主要问题

1. 盲从教材，不敢大胆质疑和取舍

2003年教育部颁布《普通高中地理课程新课标》以后，先后有4个版本的普通高中地理教材经全国中小学教材审定委员会初审通过，并投入实验使用。这些教材都是统一依据《普通高中地理课程标准（2017年版）》来编写的，且编写组编审人员由学科教育专家和教材审查专家共同组成。自2004年9月广东、山东、海南、宁夏4个省份高中新课程改革实验以来，所有通过审查的实验教材也都经受住了时间的考验。但从实践中人们发现，教材建设还存在一些问题。古人云，尽信书，不如无书。在实际的中学地理教学中，不少教师出于对教材编写专家权威的崇拜，对教材采取盲从的态度，不敢大胆质疑教材的观点和内容，甚至不敢对使用教材的内容加以大胆的割舍，纯粹是在"教教材"，根本谈不上是"用教材来教"，这不仅影响地理教学的科学性，同时也使得教学的质量受损，甚至对学生将来的发展也可能会产生负面效应。

2. 对教材内容增补过多过深

与盲从教材截然不同的是,部分中学教师在具体的教学过程中,已经意识到教材的局限性和不足之处,懂得对教材内容加以整合的必要性和重要性。这本身是件好事,但是,部分教师却忽略了学生的接受能力和感受,一味地贪多求全,在课堂教学中增补大量的知识与技能等方面的教学内容和要求,对教材内容增补过多过深,导致学生根本无法及时消化和吸收所学知识,日积月累的结果是,不仅学生的学习心理负担日益加重,而且问题也越积越多,最终使得学生的学习兴趣低落,甚至产生对地理学科的学习畏难情绪,教学效果因此低下。须知,教学内容和要求体现着教师对教材的把握,教师应准确把握教学内容的广度和深度,这样才能真正顺利地达成课堂教学的预设目标。

(三) 地理课程教材资源整合的有效策略

1. 纠正教材知识性偏差

受自身认知水平、思想观念等条件的限制,教材编审专家所编写的教材难免会有不足之处,出现偏差也在所难免。对于教材中出现的知识性偏差,教师在地理教学过程中,随时要敢于大胆地对教材内容加以质疑,绝不能迷信权威而采取随意盲从的态度,务必要进行认真的品读、反复的思考,并加强与同行的交流与研讨,在确认教材出现知识方面偏差的基础上,及时予以纠正,以实现对课程教材资源的二次开发与有效利用。以现行人教版高中地理必修一教材第三单元第二节"大规模的海水运动"一节为例,教材 P 57 对寒流与暖流的定义是这样界定的:按性质,可以将洋流分为暖流和寒流两种类型。从水温高的海区流向水温低的海区的洋流,叫作暖流。反之,从水温低的海区流向水温高的海区的洋流,叫作寒流。显然,如此定义暖流与寒流是欠妥的。因为,根据海水温度性质划分寒流与暖流是相对而不是绝对的。比如,北赤道暖流大致自东向西流动,本身处于赤道附近的低纬度海区,其东西之间的温差很小,不能认为在其起始段水温为高温,而往前流动过程中海区的水温即为低温。认定某洋流属于寒流还是暖流,应该依据该洋流与其流经海区水温高低的对比情况而定,如果该洋流比流经海区的水温高,它就属于暖流。反之,则属于寒流。因此,对寒暖性质洋流的界定应为:比流经海区水温高的洋流,叫作暖流。反之,比流经海区水温低的洋流,则叫作寒流。因此,教材的表述可以改为:从水温相对较高的海区流向水温相对较低海区的洋流,叫作暖流。反之,从水温相对较低的海区流向水温相对较高海区的洋流,叫作寒流。此外,目前不少学校的师生仍在使用的《中学地理图文综合指导地图册》中,不少版本都还在选用直布罗陀海峡洋流示意图,由于不少教学参考资料书将其表层洋流误判为密度流,因此不少师生在教学过程中将其底层的密度流误判为补偿流。须知,直布罗陀海峡的表层海水总是由大西洋一侧流向地中海,这是由于二者之间存在水位差,在重力作用下产生了补偿流,该海峡的底层海水由于二者之间存在盐度差异导致密度差异而形成了密度流。因此，无论是对教材还是教学参考书，必须持慎重的态度，加强审视，以确保内容科学准确而不出现偏差，以免引起学习者的误解。

2. 增设实验或视频

考虑到我国社会经济及科技快速发展对教育的诉求，《普通高中地理课程新标准（2017年版）》将高中地理课程的总体目标调整为通过地理学科核心素养的培养，从地理教育的角度，落实立德树人的根本任务，可谓是对党的教育方针的具体化、细化。不难看出，课标最新修订版与原来的实验版相比，有几处非常明显的变化就是：提出了地理学科核心素养的理念与培养目标，对课程结构体系和内容的安排进行了有机整合，并提出了学业质量水平划分标准以及地理核心素养的测评标准。其中，最大的特色在于，凝练了地理学科核心素养这一全新的课程理念与要求，它也是对时下我国正在推行的高考改革的及时呼应。所谓地理学科核心素养，是指学生在地理学科课程学习后应达成的正确价值观念、必备品格和关键能力，包括人地协调观、区域认知、综合思维以及地理实践力四大要素，是一个具有交叉性、综合性、后天性和相对性的概念，是地理学科本质和地理育人价值的反映。

高中地理课标修订专家组核心成员段玉山教授在"2018年普通高中地理课程标准解读与研讨会"上明确指出，课标的修订发行，意味着我国新一轮高中地理课程和教学改革正式开始，而目前的课改更加注重学生学习对实际和实践的需要和发展。因此，地理学科核心素养中的地理实践力要素备受人们的关注和重视。与以前的课标实验版相比，最新的地理课程标准将地理实践力定义为人们在观察、实验、考察和调查等地理实践活动中所具备的意志品质和行动能力。显然，在地理课堂上进行实验或视频演示，可以有效地培养学生观察和思考、分析的能力，正好属于地理实践力的范畴，因此，十分有利于学生地理学科核心素养的培养。现行教材中有不少知识内容只有文本资料介绍，缺乏相关的实验活动。一般认为，只有学生亲自通过实验探究获取的知识，才具有一定的稳定性和持久性。因此，在地理教学过程中，可以有针对性地设计并演示有关的地理实验，或者编选有关的动画视频，以增加教学内容的生动直观性，增强课堂教学实效。以现行人教版高中地理必修一教材"大规模的海水运动"一节为例，在日常地理教学过程中，不少教师在讲授洋流概念时，一般先让学生看书自主学习，然后根据教材内容直接讲述说明。须知，一方面，虽然学生对新事物、新概念本身很感兴趣，但教师对教材处理方式若过于简单平淡，教学效果则不甚理想。究其原因，洋流受盛行风等多种地理因子的影响，成因比较复杂。另一方面，洋流系统离日常生活较远，学生难于感知，因此在课堂教学介绍洋流概念时，教师可以考虑：设计洋流演示实验，如准备一盆水，用电吹风吹动表层的水流动；采用多媒体工具，搜集有关洋流的视频或动画，让学生首先对洋流有一个直观感性的认识，然后因势利导，引导学生归纳出洋流的概念，这些做法都有利于充分调动学生的学习兴趣，使教学效果相对较好。对于世界洋流的分布规律，也可以自行设计"洋流"实验，具体可参阅

第四章 地理课程教材资源的开发

《中学地理教学参考》2016年第11期"'洋流'实验设计"一文。在分析介绍洋流对海洋污染的影响时，还可以将蓝黑墨水或墨汁滴入水盆中，用电吹风吹动水流，让学生仔细观察其变化现象，然后由老师引导学生思考分析得出结论。整合教材内容，补充有关演示实验或视频动画来验证，由"洋流"实验现象到洋流分布规律以及影响的探究过程，不仅有利于学生将感性认识上升到理性认识，而且可有效地避免课堂探究学习活动形式化，真正使学生在综合思维以及地理实践力等方面的地理学科核心素养得到有效培养，学生理解与掌握知识也因此更加富有成效。

3. 补充图文资料或实例

为了减轻学生学习负担，现行高中地理教材在原来的基础上删减了不少内容。受篇幅的限制，不少知识内容的介绍也显得比较简单。因此，在具体的地理教学过程中，可以有选择性地、灵活地补充有关的图文资料或者有关实例，以此拓展地理课程资源，丰富和充实课堂教学内容，增强课堂教学实效。例如，旧课标的人教版高中地理上册教材一直配有直布罗陀海峡洋流的示意图，而且对洋流按成因分类并进行了比较详细的介绍。洋流按照成因的不同，可以分为3种不同的类型，分别是风海流、密度流和补偿流。根据新课标的要求，现行教材已经将此部分内容删去。不少教师也因此纠结于教学是否需要补充此部分内容。实际上，从提升学生地理知识素养的角度考虑，完全可以对此予以补充介绍。毕竟现行人教版地理教材里面也提到了补偿流的概念，只是注意不要占用过多的教学时间。此外，高中地理课程标准对本节洋流内容的教学要求之一为：运用地图，归纳世界洋流的分布规律。现行人教版地理必修一教材也据此提供了有关的地图，包括P57图3.5"世界海洋表层洋流的分布"，以及P58图3.6"全球风带和洋流模式图"。在日常地理教学中，不少老师只是根据教材知识的图文顺序，按部就班地开展本节相关内容的教学。如此教学，只能说是在"教教材"，而非真正意义上的"用教材教"。与新课标形势下的高效课堂教学要求相比，应该说还存在着相当大的差距。究其原因，一方面是因为教材上的图片虽然比较直观，但很静态；另一方面，人教版地理教材采用的世界海洋表层洋流的分布示意图是以太平洋为中心，大西洋被割裂开来，使得一般学生难以形成对洋流分布的比较全面的认识。对此，教师可以充分发挥主观能动性，积极开发并整合与本节教学内容有关的地理课程资源。比如，可以到网上下载，补充选用世界洋流的动态分布视频，以及以大西洋为中心的世界表层洋流分布示意图等，以此弥补教材的缺陷。

4. 重新组合有关内容

高中新课程标准提倡教学的选择性与开放性，允许教师在具体的教学过程中，根据实际情况需要，对教材内容重新整合处理。其中，尤为重要的一个方面，就是对教材的内容重新进行组合安排，使教材内容的展示与教学进程的推进更加符合学生认知发展的需要，也是课程资源开发要求的体现。比如，人教版教材对"洋流对地理环境的影响"的教学相关知识内容的介绍,是按照气候、生物、航行与污染四大主要方面依次序进行的。在具体的教学过程中,教师可以对这个顺序加以重新组合,如可以先介绍洋流对海洋航行和海洋污染的影响,然后再介绍洋流对海洋生物与气候的影响。通过对此部分教材内容的重组,一方面可以由浅入深、由易到难地开展教学,有利于学生理解和把握所学知识内容;另一方面,还可以避免学生产生洋流对气候的影响最为重要,而对于航行与污染的影响不太重要的错误偏见。

5. 展现形式与内容多元化

最新的高中地理课程标准提倡开展基于地理学科核心素养发展下的自主、合作与探究学习方式,在具体的课堂教学过程中,要真正贯穿与落实这一理念与要求,需要对教学内容及其形式的展现进行多元化的处理,以达到课程资源开发的目的和效果。比如,对于洋流3种成因类型、洋流分布规律以及洋流对地理环境与人类活动影响的总结,可以采用表格化处理方式,这样做有利于加强知识的对比性与系统性,便于学生更好地理解和把握。对于洋流性质的判断与分析,可以采取板画的方式进行图形化的处理方式,使得教学内容与方法更加生动、形象和具体。可以将洋流分布规律及其影响的课堂探究设计成问题的形式,通过问题化处理,为学生参与探究活动搭建平台,以促成教学目标的顺利实现。不难看出,教学内容与形式的多元化,不仅可以培养和激发学生的课堂学习兴趣,而且可以有效地实现教材的整合,从而实现课堂教学的有效性。

6. 适度拓展教材深度

高中地理课程标准强调地理学科的基础性,但高考命题则突出对学生地理学科核心素养的考查要求。化解这一矛盾的有效应对策略就是积极开展深度教学,适度拓展教材知识上的深度,以促进学生由低阶思维向高阶思维方向的转变,培养学生的综合思维能力,从而真正落实对学生地理学科核心素养的培养。例如,对于洋流对气候的影响,现行人教版地理必修一教材在 P58 的介绍是:暖流对沿岸气候有增温增湿作用,寒流对沿岸气候有降温减湿作用。无论是从科学性还是逻辑性的角度来看,这个表述本身没有问题。但在实际的地理教学过程中,不难发现,只要提及洋流对某地区气候的影响,不少学生都会形成这样的认识:凡是暖流,就一定会增温增湿;凡是寒流,则一定会对沿岸气候有降温减湿的作用。其实,洋流对气候的影响并非一年四季都是如此。为了让学生更深刻地领悟其中的道理,教师可以在教学过程中设计如下问题:一年四季中,日本暖流对沿岸气候的影响是否一样?如果有变化,请分析说明其冬夏季节对沿岸气候的影响有何差异?通过引导学生对这些问题进行深入的分析探究,可以发现,暖流对沿岸增温增湿作用主要发生在冬半年水温高于陆温的时段,寒流降温减湿作用则主要发生在夏半年水温低于陆温的时段。也就是说,洋流对气候的影响存在着季节性变化,这主要是由于海陆之间存在明显的热力性质差异所致,在此不做赘述。

第四章 地理课程教材资源的开发

学无止境,教无定法。在高中新课标的引领下,教师需要对《普通高中地理课程标准(2017年版)》加以认真分析与解读,真正树立新的课程观和教材观,依托教材而又不拘泥于教材,要对课程教材内容进行深层次的思考和探究,不因循守旧,敢于大胆取舍和创新,通过对教材进行不断的整合来开发高质量的课程资源,精心设计富有思考价值的探究性问题,促进学生学科核心素养的培养与不断提升。相信,课堂必将会因此变得更加精彩和高效。

二、乡土地理教材资源的开发

(一) 乡土地理教材的概念

所谓乡土地理教材,是指以本地方的位置、地形地貌、气候、水文、生物和土壤,以及人口、聚落、交通、工农业生产活动等地理知识为内容的地理教材。18世纪,法国启蒙思想家卢梭和瑞士教育家裴斯泰洛齐就曾主张教给儿童乡土地理知识。乡土地理教材因时因地而异,没有统一的版本,需要根据各地的具体情况进行开发和使用。

(二) 乡土地理教材开发的必要性与重要性

我国《全日制义务教育地理课程标准》(修订稿)规定,将乡土地理由原来的选学改为必学内容。由此可以看出,乡土地理不仅必要,而且也非常重要。它可以帮助学生认识学校所在地区的生活环境,引导学生主动参与、学以致用,培养学生的地理实践力,使学生树立可持续发展的观念,培养学生的家国情怀。编写乡土地理教材,实际上是校本课程资源开发的一个主要方面,属于科学知识与学生生活实际相关的课程建设部分,是教材的有益补充和良好的拓展延伸,有利于学生观察能力与分析能力的提升,若成功开发可以有效地提升地理课程的关注度、丰富地理课堂教学内容、激发学生的学习兴趣、增强学生对现实世界的认知能力,有利于帮助学生树立环保意识和家国情怀,提高他们的学习质量,为人生的可持续发展奠定良好的基础。

(三) 乡土地理教材的课程标准要求

(1) 运用地图,描述家乡的地理位置,分析其特点。

(2) 利用图文资料说明家乡主要地理事物的变迁及其原因。

(3) 举例分析自然资源、自然灾害对家乡社会、经济等方面的影响。

(4) 对家乡的人口资料与全国人口情况进行比较,说出家乡人口数量和人口变化的特点。

（5）了解家乡的对外联系现状，认识家乡进一步改革开放的重要性。

（6）了解家乡的发展规划，关注家乡的未来发展，树立建设家乡的志向。

活动建议：开展乡土地理调查、为家乡建设献计献策等活动。例如，提出一个自己感兴趣的乡土地理课题，开展相关的实地调查，交流调查结果；开展为实现家乡的绿色生活献计献策活动。

新课标要求乡土地理教材的编写应纳入地方课程开发计划，并切实加以落实；提倡积极开发小尺度区域（乡、镇以下）的乡土地理校本课程。在乡土地理教学中，至少应安排一次野外（校外）考察或社会调查。这里的"乡土"范围一般是指县一级行政区域。根据各地的实际情况，乡土地理的教学也可以讲授本地区（地级市）地理，或者本省（直辖市、自治区）地理。乡土地理既可以作为独立学习内容，也可以作为综合性学习的载体。学生可以通过收集身边的资料，运用已掌握的地理知识和技能，开展以环境与发展问题为中心的探究式实践活动。

（四）乡土地理教材资源开发的主要问题

1. 制度保障欠缺

乡土地理课程虽然从选学内容变成了必学内容，地位得到了明显的提升，但国家并没有规定相应的教材，同时，由于受应试教育的制约，乡土地理在考试中不可能作为重点内容。因此，乡土地理教材资源的开发缺乏制度方面的保障。各地方政府和教育机构为了保证中考和高考升学率，将大量的人力、物力和财力集中到升学考试领域，并不重视乡土地理课程教材资源的开发与利用。

2. 开发意识和能力不强

为了提高和保障中高考升学的升学率，无论是管理层还是教师，对于乡土地理课程教材资源开发的意识大多显得非常薄弱，认为这部分内容可有可无，因此也不愿意进行过多的乡土地理研究。加之各地缺乏对地理教师相关的培训和指导，使得开发的主体缺乏相关的开发理论知识与方法和技巧。

3. 开发方式和途径单一

由于缺乏相关的经费支撑和投入，乡土地理课程教材资源的开发大多依赖于互联网上的信息和资源，加之地理教师的开发意识与能力不强，使得开发的方式和途径显得非常的单一，因此教材内容与现实相比明显滞后，不少新鲜的乡土地理素材无法及时进入教材中，因而难以很好地发挥乡土地理教材的作用。

4. 开发质量不高

不少教师认为乡土地理课程教材资源的开发是课程专家才能干的事，他们的主观能动性不强，不愿去深入地研究和实践。同时，由于此项工作受重视的程度不够，教师的开发

第四章 地理课程教材资源的开发

意识与能力不强,且又缺乏相关的理论指导,于是,有的东拼西凑,有的按自己的喜好和熟悉程度操作,比如有的偏重于自然地理,有的偏重于当地的风土民情等,使得所编写的乡土地理教材残缺不全、片面化,缺乏科学完整的体系,因此开发质量不高,进而影响乡土地理教材的使用。

(五)乡土地理教材资源开发的基本原则

1. 科学性原则

乡土地理教材是对国家地理教材的有益的补充和拓展,承担着培养学生爱家爱国的情怀和地理实践力以及创新思维能力的重任,因此,乡土地理教材资源的开发必须遵循科学性原则,要避免出现知识性和常识性的错误,要遵循学生的一般心理特征和认知水平,所选内容的深度、难度要适中,内容务必要真实和准确,编排体例要做到科学合理,便于学生学习和使用。

2. 特色性原则

乡土地理属于区域地理的范畴,但又不同于区域地理中的世界地理和中国地理,其内容和范围要小得多,其追求和体现的是本乡本土的地理内容。这里的"乡土"范围一般是指县或市一级行政区域。根据各地的实际情况,乡土地理教学也可以讲授本地区(地级市)地理,或者本省(直辖市、自治区)地理。因此,乡土地理教材资源的开发需要遵循特色性原则,也就是要充分体现地方性特色。比如,如果是针对四川省内江市的学生开发乡土地理教材,就应该编写内江市当地的自然或人文地理方面的内容,这样一方面有助于学生更加了解和熟悉自己的家乡,进而培养学生热爱家乡、建设家乡的情怀,另一方面这些内容贴近学生的生活实际,符合新课标的理念与乡土地理课程的教学要求。

3. 思想教育性原则

乡土地理教材资源的开发是地理课程资源开发的重要组成部分和内在要求,承担着培养学生爱家爱国情怀的重任,必须遵循思想教育性原则。最新的课程改革要求将立德树人放在首要位置,因为德才兼备才能算得上是真正的人才。有道是,有德有才是正品,有德无才是半成品,有才无德是危险品,无德无才是废品。可见道德品质是多么得重要。因此,乡土地理教材资源的开发,应将关心和热爱家乡和祖国的思想情感有机地贯穿并渗透到课程内容之中,从而激发学生报效家乡与祖国的热情。

4. 实践性原则

从已有的情况来看,乡土地理教材资源的开发大多注重文本资源的开发和利用,真正带领学生到家乡实地去进行调查、参观和访问的项目和内容少之又少,这不利于学生从现实层面亲身感受家乡的自然与人文景观及其变化,也不利于对学生地理实践力的培养。因此，乡土地理教材资源的开发必须遵循实践性原则。要尽可能引导学生深入家乡实地开展调查研究或研学旅行，让学生在实践过程中考察、学习和思考，切实为家乡的发展献计献策，以达到学以致用的目的和效果。

5. 思考性原则

以前的乡土地理教材大多为知识介绍性的内容，差不多可以称之为乡土地理读本。教材中虽然也设置了有关的问题，但基本上属于死记硬背之类的内容。学生学习了之后，最多只是增加了对于家乡的一些认识而已，不利于学生思维能力的培养和提升。因此，乡土地理教材资源的开发应遵循思考性原则，要在其中设置具有思考价值的问题，这样一方面可以培养和锻炼学生的综合思维能力，另一方面也有助于他们为家乡的发展提供有益的探索。

6. 灵活性原则

乡土地理教材资源的开发方式和途径不能过于单一，可以通过计算机网络，也可以通过图书馆或气象局、科技馆，或者实地调查等进行资料的搜集和整理；内容的选取不一定大而全，可以根据当地的实际情况灵活确定；内容的呈现方式可以是文本，也可以是光盘或动画视频等。通过乡土地理教材形式与内容和手段的多样化体现灵活性，不仅有助于提升乡土地理教材资源开发的质量，而且也有利于资源的高效利用。

7. 发展性原则

乡土地理教材资源的开发还必须遵循发展性原则。这里的发展性，一方面是指教材内容要体现时代发展的特征和要求，除了自然地理内容相对比较稳定以外，人文地理的大部分内容都要不断发展和变化，比如家乡城区的人口和面积可能在增加、环境污染的状况可能出现新的情况，因此，要对这些内容尽可能地及时更新，以体现家乡的真实情况；另一方面是指开发者还需要在教材中渗透可持续发展的思想理念，引导学生时时关注家乡的环境与发展问题，从而体现乡土地理课程和教材资源开发的真正价值和作用。

（六）乡土地理教材资源开发应用的基本思路

（1）建立开发领导和成员班子，做好人力、物力准备。

（2）制订开发工作计划，搞好分工合作安排。

（3）开展乡土地理选题研究和论证工作。

（4）多渠道搜集并整理和完善有关乡土地理资料。

（5）开展乡土地理教材开发理论培训，联系有关专家进行有关指导。

（6）在广泛征求意见和建议的基础上，进行乡土地理教材的编写和校验工作。

（7）联系有关出版社出版发行乡土地理教材。

（8）收集乡土地理教材使用的信息反馈意见和建议，并有针对性地进行乡土地理教材的完善修订工作。

三、地理校本课程教材资源的开发

（一）地理校本课程的概念

地理校本课程是学校或学校教师根据学校自身的发展需要，在理解国家地理课程纲要的基础上，根据自身特点和资源状况，设计、组织并实施的地理课程。地理校本课程相对于国家课程和地方课程而言，属于学校一级课程，是学校自定的课程，因而能够更加关注学生个性发展的需求，对学生获得知识、参与生活、增加体验、实现创新的培养更具有针对性。无论发达国家还是发展中国家，在贯彻国家课程的过程中，都允许和鼓励一定比例的校本课程的存在。国家课程与校本课程互为支持，互为补充，缺一不可。我国实施新课程以来，在校本课程方面对教师的要求越来越高，无论在岗教师还是职前教师，都应掌握校本课程开发的理论与方法。

（二）地理校本课程开发的意义和作用

地理校本课程开发是一件意义重大并且影响深远的事情。国家统一的核心课程是以学生的一般学习需要为基础的，难以顾及每个学校、每名学生之间的差异。地理校本课程直接指向本校学生发展中的个性、特长、兴趣和发展中的不足及缺陷，是国家课程开发的重要补充，地理校本课程可以为学生提供更加广阔的发展空间。地理校本课程的开发，可以完善学校的办学个性。

（三）地理校本课程教材资源开发的主要问题

1. 缺乏规划，系统性不强

由于地理校本课程教材资源的开发不属于应试教育的重点教学项目内容，因此难以得到学校和有关教育机构的重视和投入，缺乏统一的部署和规划安排，领导和教师大多出于面子工程的需要而为之，导致地理校本教材开发的系统性不强，对学校整个校本课程建设与发展带来不利的影响。

2. 缺乏特色，针对性不强

地理校本课程教材资源开发作为国家核心课程的有益补充和拓展延伸，旨在弥补教材地方性特色的不足，以拓展学生的知识面，提高学生的学习兴趣，体现地方学校的育人特色，但由于教师缺乏相关的校本地理课程教材资源开发的基本理论和方法，缺乏对校本地理课程教材资源要求的充分认识，因此所开发的校本地理课程教材缺乏特色，不能充分反映和体现当地的地理状况，针对性不强，无法有效地满足学生对校本地理课程学习的真正需要。

3. 缺乏团队，存在随意性

由于受应试教育的长期束缚，加之受到人力、物力和财力的制约，地理校本课程教材资源的开发往往不能聚集有关的人员共同参与集体开发，缺乏团队运作，难以集思广益，因此常常存在随意性。不少教师往往根据自身的爱好和主观愿望来选择和确定地理校本课程教材的主题，且教材缺乏相关的深入研究和论证，导致所开发的地理校本课程教材质量不高。

4. 缺乏实践，偏重理论性

在地理校本课程教材资源开发过程中，为了节约成本，减少麻烦，教师往往不会实地调查和研究，常常依赖计算机网络资源进行地理校本课程教材资源的收集和整理，使得地理校本课程教材的编写偏重理论性，而实践性并不强，不利于学生地理实践力的培养和提升。

（四）地理校本课程教材资源开发的基本原则

1. 系统性原则

所谓系统性原则，包含3个方面：一是应将整个地理校本课程教材资源的开发作为一个系统性工程来抓，有计划，有安排，有措施，有落实；二是地理校本课程教材结构要有完整的体系，不能丢三落四，支离破碎；三是要兼顾理论性与实践性的有机结合，运用有关的理论指导实践操作，通过实践来对理论加以应用和检验，使二者相得益彰，从而保证地理校本课程教材资源开发的质量。

2. 针对性原则

地理校本课程教材作为校本课程的重要载体，承担着拓展核心课程的重任，如果不能针对当地的地理状况和学生的实际来加以开发，也就失去了它本来的意义和作用，因此，地理校本课程教材资源的开发应遵循针对性原则。教师应在认真调研当地的地理状况以及学生的兴趣和实际需求的基础上，精心选择和确定恰当的教材主题，据此搜集有关的素材，认真且高质量地完成地理校本课程教材的编纂和修订工作。

3. 探究性原则

如前所述，地理校本课程能够更加关注学生个性发展的需求，对学生获得知识、参与生活、增加体验、实现创新的培养更具有针对性。如果教材内容只是对有关知识的罗列，那顶多只能算是一个地理读本而已，无法充分发挥地理校本课程的真正作用与功能。因此，地理校本课程教材资源的开发应该遵循探究性原则。教师要结合有关的地理知识设计相应的探究性活动，以引导学生在地理校本课程的学习中开展研究性学习，培养其具体问题具体分析的意识与能力，从而提升学生的地理学科核心素养。

4. 趣味性原则

学生在学校的学习任务一般较重，他们的学习生活本身也是比较单调和枯燥的，如果地理校本课程无法引起学生的学习兴趣，不仅达不到应有的效果，反而会加重学生的学习负担。因此，地理校本课程教材资源的开发应该遵循趣味性原则。教师可以采用图文并茂的形式编写教材内容，可以一些选择学生感兴趣的话题设计有关的探究实践活动，可以编选有关的音频、视频动画，以充分调动和激发学生的学习兴趣，从而达到事半功倍的效果。

5. 创新性原则

这里所说的创新，包括两个方面的内涵：一方面是地理校本课程教材形式的创新。它可以是文本形式，可以是光盘或动画视频，也可以是有关的地理模型。另一方面是地理校本课程教材内容上的创新。教材所选择和确定的内容需要时时更新，要紧跟时代发展的步伐和要求，要注意切合学生的个性与兴趣，要不断地开发具有学习探究价值的地理问题，从而使地理校本课程真正成为国家核心课程的有益补充和拓展延伸。

（五）开发时的注意事项

（1）地理校本课程属于学校层面的个性化课程，要有计划地开展学习活动，但切忌主次不分，以免影响国家课程的学习，给学生带来不必要的心理负担。

（2）要真正充分地发挥地理校本课程的价值和功能，必须依托地理校本课程教材实施教学，但又不能拘泥于教材。要树立正确的教材教学观念，应该是"用教材来教"，而不是"教教材"，如此不仅符合新的《普通高中地理课程标准（2017年版）》的理念与要求，而且还可以有效地盘活地理校本课程教材资源。

（3）地理校本课程的实施方式可以灵活多样，既可以在每周安排一课时进行课堂学习，也可以通过翻转课堂进行学习，还可以组织学生进行研学旅行、实地考察学习和探究，以此调动学生的学习热情，切实增长学生的见识。

（4）地理校本课程的学习与国家核心课程的学习之间并不矛盾，应引导学生正确认识并处理好二者之间的关系。

第五章

地理课程教学方法资源的开发

一、BOPPPS 模式在地理教学中的应用

(一) BOPPPS 模式概述

1. BOPPPS 模式的内涵

BOPPPS 模式是在北美高校兴起和发展起来的一种教师技能培训的模型，是根据教育学认知理论提出的教学过程设计方式，它将课堂知识的教学过程划分为 6 个组成部分，包括引入（Bridge-in）、目标/结果（Objective/outcome）、预测（Pre-assessment）、参与式学习（Participatory-learning）、后测（Post-assessment）和摘要/总结（Summary）。其中，引入环节设计的目的旨在吸引学生的注意和兴趣；目标/结果设计是为了让学生知道所要达到的教学目的；预测设计是想了解学生对课前基础知识所掌握的情况，以便有针对性地调控教学过程和内容；参与式学习环节的设计，是让学生从多方位参与课堂学习，从而掌握课堂学习知识；后测的意图是了解课程教学是否达到预定的教学目标，也就是及时检验课堂教学达到的教学效果如何；摘要/总结是对课堂教学知识点的回顾和总结，意在巩固所学知识，强化课堂教学的实效。不难看出，BOPPPS 模式名称的得来，正是其所包括的 6 个环节英文首字母的组合。在 BOPPPS 教学模式下，教学内容被分割成一个个的小单元，根据人脑的记忆周期以及专注时间、专注能力合理安排教学。

2. BOPPPS 模式的主要环节

（1）第一阶段是引入（Bridge-in），目的是吸引学生的注意力，帮助学生专注于即将要介绍的内容。教师于此阶段可采用的授课策略包含：提供学习此课程的理由、重要性或共通性；叙述与课程主题相关的故事，或者教师的个人经验；提出和教学主题相关的问题来引导学生进入课程；提供一个吸引人的引言或不寻常的事实；将接下来的内容与已经学

第五章 地理课程教学方法资源的开发

过或未来要学的内容相联系。

（2）第二阶段是学习目标/结果（Objective/outcome），由 3 个元素组成：认知（Cognitive）、情意（Affective）及技能（Psychomotor）。认知的内涵有要素、理论、观念；情意则包含态度、价值、信念、情绪；技能则为技巧与表现。教师应清楚传达教学目标，如课程的重点知识、学习价值，以及可习得之能力，让学生明确掌握学习的方向。课程目标必须是具体明确的叙述，包含对象是谁（Who）、将学到什么（Will do what）、在什么情况下（Under what condition）及学得如何（How well）等组成要件。

（3）第三阶段是在建立学习目标之后进行的预测（Pre-assessment）。对教师而言，透过预测可了解学生的兴趣与能力，进而调整内容的深度与进度；对学生而言，可透过预测聚焦于特定目的，也可借此向教师表达复习或澄清的需求。考试、作业，或者非正式提问，如开放式问题及脑力激荡，皆可达到预测的目的。

（4）第四阶段为参与式学习（Participatory-learning），分为两种类型，常见的一种是教师与学生之间的互动，另外一种则是同学之间的讨论。在这个阶段，教师要善于运用教学策略，为课堂内学生的参与积极度加温。常见的做法是将学生分成小组来讨论教材中的问题，或者在讲课中停顿一下，让学生进行反思。此外，亦可鼓励学生提出自我思考问题，或者设计模拟情境，将课堂参与者都拉入到互动的情境中。

（5）第五阶段，课程进度告一段落后，则要进行后测（Post-assessment），以了解学生的学习成效并检验是否达成教学目标。针对不同的课程教授内容，有不同的评量方式。若是知识理解型的课程，可采用选择题或简答题检验；应用分析型的课程，则可请学生练习分析特定情境；技能传授型的课程，可采用检核表检验，或请学生简单地展示所学内容；若是态度价值型的课程，则可请学生填写态度量表、撰写心得短文或日志札记。

（6）最后则是摘要/总结（Summary），此阶段有着承前启后的功用，教师应帮助学生总结课堂内容、整合学习要点，以及预告下堂课的内容。此外，适当表扬学生的努力和学习成果也是常见的课程总结方式。

（二）BOPPPS 模式的主要特点

1. BOPPPS 模式的优点

BOPPPS 的优点主要包括以下 3 个方面。

（1）关注学情，特色鲜明。

与一般的教学设计相比，BOPPPS 模式尤其关注学生的学情，具有鲜明的特色，符合以生为本的教学理念与原则。这主要表现在两个大的方面：一是专门设计安排了预测的教学环节，即根据课堂教学知识内容的需要以及教学目标，在正式开始学习新课内容之前，精心设置几个相关的问题让学生思考和回答,以此检测和了解学生已有的知识基础情况,摸清学生的基本学情,以便针对学生的学情实际,有针对性地实施并调整教学流程,可谓真正做到了对症下药,因人施教。二是在参与式学习环节之后,紧接着安排后测环节。在课堂学习之后检验学生究竟学得如何、掌握了哪些知识、还存在哪些问题和不足。针对课堂学习的主要内容,教师应认真设计安排几道测验题目,及时地加以检测,以此当堂获得明确的教学信息反馈,师生可借此进行知识的及时弥补和完善,为下一节课的教授与学习奠定基础。

(2) 强调参与,注重过程。

BOPPPS 模式尤其强调课堂上学生的参与,十分注重学生的学习过程,这一点与我国目前新课程标准的理念非常吻合,充分体现了过程与方法目标的内在联系。在课堂教学中,按事先预设的师生互动项目开展教学活动,或者根据学生的反应开展小组讨论,进行探究式学习,尽可能让每名学生都能够参与进来,充分发挥学生的主体性与主观能动性,真正让学生体验到学习过程中获取知识的快乐,可有效地实现教学的良性循环。

(3) 遵循规律,讲求实效。

我们知道,教学要实现预定的目标,要达到预设的效果,就必然要遵循教育教学的规律。从这个角度看,BOPPPS 模式还有一个显著的优点,就是遵循教育教学的基本规律,非常讲求实效。具体表现在:课前检测可以温故知新,符合学生的一般认知和记忆规律;课中要求所有学生全员参与式学习,关注并促进了每个学生的进步和发展,符合素质教育的理念与要求;课后及时检测反馈,高效率地追求实际的教学效果,有效地减轻了学生的课后学习负担,的确值得推崇。

2. BOPPPS 模式的缺点

当然,任何事物都不是尽善尽美的。BOPPPS 模式优点十分突出,但也存在缺点和不足之处。主要体现在两个方面:一是格式千篇一律,缺乏足够的灵活性;二是忽略课后作业的设计环节,不利于学生课后对课堂学习的知识进行运用和巩固。

在了解 BOPPPS 模式后,教师便可根据以上 6 个环节精心设计课堂教学内容,或者评估并修正已经讲授过的课程内容,也可以透过微型教学的反复练习,从而使自身的教学技能更加精进。

(三) BOPPPS 模式在地理教学中的应用案例

根据 BOPPPS 模式的设计理念与要求,以现行人教版高中地理必修一教材第二单元第一节第一课时"大气的受热过程"为例,设计教学方案见表 5-1。

第五章　地理课程教学方法资源的开发

表 5-1　"大气的受热过程"教学方案

课题	2.1.1 大气的受热过程
引入	通过前面内容的学习，我们知道，太阳辐射最强时刻在地方时正午 12：00，而一天中最高气温却常常出现在 14：00 左右，原因何在？
目标/结果	（1）知识与技能：能结合有关的图文资料，总结归纳大气受热过程原理，并能利用原理解释有关的地理现象。 （2）过程与方法：通过自主学习、合作讨论以及读图分析，探究归纳大气受热过程原理，并解释有关的地理现象。 （3）情感态度价值观：培养关爱自然、探求科学真理的习惯和精神。
预测	（1）大气的组成成分有哪些？ （2）一天中的气温为什么会存在变化？ （3）青藏高原地区太阳总是很毒，为什么山顶终年积雪？
参与式学习	（1）太阳辐射进入大气层以后总是被削弱，探究其原因。 （2）为什么说地面是近地面大气主要的、直接的热量来源？ （3）比较太阳辐射、地面辐射与大气（逆）辐射的波长大小。 （4）讨论探究大气对地面具有保温作用的原理。
后测	（1）月球表面昼夜温差可达 300℃，地球则要小得多，为什么？ （2）为什么在深秋季节的时候，霜冻多出现在晴朗的夜晚？
摘要/总结	（1）通过学习，能够分析总结大气的受热过程。 （2）在理解掌握大气受热过程原理基础上，解释有关的地理现象。

（四）反思

通过 BOPPPS 模式在地理教学中的案例应用设计，不难看出，该模式与其他模式相比的确优点非常突出，课堂教学环节紧凑、课堂教学效率与效果也相当不错。但同时也不难发现，它还存在一些缺点与不足之处。比如，设计缺乏授课的类型，没有总体课时、课堂各环节用时的具体安排说明，缺少重难点的分析说明等。此设计可作为教师的教案使用，也可以作为学生的学案。此外，有关问题的设计不能闭门造车，教师一定要认真调研学情，加强教研，积极和同行交流探讨，反复思考，不断改进和完善方案。本案例的优点是严格按照 BOPPPS 模式理念与要求进行地理教学设计，问题设计抓住了教学的重点和关键，不足之处是引入的设计虽有思考价值，但激发兴趣功能不足，可以适当加以改进。BOPPPS 教学设计评分表见表 5-2。

表 5-2　BOPPPS 教学设计评分表

项目	评分标准	很不认同	较不认同	一般认同	比较认同	非常赞同
B：引入	能够成功地引起学生的学习动机，导入主题成功（学生想知道？有兴趣？好奇？）	1	2	3	4	5
具体建议						
O：目标/结果	能够明确地说明课程目标，并且目标是可衡量和评估的	1	2	3	4	5
具体建议						
P：预测	能够有效地了解学生在课前的相关先备知识与能力基础	1	2	3	4	5
具体建议						
P：参与式学习	能够设计合理的课堂教学活动，让学生全部都能够积极主动地参与到课堂学习中来	1	2	3	4	5
具体建议						
P：后测	能够通过有效的方式检测和了解学生的课堂学习情况	1	2	3	4	5
具体建议						
S：摘要/总结	能够有效地帮助学生统整、反思、延伸课堂教学内容	1	2	3	4	5
具体建议						
总体而言，你认为授课者的教学方式最特别的两项						
总体而言，你最想给授课者的两项教学建议						

二、地理微课的设计

（一）微课概述

2008年秋，美国新墨西哥州圣胡安学院"一分钟教授"戴维·彭罗斯首创了影响广泛的"一分钟微视频"的"微课程"。2011年，广东省佛山市教育局教育信息网络中心的胡铁生老师率先提出了微课的概念。微课的定义存在诸多的说法，但都大同小异。在此列举几例：微课是指按照新课程标准以及教学实践要求，以视频为主要载体，记录教师在课堂内外教育教学过程中围绕某个知识点（重点、难点或疑点）或教学环节而开展的精彩的教与学活动全过程；微课是指时间在10 min以内，有明确的教学目标，内容短小，集中说明一个问题的小课例。时间限制，目标明确，以知识点为单位是微课的基本特征。从资源角度考察，微课是课程改革与信息化进程中的学习资源创新，是将学习内容与学习方式整合为一体的新型资源。微课是课程精华部分的浓缩。技术特点：微视频，一般不超过10 min。微课表现为视频形式，常与翻转课堂相结合。微课教学的3个步骤分别是：引入课题、内容讲授，以及课堂总结。微课的基本要求是：切入课题要迅速，讲授线索要清晰，教师语言要得体，课堂板书要简约，课堂小结要快捷。对一些重要的基本概念，既要说清楚它是什么，又要说清楚它不是什么，让学生明确基本概念和原理。对于关键技能的教学，要清楚地说明应该如何做，不应该如何做。每一节微课结束时，要有一个简短的总结：概括要点，帮助学习者梳理思路，强调重点和难点。微课应有恰当的提问：问题的设计要恰当，灵活使用多样化的提问策略，促进学生思考。微课是整个教学组织中的一个环节，要与其他教学活动配合。教师要给学生提示性信息，用颜色线标识，或用符号图形标注，也可在屏幕侧边列出关键词；不要轻易跳过教学步骤，即使是在面对很简单、很容易的内容时。一节微课只说一个知识点，尽量控制在10 min以内，时刻谨记微课的教学对象是学生，场上无学生，但心中一定要有学生。

（二）微课制作技术指标及录制方法

微课制作技术指标及录制方法如表5-3，特别说明如下。

（1）建议在微课录制过程中多使用交互式电子白板及概念图等技术工具。

（2）单节微课时长一般不超过10 min。

表 5-3 微课制作技术指标及录制方法

录制模式	录制工具	录制方法	录制步骤	录制技术要求
COP 教室录播系统	交互式电子白板、COP 教室录播系统	对电子白板上的演绎过程用录播系统进行录制	第一步：针对本节微课所选定的主题，完成白板课件，并准备好其他媒体素材 第二步：打开 COP 录播系统，建议采用默认设置。如无学生，则在"录制模板"中选择"单流单屏"；如有学生配合，则在"录制模板"中选择"双流单屏" 第三步：开始录制，将整个教学过程录制下来	将录播系统生成的文件夹进行压缩并提交，成品大小最好不超过 100 MB
录屏软件+PPT	电脑、耳麦（带话筒）、屏幕录制软件（Camtasia Studio）	对电脑上结合 PPT 的演示过程进行屏幕录制，并辅以配音	第一步：针对所选定的教学主题，搜集教学材料和媒体素材，制作 PPT 课件 第二步：在电脑屏幕上同时打开视频录像软件和教学 PPT，执教者带好耳麦，调整好话筒的位置和音量，在调整好 PPT 界面和录屏界面的位置后，单击"录制桌面"按钮，开始录制。执教者一边演示一边讲解，可以配合标记工具或其他多媒体软件或素材，尽量使教学过程生动有趣 第三步：对录制完成后的教学视频进行必要的处理和美化	（1）视频画面能清晰展示电脑屏幕中的演绎过程，画面须保持连贯性 （2）教师的声音清晰可辨，杂音、噪音不明显 （3）视频成品压缩采用常用流媒体格式，成品大小不超过 100 MB
DV 机+黑板	DV 录像机、黑板、粉笔、其他教学工具	对黑板上的教学演绎过程进行录制	第一步：针对微课主题，进行详细的教学设计，形成教案 第二步：利用黑板展开教学过程，利用便携式摄像机将整个过程拍摄下来 第三步：对视频进行简单的后期制作，进行必要的编辑和美化	
DV 机/手机+白纸	手机、白纸若干张、不同颜色的笔、其他教学工具	对纸笔结合的教学演绎过程进行录制，并辅以配音	第一步：针对微课主题，进行详细的教学设计，形成教案 第二步：用笔在白纸上展现出教学过程，可以是画图、书写、标记等行为，在他人的帮助下，用手机将教学过程拍摄下来。尽量保证语音清晰、画面稳定、演算过程逻辑性强，解答或讲授过程明了易懂 第三步：对视频进行必要的编辑和美化	
录屏软件+手写板+画图工具	屏幕录像软件（Camtasia Studio）、手写板、麦克风、画图工具（Windows 绘图工具）	通过手写板和画图工具对教学过程进行讲解演示，并使用屏幕录像软件录制	第一步：针对微课主题，进行详细的教学设计，形成教案 第二步：安装手写板、麦克风等工具，使用手写板和绘图工具，对教学过程进行演示 第三步：通过屏幕录像软件录制教学过程并配音 第四步：对视频进行必要的编辑和美化	

（三）微课教学模板设计

微课教学模板设计如表5-4所示。

表5-4 微课教学模板设计

授课教师姓名		学科		教龄	
微课名称		视频长度		录制时间	
知识点来源	学科：_____ 年级：_____ 教材版本：_____					
知识点描述					
预备知识	听本微课之前需了解的知识				
教学类型 （待定）	□讲授型　□问答型　□启发型　□讨论型　□演示型　□实验型　□练习型 □表演型　□自主学习型　□合作学习型　□探究学习型　□其他类型				
适用对象					
设计思路					
教学过程					
	内容				时间
一、片头 （30 s 以内）	内容：大家好，本节微课重点讲解……				30 s 以内
二、正文讲解 （8 min 左右）	第一部分内容：				_____s
	第二部分内容：				_____s
	第三部分内容：				_____s
三、结尾 （30 s 以内）					30 s 以内
自我教学反思					

(四) 微课教学评审标准

微课教学评审标准如表5-5所示。

表5-5 微课教学评审标准

一级指标	二级指标	指标说明
选题设计（10分）	选题简明（5分）	主要针对知识点、例题/习题、实验活动等环节进行讲授、演算、分析、推理、答疑等教学选题。尽量"小（微）而精"，建议围绕某个具体的点，而不是抽象、宽泛的面
	设计合理（5分）	应围绕教学或学习中的常见、典型、有代表性的问题或内容进行针对性设计，要能够有效解决教与学过程中的重点、难点、疑点、考点等问题
教学内容（20分）	科学正确（10分）	教学内容严谨，不出现任何科学性错误
	逻辑清晰（10分）	教学内容的组织与编排，要符合学生的认知逻辑规律，做到主线清晰、重点突出、逻辑性强、明了易懂
作品规范（15分）	结构完整（5分）	具有一定的独立性和完整性，作品必须包含微课视频，还应该包括在微课录制过程中使用到的辅助扩展资料（可选）：微教案、微习题、微课件、微反思等，以便于其他用户借鉴与使用
	技术规范（5分）	微课视频时长一般不超过10 min，视频应画质清晰、图像稳定、声音清楚（无杂音）、声音与画面同步 微教案要围绕所选主题进行设计，要突出重点，注重实效 微习题设计要有针对性与层次性，设计合理难度等级的主观、客观习题 微课件设计要形象直观、层次分明、简单明了、教学辅助效果好 微反思应是在微课拍摄制作完毕后进行的观摩和分析，应力求客观真实、有理有据、富有启发性
	语言规范（5分）	语言标注、声音洪亮、有节奏感、语言富有感染力
教学效果（40分）	形式新颖（10分）	构思新颖，教学方法富有创意，不拘泥于传统的课堂教学模式，类型包括但不限于：教授类、解题类、答疑类、实验类、活动类、其他类；录制方法与工具可以自由组合，如用手写板、电子白板、黑板、白纸、PPT、iPad、录屏软件、手机、DV摄像机、数码相机等制作
	趣味性强（10分）	教学过程深入浅出、形象生动、精彩有趣、启发引导性强，有利于提升学生学习积极主动性
	目标达成（20分）	完成设定的教学目标，有效解决实际教学问题，促进学生思维的提升、能力的提高
网络评价（15分）	网上评审（15分）	参赛作品发布后受到欢迎，点击率高、人气旺、用户评价好，作者能积极与用户互动。根据线上的点击量、投票数量、收藏数量、分享数量、讨论热度等综合评价
总计		

注：若发现参赛作品侵犯他人著作权，有反动性、敏感性内容导向，则一律取消参赛资格。本标准参考第四届全国中小学优秀教学案例评学活动（教育部）

三、说课存在的问题及策略

（一）说课的定义

"说课"一词最早于1987年由河南省新乡市红旗区教师提出，河南省新乡市红旗区教育委员会也较早地对"说课"概念进行了定义，认为说课无论是从广义和狭义来认识，都是运用口头语言表达的形式，以教育教学理论为根据，针对所教教材的教学设计与实践，以教师自身和教师群体为对象的教学研究活动。目前，说课的定义存在诸多说法，可谓仁者见仁，智者见智，但都大同小异。笔者认为，所谓说课，是指从事学科教育教学一线工作的教师或教学研究人员，或高等院校师范专业大学生或研究生，根据新的《普通高中地理课程标准（2017年版）》的理念与要求，借助多媒体或其他教学工具，按照一定的程序，就地理课堂教学中的某一节或某一单元甚至某一本教材的教学设计以及依据进行较为详细的口头阐释与说明的教学活动形式。目前，说课作为一种重要的集体备课教学研究和师资培训形式，受到了广泛的关注。

（二）说课的意义与作用

为了使课堂教学更加富有成效，加强教学的研究非常必要也非常重要。正是在教学研究的形式与方法手段不断发展的大环境下，说课应运而生并得到了较快的发展。其主要的意义与作用体现在以下几个方面。

1. 促进教研活动的深度开展

面临我国基础教育课程改革持续推进的形势，教学研究活动不仅要坚持进行，而且还要紧跟课程改革的新步伐，以保证教学研究的质量。以前的中学地理教研活动，主要就是上课，比如新教师的汇报课、青年教师的观摩课或研究课、骨干教师的公开课、示范课或者比赛课等，然后围绕授课教师展示的课堂教学进行相关的评课活动。在评课的过程中，所有参与者都可以参与评课，授课教师总是显得比较被动，大家也难以知道授课教师备课的意图与依据，这使得教学研究活动的开展，更多的是在帮助授课教师一个人进步，因此降低了教研活动的质量与功效。随着说课活动的有效开展，这种情形得到了较为明显的改变。通过说课者的展示，参与者都可以知道其对课程教学设计的理念与思路，以及他为什么这样设计和讲解，从更深的层次对课堂教学进行探究和阐释，这样一方面迫使说课者加强对有关的课程标准、说课的教材以及教学方法等方面进行深度研究；另一方面教学研讨也因此而更加富有内涵和成效，有利于挖掘教研的深度与广度，有利于实现教学研究与教学实践的深度融合，从而促进教研活动的深度开展，最终从真正意义上实现教学研究活动的价值和功能。

2. 促进教师的专业化发展

要想搞好说课，并非易事，有时甚至比上好一节课还要困难。因为说课不仅要求说课者要说清楚怎么上课，还要说清楚为什么这样上课的理由。说课一方面需要说课者深入钻研相关教材，认真分析和研读课程标准；另一方面还需要说课者调研学生的学情，并运用有关的教育教学理论来加以教学指导。说课者不仅要把握好教学的三维目标、重难点以及教法与学法，而且还要从深层次解读确定的理由或依据何在。要较好地完成这些任务或要求，说课者必须事前狠下功夫。同时，说课者还要设计制作相关的说课课件，并通过良好的语言、教态以及板书、板画等教学基本功展示出来。而整个过程，正好体现了教师专业化发展的过程。因此可以说，说课活动的有效开展，具有促进教师专业化发展的重要作用。

3. 有效提升教学质量水平

说课与单独的课堂教学，具有很大的差异性。说课者的精心准备与展示，不仅为说课者带来了教学的任务型驱动，强化并优化了各个教学环节，同时，也为说课活动的参与者提供了不同的教学设计理念、思路与方法，甚至于带来新的教学亮点，通过教学的深度研讨，也可为自身高质量的备课提供反思的模板，比如教学重点与难点的确定，以及突破重难点的方法与技巧、深度探究问题的厘定、课堂练习的有效制备等，有利于教学设计的高质量改进。一旦有了高质量的教学设计，教学过程的实施便会变得更加顺畅，这不仅可以提高课堂教学的效率，而且还可有效提升课堂教学的质量水平。

（三）说课的主要环节内容与要求

在说课发展的初期阶段，有关学者把说课环节主要界定为说教材、说教法、说学法以及说教学过程等。张志安在其《新课程改革与说课内容的扩展》一文中认为，在新课程改革的形势下，应对说课内容进行扩展，在内容上还应包括说新的课程教学理念、说学生学情分析等。随着我国基础教育事业的不断发展，说课内容也有所拓展。尽管各地开展的说课活动存在一定的差异，但基本上都遵循了一定的要求。归纳起来，说课的主要环节与要求，一般都包括以下几个方面。

1. 说教材

说教材环节，一般包括对课程标准的简单解读与对教材的分析两个方面。对课程标准的简单解读，首先要展示出课标的具体内容，在此基础上对其中的行为主体、行为动词以及具体的课程内容要求进行分析说明。只有较好地完成了对课标的解读，对教材的分析才可能到位，因为，课程标准是教材编写的依据和教学的行动指南。对教材的分析则包括分析教材的地位与作用、教学的三维目标、教材的重点与教学难点。分析教材的地位与作用，一般从微观和宏观两个方面进行。微观上主要是分析本课内容在本节或本单元中与前后内容的联系与作用，宏观上则应就本课内容在整本教材中的地位与作用进行分析说明。教学的三维目标包括知识与技能目标、过程与方法目标以及情感态度与价值观目标。其中，知识与技能目标主要体现学习的结果，过程与方法目标主要体现的是探究学习的过程以及所采用的有关方法，情感态度与价值观目标则从兴趣、思想道德以及精神意志等方面体现课堂教学的目的，三者并不是孤立存在的，而是相辅相成的。教材的重点相对固定，一般是教材中的主要内容或考试的核心考点。教学的难点则因不同班级学生的学情或学习时段而异，主要是指那些复杂的、难以理解掌握或记忆的知识与方法方面的内容。在对教材分析的过程中，说课者不仅要说清楚教学的目标以及重难点本身的内容，同时还要阐明确定这些内容的依据或原因，否则，说课就会显得缺乏说服力。

2. 说学情

有分析认为，有些教师的教学效果不理想，其中一个很重要的原因就是由于其"目中无人"。这里所讲的"目中无人"，实际上就是指没有考虑学生的学情。教育理论一直倡导我们要因人施教，也就是要根据学生的一般生理与心理特征把握学生的认知能力水平，以及学生已有的知识与能力基础，这些即是学生学情的主要内涵。在准备说课的过程中，说课者一定要深入到学生中间去进行实际层面的详细调研，可以通过面对面交谈、问卷调查、电话、QQ或微信等多种方式或途径了解学生学习上的基本情况与需要，然后予以梳理归纳，这些都可为教学的相关设计提供有价值的参考。

3. 说教学方法

实际上，说教学方法应包括说教法与说学法两个方面。有道是，教无定法，学要得法。所说的教法与学法，务必都是符合教学规范要求的专业术语，比如，教法有讲授法、谈话法、讨论法、练习法、图示法、读图析图法、读书指导法、情景教学法、问题教学法、错误教学法、主题教学法、尝试教学法、直观演示法、实验法、项目教学法、多媒体辅助教学法等；学法有自主学习、合作学习、探究学习等。说教学方法还要求明确说出确定采纳的依据或理由，一般主要是依据课程标准的理念与要求、教学的三维目标、教学的重难点内容的特点以及学生的学情而定，体现自主性、针对性、可操作性、差异性以及巩固性。

4. 说教学过程

在说课的各个环节中，说教学过程应该是说课的重点，教学过程一般应包括组织教学、导入新课、新课教学、课堂总结、作业布置或拓展延伸，以及教学反思等环节。新课教学具体应包括学生自主学习、合作讨论、课堂探究以及课堂练习环节。在说教学过程的时候，说课者不仅要说出教学过程中每一个环节的名称，而且还要详细地说明该环节操作的具体方式、内容以及设计的意图或作用，同时，对于每一个环节所需要的教学时间也需要进行详细的安排和说明，以便保证突出重点与突破难点所必需的时间，更好地调控课堂教学的节奏，从而顺利地达成教学的预设目标。

5. 说板书设计

多媒体辅助教学技术的广泛运用使得板书的设计与运用受到一定程度的弱化，但板书、板画具有多媒体无法替代的功能与作用，不仅可以调控教学进程、优化课堂教学过程，而且还可以展示教师的职业素养与个人魅力、融洽师生关系，因此，在说课的过程中，说板书设计仍然是必不可少的环节。这不仅要求说课者要展示和说明所采用的板书形式与具体内容，而且还要求其阐明采用该板书形式的理由或作用。

6. 说教学反思

这里所讲的教学反思，是指说课者对自己备课过程的总结和再思考，包括对自身教学设计的评价，比如，存在哪些优点或亮点，还存在哪些缺点或不足之处，还有些什么新的感悟，等等。需要注意的是，这里的教学反思与课堂教学之后的教学反思之间是有一定差异的，因为，说课者在说课的过程中所反映出来的内容一般还没有付诸课堂教学实践，还缺乏学生的课堂信息反馈。尽管如此，在说课时，说教学反思仍然很有必要：一方面，它可以让说课者养成或强化说课者教学反思的意识与习惯；另一方面，通过反思，还可以有效地促进说课者对教学设计的进一步改进与完善，并为听者提供有效的思考模板，从而实现教学参与者的双赢。

（四）说课存在的主要问题

1. 教材分析不到位

教材分析不到位主要体现在两个大的方面，一是对课程标准的解读缺失或不到位，二是对相应教材内容的具体分析解读质量不高。不少教师根本没有对相应的课程标准进行解读，究其原因，一方面在于说课者缺乏课标解读的一般思路与方法，不知道究竟该如何分析和解读课程标准。另一方面的原因在于，说课者没有对课程标准的足够的重视，缺乏对《普通高中地理课程标准（2017年版）》的深入学习思考与研究，进而导致对课标的解读不到位。就教材具体内容的分析而言，不到位的情况具体表现在以下3个方面：第一，对教学目标把握和表述不准确，比如，将教学目标的行为主体认定为教师自己而不是学生；第二，将知识与技能目标表述为过程而不是结果性的表述；第三，缺乏能力与结果指向的词语描述，跟过程与方法目标混为一谈，有的将过程与方法目标表述为结果性的目标、有的将情感态度与价值观目标淡化，或者所表述的内容与相应教学内容之间缺乏明显的内在联系。究其原因，笔者认为，一方面是由于说课者没有很好地学习并了解三维教学目标的真正内涵与要求，另一方面的原因在于说课者还未能完全吃透教材与考试大纲，从而导致目标解读不到位。对于教学目标的阐释还需要说明依据，但有的说课者直接表述教学目标而并未给出相应的理由或依据。就说教学重难点而言，一是定位不准确，二是表述的词语和语言过于复杂化，三是缺乏对相关的依据或理由的分析说明。

2. 平均用力，重点不突出

说课者事先没有对自身说课的各个环节在时间分配上进行精心细致的安排和规划，导致其在说课的过程中平均用力，每个环节的详细程度都差不多，有的甚至在板书设计上都要花费不少的时间进行阐述，从而使得说课的重点不突出，不能很好地体现说课应有的价值与功能。

3. 流于肤浅，缺乏亮点

有的说课者过分依赖一些地理教学参考资料，在说课的准备过程中，未能对课程标准、教材以及学生学情进行深入的思考分析和探究，使得说课所展示的内容流于肤浅，缺乏应有的深度与广度，加之自身在说课过程中的语言和教态平淡无奇，不能给听者带来耳目一新之感，谈不上有任何亮点。

4. 教具使用不当

为了达到较好的说课效果并有效地提高说课的效率，说课者常常会运用有关的教学工具来辅助说课，但笔者发现，在实际的说课过程中，不少的说课者对教具使用不当，具体表现在两个方面：一是比较年轻的地理教师在说课时，过分依赖计算机多媒体辅助说课，连一个字一幅图的板书、板画都没有；二是有的说课者刚好与前者相反，在说课时，根本就不采用多媒体来辅助说课的过程，而是全部采用传统的板书、板画手段进行说课。不难看出，以上两种情况都有失偏颇，未能很好地将传统的教学工具手段与现代教育技术手段有机结合起来。

5. 缺乏反思，忽视时间的分配

笔者发现，不少说课者在说课的时候，常常缺乏教学反思环节，有的还忽略对说课内容环节的时间分配的阐释。究其原因，可能是说课者对教学反思的理解过于狭隘，误认为教学反思环节只能放在课堂教学之后进行，而说课是为课堂教学的实施进行的准备，因此没有必要事先进行反思。此外，这里所说的时间，一方面是指说课者对教学过程各个环节所需教学时间在分配上的考虑，另一方面是指说课者对自身说课的各个环节所需时间分配上的考虑。显然，要保证说课的优质高效，无论是教学反思，还是对时间分配上的考量，都是很有必要的。

（五）说课的有效策略

1. 加强探究，优化内容

针对说课在教材分析以及教学方法等方面存在的问题，有效的应对策略是：加强对新课程标准以及教材和考试大纲的研读，力求吃透课标、教材以及考纲。说课者既可以参考有关的教学参考资料进行反复的研读与深入的分析和思考，结合自身的理解和体会，主动与学校同行进行沟通交流，也可以到有关的地理论坛、地理教师 QQ 群或微信群学习请教或交流，集思广益，以此获取有关新的课程资源，从而达到优化说课内容的良好效果。当然，教学实施还得因人因生而异，同样的教学内容与教学方法，未必适用于每一名学生。因此，在此基础上，说课者还需要在学情的调研上狠下一番功夫，以确保自己说课过程中所展示出来的教学设想具有针对性与实用性的教学价值，从而真正体现说课应有的功能与价值。

2. 科学配时，确保质效

从前述内容中可以发现，不少说课者由于未能重视对时间的合理安排，因此说课过程、内容、环节不完整，甚至于使得自身说课主次不分明、重点不突出，对此需引起高度的重视。有效的解决办法是，在进行说课构思设计的时候，自觉将时间要素纳入到考虑的范畴中来，科学分配时间，以确保说课的质量与效率。就时间的分配来讲，主要应考虑两个方面：一是教学内容各个环节的时间安排，二是说课的各个环节所需时间的分配。一般来讲，教学环节时间的分配可以这样考虑：以一节课40 min时间为例，课堂组织与导入环节可以安排1—3 min，必须要精短有趣，以免冲淡教学主题；新课教学环节可以安排25—30 min，其中自主学习5—10 min，合作讨论探究环节10—15 min，课堂练习3—5 min。课堂小结1—2 min，课堂拓展与作业布置1—2 min。此外，说课的各个环节所需时间可以这样分配：以总体说课时间20 min为例，其中，说教材分析可以考虑安排6 min左右，说教学方法可以大致安排2—3 min，说教学过程安排8 min左右，说板书设计安排1—2 min，说教学反思安排2 min左右。当然，这些是一个大致的考虑，具体的时间安排，可以根据教学内容以及学生的学情而定。

3. 合理展示，优化功效

由于传统的板书、板画教学手段与现代多媒体技术各有优势，因此，说课者可以将多种教学工具与手段有机结合起来，充分发挥各自的优势，扬长避短，合理展示说课的内容，使之互为补充，相得益彰，从而达到优化说课的功效。需要注意的是，对此部分内容必须事先进行精心的设计，以免顾此失彼，得不偿失。

4. 强化内功，力求亮点

有的说课尽管内容丰富翔实，而且质量也相当不错，但由于说课者本身的教学基本功不够扎实，比如，语言不够精练、准确，普通话不标准，语速太快，语言缺乏抑扬顿挫的变化，缺乏激情与感染力，教态不佳，板书字迹较差，课件模糊不清等，因此听者兴趣因此而打折扣，进而影响说课的吸引力与效果。对此，有必要加强说课者自身的教学基本功，因为说课的过程，本身也是展示和锻炼、提升教师自身教学素养的过程。力求说课过程中能够展现亮点：一方面，可以通过说课者自身的教学基本功来展示和体现；另一方面，还可以通过对有关教学内容有创意的深度解读和表述来体现，比如，对教材的深度分析、对课堂导入的精彩设计、对课堂探究问题独具匠心的挖掘、对课堂练习有价值的原创设计以及对作业布置的新意等。当然，这并非一日之功，不能够轻易实现，需要说课者长期不断地进行有关的学习探究和总结反思与积累。相信，只要做一个有心人，在教学研究与实践过程中不断地提高说课能力，说课展示一定会变得更加完美。

四、导学案在地理教学中的运用

（一）导学案的定义

关于导学案的定义，存在诸多的说法，可谓仁者见仁，智者见智，不一而足，但也都大同小异。笔者认为，所谓导学案，顾名思义，就是引导学生学习的方案。说得具体一点，就是在教学过程中，为了更好地抓住学生的注意力，避免学生课堂学习走神或者脱离教学的节奏，教师在课前依据课程标准的理念与要求，针对课堂教学的内容与考试的有关要求，结合学生的学情实际，参考有关的教辅资料，精心设计并服务于课堂教学的教学方案。导学案不仅可以作为学生学习的方案，也完全可以作为教师进行课堂教学的教案加以使用。教师使用导学案进行教学的过程，常常被称为学案导学。

（二）导学案的主要项目内容与要求

导学案虽然也可以作为教师实施课堂教学的教案，但其更主要的功能与作用，在于引领学生的课堂学习，因此，其主要的项目与内容与传统的教案相比，又存在明显的差异。当然，由于不同的学校和教师对导学案的认识和把握存在一定的差异，因此他们所设计与制作的导学案也常常存在一些不同之处。笔者曾经多年从事高中地理教育教学工作，承担过高中地理必修一导学案的具体设计与教学任务，也学习了解了其他学校和教师的导学案，比较而言，不同的导学案之间虽然存在一些差异，但也存在一些共通之处。归纳起来，导学案的主要项目内容与要求大致有以下几个方面。

1. 题头栏目

题头栏目包括课题名称以及学生的班级和学号等信息。课题名称一般是该节课的题目，具体包括是哪一章哪一节，甚至是第几课时。比如，在设计人教版高中地理必修一教材第二单元第一节第一课时的导学案时，课题就可以写为"2.1.1 大气受热过程"。如此设计，便于学生从总体上把握教学内容进度，同时也便于学生收集整理导学案，以备复习所需。当然，为了便于学生在课前以及课中乃至于课后快速准确地找到导学案所对应的教材内容的位置，教师还可以将该节内容所在的教材页码标注出来，以便节省学生查找资料的时间。

2. 学习目标与重难点栏目

在导学案上所展示的学习目标，有的又称为教学目标，有的直接就简称为目标，但无论如何，都不能与教案中所设计的八股文似的三维目标雷同，否则会让学生看后感觉比较复杂，不利于学生很好地把握与落实。笔者认为，可以将三维目标与考试大纲要求有机结合起来，用比较精练的语言简短地进行概括，效果相对较好。比如，在设计人教版高中地理必修一教材第二单元第一节第二课时的导学案时，学习目标就可以概括为"理解热力环流的成因与过程，并能利用热力环流原理解释有关的地理现象"。将教材重点表述为"热力环流的成因与过程"，将教学难点概括为"利用热力环流原理解释有关的地理现象，以及等压面的判读与分析"。

3. 学习过程栏目

按照目前新课程标准的理念与要求，学习过程一般应包括自主学习环节、课堂合作探究学习环节以及学习自助餐环节。其中，自主学习环节可以让学生在课前预习完成，然后教师在课堂上根据学生自学的情况和存在的疑难问题进行答疑解惑，也可以安排学生在课堂教学开始的时段让学生自学教材上的有关内容。此栏目的主要意图，在于培养学生的自主学习意识、习惯与能力素养。教师应事先精读教材，将教材内容进行恰当的整合，比如将教材内容表格化、问题化或图像化，为学生有效地进行自主学习提供有益的帮助。学生自我完成有关表格、问题或图像的分析解读的过程，也就是检验其自主学习成效的过程。课堂合作探究学习环节需要师生合作、生生合作共同实施和完成。教师必须准确定位知识点，使合作探究的问题具有一定的深度和难度，以锻炼学生综合思维能力的价值与功能，促进学生由低阶思维向高阶思维方向的转化，从而有效地培养和提升学生的地理学科核心素养。如果所设计的问题过于浅显，在课堂上就会出现学生假讨论、假合作、假探究的不良现象，因为问题本身根本就不需要用心或费劲去思考。显然，这会导致课堂教学资源的极大浪费，应力求避免。当然，这并不是说，合作探究的问题一定要很难才行，其难度应该根据课程标准以及中考和高考的有关考试大纲而定，并且应契合中学生的一般认知特点和规律，尤其要注意考虑所教班级学生的学情特点。同样的教学内容，由于不同班级学生的基础与领悟能力各有差异，因此如果按照相同难度设计探究问题，成绩较好班级的学生比较容易适应，但成绩相对较差班级的学生可能就会吃不消。在进行导学案具体设计时，教师务必要注意这一点。由于不少学校实行集体备课，所设计制作的导学案也是统一印制的，全年级一起使用，因此，为了解决这一问题，笔者建议，可以将对于成绩较差班难度过大的问题进行标注说明，让有兴趣的学生自己灵活思考即可，不做硬性的要求。学习自助餐环节的内容，一般是选取的与该节课堂教学内容有明显关联性的试题，可以是近5年的高考试题或者模拟试题，题目应经过精心的挑选，题量不宜太大，一般可以选择10—15道选择题，另外再加1—2道大题。题目后面最好不要直接附上参考答案，建议将相关的参考答案放在下一节或下一课时导学案的末尾，最好能够提供比较详细的试题分析和参考答案以及评分标准。此栏目内容设计的意图，在于开阔学生的视野，增长学生的见识，利于学生把握考情，为学生学以致用提供平台和机会。一般情况下，教师不需要对此部分考题进行具体的分析讲解，学生可以通过自我分析，对照参考答案和评分标准自行消化。如果学生还有什么问题,教师可以适当加以点拨即可。如此设计,可以充分地发挥学生学习的主观能动性,助力提升课堂教学的实效。

(三) 导学案设计与使用存在的主要问题

由于一些教师缺乏对导学案的学习和研究,或者其对导学案作用和功能认识不足,在导学案的设计与使用过程中会出现不少的问题,主要表现在以下几个方面。

1. 设计中的问题

(1) 学习目标设计不到位。

没有目标的教学,是谈不上质量和效率的。因此,在设计导学案的时候,常常需要设计学习目标。在长期的地理教学实践过程中,不少教师所设计的教学或者说是学习目标并不到位,具体表现在:①目标的表述不准确。比如,有的老师将学习目标的对象确定为教师自己而不是学生,在陈述目标的时候写为"使学生……"或"让学生……"等。须知,学生才是课堂学习的主体,在教学过程中应当居于主体地位,学习目标的对象理所当然应该是学生才合理。②缺少三个维度或者没有与核心素养目标之间对接。不少老师将学习目标笼统地写在一起,没有能够将知识与技能、过程与方法以及情感态度与价值观三个维度的目标明确地区分出来。当然,目前最新的课程标准提倡将学习目标整体书写在一起,而且需要将地理核心素养的要求体现出来,但是不少老师并没有做到这一点。③可操作性或可测量性不强。部分老师在选用目标陈述句中的行为动词时,没有注意考虑行为动词本身的可操作性和可测量性,喜欢使用诸如了解、理解、掌握等传统性的词语,从而导致目标在具体的教学实施过程中可操作性或可测量性不强,影响学习目标价值和功能的发挥。

(2) 课堂探究问题质量不高。

导学案,顾名思义,就是引导学生学习的方案。导学案都会通过设计课堂探究问题,引领学生进行探究性学习,这正是导学案自身特点与内在要求的体现。但实际情况是,不少老师设计的导学案虽有课堂探究问题,但问题肤浅化、碎片化、缺少层次,探究问题的质量不高,具体表现在:问题直接来源于课本内容,可以直接从课本找到答案,显得比较肤浅;选设的多是一些零碎的小问题,缺乏体系化,不能引导学生由浅入深、由简单到复杂地层层深入思考,不利于深度学习的开展;问题缺少层次,只是笼统地罗列在一起,难以满足学生的学习要求,影响课堂教学的实效和效率。

(3) 导引功能不强。

在实际的课堂教学生态中,一方面,不少导学案开篇是预习题,接着是思考题,然后是检测题,最后是作业题,导致导学案习题化、试卷化,跟学生手中的作业练习册差不多,导致导学案应有的导引功能不强甚至缺失。而一份好的导学案,应该是由教师帮助学生设计的集导学、导思、导练、导评以及导测于一体的全程性学习活动方案,是学生最终形成学习能力的一个有效载体,能够让学生在步步引导中达到掌握知识、培养能力的效果。而习题或试卷则仅仅只是检查学生学习水平与技能的一种反馈手段。另一方面,由老师贪多求全，使得导学案的知识容量严重超载，学生根本无法在课堂上完成学习任务，教师也难以突破教学重难点，因此造成节节拖堂、难以做到"堂堂清"的情况。究其原因，在于教师课前没有深入去调查了解和把握学生的学情，在具体设计编制导学案时，只是凭借自身的经验和想法，想当然地进行预设，从而导致导学案使用过程中学生学不会、做不完。此外，有些导学案一整张密密麻麻全是文字题目或习题，形式显得过于单调，学生一看就感到心中厌烦，影响其学习兴趣，最终使得导学案的导引功能下降。

2. 使用中的问题

（1）不重视导学案。

一是表现在思想上不重视，认为导学案本身的价值和功能不大，设计也比较麻烦，因而对导学案产生放弃甚至抵触的情绪。二是表现在课堂教学过程中，教师根本就不管、不用导学案，只是在课后让学生自己完成，以便应付检查了事。究其原因，在于有的老师没有从根本上学习认识到导学案的真正价值与功能，也不愿虚心学习接受新鲜事物，反而觉得导学案的设计制作与使用显得多余。

（2）过分依赖导学案。

与前者相反，有些老师通过学习，充分认识到导学案对于提升课堂教学质量和效率的好处，因而在教学过程中特别重视导学案的使用，但是又走向了另一个极端，那就是过分依赖导学案，甚至于在课堂上根本就不管教材的使用，从头至尾只凭一份导学案实施课堂教学。究其原因，在于部分老师过分夸大了导学案的作用与功能。导学案只是一份引导学生学习的方案，教材上的知识等内容不可能全部照搬并展现在导学案中，导学案因此也不可能代替教材，毕竟，教材才是课程最重要、最直接的课程资源，导学案只能辅助教学。因此绝不能主次不分，本末倒置。

（3）功能异化。

具体表现在，有些老师在课堂教学过程中，将导学案当作教材内容的翻版，抑或是将导学案作为课堂作业练习加以对待，忽略了导学案应有的导学价值功能，从而使得导学案的功能异化，难以发挥导学案引导学生学习的应有的价值与功能。从某种意义上来讲，这实际上也可以说是对教学时间与课程资源的浪费。

（四）导学案在设计与使用中的有效策略

1. 精心预案，搞好编制

由于导学案是以最新的课程标准为准绳，以提高学生学习能力为目的而编写的课堂学习方案，因此，在编写导学案时，应紧扣3个基本点，即学生、教材和教学方法，这样才能编写出行之有效的导学案。可由学校地理学科教研组成立专门的导学案编制小组并任命小组长，小组长采用轮换制。编制小组定期或不定期地以课程章节或课时为单位开展集体备课活动，由主编制人在认真研读课标、教材和教辅资料的情况下，结合学生的一般学情，明确本课时的目标并提出有关的教学建议，确定学案初稿。组内各位教师在认真研读思考后，发表各自的见解，对初稿进行评价和补充，经过认真研讨之后，确定一个比较科学合理的学案初案。虽然导学初案是集合了多位教师的智慧统一编制而成的，但是每个班级学生学习的情况不同，所以，仍然需要各个教师根据具体情况来进行完善。在课程开始之前，教师应对自己班上学生的具体情况进行"摸底"，对地理教材重新认真研读，在此基础上，对导学案初案进行有针对性的进一步修改和完善。

2. 高度重视，科学利用

首先，每位教师应从思想上对导学案引起高度的重视。思想决定行为，只有从思想上重视导学案，在具体的教学过程中才可能用好导学案。建议可以自行到网络上或图书馆查阅学习有关导学案方面的知识，了解和把握导学案的作用、功能以及设计与使用的有关要求，以便为导学案的有效利用奠定基础。在具体的地理课堂教学过程中，一定要做到依"案"而行，结合教材，将导学案作为地理课堂教学的纲领和线索，引导学生自主、合作、探究学习，充分发挥导学案的育人价值与功能。其次，教师可以在导学案中灵活地加入一些元素，比如评价的语言、评价的分数等，以充分调动学生的学习兴趣和动机，开发导学案的育人功能。需要注意的是，绝不能过分依赖导学案而对地理教材等课程资源置之不理，以免影响教学实效。

3. 总结反思，不断完善

我们知道，教学本身就是一门遗憾的艺术，但我们应该尽力减少教学中的遗憾。无论是导学案的设计，抑或是对导学案的使用，都可谓是教学的过程或环节，都必然存在这样或那样的遗憾。因此，可以在使用导学案之后，结合地理课堂教学过程中出现的具体情况，自行进行总结和反思，看看导学案设计本身还有哪些值得改进或改正的地方，自己在处理导学案的过程中还存在什么问题或不足之处。同时，还可以通过与同事交流，通过面谈、QQ 等在线交流的方式从学生处获取真实的反馈信息，在此基础上，重新进行深度思考和认真处理，以对导学案的设计与使用不断加以完善，真正让导学案在地理有效课堂乃至高效课堂教学过程中充分发挥其应有的价值与功能。

五、比较法在地理教学中的应用

（一）比较法的概念和类别

所谓比较法，顾名思义，就是将两个或者两个以上的研究对象进行对比，探讨彼此之间的共性与差异性的方法。根据不同的需要和目的，比较法可以划分为对比法、借比法、类比法、专比法、群比法以及联比法。其中，对比法是指将两种或两种以上具有可比性的事物、现象或过程直接放在一起加以对比分析的方法，通过对比，找出彼此之间的区别和联系，可以巩固知识，揭示事物的本质属性。借比法是指通过借助其他的事物、现象或过程来对抽象的知识加以说明或演示，使之变得具体和形象，以降低知识学习难度的方法。类比法是指将特征或过程相类似的内容加以对比分析的方法，旨在求同存异，进一步挖掘知识本身的内涵。专比法是指为了探讨学习所学知识的某个方面而将其在某一个或者几个方面与别的对象进行比较的分析方法，不追求全面的比较，只是根据需要进行部分对比即可。群比法是指在地理复习教学的过程中，为了将所学知识内容加以整合以达到进一步加深对知识的理解和运用目的，将多方面内容纳入到综合比较的范畴进行对比分析的方法。联比法则是指在教学或学习的过程中，将以前所学的知识内容加以联系和比较的方法，其主要目的在于强化新旧知识之间的关联，从而达到温故知新的目的和效果。在具体的教学或学习中，究竟选用何种比较方法，可以在理解把握上述方法内涵的基础上加以灵活运用。

（二）比较法的作用

比较法是人们认识客观世界的一种重要手段和方法。有道是，没有比较就没有鉴别。不经过对比，就难以辨明事物的属性和本质，也难以弄清事物之间的相互关联和彼此的异同。在新课程标准背景下，过程与方法成为中学地理教学的关键性目标而受到关注和推崇。比较法，不仅是一种良好的教学与学习方法，而且可以很好地体现学习探究的过程。通过对所学地理知识内容的对比和分析，找出彼此之间的相同点与不同点，挖掘知识之间的内在联系，有利于整合知识内容，使知识更加条理化和系统化，使学生更好地理解和掌握地理事物、现象及过程的共性和个性特征，锻炼和培养学生的综合比较思维能力及归纳概括能力。通过打比方让学生对知识产生熟悉感甚至亲切感，可以有效地降低知识学习的难度，有助于培养和提高学生的地理学习兴趣，切实提高地理教学与地理学习的效率。

（三）比较法在地理教学中的应用

1. 识记内容

比较记忆法又称为对比记忆法，是指对相似而又不同的材料加以对比分析，在弄清彼此之间异同之后进行识记的方法。当所记内容因十分类似而容易混淆时，通过比较之后再进行识记，是一种非常不错的记忆方法。比如经纬线和经纬度、东亚季风和南亚季风等，彼此具有可比性且涉及内容比较多，可以通过列表格的形式加以对比记忆，不仅可以全面地记忆知识内容，而且还可以使识记的内容更加准确和深刻。在记忆的过程中，要注意同中求异，抓住知识之间的细微差别，也要注意异中求同，尽力找到彼此之间的共同点或相似之处，这样记忆起来，效果会更加明显。

2. 课堂教学

在地理课堂教学过程中，要根据知识内容的特点与教学的要求，灵活运用比较法。在对教学内容进行比较的时候,可以按照范围、内容、方向、形式以及比较的综合性加以对比。以初中地理为例,针对空间区域的比较,可以进行大洲之间、国家之间、地区之间、城市之间的对比。比如,中国和印度是目前世界上最大的两个发展中国家,二者之间有许多共同之处,也存在不少的差异,可以引导学生从地理位置、地形、气候、水文、土壤、植被、自然灾害等自然地理特征,以及资源、人口、城市、工农产业等人文地理要素多方面加以比较,在列表比较的同时,针对发展的条件和原因,探究归纳各自的区位优势与不足,在学习知识的同时,也达到了运用知识分析解决问题的目的和效果。针对内容,可以就上述所列举的自然地理要素以及人文地理要素诸多方面进行综合比较,也可以进行单项的细化比较。在探讨学习纬度地带性和经度地带性以及垂直地带性时,可以按照纬向、经向以及垂直方向加以对比,通过沿向地带性地理事物的比较,总结归纳出地理事物的地带性分布规律。按形式比较,主要有图像、列表、文字、数据等。具体采用什么形式来进行比较,需要因人因内容而定。

3. 命题考试

时下的地理高考,无论是全国卷,还是地方卷,都常常在考查区域地理知识内容的题目中采用比较的方式进行命题,有的是区域与区域之间的对比,有的是国家和国家之间的比较,通过图文材料的展示,从多角度加以命题,其中大多存在要求对二者进行比较分析的试题。以 2017 年普通高等学校招生全国统一考试文科综合能力测试卷 I 非选择题第 37 题为例,题干材料介绍地理科考队调查某山峰的苔原带(海拔 2 000—2 600 m)时发现,该苔原带部分地区存在干扰,导致优势植物数量减少,植物多样性异常;阴、阳坡降水量与坡度差别不大,但植物多样性差异显著。并配了阴坡与阳坡在不同海拔高度的植物多样性情况的对比示意图(图 5-1)。

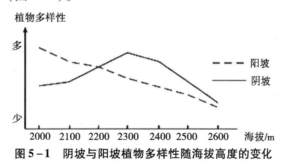

图 5-1　阴坡与阳坡植物多样性随海拔高度的变化

题目的问题设置如下。

(1)确定该苔原带遭受干扰的坡向和部位,以及干扰强度的垂直分布特征。
(2)判断在未遭受干扰时,阴坡与阳坡苔原带植物多样性的差异,并说明判断依据。
(3)分析与阴坡相比,苔原带阳坡地表温度和湿度的特点及产生原因。
(4)说明从 2 300 m 至 2 600 m,阴、阳坡植物多样性差异逐渐缩小的原因。

具体答案在此省略,读者可上网自行查阅。不难看出,题目所设置的 4 个问题都需要通过比较分析的方法才能正确作答，这实际上正是比较法在地理学科命题考试重要作用的具体体现，题目旨在考查考生的综合比较思维和分析归纳的能力，而综合思维正好又是地理学科核心素养的四大要素之一，如此命题，也正契合了新课程标准的理念与要求。因此，作为地理教师，应对此高度重视。在认识和把握高考地理这一命题特点的基础上，精心挑选或命制对比分析类的地理题目，让学生进行比较思维训练，这样不仅可以培养和提高学生的地理学科核心素养，而且可切实提升学生的答题应试能力和水平。

（四）注意事项

从上述分析论述中可以看出，比较法无论是对教师的教学、命题考试，还是对学生的地理学习，都具有极为重要的作用。在具体的运用过程中，还需要注意以下有关事项。一是要对比较的内容加以合理的遴选。因为不是所有的内容都适合拿来进行比较分析，如果硬要找个对象来加以比较，非但没有好的效果，反而会适得其反，把知识的学习过程弄的过于复杂。此外，若比较的对象不具有可比性或可比性并不强，也没有必要拿来进行比较。因此，在选择比较对象的时候，一定要慎重对待。二是要注意与其他地理分析方法的有机结合，比如归纳法、演绎法等，通过多种分析方法的运用，不仅可以让学生体会和掌握多种学习方法，促进过程与方法目标的落实与达成，而且可以让学生对所学知识内容的本质和内涵探究得更加细致和深入，因而也有利于调动学生运用所学知识综合分析解决实际的地理问题。三是要注意结合学生的学情与中学地理课程标准的要求。在运用比较法分析地理问题时，对比的角度和形式可多可少，对比的范围可大可小，对比分析的层次可深可浅，究竟如何取舍和操作才比较恰当，此时，教师需要考虑学生的知识基础和认知能力水平以及心理特征，同时还要考虑内容是否符合新课标的要求，只有这样，才能真正做到因材施教，学有所获。如果只凭自己的想法，无视学生的接受能力和学习感受，把比较分析搞得大而全，不仅加重学生的学习负担而达不到预期的教学效果，反而还会加重学生的心理负担，进而影响学生的学习积极性，同时还会浪费学生宝贵的学习时间，可谓得不偿失。此外，教师同行之间以及师生之间还要多加交流和探讨，对比较法在地理教学中的运用不断加以优化，使之在地理教学与地理学习中运用得更加科学合理、更加富有成效。

六、过程与方法目标的教学策略[①]

随着素质教育的推行，我国中学基础教育课程标准得以制定与落实，并逐步取代以前的考试大纲与说明。目前，《普通高中地理课程标准（2017年版）》在原来实验版的基础

---

① 王昌勇，袁天凤. 基于过程与方法目标的地理教学策略研究［J］. 中学地理教学参考，2018（01）：19-21.

第五章 地理课程教学方法资源的开发

上进行了修订完善,并于 2018 年 1 月正式公开出版发行。教学目标的设定得到变革,在课标实验版中,高中地理课程的总目标确定为:"要求学生初步掌握地理基本知识和基本原理;获得地理基本技能,发展地理思维能力,初步掌握学习和探究地理问题的基本方法和技术手段;增强爱国主义情感,树立科学的人口观、资源观、环境观和可持续发展观念。"现在,修订后最新的高中地理课程标准将高中地理课程的总目标确定为:"通过学生地理学科核心素养的培养,从地理教育的角度,落实立德树人的根本任务。"二者可谓是异曲同工,只是表述的方式有所不同而已。不难看出,这个总目标是一个宏观上的、综合性的总体目标。为了进一步明晰这一总体目标,可以采用布鲁纳的三维目标分类法加以细化,分别为知识与技能目标、过程与方法目标以及情感态度与价值观目标三个维度。新课程的价值追求是促进学生的全面发展,课程的"三维目标"则构造了一个全面育人的框架。三维目标的实施,对于中学地理教学的有效开展可以发挥极为重要的作用。高中地理课程目标对教学要求的表述由浅入深、层次分明,具有层次性、可操作性和可测量性,尽可能地体现了学生认知发展的"序",也为客观存在的教育发展地区差异和学生之间存在的能力差异做出选择提供条件。《普通高中地理课程标准(实验)》首次将"过程与方法"单独列为课程目标阐述的一个领域,其要求正确熟练地掌握的过程与方法,不仅是一种能力,也是一种素质,而且它对于地理知识的掌握和地理技能的形成,以及情感态度与价值观的培养也都具有促进作用。我国《基础教育课程改革纲要(试行)》指出,必须"改变课程过于注重知识传授的倾向,强调形成积极主动的学习态度,使获得基础知识与基本技能的过程同时成为学会学习和形成正确价值观的过程";必须"改变课程实施过于强调接受学习、死记硬背、机械训练的现状,倡导学生主动参与、乐于探究、勤于动手,培养学生搜集和处理信息的能力、获取新知识的能力、分析和解决问题的能力以及交流与合作的能力"。正如斯腾豪斯所言:"教育即引导儿童进入知识之中的过程。"事实上,任何有效的知识与技能的获得,都必须让学生亲历一系列的学习活动,让他们去感受和理解这种知识的产生与发展,并从中习得一定的方法与策略,让他们"学会学习"并发展智能。因而,"贵在参与、注重过程、强调方法"成为地理课程目标的关键,它对于发展学生的地理实践力以及培养创新精神都十分关键,有利于学生地理学科核心素养的培养。但由于种种原因,其中的过程与方法目标在具体的教学过程中落实不甚理想。虽然课标修订版没有专门提及三维目标,而是加以凝炼和整体性表述,但依然贯穿有三维目标在其中。因此,对地理过程与方法目标的教学策略加以探讨,显得非常必要。

(一)过程与方法目标教学的内涵

针对以往的教学积弊,《普通高中地理课程标准(实验)》采用布鲁纳的目标分类方法,首次将"过程与方法"单独列为课程三维目标之一,可谓是高中地理课程改革的一大亮点。就内涵而言,过程与方法是指了解科学探究的过程与方法,学会发现、思考和解决问题的方法,学会学习,形成创新精神和实践能力目标等。其中,过程是指在进行高中地理教学时,学生学习、思考、探究以及解决问题的过程;方法则是指地理课堂教学时,学生的学习、思考、探究以及解决问题所采用的方法。过程与方法目标尤其强调,在地理教学中,应把重点放在揭示知识形成的过程上,体现出知识的思维过程,让学生通过"感知—概括—应用",在思维过程之中发现真理,从而掌握有关的规律。该目标对学生探索与体验的学习过程,以及对学生获取知识与技能的过程给予高度的重视和肯定。可以说,过程与方法是组织课堂教学内容的主导目标,是高中地理课堂教学的关键性目标。过程与方法目标包括两个层级:经历体验和尝试。比如,通过不同的角色模拟,讨论本地资源开发与保护的问题。《普通高中地理课程标准(实验)》就过程与方法目标,从总体上设计了三条。第一条是"初步学会通过多种途径、运用多种手段收集地理信息,尝试运用所学的地理知识和技能对地理信息进行整理、分析,并把地理信息运用于地理学习过程",侧重于地理信息的收集、整理、分析以及运用能力的培养。在高中阶段,相对而言,这条目标属于初级水平目标,但作为高中学生而言,不会收集地理信息并将其运用于学习过程,就谈不上进一步地解决地理问题。所以,它是过程与方法目标的基础。第二条是"尝试从学习和生活中发现地理问题,提出探究方案,与他人合作,开展调查研究,提出解决问题的对策",侧重发现及解决地理问题能力的培养。第二条目标属于在第一条目标基础上的进一步提升,是最为关键的一条目标。其中,发现地理问题是前提,提出方案与对策是核心。至于途径和方法,则是倡导与他人合作,强调开展调查研究。第三条是"运用适当的方法和手段,表达、交流、反思自己地理学习和探究的体会、见解和成果",侧重对地理学习结果的表达与交流能力的培养。事实上,对一个问题的正确表达,并不是一件很容易的事情,应属于较高层次的能力。表达者要让听者听明白,首先必须把问题全部消化并能加以融会贯通,然后还应力求表达条理清楚、层次清晰,最后还应讲究语言的声调节奏等。实际上,表达能力是一项综合能力。此外,交流也是一种能力,这是新课程所提倡的一种理念。可以说,"过程与方法"的三条目标属于3个不同的层级,级别逐渐提高并且形成体系,对于发展学生的地理实践力以及培养其创新精神都具有十分关键的作用。

(二)过程与方法目标教学存在的主要问题

通过长期的观察与调研,笔者发现,过程与方法目标教学,很多时候只是流于形式,没有真正地贯穿到高中地理课堂教学的过程之中。归纳起来,主要存在以下几个方面的问题。

1. 目标缺失

具体表现在,不少高中地理教师在教学设计的过程中,根本就不按照三维目标的格式制定和书写目标,以至于根本就没有过程与方法这一目标的表述,从而导致过程与方法目标的缺失。比如,"热力环流"的教学目标时常被表述为:通过教学,使学生知道热力环流的概念;掌握热力环流的形成过程,并能解释有关的自然现象。这种按照以前传统的目标表述方式,根本就看不出过程与方法目标的踪影,并且目标的主体是教师而非学生,行

第五章 地理课程教学方法资源的开发

为动词"掌握"也难以适时测量和把握。究其原因，在于部分地理教师还没有真正树立起新课程的教学理念，抱守成见，甚至对新课标持怀疑的态度。

2. 目标制定不到位

具体表现在，不少高中地理老师将"过程与方法"目标跟"知识与技能"目标中的技能目标混为一谈，表述得十分模糊。原因在于，部分地理教师尚未真正领悟到三维目标尤其是过程与方法目标的内涵与要求，并且对高中地理教材本身钻研不够，从而导致过程与方法目标不能真正落到实处。

3. 目标形式化

具体表现在，地理教师在高中地理课堂教学过程中，并未严格按照过程与方法目标的要求来设计具体的教学流程，导致学生在课堂上的学习、思考、探究以及解决问题的过程与方法未能得到足够的重视，真正给予学生的课堂活动时间很少，时常存在课堂假讨论、假思考、假探究的现象，课堂看似热闹活跃，实则不然，教师实际上依然是在想办法给学生进行灌输式的教学。原因在于，部分高中地理教师对三维教学目标重视程度不够，从而导致过程与方法目标沦为形式。

（三）过程与方法目标教学实施策略

要真正有效地达成高中地理新课标所增设的关键性教学目标——过程与方法目标，必须针对上述有关问题，实施有效的教学策略。

1. 加强学习研究，定好过程与方法目标

由于不少地理教师在高中地理教学过程中，因种种原因对过程与方法目标不重视或者重视不够，因此导致过程与方法目标的制定不到位甚至缺失。有鉴于此，首先各级教育机构对此要引起高度重视，可以聘请国内新课改知名教育专家，有计划地加强对教师的相关培训，让老师们能在专家的引领和指导下，加强对新课程标准的深入学习与研究，尤其是真正深刻领悟与体会过程与方法目标的内涵与要求，以促进地理教师转变思想观念，尽快完成由传统教学观向新课程教学观念的切实转变。通过案例分析与探究示范，让中学地理教师真正高度重视，并学习和掌握制定过程与方法目标的方法与技巧。因为，只有首先定好了过程与方法目标，其具体的教学过程才能切实达到相应的预设效果。

2. 精心施教，有效落实过程与方法目标

（1）课堂推导，举一反三。

自然地理的教学与学习具有理科性质，要真正加以掌握，只是懂得相关地理知识是远远不够的。过程与方法目标应在地理教学方案的设计中引起足够的重视，通过同行交流、资料考鉴以及教师的自我深度思考，结合课程标准的要求、教学内容的特点以及学生的具体学情，教师可以精心制定编撰出科学合理的过程与方法目标，真正让学生能够参与进来学习、思考、分析和探究，充分发挥地理课堂的学习思考价值与功能。在初中地理的基础上，高中地理注重探究地理过程、成因、规律等问题。因此，对地理规律、地理原理以及地理过程等内容实施教学，必须重视课堂的推导，举一反三，强化探究学习的过程。以地理公式为例，在引导学生学习正午太阳高度的定义与计算公式以后，教师可以引导学生推导子夜（地方时为0:00）太阳高度的计算公式。首先设置问题情景：①若太阳直射$\alpha°N$，求$\beta°N$某地P_1的子夜太阳高度H_1。②若太阳直射$\alpha°S$，求$\beta°N$某地P_1的子夜太阳高度H_2。③通过比较和验证，归纳总结出子夜太阳高度H_0的一般计算公式。

如图5-2所示，画出以O为圆心且半径大小适中的圆，画出赤道线CD，画出太阳直射光线，K表示太阳直射点，令$\angle KOD = \alpha$。确定点P_1并连接P_1O，令$\angle AOP_1 = \beta$，过点P_1作直线KO的平行线AF与DC的延长线交于点A，因日地之间距离遥远，可将太阳光看作平行光线，可知$\angle P_1AO = \alpha$，再过点P_1作线段P_1O的垂线BE交AO线于点B，可知$\angle P_1BO = 90° - \beta$，$\angle AP_1B = \angle P_1BO - \angle P_1AO = 90° - \beta - \alpha$，$\angle AP_1B = \angle EP_1F = |H_1|$，因总有$H_1 \leq 0$，所以，$H_1 = -90° + \alpha + \beta$。同理可推知，$H_2 = -90° + \alpha - \beta$。最后通过比较和验证，归纳总结出子夜太阳高度$H_0$的一般计算公式为$H_0 = -90° + |\alpha \pm \beta|$，其中，$H_0$表示某地的子夜太阳高度，$\alpha$表示该日太阳直射点的纬度度数，$\beta$表示该地的地理纬度度数；如果太阳直射点与该地同在北半球或同在南半球，则公式中的绝对值符号里面采用"+"号，否则采用"-"号，简记为同加异减。需要说明的是，推导公式的目的，主要不是让学生记住该公式，而是通过引导学生推导探究其过程，学会研究性学习方法，旨在培养学生的学习思维能力，培养和提升学生的地理学科核心素养。

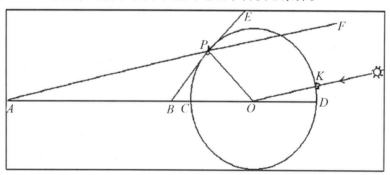

图5-2 子夜太阳高度公式的推导示意图

（2）演绎过程，洞悉规律。

在高中地理教学知识体系中，存在不少地理事物、现象的形成与变化过程。根据教学内容的需要，教师可制定恰当的过程与方法目标，精心设计相应的探究过程，尤其应注重学法的指导，避免课堂上的合作探究学习流于形式化。比如，三圈环流的形成过程就是一个很好的教学案例。传统的教学方法，常常是教师一边讲一边画图，学生只是在下面听讲，或者是教师通过幻灯片展示并进行分析介绍。殊不知，这是一种新形势下的"满堂灌""填鸭式"教学。虽然讲得很到位，多媒体展示也很形象，但缺乏学生动手参与的过程，过程与方法目标落实并不到位。较好的教学策略，应该是让学生拿出纸和笔全员参

第五章 地理课程教学方法资源的开发

与，跟着教师的思路与方法进行逐步推演，然后再让学生借鉴已有的思路与方法，通过小组合作讨论探究，进一步推演出南半球三圈环流的形成过程，并在此基础上，引导学生通过观察与思考，总结出全球气压带与风带的空间分布规律，如是，才能有效地突破教学重难点，达成关键教学目标的落实。

（3）案例教学，学用结合。

高中地理课程标准要求"案例学习"应成为地理学习的方式之一。与之对应的案例教学法，业已成为时下中学地理课堂流行采用的一种教学方法，尤其适合人文地理部分的教学。教师根据教学内容与课程标准的要求，精心选取案例素材，然后进行资源整合，在课堂上适时呈现出来，为学生的学习搭建思考、讨论与交流的平台，避免教材知识的枯燥讲解性学习模式，学生结合对教材知识的自主性学习，在教师的引领下，对相关案例加以详细剖析。通过案例来启迪学生的思维，发展学生发现问题、独立思考问题的能力，在问题的分析、思考和解决的过程中发现地理知识、感悟地理知识学习的内在价值，并将其逐步转化为推动地理学习的内驱力，可以有效实现新课学习与知识运用的同步推进，这不仅可使课堂教学过程与内容更加充实，而且可极大地提高学生的学习兴趣与课堂实效，最终实现过程与方法目标的落实，达到培养和提升学生地理学科核心素养的目的。需要注意的是，编选使用的案例一定要真实，要与教学主干知识紧密联系，并应具有讨论价值，而且问题的设置务必要精准。

（4）创新评价，优化教学。

为了切实达成教学目标的落实，教师必须转变教学观念，采取过程性评价与结果性评价相结合的办法，鼓励学生在平常的地理教学过程中积极参与、大胆质疑，展现亮点，激发学生对地理课程学习的兴趣，这不仅有助于融洽师生之间的感情，还可有效地减轻学生的学习压力，激发其学习潜力，对考试以及将来的学习取向都大有裨益。因此，还可以有意识地编选探讨地理过程的试题或者问题，用于各种地理测试之中，包括课堂提问，单元测试或者期中、期末考试等，以强化对学生的相关能力的评价要求。比如，在区域地理的教学过程中，可以设置这样的题目：运用地理环境整体性的原理，分析说出南亚地区西南季风的形成过程。参考答案可拟定为：地理环境各要素是相互联系、相互影响和互相制约的；其中，某个要素发生改变，会引起其他要素乃至于整个地理环境状况的变化；北半球夏半年时，随着太阳直射点的北移，气压带和风带位置随之北移，南半球的东南信风向北移动，越过赤道以后，在地转偏向力的作用下，向右偏转，加之受到亚洲低压的牵引作用，进一步向右偏转，从而形成西南季风。从教学实际来看，笔者发现，一般学生在回答该题目时，常常回答得很不全面。究其原因，笔者认为，就在于过程与方法目标的教学落实不到位。

过程与方法作为高中地理新课程教学的关键性目标，旨在强化学生的地理学习、思考、探究与解决问题的过程与科学方法，在高中地理新课程的改革进程中，应当引起地理教师足够的关注与重视。从过程与方法目标的角度，进一步探究科学实用的地理教学策略,还需要广大的中学地理一线教师和研究人员做出不懈的努力。相信,通过广大地理教师的精心研究和教学准备,不断开发和应用地理课程资源,实施地理过程与地理方法的有效教学策略,必将进一步助推学生地理学习兴趣与教学实效的同步提升。

七、项目式学习模式在地理教学中的应用①

(一) 项目式学习模式的内涵

项目式学习(Project-Based Learning,PBL)作为一种创新型教学模式,目前在国外从中小学到大学各层级教育领域得以广泛应用,备受推崇。它将建构主义理论作为教学指导思想,在教师的引领下,以学生开展小组合作探究的学习方式进行项目的规划并完成相关的项目任务。该模式强调学生的自我导向学习能力,尤其注重学生学习过程技能以及学科核心素养的培养。要求学生自主地进行学习与探索,逐步学会利用已有的课程资源,进行知识的摄取、深化与运用,学生在一个相对宽松自由的学习环境氛围中,彼此可以进行轻松愉快的交流与探讨,学生在灵活探究学习的过程中,不断地发现自身在知识与技能上的错误与不足,并以此进行自我或者相互间的纠正,这种参与式、体验式学习,不仅可以极大地提高学生的学习兴趣和钻研探讨的热情,助力他们对知识的深度理解,而且可以极大地锻炼和培养学生自主学习与合作创新的能力。国外有关理论与教学实践研究表明,项目式学习在促进学生开展深度学习、培养学生核心素养等方面,功效尤为明显。美国于2015年发布的《基础教育地平线报告》就提出了探索深度学习的策略。该模式最大的特色在于,让学生亲自动手动脑,深度地参与到项目问题的研讨学习过程中,使学生的理解领悟力、实践执行力以及创新创造力得到有效的锻炼与提升,从而实现有效能的深度学习。它以学生作为教学的中心主体,提倡并鼓励学生在真实的问题情境中进行合作式探究来解决项目问题,使学生获取自身发展所需的知识与技能,所采用的方式与方法,与我国当前的基础教育改革方向与目标相吻合。核心素养,自20世纪90年代以来,便成为全球范围内教育领域的重大议题,我国新课程标准也明确要求培养发展学生的核心素养以及学科核心素养,提倡学生自主学习与合作探究学习,突出强调学生在教学过程中的主体地位与高参与度,二者在基本理念与要求方面可谓十分契合。目前,该教学模式在我国中学地理常规课堂教学中的应用还很少,相关的实践研究也比较缺乏。我国著名教育家叶澜曾经说过,让学生快乐地、努力地参与到课堂教学中去,不断让学生思考,不断感受到挑战。因此,笔者认为,要真正地实现深度学习,培养和提升学生的核心素养,将项目式学习这种具有

---

① 王昌勇. 项目式学习模式在地理教学中的应用研究——以人教版高中地理"大气受热过程"为例[J]. 教育科学(全文版),2017(04):99-100.

自主探索与高阶思维的教学模式引入到中学地理教学中来，可谓非常必要。下面以现行人教版高中地理必修一教材第二单元第一节"大气受热过程"为例，对项目式学习模式在中学地理教学中的应用加以探究，以期抛砖引玉。

（二）案例应用

项目式学习作为一种创新型的教与学的模式，要能得以积极有效的开展，首先得有相应的项目作为支撑。鉴于现行人教版高中地理必修一教材第二单元"地球上的大气"在整个高中地理知识体系中的地位和作用非常突出，与人类的生产生活实际联系紧密，而且与新课改前的教材内容相比做了很大的改动，依据高中地理新课标的理念与要求、教材知识内容的内在探究价值，以及学生的认知水平，将本单元第一节"大气受热过程"作为项目式学习应用研究案例，相当于一个小小的研究性学习课题。在此基础上，教师需要确立探讨学习的有关问题。西方教育界一般将项目问题分为3类，包括基本问题、个性化问题以及核心问题。笔者认为，结合我国中学地理教育的国情，可以将项目问题设置为项目（教材）基本问题、补充知识问题，以及核心探究问题3个方面。就"大气受热过程"项目而言，鉴于现行高中地理教材删减了不少知识内容，而学生在初中学习阶段对大气的基本知识了解掌握不多且很不系统，结合本节教材知识内容以及课标要求，确立以下问题作为项目（教材）的基本问题。

（1）总结归纳并绘图描述大气的一般受热过程。
（2）解释大气对地面具有保温作用的原因。
（3）大气对太阳辐射具有什么作用？有何主要特点？
（4）为什么说地面是近地面大气主要的直接热源？

本项目学习的补充知识问题如下。

（1）近地面大气的主要组成成分有哪些？
（2）大气最基本的热力性质是什么？
（3）根据热力状况，大气在垂直方向上一般可以分为哪几层？分别有何特点？
（4）解释太阳辐射属于短波辐射，而大气辐射和地面辐射属于长波辐射的原因。

以下问题则可作为本项目学习的核心探究问题。

（1）为什么月球表面的昼夜温差特别大？
（2）大气逆温现象及形成原因是什么？
（3）逆温对地理环境有哪些影响？
（4）一天中最高气温与最低气温一般出现在什么时刻？分析说明原因。
（5）为什么霜冻大多出现在晴朗的夜晚？
（6）列举大气对太阳辐射产生散射作用的实际例子并解释成因。
（7）解释赤道（热带）地区附近的高山山顶存在终年积雪的原因。

在项目问题确立以后，由教师将之打印成项目式学习清单，课前提前一周时间左右分发给学生。根据学生的学情，采取互补式原则进行分组式学习活动，将性格内向与外向活泼的学生加以组合，将地理学习成绩较差与较好的学生进行搭配，充分发挥学生的主观能动性，带动欠活跃的学生参与到课前、课中与课后学习。小组内设立组长与副组长，对本组成员的分工合作学习进行项目问题任务式分配与协调，规定查阅、搜集、整理资料，以及探讨完成项目问题的准备时间，以保证课堂上探究学习活动的正常有序开展。由于每个小组都需要进行项目中一系列问题解决的准备工作，而课堂教学时间又非常有限，因此不可能让每个小组甚至每个学生在课堂上都来进行学习成果的展示。而且，如果让所有的学生小组都进行汇报，其中肯定也会存在不少重复或者相近的内容。因此，教师可依据评价量表，事先对学生小组的学习成果进行检查评价并及时反馈，让学生进行自我纠正与完善。在此基础上，遴选出具有代表性的学习成果进行课堂展示与交流，如此可节约大量的课堂时间，从而有效地避免课堂学习过程中的低效能。在地理课堂上开展核心活动，比如，实验、交流、汇报展示以及评价等，教师必须关注每位学生的动态，及时加以调控，保证每位学生都能够真正地参与到学习过程中来。课后，教师可让学生进行课堂学习内容的总结以及自我评价与反思等，以巩固课堂上所学所用的知识与技能。

（三）教学反思

采用项目式学习模式开展地理教学，需要教师和学生课前做大量的准备工作。就教师而言，需要制订教学周密计划，确立项目和项目问题，将课程内容进行有机的整合，制定具体的教学预案并加以精心组织。项目可以是地理教材中的某个专题知识点，可以是学生学习过程中常常容易出现的典型知能错误问题，也可以是与地理学科密切相关的现实热点问题，还可以是对环境问题的调查研究等。项目不能过大或过于宽泛，不一定非要高大上，更不能根据教师自身的喜好来厘定。此外，可以鼓励学生提出有学习价值的地理问题。项目应尽可能小而精，尽量能够体现地理学科核心素养的理念与要求。总之，项目的规划必须符合教学需要与学生的实际，并且具有计划性。在具体确立项目时，一定要从多角度、多层面加以考量，看其是否具有探讨学习价值，能否引发学生的学习兴趣，是否可操作等。项目中的问题设置，教师必须事先做足准备，必须精心备课，依据学生的知能基础以及认知水平，务必从学生的视角审视项目问题，提前预设问题并做出预案。所设定的问题应由感性到理性、由简单到复杂、由理论学习到实践运用、由浅入深，注意遵循学生的认知规律，可以允许问题有一定的难度，但必须能够让学生够得着，尽量满足学生的要求。就学生而言，需要到图书馆查阅资料、上网搜寻素材交流探讨、进行资料的整合处理等，需要花费不少时间。因此，对于时间的合理安排，需要教师加以合理统筹，真正做到有的放矢。理论与实践表明，中学生的心智发育还不成熟、自控力还不强，因此，在地理课堂教学过程中，教师必须明确每项活动所要达成的具体目标，时刻关注学生的课堂表现，随时调控学生的课堂行为，使之始终围绕项目问题展开学习。教师还必须要有开放的心态，允许学生大胆质疑、自由交流，但必须将学生的活动调控在一个有序的区间范围之内，做到活而有序、闹而不乱，鼓励性格胆小内向的学生积极发言，提倡活泼外向的学生参与课堂的组织协调配合，这样不仅可以锻炼学生的学习能力，而且还可改造学生的性格，培养学生团队协作精神意识与生存技能，从而提高其综合素质。在实施的过程中，小组的分工务必明确，而且必须富有灵活性，这样方能提高学生小组合作探究学习的效率与效果。此外，教师还必须对学生进行过程技能方面的指导与培训。因为学生在项目式学习过程中，总是存在这样或那样的问题。比如，对百度百科的内容只是简单的拷贝，在小组学习活动中袖手旁观，学不得法等。对此，地理教师应该加以有计划地对其进行指导与培训，介绍相关的学习网站，推荐学习 App，教会学生如何高效地查询资料，如何有效地进行阅读和笔记表述等，帮助学生形成恰当的学习方法与策略。

项目式学习模式非常契合时下新课标的理念与要求，它不仅有利于整合课内外地理课程资源，充分调动学生参与地理课堂学习的积极性，而且可极大地增加地理课堂教学容量，同时也可以有效地提升地理课堂教学效率与教学质量，值得采纳与推广。当然，如何有效甚至高效地利用项目式学习模式开展地理教学，不仅需要广大地理教师从理论上加以认真学习研究，还需要他们在实践层面上不断加以探索和完善。

八、区域地理复习良方

区域地理知识具有基础性与综合性等特点，常常成为文科综合能力测试地理试题命题的切入点，是高考考试大纲确定的重点考查内容。不少考生由于某个区域地理部分的基础薄弱，缺乏对该部分知识的灵活运用，因此失分严重。下面拟就区域地理的复习方法做一介绍。

（一）进行区域定位专门训练

区域定位可谓是解答区域地理试题的关键之所在。所谓区域定位，就是正确地确定图示区域的地理位置，常常包括经纬度位置、海陆位置、半球位置、交通战略位置以及相关位置等。所谓相关位置，则是指某一地理事物与山脉、河流、湖泊、较大的地形区、行政界限、聚落、景观以及海陆轮廓等的相对位置。在进行区域定位训练时：首先，应练习利用经纬线图进行绝对定位。可以有选择性地识记一些重要的经线和纬线所穿过的重要地理事物，诸如气候区、经济活动区（农业区、工业区、旅游区）、地形区、国家、城市、铁路线、自然保护区、河湖等。其次，要利用地理事物之间的相对位置来进行空间定位训练。例如，可以根据其中湖泊的形状和位置、山河的走向等来加以定位。实际上，这种定位训练不能只局限于作业和考试过程中，而应该有意识地贯穿到平常看书看图的过程之中。只有这样，才能更准确更迅速地进行区域空间定位，培养和提升地图素养，从而使区域定位能力得到真正的巩固和提高。

（二）把握区域地理特征，对比区域异同

在一定的时空范围之内，由于不同区域内的自然与人文地理要素相互作用存在差异性，因此形成各自的区域地理特征。在进行区域地理知识复习的过程中，尤其应注意把握各区域的基本地理特征，包括自然地理特征和人文地理特征。教师应注意引导学生从地理位置、范围、地形、气候、水文、土壤、植被和自然带等多个自然地理要素方面把握区域的自然地理特征，从人口、工业、农业、交通、商贸、旅游等人文要素方面把握区域的人文地理特征，使学生不仅掌握区域地理的有关知识，而且也从方法论的角度形成并强化区域认知的能力。同时还应在区域之间加以比较，运用地理比较思维，找出其异同点并加以表述。例如，对中外典型农业区、工业区进行对比，将有关典型国家进行对比（如英国和日本）。通过对比，不仅训练了学生的综合思维能力，培养和提升了学生的地理学科核心素养，同时也使学生对区域地理知识的掌握和运用更加到位。

（三）强化读图析图填图能力

就高考中的地理试题而言，真可谓无图不成考！通过对近几年高考地理试题的分析，我们不难发现，其中区域地理试题具有如下三大特点：一是将课本或地图册中地图的比例尺加以扩大；二是选用课本或地图册中少有的区域交界部分的局部地图，这是不少考生在复习地图知识中的一大盲区或弱区，应引起高度的关注和重视；三是地图中考查的地理区域更加细小并且出现了虚拟的地图。对此，在读图析图时，应进一步缩小范围，对空间加以定位，并运用联想发散思维进行相关训练，从而收到事半功倍的复习效果。

（四）正确处理区域地理和系统地理的关系

在复习区域地理时，不能脱离系统地理而纯粹复习区域地理，否则，区域地理的复习就显得过于肤浅，这样不仅复习效率低下，也不能达到高考复习的要求。要妥善处理好初中区域地理与高中系统地理知识之间的关系。在复习初中地理的某个区域时，在理论上可以将高中地理知识原理渗透其中，从而在复习时纲目分明，纲举目张。比如，在复习世界气候时，可以首先厘清高中地理教材中的气候形成因子、不同气候类型的气温特点、降水状况等基础理论，再结合初中世界地理中的具体国家、中国地理中的不同区域进行分析对比，做到理论联系实际，从而增强学生对知识的理解和运用能力。

（五）精心编制试题，提高实战能力

考前要做一定数量的习题，这是巩固知识、提高技能的需要。长期以来的教学实践证明，解题训练可以有效提高学生的应变能力，较大幅度地提高学生的学业考试成绩。尽管如此，但也不能让学生沉溺于题海中而不能自拔。试题的编制应当遵循一些基本的原则。基础性原则：立足课本上的基础知识；综合性原则：人文地理和自然地理、系统地理和区

域地理、政史地等综合；时代性原则：重视社会现实问题、热点问题；开放性原则：立足试题多角度、多层次、多侧面、答案不唯一、言之有理、酌情加分；创新性原则：培养学生创造性思维，编写全新习题，应是创新性的、少见的试题，但绝不能认为偏、怪、难的试题就是创新试题，具体操作如下。

1. 利用历年高考地理试题

往年的高考地理试题可谓是进行思维训练的绝佳材料，教师可以研究这些题目的设计思路、设问角度、思维价值等，帮助学生：对这些试题不仅仅满足会做，更重要的是了解命题者的意图，分析解题的思路，深刻领悟试题。

2. 善用各校的交流试题

凭借教师个人的力量编制试题会受到诸多因素的制约，比如时间有限、命题能力水平有限、命题素材欠缺、命题视角存在局限性等。各校的交流试题都是精心选择或由教研组、教研室组织设计制作，一般质量较好，可以加以借鉴。

3. 根据学生实际编写试题

找准学生学习的薄弱环节，编写针对性强的区域地理模拟试题。根据学生的一般认知心理特征和学习状态，调节试题的难度。力求自己编制的试卷适应自己的学生。尽量不引用成套的外校试卷，因为很多命题者对高考命题尺度把握不准，试题越出越刁，易使学生应考心态受到负面影响。同时，大量引用外地成套试卷也容易使师生"走火入魔"。

九、专题复习基本原则

通过研究近几年的文科综合高考试题，我们不难发现，地理可谓是名副其实的"瓶颈"学科。只有学好了地理，高考文科综合测试才能获取高分。要抓好地理，专题复习可谓是至关重要的一个教学环节。而要做好高三地理专题复习，又需要遵循一些基本的原则，笔者借此谈谈个人的教学实践与体会。

（一）导向性原则

对于高三后期的地理复习而言，专题复习显得十分重要，而专题项目的选择则尤为重要。因为如果选材盲目，所选的专题对高考的意义或作用不大，势必会浪费学生宝贵的学习时间，达不到应有的复习效果。因此，在进行复习专题选择时，应该遵循导向性原则。换言之，教师应认真细致地研究高考考试大纲以及有关专家的考前预测性分析，在审时度势、权衡利弊的基础上，慎重选择要复习的专题。目前，文科综合高考地理强调突出考查学科主干知识，所以，笔者认为，可以选取地理计算、地球与大气运动、等值线、区位分析、环境问题与可持续发展等主干知识作为专题复习课题，以便收到事半功倍的复习效果。

（二）综合性原则

到了高三后期复习阶段，学生已经对教材中的基础知识有了一个基本的了解和掌握，如果不想办法提高其对地理基础知识运用的灵活性与综合性，那么，学生分析和解决地理问题的能力就无法得到相应的锻炼和提高，很容易导致其高考功败垂成。所以，地理专题复习也应充分体现综合性原则。当然，这里所讲的综合性绝对不能存在随意性！教师应根据近几年高考文科综合地理试题的命题思路、指导思想以及试题本身的特点，分析并研究其能够涉及的地理以及跨学科相关知识点，按照多个知识考点交叉或者对某个考点加以纵横延伸的方式精讲精练，做到讲解与训练有机结合，从而使后期的高考地理复习收到真正的实效。

（三）弥补性原则

通过高三第一轮的系统性复习，虽然学生的地理基础得到了一定的巩固和提高，但高考地理复习教学工作本身相当复杂而烦琐，且教师的教学也难免存在一些纰漏，同时，由于不同的学生个体在兴趣、认知、理解、记忆与应用等方面也还存在不小的差异，因此，地理专题复习还应遵循弥补性原则。教师可以通过与学生交谈，或者通过问卷调查等方式，随时尽可能了解并把握所教学生对地理知识掌握的情况，弄清楚学生究竟还存在哪些似是而非或根本不懂的问题，对地理学科教学有什么意见或者建设性的建议，同时教师也应坚持不断地反思自身的教学，并根据学生在前期复习中的各种考试或定时练习得失分数的情况，有针对性地开展地理查漏补缺工作。

总之，高三地理专题复习没有必要搞得大而全，宜在遵循上述 3 个基本原则的基础上，充分体现复习教学的针对性与灵活性，从而突破地理"瓶颈"，创造高考佳绩。

十、课堂导入的方式

（一）课堂导入的含义

课堂导入作为课堂教学的序曲，是指在课堂上即将开展新课学习内容之前，教师为了吸引所有听课学生的注意或引发学生的思考等，通过一定的方式或途径引入新课学习的教学环节。课堂导入是课堂教学整体的有机组成部分，为课堂教学整体艺术化创造了一个良好的开端。

（二）课堂导入的作用与功能

苏联教育家苏霍姆林斯基曾经说过，"如果老师不想办法使学生产生情绪高昂和智力

第五章　地理课程教学方法资源的开发

振奋的内心状态就急于传授知识，那么这种知识只能使人产生冷漠的态度，而给不动感情的脑力劳动带来疲劳。"有道是，好的开始等于成功的一半。课堂导入对于优化课堂教学可谓具有十分重要的作用与功能，主要体现在以下几个方面。

1. 集中注意力

在课堂教学开始之前，教师一般需要进行课堂的组织教学环节，其主要目的在于整顿课堂纪律、规范课堂秩序，为课堂教学的顺利开展做好组织纪律方面的准备，但那更多是形式上的需要。此时，学生的心还没有完全收拢过来，部分学生很可能还沉浸在上一节课的学习情景或内容之中，抑或是课间休息时段谈兴未尽等，因此，在此时进行课堂的导入就显得非常必要，而且也极为重要。结合课堂教学内容的需要，教师在正式讲授新课内容之前，先给学生讲个有趣的故事，或者播放一段动画视频，抑或是即兴唱上一段歌曲等，以此通过有关问题的设置，一下子就抓住了学生的心，使得学生的注意力很快就可以集中到课堂教学中来，为新课教学的顺利开展做好铺垫准备，从而有利于切实提高课堂教学的效率和效果。

2. 激发学生学习兴趣

有言道，兴趣是最好的老师。教师在课前精心设计课堂的导入环节，并在课堂上加以实施，不仅可以集中学生的注意力，而且还可以激发学生的学习动机，提高学生的学习兴趣，从而达到优化课堂教学的目的。比如，在讲"地方时与区时"的时候，需要介绍日界线的知识，可以给学生讲妹妹比姐姐还大的故事，然后据此将问题抛给学生——妹妹居然比姐姐还大，这其中究竟有何奥妙呢？让学生在课堂上带着这个有趣并且富有悬念的问题进行新课的学习，可想而知，学生本身对这个问题是非常感兴趣的，每个听课的学生也都急于想知道问题的答案，学生在课堂的学习过程中自然也就兴趣盎然，教学效果也就不言而喻了。再如，学习"地球仪"有关知识时，可先设置谜面："不是篮球不是蛋，用手一推它就转，不要看它个子小，载着大江和高山。"其谜底就是"地球仪"，由此引入新的课题。再比如，教授"地图"时也可采用此种方法导入，谜面为："容纳千山万水，胸怀五湖四海。藏下中外名城，浑身绚丽多彩。"采用谜语导入新课，关键在于教师平时对这方面素材要进行不断的积累，再加上教学时合理的运用，方能达到事半功倍的效果。从短时间来看，课堂导入可以使学生对某一堂课充满浓厚的兴趣，但是，久而久之，通过兴趣的不断激发、强化和保持，学生就会自然而然地爱上地理学科的学习，对地理教学而言，可谓大有裨益。

3. 引发学生学习思考

我们知道，地理教学的总体目标是培养学生的地理学科核心素养，而地理综合思维则是其中一个主要因素。课堂教学如果不能培养学生的思考习惯和思维能力，也就没有存在的价值和必要。在课堂导入的过程中，教师常常可以借助有关的图文资料，精心设计与当堂教学内容有关的问题，在激发学生学习兴趣和动机的同时，引发学生的学前思考，这样不仅可以培养学生良好的思考习惯，而且有利于锻炼和提高学生的综合思维能力。学生在课堂学习过程中带着教师提出的课前问题，便于将新知识的学习与对问题的思考有机地结合起来，从而有效地提升课堂学习的质量和效率。

4. 融洽师生关系

在课堂导入的环节中，教师根据教学内容的需要，可以现场唱上一段歌曲，展示自己美妙的歌喉，比如，在讲"热力环流"的时候，可以唱一段《军港之夜》；可以即兴朗诵一段诗文，或板书一幅潇洒流畅的行草书，比如，在讲"水循环"的时候，可以将李白的诗句在黑板上书写展示出来——黄河之水天上来，奔流到海不复回；可以讲一小段精彩的故事，比如，在讲"洋流"时，可以介绍第二次世界大战中德军潜艇在英法联军严密把守的直布罗陀海峡多次进出攻击得手的历史故事；等等。不难看出，通过这些方式导入课堂，不仅可以吸引学生的注意力和激发其学习兴趣与思考，而且还可以很好地展示地理教师的才华与个人的魅力，让学生对老师由此产生由衷的敬佩之情，借此可以拉近师生之间的距离，融洽师生之间的关系。亲其师而信其道。教师因此在学生心目中可以树立起良好的个人形象和独特的人格魅力，这样不仅教学工作容易得到顺利开展，而且还会对学生终生的学习与发展产生持久有益的影响。

（三）课堂导入环节存在的主要问题

1. 课堂导入环节缺失

有的教师觉得课堂导入作用不大，导入可有可无，甚至于认为课堂导入只是作秀，反而耽误课堂教学的时间，因此，课前不进行导入，而是直接进入新课的教学讲授环节，使得课堂导入环节缺失。殊不知，如此教学，看似节约了一点导入课堂的时间，但学生由于处在长期单调枯燥的学习过程和环境中，学习效率因此会变得低下，无助于从根本上对教学质量和教学效率的提高。

2. 课堂导入形式单一

受中考和高考升学压力的影响，不少教师死守温故而知新的教条，总是采用复习上一节课或前面的教学内容，然后再进入新课学习的课堂导入方式，即复习导入法，几乎完全摒弃了其他的课堂导入方式，使得课堂导入形式过于单一。必须承认的是，通过复习导入新课，的确可以达到温故而知新的效果，但问题在于，这种导入方式本身就非常枯燥无趣，如果长期采用这种单一的课堂导入方式，学生的学习兴趣便会慢慢消减甚至于荡然无存，课堂会因此而变得了无生趣，这对课堂教学显然是弊大于利的。

3. 课堂导入过于复杂

有的教师对课堂导入环节的作用和功能比较了解，因此对课堂导入特别重视，投入较多，但由于忽略了课堂导入环节的有关要求，因此使得课堂导入的图文材料内容以及所设计的问题过多，比如播放完整版本的歌曲或者动画视频达到 10 min 甚至更长，导致占用课堂教学时间过多，课堂导入因此弄的过于复杂，虽然能够起到激发学生学习兴趣和引发学生思考的作用，但同时也冲淡了课堂教学的主题，压缩了课堂教学的容量，反而适得其反，对课堂教学造成不利的影响。

4. 课堂导入质量不高

主要表现在以下几个方面：一是导入的关联性不强。在实际的地理课堂教学中，笔者发现，有的教师虽然设计并实施了课堂教学导入的环节，但与当堂教学内容与要求的关联性并不强，抑或是所设计的问题没有多大价值可言，尤其是在新教师中表现的比较突出。二是老生常谈，导入内容显得过于陈旧。比如，在讲"常见的天气系统"时，从网络上下载的课件里面采用的天气预报片段是几年前的，有的教师贪图方便，拿来直接使用。三是导入题材不能引起学生的兴趣，显得非常平淡。四是导入环节缺乏思考价值，不能引发学生的思考，所提的话题问题过于简单和直白。五是有的教师语言不精炼，过于啰唆，不仅无法激趣，而且浪费课堂教学宝贵的时间。

（四）课堂导入的主要方式

1. 复习导入

复习导入是指在新课学习开始之前，首先对已经学过的内容加以复习回顾，然后再顺势进入新课学习的课堂导入方式。其好处是可以对前面学过的知识内容加以及时的巩固，从而达到温故而知新的目的和效果，适合成绩基础比较好以及学习兴趣和自觉性较高的班级以及高三复习课采用。其不足之处在于，复习导入比较单调和枯燥，不利于学生学习兴趣的激发和维持，建议慎重采用。

2. 音乐（歌曲）导入

所谓音乐（歌曲）导入，是指在课堂开始组织教学完成之后，给学生播放一段音乐歌曲，或者教师现场即兴为学生唱上一段歌曲的课堂导入方式。这种导入方法的好处在于，通过学生喜闻乐见的方式，可以充分激发学生的学习兴趣和学习动机，使学生在轻松愉悦的氛围中顺利进入新课学习的环节，让学生可以轻松而快乐地学习，同时还可以借此展示教师的才艺与个人魅力，以此融洽师生之间的关系，因此值得大力提倡。

3. 故事导入

故事的情节常常引人入胜，通过讲故事的方式来导入新课的教学，学生常常会对此津津乐道，并对此记忆深刻。比如，在讲"时差"时，可以这样导入："有位日本妇女购买了一张美国花旗银行的彩票，结果中了大奖。但当她得知这一消息时，刚刚错过兑奖的时间，彩票因此变成了废纸。此时，一位美国人却愿意出半价购买这张废票，请问，这是怎么回事呢？"如此导入新课，不仅有利于激发学生的学习兴趣和热情，而且更为重要的是，故事中常常富有悬念，可以有效地激发学生的求知欲望，可谓是一种非常不错的课堂导入方式。其不足之处在于，有的故事内容过长，如果不加浓缩精简，可能会因此占用过多的课堂教学时间，从而影响新课的教学。

4. 诗文导入

所谓诗文导入，是指教师通过朗读或板书与课堂教学有关的古今诗文来引入新课教学的课堂导入方式。优美的诗文可以陶冶学生的身心和情趣，加上教师声情并茂的诵读，或者潇洒流畅的黑板书法展示，让学生得到艺术美的陶冶，在愉悦身心的同时，不知不觉地跟着老师的引导就进入到了新课的学习之中，效果尤佳。其不足之处在于，由于对古诗文的理解不到位，因此可能导致曲解现象的发生。比如，在讲"水循环"的时候，不少老师常采用李白的诗句"黄河之水天上来，奔流到海不复回"，这种采用诗文导入的方式本身很好，但有的老师对诗句本身理解不到位，认为李白犯了一个知识上的错误，然后给学生大讲特讲，这显然是不妥当的。笔者认为，在导入时可以这样告诉学生：李白的诗句本身是在感叹时光易逝而不再来，就好比黄河水一样一去不返。但从地理科学的角度来看，黄河水流入海洋以后，真的就不再回来了吗？然后让学生带着这个问题进入新课的学习。

5. 设疑导入

所谓设疑导入，是指在简单介绍有关图文等材料的基础上，精心设置疑问并以此带来悬念，以此引入新课的教学方式。比如，前面所提到的二战中德军在直布罗陀海峡多次成功偷袭英法联军的故事，导入时可以这样设置疑问：大家应该知道，潜艇在前进时，发动机发出的声音是会被对方的声呐系统所发现的，但为什么德军却能数次在英法联军的眼皮底下偷袭得手呢？这其中究竟有何奥秘呢？提出这种疑问、悬念，对学生能够产生很强的吸引力，促使学生积极地思索寻找答案。疑问一出，悬念顿生，效果也就不言而喻了。

6. 时事新闻导入

所谓时事新闻导入，是指结合课堂教学要求，采用相关的时政新闻来导入新课的教学方式。此种方法不仅可以引导学生关心国际国内大事，而且可以关注生活实际，体现学习有用的和实际的地理知识的新课标理念，一般而言，学生对此也是比较感兴趣的。

7. 情境导入

所谓情境导入，就是结合课堂教学的内容及有关要求，设置一定的教学情景，让学生身临其境一般地参与和体验的课堂导入方式。举个例子，在讲授"常见的天气系统"时，教师可以展示贵州省江口县神龙潭出现"龙吐水"壮观景象的图片，并结合图片加以绘声绘色的描述，让学生犹如身临其境般地体验其神奇之处，然后顺势提出富有思考价值的悬念问题引入新课的学习。由此可以从看出，此法不仅有助于提高学生的学习兴趣，活跃课堂气氛，而且通过体验式的学习，有利于加深学生对有关知识问题的深度理解，从而达到优化课堂教学的目的和效果。

8. 实验导入

所谓实验导入，是指通过有关的实验来导入新课的教学方式。可以是现场演示实验，可以是模拟实验，也可以是操作性的实验，让学生参与实验的过程，培养学生认真仔细观察的习惯，以及动手操作的习惯和能力。比如，在讲授"热力环流"时，可以采用课本上推介的模拟实验：用一个玻璃缸密闭容器，里面分别放置一碗冰和一碗热开水，让学生仔细观察玻璃缸中水汽运动的方向，以此体验热力环流的形成过程。当然，如果条件不具备，也可以到网络上下载有关的动画视频进行模拟演示。不难看出，此法不仅可以调动学生的学习参与意识和兴趣，而且有利于培养学生的地理实践力，进而促进学生地理核心素养的培养和提升。

9. 多媒体导入

新课标的理念强调加强信息技术在地理教学中的应用，因此，通过运用计算机等多媒体技术手段来引入新课的教学，不失为一种好的课堂导入方式。地理教学中运用幻灯、图片、录像带、影碟等手段导入新课，不仅生动、直观、形象，而且更能达到渲染课堂气氛，活跃学生情绪的效果。通过幻灯片、录像片等的运用，为学生带来形、色、声、像的感官刺激，形式新颖，会使课堂教学的气氛轻松愉快，增强学生学习地理知识的吸引力，将以前课堂的不可能变为可能，使学生更好地理解和掌握知识点，有效地扩大课堂教学的容量，极大地激发学生的学习热情，同时也契合了新课程的教学理念，值得大力提倡和推广。其不足之处在于，视频动画的剪辑对技术的要求较高。

（五）课堂导入的基本要求

（1）联系紧密，目的明确。

（2）富有趣味，引人入胜。

（3）逻辑自然，衔接紧密。

（4）语言清晰，感情充沛。

（5）用时得当，节奏紧凑。

（6）取材灵活，方式多样。

（六）几点注意

（1）课堂导入的时间一般以 1—3 min 为宜，最长不要超过 5 min 时间，否则会影响正常课堂教学活动的顺利开展。

（2）课堂导入中所采用的故事一定要真实有趣，否则可能会以讹传讹，背离教育教学的本意。

（3）对课堂导入所采用的古诗文一定要在事前进行认真的揣摩和研究，务必弄清楚其真实的含义，以免产生误解，甚至误人子弟。

（4）在课堂导入的素材确定的前提下，一定要对课堂导入展示的方式提前加以精心的设计，如果随意而为，比如板书古诗文，其效果可能就会大打折扣，影响课堂教学效果，甚至于造成教师教学不认真的不良印象。

（5）对于课堂导入中的设问，事前一定要经过多次反复的推敲。因为好的疑问不仅体现教学的价值，而且有助于引发学生学习上的思考，从而实现课堂导入环节的顺利达成，而不好的设问不仅缺乏思考价值，甚至于误导学生，因而难以实现课堂的有效导入。

（6）对于课堂导入的认识不能过于狭隘。在课堂教学的过程中，每进入一个新的教学环节或项目，都需要一个过渡环节，这其实也属于广义上的课堂导入环节，应该加以重视并进行精心的设计，以保证课堂结构更加严谨和完整。

（7）平时注意收集和整理课堂导入的各种素材和方式，可以建立课堂导入的教学资源库。随着时间的推移和教育的不断发展，地理课程标准以及教学要求都在不断变化，以前的课堂导入难免会趋于陈旧落后，因此，在地理教学过程中，还要对之加以不断更新，力求课堂导入的创新以及不断地丰富和完善课堂导入的素材和方式。

十一、教学方法的选择与创新

（一）教学方法的定义

教学方法的定义多种多样，但都大同小异。归纳起来，可以给教学方法下一个统一的定义：教学方法是指在教学的过程中，教师和学生为了实现教学的目的，并完成教学任务，根据课程标准要求以及特定的教学内容，所采取的教与学相互作用的一系列活动方式、步骤、手段和技术的总和。教学有法，但教无定法。教学方法种类繁多，究竟应该在教学过程中选择采用什么方法，需要通过理论学习与长期的教学实践总结相结合，不断地进行优化创新和完善。

（二）教学方法的选择

教学方法本身再好，但如果学生不能适应，那就算不上真正的好方法。因此，在选择教学方法的时候，需要遵循一定的原则和要求，主要体现在以下几个方面。

一是要有启发性，通过对学生的启发引导，带动学生的思考，培养和锻炼学生的综合思维能力，从而培养和提高学生的地理学科核心素养。

二是要有适应性，即教学方法要能让学生适应和接受，能够满足教学内容与课程标准的要求。

三是灵活性，也就是说，不能千篇一律地选择和采用某一种或两种教学方法，而要根据具体特定的教学内容与有关教学要求，灵活选择恰当的教学方法，比如，人文地理的内容适合采用案例教学法，但也可以采用问题式教学法、情景教学法等。

四是有效性和高效性，即所选用的教学方法一定要产生相应的教学效果，在满足教学效果的同时，还要尽可能地追求教学的高效率。不能认为传统的教学方法就一无是处，可以在继承传统的基础上，进行教学方法的大力创新和发展。

（三）几种值得优选的教学方法

在新的课程标准形势下，在充分发挥教师对课堂教学的组织引领作用的同时，应该提倡精讲精练，少讲多探究，进一步突出学生在教学过程中的主体地位，把课堂真正地还给学生，使课堂真正成为学生发展的主阵地。因此，除了传统的讲授教学方法以外，还需要选择符合新形势要求和新课程理念并且行之有效的教学方法。结合长期的理论学习与教学实践体会，在此介绍如下几种特别值得优先选择的教学方法，供大家教学参考使用。

1. 激趣教学法

有道是，兴趣是最好的老师。笔者在长期的地理教学实践中发现，那些地理学习成绩好的学生，普遍都对地理学科很感兴趣，而那些地理成绩欠佳的学生则往往对地理课程不怎么感兴趣。因此，只有将学生的学习兴趣充分地激发出来并不断地加强与维持，使学生愿学、乐学，不仅易于学会，而且可以实现到会学的转变。一旦有了浓厚的学习兴趣和动机，学生自然会愿意主动向老师或同学问问题，会因此更加积极主动，学习也会更有效率，学习效果也会更佳。所谓激趣教学法，就是在地理教学过程中，根据课程标准与教学内容的要求，结合学生的一般生理与心理认知特点，采取讲故事、猜谜语、唱歌以及书法展示和动画视频播放等手段或途径的教学方法。运用激趣教学法，可以充分激发和调动学生的学习兴趣和动机，让学生在轻松愉快和充满趣味的课堂氛围中进行学习，从而使得教学效率与教学效果借此得以明显的提升。

2. 情景教学法

所谓情景教学法，是指在教学过程中，教师有目的地引入或创设具有一定情绪色彩的、以形象为主体的生动具体的场景，以引起学生一定的态度体验，从而帮助学生理解教材，并使学生的心理机能得到发展的教学方法。情境教学法的核心在于激发学生的情感。不少学校采取封闭式管理，学生几乎整天都待在学校里面，与外界的接触较少，加之人生的阅历短浅，使得学生对于不少学习内容缺乏亲身的感受与体验，导致其感性认识不足，不利于课堂理论知识的教学与学习。因此，采用情境教学方法不仅必要，而且也非常重要和有效。情境教学，是在对社会和生活进一步提炼和加工后才影响学生的。诸如榜样作用、生动形象的语言描绘、课内游戏、角色扮演、诗歌朗诵、绘画、体操、音乐欣赏、旅游观光等，都是寓教学内容于具体形象的情境之中，其中也就必然存在着潜移默化的暗示作用。比如，在讲"工业的区位选择"时，可以给学生分配不同的角色，让学生来演市长、环保局长、投资工厂的厂长、会计等，让学生站在不同的角色角度进行体验和思考性学习，学生可以身临其境，由此实现体验式学习，不仅会感觉新奇有趣，而且会觉得学习非常有用，原来枯燥的课堂讲解式学习因此而变得生动有趣，学习效果自然得以优化和提升。

3. 问题式教学法

所谓问题式教学法，是指将课堂教学的知识问题化，通过一系列问题的设置，以提出问题、分析问题、解决问题为线索，并把这一线索始终贯穿整个课堂教学过程，即教师首先提出问题，学生带着问题自学教材，理解问题、讨论问题，最后教师根据讨论的情况，有针对性地讲解，准确地引导学生解决问题，为学生的课堂学习搭建思考平台的教学方法。这种教学法操作简便。有关研究表明，如果学生在课堂上没有问题作为学习思考的导引，课堂教学效率和效果则会因此而明显下降。相反，若采用问题式教学法实施课堂教学，教学效果则会得以显著优化。现在国内外提倡和流行的项目式学习与深度教学，都要求通过设置一系列由浅入深的问题来引领课堂教学，可谓殊途同归。需要注意的是，课堂问题的设置一定要适量，要体现出课堂学习思考的价值，要符合学生的一般心理特征和认知水平，满足学生最近发展区的要求，同时还要体现出循序渐进的过程。

4. 尝试错误教学法

所谓尝试错误教学法，就是故意将课堂上要传授给学生的知识与方法弄错，让学生对错误的内容进行辩证思考和鉴别，从而让学生从体验错误中提升自我学习能力的一种教学方法。其基本模式有：①试错—知错—改错—防错。②暴露错误—剖析错误—修正错误—反思错误。③设误—得误—分析—设正—得正—比较—总结。④估错—诱错—出错—指错—究错—纠错。⑤备课（整理学生思维方式）—上课（诱错—指错—学生自查总结）—强化正确观点—备课。这种教学方法的好处在于，一方面，学生通过课堂学习对错误进行纠正，可以获得满满的学习成就感，并由此对课堂教学充满期待，从而产生良好的教学心理效应；另一方面，通过师生在课堂上对错误与正确之间的对比分析，可以让学生明白该怎样理解和运用才是对的，怎样才是错的，以此尽量避免学生在以后的学习与考试中犯错。举个例子，有一位非常知名的特级教师，其所教班级学生的成绩总是特别的好，不少学校的领导和同行都慕名前往听课取经，结果发现他在课堂上居然讲了不少错误的东西，大家开始都百思不得其解，结果从学生的口中找到了其中的答案，原来，这位教师采用的是尝试错误教学法。这虽然只是个例，但也由此可以看出，尝试错误教学法的确值得借鉴和使用。

5. 实验教学法

笔者发现，在实际的地理课堂教学中，大多是对理论知识的教学，而实验与实践等操作性的教学方法则很少受到重视与采用。时下最新的《普通高中地理课程标准（2017版）》将培养学生的地理学科核心素养作为地理教学的总目标，其中就包括地理实践力的培养与锻炼。因此，实验教学法正好契合新课标的理念与要求，值得深入学习研究与采纳。所谓实验教学法，是指在课堂教学过程中，学生在教师的指导下，使用一定的设备和材料，通过控制条件的操作过程，引起实验对象的某些变化，从观察这些现象的变化中获取新知识或验证知识的教学方法。比如，在讲"地球运动"时，可用地球仪模型进行演

第五章　地理课程教学方法资源的开发

示；在讲"河流侵蚀作用"的时候，可设计用水冲刷泥土来进行模拟实验操作等。实验法是随着近代自然科学的发展兴起的。现代科学技术和实验手段的飞跃发展，使实验法发挥越来越大的作用。实验的演示与操作，不仅直观形象，而且可以体现地理事物、现象的动态发生过程，有利于丰富课堂内容，提高学习兴趣，同时，还可以让学生配合动手参与实验的过程，以此培养和锻炼学生动手动脑的意识与能力，培养学生的独立探索能力、实验操作能力以及科学研究的兴趣，切实增强教学的实效。

实验教学法的运用，一般要求：①教师事前做充分准备，进行先行实验，对仪器设备、实验材料要仔细检查，以保证实验的效果和安全。②在学生实验开始前，对实验的目的和要求、依据的原理、仪器设备安装使用的方法、实验的操作过程等，通过讲授或谈话作充分的说明，必要时进行示范，以增强学生实验的自觉性。③小组实验尽可能使每个学生都亲自动手。④在实验进行过程中，教师巡视指导，及时发现和纠正出现的问题，进行科学态度和方法的教育。⑤实验结束后，由师生或由教师进行小结，并由学生写出实验报告。

6. 图示教学法

所谓图式教学法，又叫"图文示意"教学法，是指在地理课堂教学过程中，通过简要的符号，浓缩的文字，线条或箭头等构成特有的图文式样，或直接通过有关的地理图示，形成板书或电脑课件等，并据此进行读图分析探究的教学方法，常用的图示教学方法有（线框）图示、图表、图画（含简笔画）等。运用图示教学法，教师可以边画边讲，边讲边画，用时要求学生跟着教学的节奏边学边画，边画边学，以此培养学生的绘图能力，以及读图析图的意识与能力。地图又被称为地理的第二语言，是地理学科特色的重要体现与要求，不仅形象具体，而且承载着大量的地理信息，其重要性由此可见一斑。须知，只有学生的地图能力提高了，才有可能在考试过程中取得好的成绩。因此，图示教学法可以说是一种有效而且高效的教学方法。图示教学法的优点很多，能够展现抽象的"思维"过程，使讲解有所依挂、思考有所指向，教师教得轻松，学生学得愉快，有利于知识系统化，有利于形象记忆，有利于强化知识的信息，有利于知识的联想，有利于信息的传递等。图示教学法作为一种全新的教学尝试，其发展空间很大，可以说是直观性教学的创新。在倡导素质教育以及实施新课程标准的今天，图示教学法将在不断探索和实践中进一步的发展和完善。

7. 多媒体辅助教学法

所谓多媒体辅助教学法，是指在课堂教学过程中，以现代电教媒体如计算机、电视机、摄录机、投影仪、幻灯等为标志，以传统教学媒体如黑板、挂图、实验、模型等为基础的多种媒体有机结合的一种教学手段和方法，常常通过文字、实物、图像、声音等多种媒介向学生传递信息。随着计算机技术的不断发展与普及，采用计算机辅助教学的方法逐步得以广泛的应用。这种教学方法可谓带来了教学的一场重大变革，不仅直观、生动、形象，而且将以前不可能在课堂展示的内容也能展示出来，给学生带来全新的视听感官刺激，能够极大地丰富课堂教学内容，显著地扩大课堂教学的容量，促进学生对知识的理解和记忆，培养学生的多种能力，有效地提升课堂教学的效率与效果。需要注意的是，运用多媒体辅助教学时，设计的容量要与学生的接受能力相匹配，要留给学生一定的课堂思考时间，同时要讲究艺术性与实用性的有机结合，不能将课件做得过于花哨，以免影响学生的课堂注意力。

8. 检测式教学法

所谓检测式教学法，是指在教学过程中，通过对学生学习效果进行检测的教学方法。检测的时机和方式多种多样，可以在课堂教学开始之前 5 min 左右的时间，就上一节课或前面所学的知识与方法对学生进行抽问，结合学生答问的情况及时进行课堂教学的调整，以便查漏补缺；可以在课堂中通过课堂练习对当堂教学内容进行检测性质的训练，以达到信息反馈和学以致用的目的和效果；也可以在课后通过口头或书面测试的形式，及时检测学生的学习效果。这种教学方法之所以特别有效，一方面在于抓住了学生重视颜面和自尊的心理特点，无形中给学生带来了学习上的任务驱动；另一方面在于可以及时获取教学信息的反馈，利于教师在教学过程中进行及时的弥补和调整，从而有效地加强课堂教学的针对性，使课堂教学更加富有成效。

9. 激励教学法

所谓激励教学法，是指教师在教学过程中，根据学生的学习表现和成效，进行及时表扬、奖励或"惩罚"的教学方法。激励就是激发和鼓励，从教育心理学来讲，是指激发人的动机，诱发人的行为，使其产生一种内在的动力，朝着所期望的目标努力的过程，也就是通常所说的调动和发挥人的积极性的过程。总体而言，学生的学习生活是比较单调和枯燥的，他们需要得到外界不断的有益的刺激，才能获得并维持较好的学习效率和效果。比如，学生在某次课堂教学中表现积极突出，或在某次地理考试中获得了比较理想的分数，或取得了比较明显的进步，可以视其具体情况进行口头表扬或红榜表扬，抑或是给予一支笔、几颗糖或笔记本等物质上的奖励，还可以根据学生的愿望，奖励学生书法作品、赠送诗歌、艺术签名等，以达到鼓舞学生学习兴趣与斗志的目的。对于学习考试成绩下降的学生，则可视情况予以适度的"惩罚"，比如将其中的错题重新做一遍，每天额外花 15—20 min 的时间补习地理，等等。需要注意的是，这里的"惩罚"绝不是目的，而是一种督促手段，因此，在实施过程中一定要把握好度，事前最好跟学生进行沟通，结合学生自身的想法，制定具体的"惩罚"措施和内容，只有这样，学生才会从心理上真正接受"惩罚"并切实付诸行动，"惩罚"也才会获得成效。否则，"惩罚"不仅不能发挥应有的作用，反而会使学生心生怨恨，甚至一蹶不振。此外，对学生的奖惩一定要尽量做到公平、公开、公正和适度，奖励重在以精神鼓励为主，以物质奖励为辅，要量力而行，以免适得其反，得不偿失。

（四）教学方法的创新

如前所述，无论是传统的教学方法，还是现代先进的教学方法，只有灵活地选择和运用，才能在课堂教学中切实达成既定的教学目标，并使课堂教学富有效率和成效。否则，本身再好的教学方法都没有多大功用可言。随着社会的进步和教育的不断发展，要真正培养学生的创新思维与创新能力，教学方法也需要不断的创新发展。因此，教师在具体的教学过程中，还需要对教学方法从形式到内容不断地加以研究和创新，力求做到常教常新，使地理课堂教学不断焕发出新的活力。

十二、地理学习方法与技巧

众所周知，在我国中学目前的9门文化课程中，唯有地理学科具有双重性质，为兼跨自然科学与人文社会科学的唯一一门课程。换言之，地理学科的突出特点在于文理交融，既有理科的逻辑严密性，又具有文科生动灵活性的特点，这给地理学习带来了不小的难度。因此，要真正学好地理，拥有良好的学习方法与技巧就显得特别重要。笔者经过长期的地理教学与学习检验，归纳梳理出如下地理学习方法与技巧，供大家参考鉴用。

（一）自我激趣法

兴趣是最好的老师。如果缺乏对地理学科的学习兴趣，那是很难学好地理的。有的学生本身对地理不感兴趣，有的学生则由于觉得地理较难而产生畏难情绪，因此使得其对地理的兴趣荡然无存，但由于考试的需要又不得不学习地理，地理学习效率和效果因此显得很不理想，即使采用了不少的方法都难以奏效。对此，笔者认为，采用自我激趣的办法不失为一种上策。所谓自我激趣，就是自己想办法激发对地理学科的学习兴趣，比如，养成自我积极暗示的习惯，在心里时常默念：地理图文并茂、内容丰富、生动有趣，地理其实并不难，我一定要学好地理，等等，从心理的角度适时调整地理学习心态，使地理不断被自己所接纳。还可以到学校图书馆去借阅地理有关的图书资料，如《地学趣闻录》《旅游地理》等，也可以自主上网查阅世界各地的风土民情等，主动学习积累一些地理知识，加强跟其他同学以及老师的交流，不断挖掘地理学习的用处与好处，使得地理学习兴趣慢慢地被激发出来并不断得以维持和强化。一旦有了较为浓厚的地理学习兴趣，自然就会产生学习内驱力，学习地理便会因此而变得更加积极主动，从而使学习更加富有效率和成效。

（二）地图学习法

不难发现，凡是地理考试抑或是与地理有关的考试，总是离不开对地图的使用，常常是有图考图，无图也在考图。地理教学的总体目标是培养学生的地理学科核心素养，其中包括对区域的认知能力，涉及空间定位，因此可以说，如果不重视对地图的学习与探究，要学好地理几乎是不可能的事情。例如，就"世界洋流的分布规律"内容而言，只有结合"世界洋流的分布模式和世界洋流的分布"图像来进行学习，才能阐述清楚，理解透彻，遇到相关知识的试题时才能够灵活运用，顺利解答。一旦脱离了地图，就难以弄懂和解答相关问题。须知，地图是地理知识的载体和学习地理最重要的工具，运用地图记忆地理知识是最准确、最牢固、最有效的记忆方法。有道是，一幅图胜过千言万语。地图作为地理的第二语言，其中常常蕴含着大量的地理信息，需要掌握正确的读图析图方法，才能从中快速准确地获取和解读有效的信息，以用于分析和解决有关的地理问题。阅读地图的一般步骤是，首先读图名，其次看图例，再看坐标及刻度单位，再解读图中地理事象的分布、数值大小及其变化等。掌握读图方法之后，还需要多看图，可以采取左图右书的办法，养成经常读图看图的习惯，尽力在脑海中构建心理地图，还可以采用图文转换、文图转换以及图图转换的方法。只要地图学好了，地理学习也就成功了一半。曾经有高考状元将地理学习总结为，地理学习其实比较简单，就是将地理知识内容装入到地图中。虽然说的过于简单化，但也从一定程度上反映出地图学习的重要性。

（三）知识条理化法

中学地理尤其是高中地理，涉及知识面广，内容多而杂，如果不加以及时梳理，知识在大脑中就会显得比较零散，掌握和运用起来的难度也就越大，甚至于影响到学习的信心和兴趣。建议紧跟老师的教学进度，从教材的一节内容入手，通过思维导图的设计，或者罗列纲目式的知识清单，抑或是以列表的形式将所学内容表格化，使得学习的知识内容经过整合以后，显得富有条理性，更加精炼有序，这不仅有利于构建知识的网络体系，而且还可以实现深度学习，有效地提升地理学习的效率和效果。

（四）文理交融法

自然地理适宜采用理科的学习方法，人文地理则更适合采用文科的学习方法。具体而言，对于自然地理中的地理原理、地理过程、地理规律等，需要进行有关计算、演绎、分析和归纳等逻辑思维加工，靠死记硬背只能是机械记忆而无法灵活地加以运用，所以应像学习物理、化学那样，探究其形成的过程机制，在深入准确理解的基础上，学会加以灵活的分析运用，通过对知识的理解与运用，举一反三，最终达到对知识的内化过程，从而真正掌握知识并发展能力。而对于人文地理知识而言，由于涉及的知识面比较广，内容丰富多样，但知识本身的难度却比自然地理要小，一般不需要进行复杂的逻辑推理，因此，可以像政治、历史等学科的学法那样，注意加强对知识本身深入准确的理解，在此基础上进行理解性记忆，以达到掌握并运用知识的目的和效果。由于区域地理既涉及自然地理内容，同时又涉及人文地理方面的知识内容，因此，可以采取文理交融的方法进行学习，不仅可以优化学习成效，而且还可以使左右半脑交叉运用，从而有效地提高学习效率，并有利于身心的健康。

（五）强化训练法

学习知识的最终目的，在于运用所学的知识分析和解决有关的问题。要真正达到这一目的，强化训练可谓是不二法宝。所谓熟能生巧，正是这个道理。科学高效的地理学习反对搞题海战术，但如果不进行必要的地理练习，所学的知识没有经过足够的灵活运用，知识就会显得孤立、静态，其在大脑中的网络联系会因此而逐步减弱退化，能力也就会随之而下降。相反，通过适度的训练，使得知识逐渐内化，不仅可以强化知识之间的联系，加深对知识本身的理解，而且还可以在不断地运用中使知识得到巩固和强化，实现知识与技能的同步提升。在练习的过程中，还可以检测发现对知识的理解和掌握的程度情况，根据存在的问题及时进行查漏补缺，然后再有针对性地进行矫正性的练习，以此达到学习效益的最优化。需要注意的是，强化训练，最好是高考或中考的易考点、常考点、易错点和热点，务必要有针对性和计划性。

（六）反思总结法

有道是，只有善于总结和反思，才善于进步。短到每一天或每一周，长到每个月或每半学期或一学期、一年甚至于更长的时间，都可以有计划地对所学的知识内容进行回顾和反思，总结在学习上存在的进步和不足之处，好的方面继续发扬，同时，针对知识与方法方面存在的有关问题，可以制定有关的补习计划，及时调整学习方法与技巧，让缺点和不足及时得以纠正或弥补，使学习更加富有针对性和实效性。比如，可以坚持写学习反思记录，或者整理错题集并不断更新，以此有效地提高学习效率，使学习不仅有效，而且更加高效。

（七）自主合作探究法

新的地理课程标准提倡学生自主、合作和探究学习。自主学习就是自我主动地进行学习，可以在老师或同学的建议下，制定适合自身的学习进度计划，按照计划要求进行学习，加强学习的规划，有利于提升学习的效率。在学习的过程中，不断地锻炼和提高自身的独立学习思考的意识与能力，使自己真正学会学习，这不仅有利于获取好的学习成绩，而且有利于今后终身的发展。合作学习就是根据有关的要求进行讨论，可以取长补短，集思广益，这不仅可以提升学习质量，同时还可以培养团队合作的意识。探究学习又称为研究性学习，有利于提升思维的层次，使学习思维由浅表层次逐步向深层次高阶思维方向转化，拓展学习的深度与广度，进而达到深度学习的目的和效果。

十三、板书的设计与运用

(一) 板书的定义

所谓板书，顾名思义，是在黑板上进行书写以及书写的内容。具体而言，板书是指教师在深入钻研课程标准、教材以及学生学情的基础上，结合课堂教学的有关要求，根据教学目的认真构思、反复推敲、精心设计，运用粉笔或其他书写工具，通过文字、符号以及图表等方式在黑板或者白板上书写或绘图所展示的课堂教学重点内容和讲授提纲。简而言之，板书就是指根据课堂教学的需要，教师在黑板上以书面语言或符号进行的表情达意、教书育人的活动。板书一般可分为主板书与副板书。其中，主板书又称为基本板书、要目板书或中心板书，主要体现课堂教学内容的重点、难点和关键问题等，是课堂板书的基本骨架，一般写在黑板或白板中心及其附近醒目的位置，并在课堂教学的过程中尽量予以全程保留。副板书也称辅助板书、附属板书或注释板书，主要是指在黑板或白板一侧写出的零散的分析与演绎过程，或单个的字词句或符号等，起到提示或强调的作用。副板书是对主板书的补充和辅助说明，所以，一般随着教学进程的推进可随时擦掉或有选择性的保留。板书作为传统教学的"三板功"之一，能够直接地影响课堂教学的好坏，甚至关乎课堂教学的成败。

(二) 板书的意义和作用

一幅好的地理板书，不仅可以完整地表明地理知识结构、体系，反映地理事物之间的相互关系，揭示地理事物发展变化的规律，而且可以启迪学生思维，培养和提升学生的地理学科核心素养。因此，设计和运用好地理板书是完成地理教学任务的重要手段之一，有必要对地理板书这一课堂教学方法与艺术进行深入的研究和探讨，并加强地理板书基本功的训练，更好地发挥地理板书在地理教育教学中的功能。我国当代著名教育家朱绍禹先生曾经指出："板书能点睛指要，给人以联想；形式多样，给人以丰富感；结构新颖，给人以美的享受。"由此可见，板书对于提高课堂教学质量，可谓具有十分重要的意义和作用。归纳起来，主要体现在以下几个方面。

1. 突出教学重难点

我们知道，教学成败的关键，在于教学的重点是否突出、难点是否得以突破。而科学合理的板书则具有突出和强调重难点的作用。受课堂教学时间以及有关要求的制约，在课堂教学过程中，教师不可能将该节课所有的教学内容全部都板书在黑板或者白板上，只能是有选择性地将教学中的主体内容加以板书，可以是讲授提纲，可以是串联式的文字和符号，还可以是表格等，形式与内容多种多样，有时还可以采用彩色笔进行书写或勾画，使人感觉非常醒目,从而使教学重难点的突出效果更佳。

2. 主导并优化课堂教学

教师在课堂教学过程中,一边讲一边板书,或者边写边讲,不仅可以将知识概括化和系统化,启迪学生的思维,突出并强化教学的重难点,而且可以调控课堂的教学节奏,进而主导课堂教学进程并对课堂教学产生优化功能。因为,如果教师在课堂上不加板书,只是一味地分析讲解,课堂教学的节奏势必会明显加快,增加学生紧跟教学步伐的困难。相反,教师板书的过程,一方面可以强调并展现课堂教学的重难点内容,另一方面还可以给学生提供一点思考和缓冲课堂节奏的时间和机会。同时,学生边听边看,既要动用听觉器官,又要动用视觉器官,使得对课堂教学信息的接受立体化,从而有利于增强课堂学习的效果。心理学的研究表明,在接受知识方面,看到的要比听到的印象深刻。如果人体只是单纯靠听觉接受知识信息,一般只能够记住其中15%左右;如果单纯地借助视觉接受知识信息,一般能够从其中记住25%左右的内容;但如果将视听两者有机地结合起来,既听又看,那么获得知识信息就能够记住60%左右甚至更高。

3. 方便学生学习

如前所述,如果教师只是一味动用语言讲解而不进行板书,课堂节奏过快,加之教学重难点内容一带而过,不仅在学生的心目中难以留下较为持久的印象,而且学生要进行课堂笔记也相当困难。因为学生要紧跟老师的课堂讲解步伐,就难以兼顾听课笔记的记录。反之,教师在课堂教学中适时进行板书,既可以给学生记录课堂学习笔记提供时间机会,又可以为学生提供课堂学习记录的内容,帮助学生对所学课堂知识进行深入理解和记忆,有利于学生把握课堂学习的线索和教学的重难点内容,方便学生的学习。

4. 融洽师生关系

科学合理的板书,不仅布局合理、条理清晰、详略得当,而且美观悦目,让学生在学习课堂知识的同时,还可以得到美的熏陶。潇洒漂亮的字符,可以对学生产生强大的吸引力,学生会情不自禁地有模仿学习的冲动和愿望,注意力会更加集中,并由此在不知不觉中对教师的书画才艺产生敬佩之情,教师的个人魅力因此产生潜移默化的正面影响,无形中也就拉近了师生之间的情感距离,因而,板书还具有融洽师生之间情感关系的作用与功能。

(三)板书存在的主要问题

1. 板书缺失

目前,已经有不少学校和教师都在运用计算机等多媒体实施课堂教学,使得课堂教学的容量和教学效率因此得以明显提升。但由于其中一些教师认为,有了幻灯片的展示,板书就显得多余,以至于一节课上完之后,黑板上连一个字符都没有书写,因此导致板书的缺失。殊不知,尽管多媒体给课堂教学带来了很大的便利,但却无法替代板书的作用与功能。因为多媒体是一页一页展示出来的,随着课堂教学进程不断向前推进,前面的课堂教学内容到了后面教学的时候就无法同时显现出来。加之幻灯片的内容一般比板书要详细很多,学生一般也不容易捕捉到教学的重难点。甚至于因幻灯片内容太多,加上教师一直在课堂上进行分析讲解,课堂节奏过快,学生都无暇思考,课堂笔记自然也难以兼顾。如是,不仅使得教学重难点内容难以得到强调和续现,而且还可能给学生的学习带来一些负面影响。

2. 形式单一

在实际的地理课堂教学中常常可以发现,不管是什么课型,有的教师总是采用纲目式板书,或结构式的板书形式,导致板书形式过于单一,给人以单调乏味之感。究其原因,在于有的教师在长期的课堂教学过程中,不注重对板书的学习与研究,总是贪图方便,将设计好的板书形式一用再用,不愿主动去改变和创新,久而久之便养成了这一不良习惯。

3. 内容过于复杂

有的教师在课堂教学过程中特别能写,总是在黑板或白板上书写的特别详细,甚至于写完一整版之后又擦掉,然后再板书一大版内容,以至于板书内容显得过于复杂。有时为了板书更多的内容,便将字体符号书写的很小,使得坐在后排座位和眼睛近视的学生看黑板显得非常吃力,甚至于无法看清板书的具体内容,加之教师如此大量板书会占用过多的课堂教学时间,使得教学重难点内容难以得到突出,不仅影响课堂教学的效率,而且还会影响学生的学习情绪和课堂教学的效果。

4. 板书随意,质量低劣

有的教师在课前由于没有对该堂课的板书事先进行精心的预设,到了课堂上,对板书的内容和布局安排心里根本没有底数,于是就随意板书,因此导致板书显得凌乱,质量比较低劣。具体表现在,没有课题的标题,缺乏条理性和逻辑性,主板书与副板书交叉杂乱分布,字迹符号十分潦草甚至难以辨识,板书内容残缺不全,色调单一甚至暗淡,等等。不难看出,如此板书,必然会使学生产生学习上的厌烦心理,不仅影响课堂教学的效率和效果,而且还可能会给学生留下教师不敬业、不认真甚至敷衍塞责的不良印象,从而失去地理板书在教学中应有的积极作用。

(四)板书的基本原则

如前所述,设计和运用好地理板书,对于提高课堂教学的质量,意义重大,那么,如何才能设计好地理板书呢?一般而言,要将地理板书设计好,需要遵循以下基本原则:

1. 科学性原则

课堂教学是为了向学生传授知识学问以培养人才的重要手段,课堂教学中的板书则是为教学服务的,因此,板书必须遵循科学性的原则。科学性可谓是地理板书的生命,也是地理板书最基本的要求。具体而言,就是板书的内容必须科学,主要是指板书的文字表达要准确无误，板书中所运用的文字、图表所表达的地理知识必须是正确的，千万不能出现知识性的错误，也不能违背人们的常识，以免因此误导学生，进而影响学生课业学习成绩甚至于人生的发展。

2. 合理性原则

所谓合理性，是指板书的位置和布局安排要合理，板书的内容要富有条理性和逻辑性，主板书与副板书要有明显的区分，主板书要安排书写在黑板或白板上比较醒目的位置，板书的形式要尽量契合课堂教学的内容与要求，板书的时间点和实际板书的时间长度要安排恰当，色彩的搭配要讲究合理性，不能过于单一枯燥，也不能过于花哨。板书还要从教材实际出发，符合学生年龄特点和一般的认知水平。板书信息量要适中，如果信息量过大，板书设计过于复杂，学生既看不懂，也无法接受。板书也不能过于简单化，否则不能引起学生的求知欲望和兴趣，甚至还可能滋长学生不肯动脑筋和不愿刻苦学习的不良学风。只有板书具备了合理性，才能充分地发挥其提高教学质量的重要作用。

3. 启发性原则

启发学生积极思维，发展学生的智力，培养学生分析问题以及解决问题的能力，是地理教学的重要任务之一。在课堂教学中，教师除了运用语言、教具等手段进行启发外，充分运用富有启发性的地理板书，以此引起学生的学习思考，不失为一种重要的方法和不可忽视的途径。如何设计出富有启发性的地理板书呢？板书的启发性主要体现在两个方面：一是板书内容设计要有启发性，二是板书的形式和布局要有启发性。

4. 灵活性原则

如前所述，如果板书形式过于单一，就会显得枯燥乏味，难以给学生带来新鲜的感官刺激，无法充分调动学生的学习兴趣和动机，因此，需要在课前根据课程标准并结合课堂的不同内容与要求，有针对性地设计不同的板书，力求板书形式多样化，以便切实发挥板书的优教功效。比如，新课教学可以采用纲目式板书，可以采用图式结合式板书，还可以采用关联式板书以及思维导图式板书等，复习课最好采用网络结构式板书，便于构建知识网络化体系，达到让学生整体把握知识的复习目的和效果。

5. 美观性原则

板书通过文字符号或图表等书面语言形式展示教学内容要点和提纲，让学生通过视觉感官来接受课堂教学信息，这一方面可以弥补教师口头语言教学的不足，另一方面还可以愉悦学生的身心和情绪，毕竟，爱美之心，人皆有之。因此，板书需遵循美观性的原则。从板书的形式到整体的布局安排，以及板书字迹符号等的书写，一定要讲究美观得体，让人看着舒服，有爽心悦目之感。地理板书要做到不空不繁、不错不杂，纲目层次清楚，内容准确无误，形式结构合理，文字工整流畅，图像符号清晰美观、布局匀称得体，大小及颜色搭配适度。所有这些，都是板书美感的重要内容。

6. 创新性原则

时代在不断向前发展，教学也在不断地改革和变化，因此，板书也需要不断地创新和发展。如果板书总是老生常谈，也就无法满足学生的胃口和教学创新发展的需要。对板书加以创新，一方面要多学习了解国内外新的板书形式与要求，另一方面还需要深入学习和钻研新的课程标准以及教材内容与要求，同时加强板书板画基本功的训练，不仅在板书的形式上要创新，而且对板书的内容设计与实施方面也要进行大力创新，使板书在课堂教学中常用常新，不断焕发出新的活力，以促进地理课堂教学的良性发展。

（五）板书的基本形式及运用

1. 纲目式板书

所谓纲目式板书，是指一般按照教材内容的编排顺序，以文字表达为主，列出提纲要目的板书形式。纲目式板书作为传统的板书形式，是新课教学中最为常见的一种板书形式。例如，下面"城市化"的板书就是一幅纲目式板书。

2.3　城市化（第一课时）

一、什么是城市化？	1. 城市人口不断增加
▲1. 概念：人口和地域城市化	2. 城市人口占总人口的比重上升
2. 城市化影响因素：	3. 城市用地规模扩大
（1）拉力因素	▲三、世界城市化的进程
（2）推力因素	1. 初期阶段：低而慢
3. 城市化的意义和作用	2. 中期阶段：加速发展
二、衡量城市化的主要标志	3. 后期阶段：成熟

在课堂教学中，教师运用纲目式板书往往先书写大纲目，然后再依次书写第二、三层次的小纲目并进行分析，最后再进行综合，得出结论。教材中凡属论述性的或者多因素综合分析方面的内容，一般都可以用这种板书形式配合教学，使教学内容层次脉络清楚，利于学生全面认识问题，避免在认识问题上产生片面性。这种形式的板书一般是按照教材的编排顺序，将课堂教学的主干内容依次罗列在黑板上，以展示出课堂教学的要点以及讲授的知识提纲。其显著的优点是提纲挈领、条理分明、层次清楚、言简意明、重点突出。学生根据板书提纲进行课堂学习，思路明确，便于把握课堂学习的线索和重难点，并且利于分析问题和解决问题。不足之处在于，对地理事物的前因后果和相互关系较难反映出来。

2. 结构式板书

结构式板书是一种以文字表述为主，并用线条或大括号等结构式表达符号将文字组成一定的框架结构、体现出地理事物的组成和内在联系的整体性鲜明的板书形式。它通常能把比较抽象的地理理性知识具体化，具有一定的直观性。结构式板书除了可以表现地理事物的内在联系外，还可以反映地理知识的结构体系，帮助学生归纳总结掌握学习的方法。常常用于复习课教学使用，可将教材的一整节、几节或一个完整的单元内容，或者是一个专题内容，全部整合书写展示在一起，有利于构建知识的网络体系结构，使学生从总体上对所学内容加以把握，从而达到复习巩固所学知识的目的和效果。结构式板书示意图如图5-3所示。

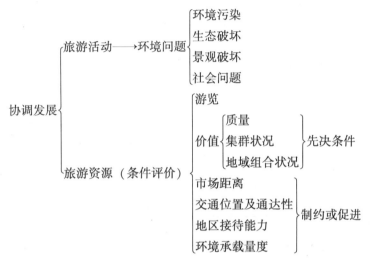

图5-3 结构式板书示意图

3. 关联式板书

所谓关联式板书，是指教师在教学过程中，通过箭头等关联性符号，将有内在逻辑联系的知识内容书写出来的板书形式。比如，在讲"热力环流的成因"时，可以采用如下关联式板书。

冷热不均→大气垂直运动→水平气压差异→大气水平运动→热力环流。

这种板书形式突出各种地理事物和地理要素之间的相互联系和因果关系，化繁为简，以简释繁，条理清楚且层次分明，具有概括性、逻辑性和直观性强的特点。在教学中，教师可运用这种板书形式引导学生对地理事物内在联系进行分析，有利于突出知识内容之间的内在联系，便于加强学生对所学知识的深入理解，利于发展学生的形象思维和逻辑思维，从而促进学生智力的发展。这种板书形式又称为联系式板书，其运用重在分析事物之间联系，需要有层次地把各种箭头所表示的含义解释清楚。经常运用关联式板书，可以开阔学生的思路，启发学生的多端思维，因此，关联式板书可谓是一种价值颇高的板书形式。

4. 表格式板书

所谓表格式板书，是指运用表格对教材教学内容加以整合的一种有效的板书表达形式,尤其是教材中显得比较散乱的内容,比如区域地理的知识内容多而杂,采用表格式板书将知识内容加以归类处理,并将主要内容板书在表格中,使得教学内容更加富有条理性和逻辑性,便于学生对所学内容的把握。再有就是,具有可比性的教学内容也非常适合采用这种板书形式,比如经线与纬线、气旋与反气旋等。在课堂教学过程中,教师可以提前将表格设置板书在黑板上,然后在课堂上引导学生一步一步地完成表格内容的填充。比如,讲"东亚季风与南亚季风"时,可以设计表格式板书如表5-6所示。

表5-6 表格式板书示例

		东亚	南亚
冬季	风向	↙	↙
	源地	蒙古、西伯利亚	蒙古、西伯利亚
	特点	寒冷干燥	低温干燥
	成因	海陆热力性质差异	海陆热力性质差异
夏季	风向	↖	↗
	源地	副热带太平洋	赤道附近印度洋
	特点	温暖湿润	温暖湿润
	成因	海陆热力性质差异	海陆热力性质差异;气压带、风带季节运动

不难看出,采用表格式板书,不仅可强化课堂知识的对比和归纳,有利于学生对知识的区别与联系的深入认识与领悟,而且还可以使课堂教学节奏显得更加紧凑,便于学生课后理解记忆,利于达到教学效果的最优化。

5. 图示型板书

图示型板书是指教师在课堂教学过程中使用较为形象的图画与文字表达教学内容的板书形式,包括图解式板书与思维导图式板书。图解式板书通过运用不同的线条、符号以及色彩和文字组成一定的图示,以图释文,直观而形象地勾勒出抽象的概念、原理和规律以及复杂事象之间的内在联系,帮助学生借助图形快速正确地理解和分析,进而掌握课堂知识内容。比如,黄河水文水系特征可通过图解式板书展示出来(图5-4)。思维导图式板书则是采用思维导图的方式将课堂教学的主要内容进行展示的板书形式,图5-5为太阳系大家族思维导图。由图可知,此类板书舍形真而求神似,图画配合文字,营造出深远的意境,启发学生的想象力,给学生以美的享受,具有直观形象、富有趣味与艺术性,并且简明准确、一目了然的优点。

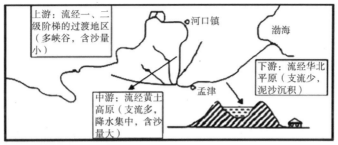

图 5-4 黄河水系水文特征

图 5-5 太阳系大家族

6. 填空式板书

填空式板书又称为留白式板书,是指将课堂教学需要掌握的主要内容设计成填空的方式并展示出来的一种板书形式。比如,将前述东亚季风与南亚季风对比表格中的部分内容删去以后板书出来,就成为填空式板书(表5-7)。通过空格留白的设置,可以为学生的学习带来任务型驱动,为学生的课堂学习提供思考的指向,不仅可以加强教学的针对性,而且通过师生的课堂活动,共同完成填空的内容,还可以使教学中的重点和关键的内容得到显著的强调,进而加深学生对课堂知识的理解和记忆,增强课堂教学实效。

表 5-7 填空式板书示例

		东亚	南亚
冬季	风向		
	源地		
	特点		
	成因		
夏季	风向		
	源地		
	特点		
	成因		

7. 综合式板书

综合式板书包括板书形式与板书内容的综合。从板书形式来讲,不再是某种单一的形式,而是同时采用两种或两种以上的形式,比如,既有纲目式,又有留白式,或者图文有机结合等。例如，图 5-6 的板书设计就是一幅综合式板书，其中包含了纲目式、关联式以及图示型等多种板书形式。不难看出，一方面，综合式板书形式的多样化，有助于优化板书的展示效果，给学生带来一定的新鲜感，更好地吸引学生的课堂注意力。另一方面，板书的内容综合化，有助于加强知识之间的内在逻辑联系，帮助学生更好地梳理和理解课堂知识，从而达到提高课堂教学质量的效果和目的。一般对于具有复习性质或者教学内容比较繁杂的课堂教学，采用综合式板书的教学效果较为理想。

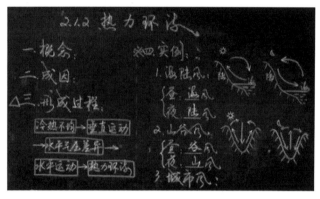

图 5-6 综合式板书示例

（六）注意事项

1. 正确处理好板书设计与运用之间的关系

有的时候，板书运用不好，可能是由于没有精心设计好的缘故；有的时候则可能是由于课堂上出现新的情况所致，比如有时板面不够写；部分间距小而文字写不下；有时甚至于没有把握好时间，来不及书写等。解决这些矛盾，除了在课前事先将板书加以精心设计以外，还要进行周密的板书安排，比如应该在什么地方板书，在什么时候板书，怎么板书等。只有将这些处理好了，板书才不会出现明显的问题。此外，还需要课前进行必要的试写训练，并在具体的教学实践过程中不断总结积累有关经验。当然，在实际的教学过程中还可以根据具体的情况对板书进行适当的增减和调整，但必须保证板书的科学性与合理性。

2. 正确处理好板书形式与内容之间的关系

一般而言，形式反映内容，内容决定形式。板书的内容与形式相比，内容显得更加重要。因为板书形式即使再好，但如果板书的内容不科学、不合理，势必对课堂教学无益，甚至还可能会对学生产生误导。当然，在板书内容科学合理的情况下，板书的形式也是必须要讲究的，因为好的形式可以让人耳目一新，可以起到很好的教学辅助作用，对提升课堂教学效率与效果大有裨益。因此，无论是板书的设计，还是课堂上对板书的运用，都需要对板书形式与内容加以很好的兼顾和协调，使二者相得益彰。

3. 正确处理好板书书写与讲解之间的关系

有的教师特别重视课堂的分析讲解,由于太过投入,以至于板书不能及时跟上教学的进程和节奏,甚至于出现内容都已经讲完了,结果板书却忘了书写的现象,因此导致板书有头无尾,很不完整。因此,处理好板书与讲解之间的关系,不仅必要而且也很重要。具体而言,需要教师根据课堂教学内容以及教学的要求,可以边讲边写,边写边讲,力求讲写同步,比如讲解地方时与区时的计算例题;可以先进行板书,然后再进行讲解,比如讲解某个知识点开始的时候;也可以先讲解后板书,比如讲解分析之后,需要展示有关的结论或者关键的知识要点等。总之,要真正处理好板书书写与课堂讲解之间的关系,需要在实际的课堂教学过程中随时保持头脑清晰,知道该什么时候板书,该在什么地方板书,该如何板书,务必做到心中有数,并在教学的实践过程中不断地加以总结反思和完善。

4. 正确处理好板书科学性与艺术性之间的关系

如前所述,板书不仅需要讲究科学合理性,而且还需要讲究美观艺术性。如果板书的内容科学合理,但板书的布局差,字迹潦草凌乱,图示缺乏美观等,让人难以辨识,看了感觉难以接受,可想而知,这样的板书质量是很差的。因此,教师不仅要加强对地理学科专业知识的研究与学习,以保证板书内容的科学合理性,还需要加强板书的字体、符号以及有关图示的学习与训练,使字迹与图示显得漂亮、大方得体。同时,对板书的形式与布局也要多加学习研究和细心揣摩。只有如此,才能真正做到板书科学性与艺术性的兼顾,切实保证板书的质量,使板书真正成为课堂教学的一门艺术。

十四、板画在地理教学中的运用

(一)板画概述

1. 板画的定义

所谓板画,是指带有一定的目的和要求,在黑板上或者电子白板上作图的过程或所做的图画,有时又称作板图板画或板图。考虑到在实际的教学情境中,板图与板画二者之间并没有进行严格的区分,因此,为简便起见,本书以下将之统一称为板画。需要注意的是,这里所说的板画,不同于美术系的师生所做的美术作品,它是为了探讨和展示地理事物、地理现象、地理过程或原理规律等,是为教学服务的。与美术作品相比,教学板画主要讲究科学性和实用性,因而显得更加简练。

2. 板画的基本特点与要求

（1）科学性。

在地理教学过程中，板画是为了直观生动而简练地展示地理事象的主要特征或形成的过程，或者探讨有关的地理原理、地理规律的动态形成过程，因此，用于课堂教学所做的板画应该具备科学性，这是板画最基本也是最重要的特点与要求。毕竟，尽管板画只求神似甚至写意，但若违背了科学性的原则，板画也就失去了应有的意义与功能，甚至会误导学生或他人。具体而言，板画的科学性有两个方面的内涵：一是板画的内容要科学、真实，即内容必须正确，必须如实地反映地理事象的时空分布、空间形态以及格局等特征；二是板画的形式必须合理，体现在点、线、面的分布与色彩的搭配要尽量协调、准确，所运用的图例与注记需与教材统一规范，符合人们认知的常识与要求。比如，太阳要用红色粉笔绘制，水面要画成水平状态，雨区与上面空中的云区要相对应，陆地表面一般要高于水面的高度，日照图中的太阳光线不能穿过地球内部，等等。

（2）简洁性。

我们知道，板画不同于美术作品，它旨在抓住地理事物的本质特征和主要的形成与发展过程，因此，在具体作图的过程中，应忽略一些细枝末节的地方，大胆剪裁与教学要求无关或关系不大的内容，以便于突出板画的主题，充分地体现地理学科的特色，更好地为地理课堂教学服务。正因为如此，板画具有简洁性的特点与要求。试想，如果将板画作的过于复杂，不仅让人难以抓住其中的关键所在，而且还要花费大量的时间完成作图的过程，地理课堂仿佛演变成了美术课堂，不仅异化学生课堂学习的注意力，还造成学生课堂学习时间不必要的浪费，实不可取。不难看出，板画遵循简洁性的原则，就是要做到成图简略醒目，让人一目了然，以便于学生真正领会和记忆掌握。

（3）美观性。

除了具有科学性与简洁性之外，板画还应具有美观性、艺术性，让人觉得好看，赏心悦目。地理板画作为地理教师教学的传统三板功（板书、板图与板画）之一，历来受到地理教育界的高度关注和重视。它不仅可以以很低的成本获取可观的教学效益，而且可以充分展示地理教师良好的专业素养与个人魅力，正所谓"亲其师而信其道"。有道是，爱美之心，人皆有之！反之，如果一幅板画显得丑陋难看，则不仅影响学生的课堂学习情绪和学习效果，同时也会影响老师在学生心目中的良好形象。因此，板画要尽可能做到美观、大方得体。

（4）快捷性。

在地理课堂教学中，板画常常需要与教师的讲解同步进行，边讲边画，边画边讲，二者可以相得益彰，相互促进。但是，如果在课堂板画作图的过程中，一味地追求作图效果的完美，或者自身绘图不熟练，或者自身的习惯，使得教师绘制板画速度太慢，占用时间过长，不仅会冲淡课堂教学的主题，浪费师生宝贵的课堂教学时间，使得课堂教学效率低下，影响课堂教学任务的完成，而且甚至于还可能会让学生觉得老师不会安排、太笨抑或是不负责任，给师生之间的关系和感情带来负面的影响。因此，板画要求下笔从容、用笔简练、运笔熟练、成图迅速，具有快捷性的特点。当然，要达到板画的快捷性，绝不能草率而为之，必须事先在课下下足功夫才行。有言道，熟能生巧。当然，板画讲究快捷性，并不意味板画只是一味得快，在关键或者困难之处，需要让学生仔细理解和掌握，作图时就应该适当地加以停顿和强调，以保证课堂教学的实效。

（二）板画在地理教学中的作用

通过以上的板画特点与要求的分析论述，不难看出，板画在地理教学中的作用主要表现在以下 4 个方面。

1. 动静结合，增强课堂教学实效

心理学有关研究表明，动态事象更容易被人们关注和记忆。由于受技术和纸质限制的缘故，目前课本上的配图基本上都是静态的图片，因此学生无法直观动态地感受地理事象的形成和变化过程。在课堂教学过程中，根据教学需要，教师可以通过板画实施教学，边画边讲，边讲边画，讲画结合，可以更好地展示和探究课堂教学内容，使原来教材中的静态图示动起来，动静结合，让学生充分感知地理事象的动态过程，同时使教材知识因图形化而变得更加直观形象，从而充分调动学生的听觉与视觉记忆，视听有机结合，达到增强课堂教学实效的目的。比如学习三圈环流的形成与分布时，通过板画的运用，让图中包含的知识信息根据需要一步步地呈现出来，并最终全面综合地展示出来，给学生以直观形象的认识，体现新课程标准下"过程与方法"目标的内在要求，培养学生看图、绘图、读图和析图的意识与能力，加深理解和记忆，锻炼并提升学生的地图素养，从而有效培养和提升学生的地理学科核心素养。

2. 突出地理学科特色，扩大课堂教学容量

地图作为地理的第二语言，一幅图胜过千言万语！因此，地图教学成为地理教学常用的主要方法。在教学生识图析图的同时，可让学生适时动手画图，充分调动学生的各种感官，通过动态的教学，真正使学生脑、口、手并用，有效地培养学生的地理实践力与综合思维能力，不仅体现和突出地理的学科特色，而且可有效地扩大课堂教学的知识信息容量，优化地理课堂教学。如在学习黄河时，可以通过小组比赛的形式，让学生在课堂上绘制黄河水系图，不但可充分调动学生学习参与的积极性，培养和提高其地理绘图的能力，同时还能让学生更好地体会到地理课堂学习的过程和快乐。

3. 加强师生互动，提高课堂教学效率

兴趣是学生最好的老师，是发展思维、激发学生主动学习的动力。但学生的学习兴趣并非与生俱来，需要激发和调动。地理教材中配置的地图往往是静态的，如果教师只是一味地让学生听讲，或者直接照图讲解，缺乏有效的师生互动，学生的学习兴趣受到压抑，教学效果大多不理想。因此，在课堂教学过程中，老师通过地理板画的灵活运用，让学生跟着老师的思路和进度展开学习和思考，边画边问，边问边讲，问画讲融为一体，不仅可实现师生之间的有效互动，而且由于学生学习兴趣得以培养，学习积极性得以调动，课堂学习参与度大大提升，因此课堂教学效率也会得到明显的提高，课堂教学的预期目标也自然容易达成。

4. 融洽师生关系

一幅漂亮的板画，不仅可以培养学生的地图素养，给学生以艺术美感享受、消除疲劳，使学生在潜移默化的过程中得到美的熏陶，促进学生地理学科核心素养的培养和提升，提高和保证课堂教学的效率和质量，而且还会使学生因此而喜欢和佩服地理老师，因而还有助于融洽师生之间的关系和感情，从而促进地理教学的良性发展。

（三）板画在地理教学运用中存在的主要问题

1. 缺乏科学性

在地理教学过程中，容易发现，不少教师的板画常常缺乏科学性。具体表现在，所做的板画颜色搭配和运用不合理，比如，画暖流的时候，使用白色等冷色调的线条表示；作图有违常识，比如，将水面画成左低右高或左高右低状，将星星画在弯月缺失部分的中间；作图明显与实际情况不相符合，比如，将世界海陆分布简图中的北美洲画的比非洲明显还大，将南美洲南端的纬度位置画的跟非洲差不多，诸如此类，不一而足。

2. 过于复杂化

时常还可以发现，有的老师将地理板画画的过于复杂，未能抓住所画内容本质的东西，主次不分，使得主题不突出。比如，在画世界洋流分布示意简图的时候，为了将世界轮廓表现得更加真实，有的老师将各大洲的陆地轮廓线画得弯弯曲曲，其实这是没有必要的。不仅让人感觉复杂，而且需要更多的作图时间，还反而淡化了洋流分布的主题，得不偿失。

3. 成图过程缓慢

出于种种原因，有的板画成图过程相当缓慢，表现在作图速度缓慢，成图所花的时间过多。有的老师由于本身对板画不够熟练，加之板画基本功不强，在课堂上反复地改来改去，因此造成课堂教学时间的延误；有的老师由于过分追求板画的完美，因此逐渐养成慢慢作图的习惯；还有的老师则是由于课堂上画图的时候不讲，讲的时候则基本上都不画图，因此导致讲画脱节，使得成图过程和课堂节奏偏慢，不仅影响板画的动态演绎功能，同时也对地理课堂教学效率产生不利影响。

(四)板画在地理教学中的运用策略

1. 讲究科学性与合理性

在地理课堂教学中,板画的设计和展示,要充分地考虑到设计和展示内容的科学性,不能出现知识性的错误,也不能违背生活常识。同时,板画空间幅度的大小要适中,过大或过小都不好,面积过大,使得板画内容可能画不完整;板画面积过小,表现力不足,后面的学生可能看不清楚。再有,板画在黑板上的位置要合理适中,应尽量选在黑板上比较醒目的地方,板画应该在什么时间进行,以及板画的时间长度都应在课前加以认真考虑,包括色彩的搭配都要合理,绝不能随兴而为,否则就会影响到课堂教学的效果。

2. 注重简洁美观,强化熟练度和准确性

在进行地理板画时,一定要注重内容的简洁性,这是板画的一大特色和要求。主要目的是去粗取精,忽略地理事物的非本质属性与特征,以此突出重点,抓住关键,以利于学生把握学习重点的同时,达到难点的突破。同时,板画教学要求教师在黑板上的操作要尽量达到既好又快的水平,因此,可以在课前找时间尽量多加练习和体会,不仅练习板画的美观简洁,而且也要训练板画的熟练度和准确性,以便更好地为地理课堂教学服务。

3. 坚持学习训练和反思,不断提高板画能力和水平

有道是,熟能生巧。在地理教学实践过程中,一定要有计划地学习和练习地理板画的有关内容。在训练和应用板画的过程中,一要注意坚持,二要注意总结和反思,对自己的板画不断加以改进和完善,对已有的板画要敢于大胆地质疑,纠正其不合理甚至错误之处,使自身的板画能力和水平不断得以提高,促进自己作为地理教师的专业素养不断得以提升。地理板画评分标准表见表 5-8。

表 5-8 地理板画评分标准表

项目	评分标准	分值	得分
地理板画比赛	在规定时间之内完成题目所规定的全部内容(未能完成内容的视其情况酌情扣分,凡是完成率低于 50% 的,扣分 50%,凡是完成率低于 20% 的,均以 0 分计算)	5	
	内容准确,重点突出,具有科学性和规范性,明确图上各地理要素之间的关系,突出所要表达的主要地理事物和现象的主要特征	30	
	图形自然得体,符合要求,比例适中,且布局科学美观	25	
	图形形式简略、美观,线条明晰、简练、流畅,无涂改迹象,色彩使用与搭配合理、鲜明醒目、爽心悦目,所标注的字迹工整、清晰,字体大小适中,并且标注位置恰当	20	
	笔法熟练流畅、成图迅速	10	
	空间分布的点、线、面表达准确,所应用的图例和注记与教材统一规范,字形设计合理	10	
	合计	100	

十五、地理试题讲评策略

（一）试题讲评的作用

我们知道，地理教学的主要目的之一，是让学生通过地理课程的学习获取所需要的地理知识与地理技能，培养和提高学生的地理学科核心素养。而检验地理学习效果的重要手段和途径，就是进行地理试题的练习和考试，从中可以反映学生在地理学习上已经掌握的知识与能力情况，以及仍然存在的主要缺点和错误。在地理教学过程中，需要及时对这些错误和不足加以整理和弥补。因此，试题讲评课就显得非常必要和重要。通过对学生的知识与方法问题进行解读，分析错误与不足的原因，借此找到相应的解决办法，并对学生答题中表现出来的优点加以肯定和表扬，扬长避短，培养学生良好的答题习惯，优化学生的理综合思维能力，增强学生解题能力，从而达成地理教学效果的预期。

（二）试题讲评存在的主要问题

1. 依靠经验讲评，效率低下

地理试题讲评课的进行，常常安排在新课之前或在地理考试之后。大家都知道试题讲评的必要性与重要作用，不少老师对此也非常重视，但由于受教师自身思维习惯以及经验惯性的影响，因此不少老师往往先入为主，凭借自己的主观臆断，依靠自身在地理教学过程中所获得的经验来进行试题的讲评。在试题讲评之前，不对学生的答题情况进行调查和分析总结，也不去深入研究试题本身的考点与能力要求，以及试题的特点等，也就是说，老师自身对题目本身都还没有完全吃透，导致所讲内容也具有一些不确定性，不知道对不同班级学生究竟该把讲评的重点放在哪里，于是眉毛胡子一把抓，对每道试题都进行详细的讲解和分析，平均用力，占用大量的课堂时间。笔者发现，有的地理期末试卷本身在1—2节课之内就完全可以完成讲评，结果实际情况是，有的老师居然要讲评3节课甚至都还没有完成。

试题讲评不仅缺乏侧重点，针对性也不强，使得试题讲评课的效率极为低下，浪费学生不少宝贵的课堂学习时间。

2. 就题论题，缺乏拓展和延伸

在讲评地理试题时，有的老师常常就题论题，往往只是对题目本身加以解读分析，不能结合试题的特点和要求对题目加以拓展和延伸，认为一套题中的每道题目都需要进行讲解，如果对题目再加以拓展和延伸，势必要花费更多的课堂教学时间来完成讲评课的任务。殊不知，如此进行试题讲评，甚至是讲而不评，学生通过试题讲评课的学习以后，最多只是得到了试题的参考答案和基本的解题过程,难以达到举一反三、融会贯通的效果。

3. 忽略学生差异,缺乏针对性

须知,教师开展试题讲评课,面对的是活生生的学生个体,面对同样的试题,不同班级的学生以及同一班级里面的不同学生必然存在不少的差异,表现在审题的意识习惯和能力,对所涉及的地理知识与地理技能掌握的情况,以及答题过程中的细心程度乃至书写水平状况等都有明显的不同。同时,学生在成绩面前也会表现出不同的心理状态和态度,比如,有的班级学生成绩总体较好,可能会有自满的情绪;有的班级学生由于成绩较差,因此可能会缺乏士气,显得比较自卑。有的老师对学生出现的问题进行点评,就往往忽略了不同班级以及不同学生个体之间的差异性,采取同样的态度对待,而不是灵活地加以区别,不该表扬的结果还是表扬,导致学生更加骄傲自满;不该随意批评的还是照样批评,导致自卑的班级和学生因此备受打击,不仅影响教学效果,还会降低学生的学习积极性,甚至给师生之间的关系和感情带来负面的影响。

(三) 试题讲评的有效策略

1. 充分准备,提高效率

地理试题讲评课是对学生答题反馈情况进行及时处理的一种非常重要的手段和方式。在进行讲评之前,要事先对学生答题得分和失分的情况进行较为详细的统计和分析,比如,就整个班级而言,可统计人均得分,最高分和最低分,优生率和及格率;就题目本身而言,可统计错误率以及学生存在的典型错误,这样可以为试题讲评课准备和提供翔实的学情素材。同时,还要对地理试题本身进行深入的分析和探究,分析考点、试题的难易度以及解题的思路和方法,甚至对题目考查的角度以及解题的技巧和多种方法加以探讨。针对不同班级学生的学情,制定出较为合理的讲评方案,注意讲评要有所侧重,比如,有的比较简单的基础题和中低档题目,可以简单说明一下得分情况甚至可以忽略,因为这部分试题得分率一般较高,本身并没有什么难度可言,如果仍然大讲特讲,势必会浪费课堂时间,也不能收到较好的效果;有的题目由于存在一定的难度,因此对学生的要求总体较高,学生答题的失分率也相对较高,那就可以对其加以重点讲评。这样讲评地理试题,做到有备而来,可以极大地提高地理试题讲评课的效率和效益。

2. 既讲又评,讲求实效

地理试题讲评课,顾名思义,讲评就是既要讲又要评。因此,在开展地理试题讲评课的时候,二者都要兼顾,切实做到既讲又评,真正讲求实效。一方面是讲,就是利用地理课堂时间对地理试题进行比较详细的分析讲解,主要是讲解答题的思路、方法与技巧,包括如何审题,如何从题目中获取和解读有效的信息,如何调动和运用所学地理知识进行分析探讨和论证,以及最后如何拟定答案要点与表述答案,让学生懂得应该如何对题目进行正确的分析和解答,主要的目的在于培养和提高学生的答题应试能力。另一方面是评,就是结合对试题的分析讲解过程，对题目所考查的地理知识点与能力点进行评价，对试题的难易程度等特点进行评价，同时还对学生在答题过程中出现的错误与不足及其原因进行评价分析，目的在于让学生了解试题的命题特点以及自身存在的知识与能力上的缺陷，以便参照老师提供的办法及时加以纠正和弥补，切实促进地理学习成绩的进一步提升。

3. 讲究方法，发挥效益

地理试题的讲评不能死板教条，一定要讲究方法，根据所教班级学生的学情与试题本身的情况灵活对待。答案做对的同学总是相似的，做错的同学各有各的原因。尤其是选择题，同样选错的同学，其原因可能各不相同，此时教师宜选出几位同学来让他们讲讲原因，这会启发其他同学，使之少走弯路。有些类似的题目讲过两三遍了，还有不少同学出错，此时教师须请几位同学分析他们做题的思路，让学生充分暴露问题，教师边听边分析，找出问题到底出在哪里。然后，以讨论方式对试题拓展，尽可能做到"一题多变""一题多解"，引导学生扩展思路，举一反三，融会贯通，达到小题目大书本，做一题会一法、通一类的试卷分析教学目的。每隔一段时间，可以采取这样的评析方法：教师先简要分析试卷中存在的共同错误原因，接着让学生自查，然后同学间相互讨论，最后未搞懂的试题汇总，问题多的由老师统一解疑，问题少的则采取个别讲解。如果时间允许，每隔一个月给学生面批一次。再比如，对于重点班级和地理成绩较好的平行班级和学生，学生的基础和能力相对较好，在表扬的时候就要把握好度，应尽可能抓住学生出现的失误加以严肃批评，这样一方面可以压制学生的骄傲情绪，另一方面让学生害怕犯错，使其在学习以及答题的细节上自觉去多花工夫，从而达到严师出高徒的教学效果。对于成绩相对较差的班级和学生而言，则需要改变一下策略，应尽可能看到学生在答题中所表现出来的进步，努力发现学生的闪光点，并及时予以表扬和鼓励，以此树立学生的学习自信心，在此基础上，分析学生答题过程中存在的问题，帮助学生梳理解题的思路、方法与技巧，让学生带着一种良好的情绪状态参与试题讲评课的学习，如此可以充分发挥地理试题讲评课的效益，有效地加深学生的学习印象，增强师生之间的课堂互动，活跃课堂学习气氛，从而收到良好的教学效果。讲评还可以强调让学生建立自己的错题库，以便有针对性地查漏补缺，最终达成教学的预期目标。此外，试题的讲评还需要侧重情感和心理的分析：地理是高考文综的拉分科目，平时大型模拟考中有几题难题是很正常的，关键是要学生摆正考试时碰到难题的心态，有点阿Q精神，我做不出来，别人可能也不行。先跳过去，等做好了容易的题目，有时间再做。当然，碰到了简单的题目也不能太大意，还有碰到了类似以前做过的题目时，更要谨慎看清题意，不要思维定式把以前题目的答案一下子全套上去。要想真正调动起绝大多数学生的学习积极性，必须进行分层教学，把学生所犯的错误按学生基础的好坏进行分类，讲评时尽量使不同层次的学生都感觉到老师对他们的关注，期待他们的进步。只有学生积极热情地参与到教师的讲解中，师生、生生进行有效互动，才能提高试卷讲评的效率和效果。

4. 借助多媒体，优化试题讲评

目前，计算机等多媒体在我国中学地理课堂教学中已经得到较为广泛的应用。但这更多的是体现在地理新课或者复习课的课堂知识教学过程中，不少老师在进行地理试题讲评课时，却较少利用计算机等多媒体来辅助教学。实际上，在开展地理试题讲评课时，完全可以把多媒体利用起来。比如，将学生得分和失分的答题情况用统计表展示出来，一目了然；将学生错误率较高的题目在大屏幕上展示出来，使其更加醒目；将题目中有的地图展示出来，学生会看得更加仔细，也有利于老师引导学生从中挖掘信息；有的题目的解答还需要链接相关的一些地理概念、地理原理和地理规律等存量知识，将这些需要补充的知识等内容在适当的时候直接展示出来，可以扩大课堂教学的容量；有的时候还需要将题目中的文字信息转换为地图，这时借助多媒体绘图或直接展示，可以节约课堂时间，提高课堂教学的效率，效果是非常不错的。当然，在试题讲评课中运用计算机等多媒体，只能是用来辅助教学，绝不能代替传统的教学手段，比如，有时需要老师将一些地理专业术语加以板书以示强调，有时需要进行板画，以便更好地对地理事象或原理的过程加以探究和运用。总之，大家对此要有清晰的认识，以便通过借助计算机等多媒体手段，真正使地理试题讲评课得以优化。总之，教师需要不断地总结与反思，常教常新，这样才能不断提高试题评析的效率和效果！

十六、突破教学难点的有效策略

从地理教学评价的角度来看，一堂地理课能否算得上有效教学甚至于高效教学，其中最引人关注的地方，就是重点是否突出，难点是否得以突破。重点往往是考试的主体内容，但难点内容则常常成为学生得分的关键，成绩的差距也往往主要是教学难点所造成的结果。因此，关注并研究地理教学难点，是广大师生需要面对的一大重要课题。关于突破地理教学难点的教学策略，已经有不少的研究文章出现，可谓仁者见仁，智者见智。根据新课程标准的理念与要求，结合长期的中学地理教学实践体会，并结合实际的教学案例，下面就地理教学难点的有关教学问题加以探讨。

（一）地理教学难点概述

1. 地理教学难点的定义

关于教学难点的定义有诸多的观点和看法。就地理学科而言，笔者认为，所谓地理教学难点，是指在地理学习的过程中，学生由于学习内容本身难度较大，或者由于缺乏基本的认识和了解，加之受自身知识基础与认知能力的制约等因素的影响，因此可能存在学习障碍的知识点与能力点，一般指那些过于抽象、离学生生活实际太远的、过程太复杂的、学生难于理解和掌握的知识、技能与方法的总称。简而言之，地理难点就是地理教学中所有具有相当难度的内容，比如地方时与区时的计算，等压面的判读与分析，地理事象成因的综合分析，等等。

2. 地理教学难点的基本特征

一般而言，地理教学难点具有两大基本特征，即暂时性和相对性。难点内容一旦经过教学被学生理解和解决以后，难点就不复存在了，这是地理教学难点的暂时性。就同一地理知识与方法而言，对某些学生，比如一般学校、普通班，可能是难点，而对另一些学生，比如重点学校、尖子班，就可能不是难点，这是地理教学难点的相对性。同时，地理教学难点和重点之间是具有一定关联的。地理教学实践中常见的情形有3种：一种是教学难点与重点相同，即既是教学难点，又是教学重点；另一种是教学难点并非教学重点，但与重点之间存在着直接的联系；还有一种是，教学难点与教学重点之间无关或者缺乏直接的关系。对此，在确定地理教学难点时，还需要具体分析地理教学难点和重点之间的关系。

3. 地理教学难点的成因

要判断是否为地理教学难点，就要分析学生地理学习难点形成的原因。一般来讲，形成地理教学难点的原因，主要有以下4种情况。

（1）第一种是对于地理学习的内容，学生缺乏相应的感性认识，因而难以开展抽象思维活动，不能较快或较好地理解相关的地理内容。

（2）第二种是在学习新的地理概念、新的地理知识模块时，缺少相应的已知概念基础，或学生对已知概念、基本知识掌握不准确、不清晰，陷入了认知的困境。

（3）第三种是已知对新知的负迁移作用压倒了正迁移的作用。即已学过的地理知识在对学习地理新知识时，产生干扰作用，因而，在由已知向新知转化的过程中，学生的注意力常常集中到对过去概念等知识的回忆上，而未能把这些概念等知识运用于新的地理学习之中，因而成为地理教学难点。

（4）第四种是地理教材中一些综合性较强、时空跨度较大、变化较为复杂的内容，使学生一时难以接受和理解，而这些内容往往非一节地理课所能完成，这些问题讲好了，可以循序渐进地完成地理教学任务，讲不好则成为生硬的说教。因此，这类内容在地理教材处理和教学方法选择上大多都是教学难点。

（二）地理教学难点的认识误区

（1）认为教师教学参考书中规定的难点就是我们教学唯一的难点。不用去调整，直接就可以用。

（2）将各类教学参考书整合起来确定教学难点。常常从多种教学参考书中寻找某课的交集，以此作为自己制定的教学难点。

(3) 在新课程理念下无所谓难点，或处处都是难点。

在具体的地理教学过程中，师生一定要对地理教学难点正确加以认识和对待，尽量避免进入认识上的误区。

（三）地理教学难点确定的依据

1. 课程标准

课堂教学过程是为了实现教学目标而展开的，确定地理教学难点是为了进一步明确教学目标，以便教学过程中突破难点，更好地为实现地理教学目标服务。因此，确定地理教学难点，首先要吃透地理课程标准的内容与要求。只有明确了本节课的完整知识体系框架和教学目标，并把地理课程标准和地理教材有机地整合起来，才能科学地确定静态的教学难点。

2. 学生学情

学生是地理课程学习的主体，地理教学难点是针对学生的学习而言的。因此，教师一定要了解学生，研究学情。要了解学生原有的地理知识和技能的基本状况，了解学生的兴趣、需要和思想状况，并了解学生的学习方法和学习习惯。备课时，教师要根据教材的特点及学生情况，对可能出现的教学难点做出判断，并采取有效的应对措施。教师要在了解学生的基础上，做出预见，预见学生在接受新知时的困难、产生的问题，以便对症下药。避免教学中的主观主义和盲目性，切实做好理论联系实际，从而确定好自己的课堂教学科学切合实际的静态和动态难点。

3. 知识内容

地理教学难点常常与地理学习的知识内容有着密切的联系。所谓知识内容，是指地理教材中主要的内容，在知识结构中起纽带作用的知识，包括基本的地理概念、地理原理、地理规律、地理过程基本理论以及基本技能等诸多方面。

（四）确定地理教学难点的基本原则

要做好地理教学工作，首要的任务之一，就是从实际出发，确定地理教学的难点。教学难点是课堂结构体系中极为重要的一环，确定好地理教学难点，可谓是一堂课成功的关键。一般而言，确定地理难点需遵循以下基本原则：

1. 合法实施原则

因为课程标准是教学行政管理部门颁发的具有法规性质的文件，具有"法"的严肃性、强制性和不可更改性，所以，确定地理教学难点要遵循这一"合法"的前提条件。"课标"规定了总体教学的要求，确定了学生在某一学习阶段应掌握的能力总体水准，这一切当然是教师在确定地理教学难点首先需要遵循的前提条件。学习地理课程标准并领会有关精神，而且在课标规定的范畴对地理知识结构系统加以准确的分析，然后定出具体的地理教学难点，并谋求实施突破难点的教学策略。

2. 合情处理原则

在确定教学难点时，要充分考虑到"校情""班级"的实际，这是确定地理教学难点的"合情"原则。机械地照搬教材而脱离学生的实际情况，那就犯了教条主义的错误，甚至劳而无功。在整个课堂教学活动中，每个环节必须努力做到以学生为本。只有这样，教学才有针对性，进而克服盲目性。要做到"合情"，就必须深入了解学生，这既包括学生的认识能力、知识水平、生活阅历、求知欲等个体因素，也包括优生和差生的比例以及他们的能力差别等总体情况。反复权衡这些因素后，才能正确确定教学的难点。

3. 合理安排原则

知识结构系统化、网络化，是确定地理教学难点的重要条件，毕竟，任何学科的知识都有自身的体系，知识点之间都具有内在的联系，而这些联系往往具有有序性。正是这个特点，决定了我们在地理教学中必须遵循循序渐进的原则，所以，在确定地理教学难点时，必须考虑地理知识结构的有序性，从而加以合理安排。

4. 适时转化原则

注意地理知识向智力和能力方向的迁移，确定地理教学难点必须遵循这个要求，这是地理教学难点的"适时"性。在处理地理教学难点时，着重培养学生的综合素质与应用等方面的能力，力求贯穿地理教学活动的全过程。虽然其中牵涉到地理教学方法、教学手段等问题，但笔者认为，只有在地理教学难点中反映发展智力并且以学生为本的教学意识，正确的教学方法和教学原则的实施才能得到最终的保证。

综上所述，"合法、合情、合理、适时"原则是互为依据、互相联系的。其中"合法、合情"为依据，"合理、适时"为目的。我们在确定地理教学难点时，必须认真处理好这个系统工程，力争做到教学有"格"（方法），教时有"核"（核心），教后有"果"（学有所得）。关于确定地理教学难点的原则问题，还有待我们在今后的地理教学中去具体实践，不断探索，使之更加完善。

（五）突破地理教学难点的有效策略

地理教学难点的确定是教师进行地理教学时必须面对和进行的工作，而科学合理地确定地理教学的难点，是高效率开展地理教学的前提条件，是提高地理课堂教学质量的重要保障和关键所在。可以发现，在日常地理教学过程中，往往有不少教师并不能正确地确定和有效地突破地理教学难点。究其原因，主要是对地理教学难点的意义和特征把握不准，缺乏一些突破难点的方法与策略所致。当然，突破地理教学难点的策略很多，这里就主要常用的有效策略加以探讨。

1. 实验模拟，直观演示

最新的《普通高中地理课程标准（2017年版）》强调地理学科以地理核心素养的培养

作为总体目标来开展教学，其中，地理实践力是四大要素之一，具体是指通过观察、调查、考察、实验等方式与途径，分析和解决有关的地理问题。目前，受传统教学观念的束缚，加之受学校教学条件的限制等，实验教学在地理学科的使用还比较少。而事实上，通过设计地理实验来进行教学，可以提高学生的学习兴趣，将抽象的地理事象具体化，让学生获得直观的感受和真实的体验，有利于突破教学难点，有效地培养和提升学生的地理实践力，从而培养和提高学生的地理学科核心素养。比如，热力环流这一知识点，学生难以在现实生活中明确观察和体验到，老师只是通过绘图进行分析讲解，理解起来也是相当的抽象，以至于不少学生常常将山谷风与海陆风的昼夜风向弄反。对此，我们可以设计一个实验来模拟热力环流的动态过程：找一个长1 m，宽和高各0.5 m的玻璃箱，在其底部两端，分别放置一盆热水和一小块冰块，密闭起来，在玻璃箱的背后挂一块深色的布帘作背景，让学生通过认真细致的观察，获得对于热力环流的真实体验与切身感受，然后在此基础上趁热打铁，引导学生分析归纳出热力环流的形成过程，学生理解与掌握起来就非常容易。再比如，在学习河流的堆积地貌——冲积扇时，也可以设计实验进行教学：找一个开口较大的玻璃瓶，事先在里面装入一些体积和比重大小不等的泥沙、石块、瓦砾等固态颗粒物，在桌面上平铺一张较大的白纸，将地理课本从中间打开，大致呈45°角倾斜地放置于桌面上白纸的后端，然后将瓶中的颗粒物沿着课本中间的沟缝缓缓地向下倾倒，让学生仔细地加以观察，然后分析总结得出结论。如果时间允许，老师还可以据此启发学生思考该实验的好处与需要改进的不足之处，这样还可以锻炼学生的综合思维能力，可谓一举多得。

2. 学科联系，剖析事理

在地理学科的知识中，有一部分内容涉及其他学科的知识，尤其是自然地理部分，学生理解掌握起来的确有相当的难度。如果老师只是简单地加以讲解，学生最多也只是知道一点皮毛的东西，如果借助于相关学科的知识加以较深入或者较详细的解析，便能有效地突破难点，达成过程与方法教学目标的预期。举例来讲，在学习大气的水平运动即风的时候，要介绍近地面与高空的风向，以及地转风的原理。老师可以引导学生进行一系列相关的受力分析，通过分析推理，学生的分析思维能力得到运用和锻炼，学会分析的思路与方法以后，理解掌握起来就变得比较容易。笔者曾经作过教学实验对比：将所教的4个高一平行班平均分为甲乙两组，甲组按照上述的画图受力分析模式进行教学，乙组采取对照课本上的示意图加以讲解说明的方式进行教学。学完以后，进行该小节测验。结果不出所料，甲组的得分明显高于乙组。当然，这对于地理老师教学而言，也提出了更高的要求。不过，面临着即将实施高考文理不分科的情况，我们也应该未雨绸缪，多加学习和探究，早做打算和准备。

3. 联系生活，讲究实际

众所周知，中学生的生活主要在校园里面，与外界的接触不多，人生阅历浅，见识并不多，生活方面的体验自然较少，导致对有的地理知识缺乏直接的感受和生活体验，因此，老师可以结合自身的生活体验与阅历，引导学生将所学知识内容与生活实际相联系，可以让学生感受到地理学习的应用价值，增强教学实效。比如，学习地球公转的地理意义中，昼夜长短具有季节变化，老师就可以提问学生早上是什么时间起床的，再让其回想冬季和夏季的日出与日落情况，引导学生初步总结昼夜长短的季节变化规律，然后再结合教材的插图进行理论上的分析，学生就会感觉知识的难度下降不少，理解掌握起来也比较容易。由于不同班级的学情有所不同，因此在课前，老师可以事先跟学生进行交流或调查，然后根据学生的生活实际加以联系，效果相对较好。不难看出，如此开展教学，不仅可以降低教学难度，而且也充分体现出新课程标准倡导学习生活中实际的有用的地理知识的理念与要求，因此，值得大家关注和重视。

4. 媒介辅助，降低难度

在地理教学知识内容中，有的地理事物、现象是学生没有见识过的，也可能是难以见识到的，有的是非常恶劣的自然现象，学生在校园生活中难以体验甚至于不可能去体验的，比如台风、海啸等。这些内容因此而成为教学中的难点。随着教育以及科学技术的不断发展，运用多元化的教学媒介，比如教具、标本、幻灯片等，可以让学生在课堂上实时观察，直观、生动、形象，让学生真正感受，增长见识，获取对知识的生命体验，在降低教学难度的同时，也有利于激发学生的学习兴趣，提高课堂效果。例如，在学习滑坡、泥石流等地质灾害时，可以给学生播放相关的视频，在学生获得直观感受的基础上，及时地引导学生进行相关的问题分析，通过有关的媒介辅助教学，胜过老师的枯燥描述，效果自然不差。不过，需要注意的是，在具体的教学过程中，切忌以媒介全部来替代老师的教学，它们只能用来加以辅助，否则本末倒置，得不偿失。

5. 口诀记忆，突破难点

地理知识内容牵涉面很广，需要记忆的内容不少。但有的内容本身的记忆难度较大，对理解的要求并不高，属于死记硬背的内容，学生掌握起来难度较大，因而成为教学中的难点。对此，可以通过搜集或者编制口诀来加以记忆，口诀朗朗上口，学生比较感兴趣，因此记忆掌握起来也比较容易。举例来讲，我国磷矿丰富的3个省分别是湖北、云南和贵州，编成口诀便于记忆：胡（湖北）云（云南）贵（贵州）家开磷矿，要买磷就别欠账。有关的地理歌诀还有很多，大家可以根据需要自行去搜集整理或自行编撰。

6. 假设分析，逐步推理

地理难，很多时候体现在自然地理方面。一些地理原理、地理规律，本身比较复杂，对空间想象能力以及分析推理能力要求颇高，因此，可以通过假设条件，从简单到复杂，引导学生逐步地加以分析推理，难点自然便得以分解。比如，现行高中地理必修一教材在介绍三圈环流的时候，就通过3个假设条件推出单圈闭合环流，接着假设两个条件，推导出三圈环流的形成过程与分布，然后再逐步去掉假设，分别推导出气压带与风带的季节移动规律,以及海陆分布对大气环流的影响。如此安排本部分内容的教学设计,完全符合中学生的一般认知规律,可谓是地理教学方法中值得模仿学习的典范。有关的方法借鉴与运用,大家可以参阅本书中的有关内容。

7. 图文结合,突破难点

在地理学习与考试中,常常会有不少的地图出现。地图作为地理的第二语言,不仅可以充分体现出地理学科鲜明的特色,而且包含了大量的地理信息。有道是,一幅图胜过千言万语。有的时候,如果借助于有关的地图来进行知识学习或问题探究,因地图具有直观形象的特点,便于学生观察和思考,教学难点因此易于突破。比如,在学习地球自转运动的周期时,恒星日与太阳日因比较抽象而成为教学难点。可以通过多媒体展示或者绘制恒星日与太阳日比较示意图,借助于示意图加以分析探讨,理解起来就变得比较容易,从而实现突破难点的教学目标。在具体的学习过程中,还可以通过图文转换、图图转换等多种方式,举一反三,融会贯通,以此可收到良好的效果。

有道是,教学有方,法无定法。突破地理教学难点还有其他的方法与技巧,需要大家在实际的地理教学实践过程中不断地加以摸索和总结,以期切实降低教学难度,增强学生学习信心,促进地理教学的良性发展。

十七、地理题库的建设与使用

(一) 地理题库的作用与功能

在地理学习与复习备考过程中,广大的师生都或多或少地见识或使用过不少的地理教辅资料,诸如《中学地理教材全解》《试题研究》《考试报》《五年高考三年模拟》等。其中,有的资料书实际上就相当于一个题库,比如《五年高考三年模拟》,收集近5年的高考地理试题以及各地、市、州使用的部分地理模拟试题,按照教材编排思路和顺序分类整理,并附参考答案和详细的分析,并且每年基本上都在不断更新,可以选作地理复习备考的课程资源。但由于其中题量太大,加之师生在使用过程中不可能全用,因此难免给师生带来选择上的麻烦。因此,有针对性的建设自身所需要的地理题库不仅显得非常必要,而且也对师生的教与学有着极为重要的作用。

从教育考试机构和学校角度来讲,题库的建设可以使考试命题有备无患,它们可以从题库中随机地抽取试题,既可以使考试更加规范,又有利于考试题目的保密工作,可以有效地提升考试的公平公正性;就地理教师而言,建设地理题库可以储备必要的地理课程资源,为课堂教学提供例题或课堂练习,为地理章节等测试提供题目来源,可以使自己的教学备考富有针对性和实效性,有效地提高教学效率和效果。比如,教师通过典型地理试题的收集整理,可以比较准确地把握命题的方向,抓住复习备考的重难点与关键,而且以后还可以重复使用，节约找题选题的时间，对教学利好；就学生而言，建设典型地理试题库尤其是地理错题库，可以对考试的要求做到心中有数，便于查漏补缺，真正把力气用在刀刃上，使自己少走弯路，从而使得地理学习更有成效甚至高效。一般来说，地理题库都具有训练功能、考试功能、检索功能以及纠错功能。因此，不仅要将地理题库建设好，同时还要使用好，以便充分地发挥题库的作用与功能。

（二）地理题库的分类

地理试题库如果不进行分类，而是随意"混在一起"，就成了一个"大杂烩"，显得毫无章法，使用起来很不方便。因此，有必要对地理题库进行分类建设。由于建设题库的目的和用途存在差异，因此地理题库可分为不同的类别。一般而言，根据建库对象的不同，可以分为国家地理高考题库、省级地理题库、市级地理题库、县级地理题库、学校地理题库以及师生个人地理题库等；根据所选题目题型，可以分为选择题题库、读图填图题题库以及综合问答题题库等；根据试题来源，可以分为高考题题库、模拟试题题库、原创试题题库、错题库等；根据试题知识考点情况，可以分为自然地理题库、人文地理题库以及区域地理题库；根据试题的难易程度，可以分为基础题题库、中档题题库、难题题库；根据题目在教学备考中的地位与功能，可以分为典型试题题库以及错题题库；根据题库本身的存在形式，还可以分为纸质版题库和电子版题库。总之，根据不同的划分标准可以划分为不同的类型。在建设地理题库时，究竟该建设什么样的题库类型，可以参照上述划分方法，同时结合自身的教学或学习的实际需要加以综合考虑。

（三）地理题库建设的基本原则

1. 科学性原则

地理题库的建设，首先需要遵循科学性的原则。这里所讲的科学性，包括3个方面的内涵。首先，对于选择进入题库的试题，一定要对其科学性加以认真考究，尤其是各地方使用的地理模拟试题，以确保入库试题本身具备科学性。参与建库的机构领导和教师都需要有高度的责任感和使命感，对待题库建设工作态度一定要严谨科学，多加质疑，反复论证，以免出现不应有的失误。就学生个人而言，也应该多加思考和评判，要敢于质疑，不要对试题盲目信任，古人云，尽信书不如无书！毕竟，世面上流传的部分地理题目可能还会存在一些不够严谨的问题，有的题目本身可能存在知识性错误，比如有违常识、选项设置不合理，甚至考查重心偏离地理学科本身的要求等。也不要对高考试题盲目崇拜，因为有的地理高考题的设置也可能存在命题瑕疵甚至错误的情况，还有的高考题存在难度太大的情况等。应力求做到所选所编的地理试题本身没有知识性或常识性错误，否则就会以讹传讹，后患无穷。其次，入库的地理试题编排要合理，比如地理考试题库可以按照题型排序，师生个人的地理题库则可以按照地理教材的编排顺序，或者按照教师的教学内容安排顺序分类排序，千万不能杂乱无章地随意放置，否则检索使用起来会很困难。第三，所选题目还要与自身的地理教学与地理学习相适应，否则不仅浪费自己宝贵的时间，而且甚至可能适得其反，给自己教学备考带来负面效应。

2. 针对性原则

建设地理题库要讲究针对性的原则，也就是说，需要针对我们自身的实际和需要来进行建设。一是要针对地理中考或高考的需要，选择命题立意与当前中高考题型与能力要求比较吻合的试题，二是要根据自身的地理教学学情或者地理学习的水平层次，遴选相对应的典型高考试题或模拟试题。对于学生而言，如果盲目收集试题，不考虑复习备考的进度，题库就难以发挥有效的作用；对于教育机构而言，建设统考试题库的时候，就需要考虑考试的性质，针对考试的水平层次要求来建库；对于教师个人而言，建设题库则需要根据地理教学内容以及学情和考试的要求，有针对性地选题和命题入库。毕竟只有选出了高质量的地理题目，地理复习备考的效果才能得到保障。总之，地理题库的建设必须依据一定的目的和要求，如果缺乏针对性，其作用和功能就会大大弱化。

3. 实用性原则

须知，无论帮地理老师搞教学，还是帮学生抓地理学习，建设地理题库绝不是做样子给谁看，不一定是选题越多越好，更不需要把题库装饰的多么漂亮，而应重在实用，也就是说，要对自己的地理教学或地理学习真正有用处。因此，无论是教育机构，还是师生个人，建设题库决不能流于形式，一定要遵循实用性的原则。比如，市级教育机构建设的地理题库，若是用于地理毕业会考，就应该着重考虑题目的基础性，若是用于全市的地理期末统考，那就需要兼顾全市各级各类学校的办学层次水平，题目既要考虑基础性也要兼顾灵活性，使得题目的总体难度介于会考与高考之间，才能体现出实用性。否则，题目若过于简单，对中上成绩的学生不公平，若过于偏难，则对一般成绩的大多数学生不公允，因而也就谈不上实用性。就学生个人而言，若盲目跟风，在题库中一味选择难题，不仅作用不大，反而给自己增加过重的学习负担，甚至于使自身学习的积极性受到不利影响。再比如，有的人将自己所有的地理错题包括易错题都全部纳入到自己的错题库中，出发点是好的，但实用性可能就要打折扣。因为，有的题目虽然错了，可能是不小心看错了，只要稍微注意细心一点就可以避免犯错，收藏入库的价值并不大；有的题目属于易错题，但就自身的学识水平和能力而言，根本就不存在犯错的问题，如果还是生搬硬套地选入题库，毫无疑问，这只是在做无用功，实用性也就无从谈起，反而浪费自己宝贵的学习时间和生命。

（四）地理题库建设与使用的注意事项

地理题库的建设要真正充分发挥作用和功能，除了遵循以上几个基本原则以外，还需要注意以下事项：

1. 题库的建设要有计划地进行

在选题编题的时候，一定要有计划性，也就是说，在具体安排上要有计划，选什么题目，什么时候选题，不能随心所欲，毕竟大家都有不少的教学任务或学习任务，时间总是很宝贵的。同时要有超前性或滞后性。对地理教师而言，选题建库最好要有超前性，要尽可能早于自己的地理教学进度，以便在教学过程中适时地使用地理题库资源，充分发挥题库为自身教学服务的作用与功能。对学生而言，则须要滞后性，因为建设题库的主要目的，是梳理总结有关的典型题或自己的错题，所以，学生选题建题库的时间，可以考虑放在老师教学之后，这样可以使自己的地理复习备考更加富有实效。题库的建设不仅要在时间上加以科学规划，同时还要在内容上加以合理安排。什么时候该安排什么进度，一定要做到心中有数，尤其是教育机构和老师，因为到时间该拿出来题库使用的时候，如果还没有很好地完成，势必然会影响到考试或课堂教学的进度甚至质量。对学生个人而言，如果到了复习备考的后期阶段都还没有如期完成错题库的建设，那高考前冲刺阶段最后的总结提升势必会受到很大的影响。由此可见，建库计划是极为重要的。

2. 在题库建设的过程中，要坚持不断地总结和反思

毕竟在初次选题或命题时，难免会存在一些问题，通过总结和反思，对入库的题目重新加以审视和研究，有利于保证题库的质量水平，还可以达到对题目灵活运用、举一反三的目的。

3. 要重视对题库资源的更新

须知，我国基础教育课程改革仍在持续推进，地理课程标准得以修订和发行，教材在不断地调整和改变，中考与高考在不断地改革，地理命题立意的指导思想以及能力要求也在不断地变化，地理考试从原来的知识立意到能力立意，再到素养立意，题目因此也在不断地变化，原来入库的题目可能因此不再完全适应中高考新形势下的考试要求，因此，要使地理教学或地理学习同步跟进，就必须对地理题库加以不断地更新，该删的就要大胆地摈弃，为后续资源的补充提供空间。尤其是地理老师选择典型地理试题和易错题，以及学生选择收集自己的错题入库，都需要坚持不断地更新才行。

4. 对入库试题要加以详细的评析或注解

具体而言，对地理考试题库的套题可以加上对试题特点的评价与分析；对教师个人的地理题库要注意充实内容，比如注明考点、难易度、学生的易错点以及解题思路与方法甚至解题方法与技巧的归纳总结，或者关于命题多角度的补充说明等；对于学生个体而言，可以标明考点、难易程度、详细的答题思路与方法技巧，错题库则要详细分析说明自己错误的原因以及行之有效的解决办法。只有将有关题目内容整理的比较翔实，题库的建设才有质量可言，其作用和功能才能充分地得到利用。

5. 要加强彼此之间的交流

无论机构还是个人，在可行的范围之内，可主动与别人进行题库资源的互换，通过相互的交流，开阔视野，取长补短，集思广益，从而有效地提升自身题库的品质，于人于己，可以实现双赢。

6. 建用结合，相得益彰

在题库建设的同时，可以同步加以资源利用，不一定非要等到题库完全建好以后才加以使用，尤其是师生的个人题库，这样可以切实提高题库资源的使用效率和效果。比如，学生一边构建地理错题库，一边时常翻阅探究，对自己的错误时刻做到心中有数，学习考试起来自然就有胜算。同时，通过使用后的信息反馈，还可以发现入库题目资源的问题，以便及时加以修正。建设与使用可以互为补充、相得益彰。

十八、地理双语教学探讨

（一）地理双语教学（Geography Bilingual Teaching）的概念

所谓地理双语教学，是指在地理课堂教学过程中，运用两种不同的语言实施教学的一种教学方式。其中一种语言是母语，另外一种语言则是外来语。以我国中学地理教学为例，使用的母语为汉语，外来语可以是英语，也可以是日语或法语等，但使用比较普遍的多为英语。在我国少数民族地区，多数使用的双语则为当地的民族语以及汉语，比如西藏地区使用汉语和藏语。考虑到使用的普遍性，这里主要探讨地理英汉双语教学。根据课堂上使用英语的程度和水平，可将双语教学分为初级双语教学和中高级双语教学两大类型。前者是指在地理课堂教学中仍然以母语为主，少量使用外语，外语主要用于组织和管理课堂。后者则明显不同，在地理课堂中不仅使用母语，同时也尽量使用外语，外语在课堂语言中所占的比例可以达到50%甚至更高，外语不仅用于组织教学，同时也可以用于介绍地理专业名词、课堂提问交流以及部分地理知识的讲授等。此外，根据外语在课堂教学过程中使用的发展过程情况，双语教学还可以分为浸入型、保持型和过渡型三种模式。浸入型是指学校课堂完全使用一种不是学生在家里面使用的语言进行教学的模式，比如我国学生的地理课堂全部使用英语进行教学；保持型是指学生开始使用母语，后面逐步在某些课堂教学中使用外语，而其他学科依然使用母语进行教学的模式；过渡型则是指学生进入学校以后，部分或全部使用母语，然后逐步过渡到全部只使用外语进行教学的模式。

（二）地理双语教学的意义与作用

地理双语教学的目的，主要不是利用地理课堂来学习外语知识，而是借助于地理课堂来使用外语，在引导学生学习有关的地理知识的同时，通过外语的配合运用，有效地培养和提高学生运用外语的意识和能力，从而达到培养和提高学生的综合素质的教育目的和效果。要真正学习和了解国外或其他地区先进的思想文化和科学技术，就必然要学习外语，而外语的学习仅靠开设外语课程是远远不够的。在地理课堂教学中，针对学生的学情以及教学的情况，灵活地采用双语教学，不仅可以有效地提升学生的外语实际运用能力，而且可以激发学生的好奇心，让学生在佩服老师学识的同时，还可以提高学生的地理和外语学习的热情和兴趣，从而促进地理知识的学习和进步。因此，地理双语教学的意义和作用可谓相当重要。

（三）地理双语教学的具体操作

目前，国际上公认的双语教学的基本要求是，在教学过程中，有计划、有系统地使用两种语言作为教学媒体，使学生在整体学识、两种语言能力以及两种语言所代表的文化学习及成长上，均能达到顺利而自然的发展。这里所讲的第二种语言是作为教学语言和手段，而非教学内容或教学科目本身。借此，地理双语教学具体操作主要有以下几个方面：

1. 收集素材，双语备课

目前，国内很少见到可以直接拿来就可以使用的中学地理双语教材。因此，老师在进行双语教学备课的时候，就要首先结合所教的地理教学内容，到网络上、图书馆、书店等地方收集有关的双语素材，包括组织教学语言、地理专业名词、提问的句子等，事先将地理课堂教学所需要的第二语言准备到位，并对相应的外语口语加以自我练习，尽量做到有备无患。因为，有时遇到一些地理新名词，如果不注意训练发音，外语口语不到位，不仅影响课堂教学的流畅性，同时也会影响老师在学生心目中的形象。当然，教学条件较好的，也可以去购买外国原版教材，然后适当地加以整合，为我所用，也不失为一种好办法。

2. 灵活施教，师生互动

开展地理双语教学，不仅对老师的要求高，而且对学生的要求也比较高。在具体实施的过程中，要注意灵活施教，老师千万不能只顾自己讲的潇洒，一定要照顾到学生的反应，充分考虑学生的接受能力和课堂信息反馈，适时加以调整，以满足学生最近发展区的要求。如果老师在课堂教学中所讲的外语让大多数学生都无法听懂，那地理教学就会显得十分无趣，更谈不上有什么教学效果。同时，课堂上还要注意加强师生之间的互动，不能总是让学生坐在那里一直很被动的听讲，要让学生站起来大胆发言和交流，以此消除学生对课堂上使用外语的畏惧感，有效融洽师生之间的关系，让学生在学中用，在用中学，从而达到良好的教学效果。

3. 学案导学，讲求实效

由于学生手中缺乏有关的双语资料，老师所准备的双语资料也大多在地理课堂上通过口语展示出来，因此一旦课堂学习结束，对学生而言，所涉及和运用的外语可能就难以再现了。显然，这对学生地理课后对外语运用能力的强化是不利的。因此，老师在地理双语教学的过程中，可以采用学案导学的方式，将课堂教学中所涉及的一些外语词汇、短语以及有关句型列举出来，同时标注学生不熟悉的外语读音，在地理课前印发给学生，让学生提前预习和准备，这不仅可以降低学生在地理双语课堂上的学习难度，而且有利于学生课后及时复习强化,以此形成良性循环,促进地理双语教学的顺利开展。

(四) 注意事项

目前,地理双语教学在我国开展的还不是很普遍,要搞好双语教学也不是一件容易的事情。因此,还需要注意以下几个方面。

(1) 外语在地理课堂教学中的使用程度要依据班级学生的学习水平而定。对于外语成绩较差的班级,应尽量只使用比较简单的外语口语实施组织教学,以此提高学生的学习兴趣,重在创新地理教学风格;对于外语成绩较好的班级,可以在此基础上,适当多使用外语,以学生大多数能够接受为宜。

(2) 要处理好地理教学与外语之间的关系。切忌喧宾夺主,一定要以地理教学任务的落实为基点,否则得不偿失。

(3) 要注意调研学情,不断反思,优化自身的教学。在地理双语教学的模式下,学生究竟有些什么意见和建议,地理课堂教学效果究竟如何,教学过程中究竟还存在哪些问题。针对这些情况,教师必须及时通过问卷或谈话等多种方式或途径加以调研,并在课前与课后不断进行反思和总结,使地理双语课堂教学不断得以优化。当然,教无定法,学无止境。因此,教师还要在地理双语教学中多加学习交流和研究,努力形成一套富有特色的地理双语教学体系,切实促进新课程标准下地理素质教育的创新发展。

十九、地理测试命题的基本策略[①]

目前,我国经济社会在持续不断的快速发展,国家现代化建设需要大量高素质的人才,对教育和国民素质提出了更高更新的时代要求。因此,全面推行素质教育势在必行。高中地理课程兼有自然科学与社会科学双重性质,对于人才培养以及公民素质的提高作用重大。在此背景下,新的高中地理课程标准应运而生。地理新课标要求引领学生关注全球以及我国现代化建设过程中的重大地理问题,弘扬科学与人文精神,培养创新意识与实践能力,增强社会责任感,学习生活中实际的有用的地理知识,培养学生的地理学科核心素养。新课标的理念与要求落实如何,课程改革有何成效,都需要通过地理教学来体现。而为了检验学生在地理教学过程中的学习成效,发现地理教育教学过程中存在的问题与不足,并为高等学校选拔输送人才培养源,地理测试必不可少。在新的高中地理课程标准要求下,地理学科测试不再强求学生死记硬背,而更多的是要求学生能够学习实际生活中有用的地理,突出考查学生对所学知识的理解,能够灵活地调动和运用所学知识分析和解决

[①] 王昌勇,袁天凤. 新课标视域下高中地理测试命题的基本策略 [J]. 内江师范学院学报,2017 (06): 116-121.

实际的地理问题，真正地实现由知识立意向能力立意和素养立意的转变，尤其是全国课标卷体现非常明显。目前，中学地理学科测试常常采用闭卷笔试的方式进行，在地理高考命题中，命题者主要通过对知识的运用考查学生的能力素养，因而需要依靠很好的命题来支撑。有鉴于此，下面结合案例分析，探究新课标形势下地理测试命题的基本策略。

（一）新课标内涵解读

21世纪是知识经济的时代，对地理教育提出了更高的要求，学习地理不只是学习既有的不变的地理知识，更重要的是学会如何获取有用的地理信息；也不再以教授系统的地理知识为主，而是重在培养学生独立自主的地理分析能力、创造能力以及应用能力。全面推进素质教育，从学生的全面发展和终身学习出发，构建体现现代教育理念、反映地理科学发展、适应社会生产生活需要的高中地理课程，势在必行。地理课程的改革，必然涉及教材的变革。而教材的编写，需要从国家层面，通过一系列纲领性文件来加以指导和规范，这就是高中地理课程标准的由来。高中地理课程标准对应于以前的教学大纲，是教材编写的根本依据，是指导教学活动实施的纲领性文件，规定了学生在课程学习之后应达到的学业质量水平以及地理学科核心素养的水平，强调地理课程的时代性、科学性和实践性，体现出了全新的课程教学理念，表现在关注人口、资源、环境和发展等问题，以利于学生正确认识人地关系，树立科学的人口观、资源观、环境观和可持续发展观念。普通高中课程标准大致包括以下内涵：课程标准主要是对学生学习过程和结果的描述，而不是对教学内容的具体规定；课程标准是由国家制定的对学生某一学习阶段的共同的统一的要求，而不是个别的要求；学生学习过程和学习结果的描述是可操作和可评估的，而不是模糊不清的；教师不是教科书的执行者或消极教授者，而是教学方案课程的开发者、积极设计者，标准的范围应涉及作为一个完整个体发展的3个领域：认知、情感与动作技能，而不仅仅只是知识方面的要求。高中地理新课标满足学生不同的学习需要，注重其对地理问题的探索，提倡学生自主、合作和探究性学习，开展地理观测、实验、野外调查以及专题研究等实践活动，注重地理信息技术在课程中的应用，营造有利于形成地理信息意识与能力的教学环境，注重学习过程与学习结果评价相结合，力求定性与定量评价相结合。采纳了布卢姆的目标分类方法，将教学目标确定为三维目标，包括知识与技能、过程与方法以及情感态度与价值观目标。其中，知识与技能是基础性目标；过程与方法目标包括学习、思维、分析和探究4个方面，是地理教学的关键性目标；情感态度与价值观目标则是地理教学的终极目标，体现了教育以人为本、立德树人的最新要求，也契合了素质教育的理念与要求。在当前基础教育课程改革的背景下，高考改革同步推进，高中地理教学在新课标的引领下，能否经受住新的考验，除了师生在教育教学观念与方法上的转变以外，还需要对高中地理测试命题多加关注和研究，力求以新课标为准绳，切实搞好高中地理教育教学工作。

（二）地理学科传统命题问题分析

素质教育的口号在我国早就提出来了，但从总体而言，素质教育的成效还不够明显，尚未取得突破性进展，并且推进素质教育步履维艰，基础教育还没有完全摆脱应试教育的惯性和影响。素质教育，简而言之，就是以提高国民素质为宗旨的教育。而我国传统的地理教育深受应试教育的影响，注重知识的传授，轻视能力的培养；注重结果的评价，忽视过程的考查。地理学科测试命题因此存在不少的问题。归纳起来，主要表现在以下几个方面：

1. 缺乏时代性

学校地理测试试题的命制，一般是由学科组内推选教师实施命题。由于不少中学地理教师工作任务多、担子重，加之命题时间紧迫，常常照搬现存试题，比如采用以往考过的试题，网上下载一些模拟试题等，导致试题素材陈旧落后，缺乏时代气息，因此不能引起学生兴趣，对学生临场考试发挥产生不利影响。当然，不少中学地理教师自身学习意识不强，对国内外时事关注度不够，不注意搜集有关时事地理素材，也是重要原因。

2. 过分强调知识取向，综合性不够

地理学科传统测试命题多为名词解释、填空和读图填图题，即便是问答题，参考答案也几乎是来自教材本身的内容，命题过分强调知识的立意与价值取向，综合性不够，注重对知识的考查是其主要特色。为了应对地理考试，地理教师总是不顾一切采取填鸭式教学模式，对学生进行满堂"灌"，要求学生对所学地理知识死记硬背，以便其在考试中取得理想的分数。地理学科测试命题作为地理教学的"指挥棒"，由此具有了知识导向的功能。受传统应试教育根深蒂固的影响，传统以讲授为中心的地理课堂模式依然大有市场，地理教师根据高考地理考试题型，为学生组织构建答题模板，通过大量的题海训练战术，让学生照搬来获取考试分数。如此一来，显然不利于对学生综合能力的考查。

3. 缺乏科学创新

由于地理教师的教育教学观念没有从根本上扭转过来，有关教育管理机构和行政部门对教师教育教学成绩的评价仍然采取唯分数论的办法，加之不少地理教师工作任务繁重，导致平常的地理测试命题不受重视，因此地理教师一般不会自己亲自动手编撰地理试题，往往是照搬照抄网络上现成的地理模拟试题，或者直接取用高考试题原题进行搭配组合，给人以似曾相识的感觉。命题缺乏创新，甚至出现科学知识上的错误。其中不少题目由于学生见识过或事前练过，因此根本达不到真正检测学生地理学习实效的测试目的。事实上，不少地理教师没有接受过地理测试命题的专门培训学习，缺乏对地理测试命制试题的难度以及信度和效度的有效把控能力，缺乏地理试题命制相关素材的有效积累，可以说是传统地理测试命题科学性与创新性缺乏的重要原因。

（三）地理测试命题的基本策略

1. 凸显时代性

在新的地理课程改革中，必须改变地理课程理念，革新以往的地理教学方法，调整地理教学内容等。就地理教材的改革而言，可以删掉一些陈旧落后的东西，增加一些富有时代气息的活动和案例内容，让学生在有限的地理教学中更好地掌握更多更有用的地理知识和技能，陶冶地理情操。基于此，地理学科测试命题作为高中地理教学的重要组成部分，其所具备的功能，不仅在于检测学生在地理教学过程及其之后的学习效果，而且还要考虑对学生进行情感态度价值观等思想方面的教育和引导。在地理试题中，如果总是出现陈旧落后的过时的材料，不仅不能通过地理命题测试的平台对学生进行国情教育和爱国主义等思想政治教育，而且也难以引发学生积极思考的兴趣，地理测试的育人功能因此而大大削弱。因此，地理学科的测试命题应将与时代发展息息相关的素材有机地融入试题之中，充分体现出测试命题的时代性。地理命题采用时事新闻材料，遵循时代性与真实性的要求，不仅符合学生的认知发展要求和水平，同时还可以引领学生更多地去关注国际国内大事，从而对学生进行国际和爱国主义教育，利于落实新课标"立德树人"的理念与要求。每天都有大量的新闻报道见诸报纸杂志以及网络等各种媒体，信息量非常大，而且，不少新闻都与中学地理知识息息相关，可以有选择性地拿来作为地理命题的素材。不难发现，新闻材料中一般都有时间、地点和事件三要素。从地理命题的角度考虑，可以从时间计算、地球运动规律、区域地理要素特征以及人口与城市化等方面切入命题。

【例1】党的十八届五中全会通过了我国放开生育二胎的人口新决策，各地具体政策很快落实。据此回答（1）—（2）题。

（1）二胎政策将对我国老龄化产生一定的缓解效应，预计此效应最快将发生在二胎政策放宽　　　　　　　　　　　　　　　　　　　　　　　　　　　　（　　）

A. 1年以后　　　B. 2年以后　　　C. 6年以后　　　D. 18年以后

（2）二胎政策会对我国教育行业和就业结构产生较明显的影响，推测其影响明显作用将大约分别发生于二胎政策放宽　　　　　　　　　　　　　　　　　　（　　）

A. 1年后　1年后　　　　　　　B. 2年后　1年后

C. 3年后　1年后　　　　　　　D. 6年后　18年后

【评析】以上两题利用我国最新的人口政策新闻材料作为命题素材，体现了与时俱进的命题理念，引领学生关注现实和国家政策，并从生活常识的角度切入命题，真正体现了考查学生生活中有用地理知识的学习与能力要求，学生单纯依靠死记硬背地理课本知识是难以正确作答的。第（1）题，按照国际惯例，人口老龄化通常是通过大于或者等于60岁的老年人口占总人口的比重超过10%，或大于或者等于65岁的老年人口占总人口的比重超过7%两个指标来衡量的。显然，缓解老龄化，不是让老年人口的绝对数量明显减少来实现，这既不人性化，也不符合现实状况，只能是增加青少年或者婴幼儿人口的比重来达

第五章　地理课程教学方法资源的开发

成目标。现在准许生育二胎，预计大约一年以后，陆续出现人口生育的小高峰，这自然就增加了婴幼儿人口的绝对数量和比重，从而使得人口老龄化得以缓解，故正确答案选 A。第（2）题，一年以后出生的孩子上幼儿园学习，一般至少还得再等两年，但这些小孩一旦出生，相应的就会产生保姆以及婴幼儿用品的需求，从而对就业结构产生较明显的影响，故正确答案选 C。

2. 突出综合性

最新修订出版发行的《普通高中地理课程标准（2017 年版）》将高中地理课程的总目标调整为通过地理学科核心素养的培养，以地理教育的方式，落实立德树人的根本任务。最终确定高中阶段学生的地理学科核心素养包括：人地协调观、区域认知、综合思维和地理实践力四大要素。其中，对学生综合思维能力的考查在地理学科命题测试中容易得到体现，也必将受到高考地理命题测试的青睐。在新课标以及新高考的形势下，高中地理学科测试主要追求对学生能力素质的考查，因此，地理命题应该突出综合性。在地理学科测试命题过程中，不仅需要考虑对于地理学科内不同地理要素考查的综合性，而且也需要考虑对跨学科基础知识的综合性考查。因为相关学科的知识内容和理论方法可以帮助学生更好地理解和掌握地理知识，这同时也为相关学科知识创造了横向迁移和实践应用的难得机会，可以形成地理学科与其他学科相互沟通相互促进的正相关效应。加强科际间联系，可以形成各学科之间融会贯通的知识体系，培养和提高学生综合运用知识的能力和创造能力。这完全符合今后高中教育教学不再划分文理科的要求，可以真正地体现和落实对学生的素质教育。比如，就跨学科的知识而言，许多脍炙人口的诗句、谚语蕴含着极为丰富的地理知识，在平常教学及地理试题中加以应用，不仅能促进学科融合，增强地理的趣味性，也能拓展学生的知识面。平时注意收集积累，有选择性地拿来作为命题素材，不仅使人耳目一新、引人入胜，还可以陶冶学生的情操，弘扬国学文化，很有意义。

【例 2】古诗云，春种一粒粟，秋收万颗籽。粟，又称小米，是旱作物，历史上在我国黄土高原地区曾经广泛种植。

按照新课标的理念来命题，不能考查学生死记硬背这些内容，可以借助农作物的生长习性与区域自然地理环境之间的关系切入命题，有利于考查学生调动和灵活运用所学知识分析和解决实际问题的意识和能力，从而对中学地理教学产生正确的导向作用。据此命题如下：

春种一粒粟，秋收万颗籽。粟，又称小米，其茎、叶比较坚硬，系我国古代的主要粮食作物。据此回答：

推测粟的种植地区最可能位于我国　　　　　　　　　　　　　　　　（　　）
　　A. 黄土高原　　　B. 汉水谷地　　　C. 四川盆地　　　D. 江南丘陵

【评析】本题借助农作物的生长习性与区域地理环境之间的关系切入命题，旨在考查学生获取和解读有关信息，并调动其灵活运用所学知识分析和解决问题的能力。根据题目所给信息可知，粟的茎、叶比较坚硬，这是为了减少其体内水分蒸腾，表明其生长习性耐旱，由此可推知其生长所在地区气候比较干旱，年降水量较少，4个选项中，只有黄土高原降水较少，其他3个地区均属于亚热带湿润地区，故正确答案选A。

从这个案例可以看出，选择的地理测试命题素材虽然取自于语文学科，但运用素材进行命题时，却综合性地考查了学生对于生物学基本知识，以及我国区域地理知识的掌握情况，命题体现出了一定的跨学科思维的综合性，有利于对学生综合思维能力培养的导向。

3. 注重科学创新

创新是国家和社会发展不竭的动力。凡事没有创新，就没有生命力。传统的地理试题已经为大家所熟悉，如果在新课标和新高考的形势下，命题者不思改变，依然采取照搬照抄的办法东拼西凑，不仅试题缺乏新意，更严重的是不利于真正地考查学生的能力素质。因为学生平时通过这些题目的反复训练，对试题已经比较熟悉或者比较了解，考场上就没有必要做深入的思考。长此以往，学生在考场上的思考能力因缺乏锻炼而下降，时常会产生高分低能的现象，教育质量因此受到不利影响，甚至形成恶性循环。为扭转这一不利局面，命题者一定要有大胆创新的意识，通过在测试命题上多做文章，注重命题的科学与创新，以考试促进教学，以教学促进学生能力的发展，从而形成良性循环。因此，在地理测试命题中需要注重命题形式与内容上的科学创新。当然，命题创新必须是在继承传统基础上的创新。进行地理学科的测试命题，需要参考已有的地理问题或试题。而地理教材以及地理高考或模拟试题就是一些很好的命题参考资源。可以对其进行命题角度或命题深度的调整与拓展来实现命题上的创新。事实上，在不少学科的命题中，都可发现教材内容的影子。所以，地理学科命题，完全可以从教材内容中挖掘命题素材。这不仅有利于对学生能力的考查，也有利于引导学生回归教材，达到抓纲务本的效果。比如，初中区域地理教材中有关于印度的图文材料内容，借此，可作如下原创命题：

【例3】材料：印度人口自然增长十分迅速，目前总人口已超过12亿，作为世界文明古国，其国土总面积为297.47万 km^2，耕地面积比重高达56.7%，农业人口比重大，近年来经济发展迅速，尤其是软件业等高新技术产业更是发展迅猛。阅读材料，分析回答以下问题。

(1) 某地理兴趣小组认为德干高原低矮，请为其提供理论依据。

(2) 印度面积大约300万 km^2，但其耕地面积却居亚洲第一，试分析说明原因。

(3) 结合高新技术产业的特点，分析其通常布局在靠近高速公路和航空港附近的主要原因。

(4) 中印两国边境线全长达2 000余km，但彼此之间边境贸易额很小，请阐释缘由。

【评析】本题借助初中地理教材的知识内容作为命题素材，从不同的角度加以命题，引导学生从题目材料中获取并解读有效信息，调动和运用所学知识解决有关问题，命题角度新颖，完全符合并体现了新课程标准的理念与要求。具体解析和答案略。

再如，已经使用过的高考地理试题，无论是在命题素材的选择上，还是在最终题干材料的呈现上，都是经过命题组专家成员的反复思考与推敲得来的，可以采取拿来主义，为我所用。需注意的是，为了规避学生采用现成的答案，可以改变命题的角度或者深度，在原有图文材料基础上，适当增删改动，方能推陈出新，达到良好的检测实效。

【例4】图5-7示意世界某区域海陆分布，阴影部分表示陆地，非阴影部分表示海洋，PQ线表示洋流，读图回答（1）—（2）题。

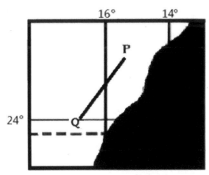

图5-7 世界某区域海陆分布

（1）图中洋流所在的大洋 （　　）
A. 平均水温世界最低 B. 只参与海洋循环
C. 年降水总量小于年蒸发量 D. 海岸线因全球变暖而缩短

（2）关于该洋流的说法，正确的是 （　　）
A. 使沿岸地区增温明显 B. 增加沿岸地区降水量
C. 使得沿岸不易成雾 D. 使沿岸海水等温线向南弯曲

【评析】本题组的命题素材取自于高考地理试题，但改变了命题的考查角度。第（1）题，该处大洋纬度较低，但平均水温世界最低的应为北冰洋，A错；海洋可以参与海陆间大循环，B错；因全球变暖导致海平面上升，对陆地而言，海岸线缩短，但对海洋而言，海岸线延长，D错；故选C。第（2）题，通过经纬网定位本区域位于北半球，根据世界洋流分布规律可知，北半球中低纬度大洋东岸均为寒流，推知该洋流为自东北流向西南的寒流，对沿岸地区具有降温减湿作用，A、B、C均不对，故D项正确。

4. 关注学生生活实际

有道是，读万卷书，不如行万里路。新的地理课程标准《普通高中地理课程标准（2017年版）》主张让学生学会学习，学会生存，提倡学生学习实际生活中有用的地理知识与技能。正如《重新发现地理学》提出的，我们要重新发现地理学与生活的联系，要更加紧迫地进行地理扫盲，提升地理教育水平。地理教育水平的提升，需要依赖诸多教育教学环节的支撑。其中，地理命题测试作为地理教育教学质量的晴雨表，肩负着极为重大的责任和导向功能。如果地理测试命题脱离学生生活实际，那么地理课堂教学自然也就不会注重关注相关的内容，学生在日常的地理学习和生活过程中也不会刻意去观察和思考有关的生活现象和问题，这样势必就会导致高中地理学科的实际应用价值下降，学以致用因此难以实现。《普通高中地理课程标准（2017版）》将地理实践力和人地协调观、区域认知、综合思维并列为地理学科核心素养的组成要素,以此凸显对学生观察和体验生活实践的新要求。通过选取生活中的实际案例作为命题素材,有利于考查学生对于地理的真实体验与感受,引导学生培养地理实践力,从而落实地理学科核心素养的培养目标。因此,地理测试命题作为高中地理教学的重要组成部分,还应多关注学生的生活与实践。

【例5】在野外实地考察时,可以借助手表进行方向定位,称为手表定向法。据此回答(1)—(3)题。

(1)若考察地点在撒哈拉沙漠北部地区,采用手表定向法时当地时间为下午2时,则图5-8中正确的图示为 (   )

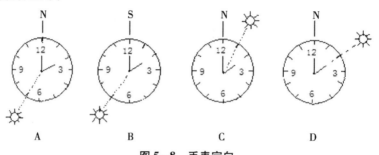

图5-8 手表定向

(2)仅考虑时差,则在埃及西部某地(27°N,27°E)(使用东二区区时)采用手表定向法测得的方位 (   )

A. 正东方偏南   B. 正西方偏北   C. 正南方偏东   D. 正北方偏东

(3)若在我国某地因时差测出的正南方偏西,则该地可能位于 (   )

A. 塔里木盆地   B. 东北平原   C. 黄土高原   D. 四川盆地

【评析】本题组以中央电视台关于野外旅游考察采用手表定向的生活知识作为命题素材,命题角度多元化,所考查的地理知识内容较为丰富,涉及地理方位、时间计算及区域空间认知等能力要求,难度逐步递增,有利于考查学生生活实践中的地理常识以及时间计算和分析推理等综合能力,不失为原创好题。参考答案:(1)A;(2)C;(3)B。限于篇幅,具体详解省略。

针对新一轮高中课程改革的需要,国家教育部提出在中学学科教学过程中开展研学旅行,大力提倡让学生走出教室,走向大自然,参与野外考察学习活动,真正让学生学习生活中有用的地理知识。因此,地理测试命题应该多对学生的生活与社会实践加以关注,借此产生良好的导向作用,从而促进学生地理实践力等学科核心素养的培养与提升。

《普通高中地理课程标准(2017年版)》强调培养学生的地理学科核心素养,而地理学科测试作为地理教育教学的重要环节和组成部分,肩负着督导和检验地理教育教学效果的重大职责和功能,因此,地理测试命题作为常见的地理学科测试形式和手段,需要广泛收集材料,讲究适当的策略,遵循科学适度的原则,还需要广大地理教育工作者在长期的地理教学和实践中不断地研究探索和完善。

第六章 地理课程信息化资源的开发

第六章

地理课程信息化资源的开发

一、地理课程信息化资源内涵

地理课程信息化资源有广义和狭义之分。广义的地理课程信息化资源，是指除地理课堂上经常使用的课本和练习册以及地图册以外，其他来自于网络等媒体且以数字或文本形式存在，并能为地理教学提供有关有用信息的所有资源的总和，比如地理网站、报纸、杂志等。狭义的地理课程信息化资源，是指来自于网络，多以数字化形式存在，并能为地理教学提供服务的地理课程资源，比如网络上的地理教案、动画视频、试题以及教学课件等。随着信息时代的发展，地理课程信息化资源在不断地丰富和发展变化，已经成为地理课堂教学的重要元素，在为地理教学提供便利的同时，也为地理教师带来了巨大的挑战。

二、地理课程信息化资源的基本特征

（一）数字化

当今时代是信息化时代，信息的数字化越来越受到广泛的重视和应用。所谓数字化，是指将许多复杂多变的信息转变为可以度量的数字、数据，再以这些数字、数据建立起适当的数字化模型，将它们转变为一系列的二进制代码，并引入计算机内部，然后进行统一的处理，这就是数字化的基本过程。地理课程资源信息化无论是在编辑加工、存储形式，还是在传输模式等方面，都需要通过计算机和互联网络来实施。信息一旦实现了数字化，不仅操作使用方便，而且易于提高质量、速度和效率。

（二）丰富多样

当今时代的信息以几何级数呈爆炸式增长，地理课程信息化资源因此呈现出丰富多样的特征，不仅类型多样，而且数量也极其丰富，可谓是海量资源。在种类上，包括各种文本、图像、音频、视频、试题、素材、课件、应用软件、网络地理课程等。随便在网络上搜索一个地理词条，马上就可以看到几十甚至上百个网络链接窗口提供选择浏览。正是由于地理课程信息化资源具有丰富多样的特点，因此为地理教学与学习的多样化选择提供了极大的便利。

（三）差异性

地理课程信息化资源的丰富多样性，同时也带来了差异性的特点。这一方面，表现在呈现形式上的差异性，比如，同样的地理知识，有可能是文本，有可能是图片，有的可能是视频等，为地理教学的需要提供了选择上的灵活性；另一方面，表现在内容上的差异性，比如，搜索同样的地理词条，在计算机网络上可以看到有若干不同的解释和说明，质量参差不齐，需要认真加以区分和识别，以保证地理课程资源开发与利用的质量水平。

（四）发展变化性

时代在发展，信息和技术也在不断地快速发展和进步，地理课程信息化资源也在不断地丰富和更新，因而具有发展变化性的特点，表现在信息化资源的种类上、形式上以及内容上，都在不断地发展和变化。比如，随着计算机技术的快速发展，新的 App 等教学应用软件，以及微课等网络化课程等的出现，不仅丰富了地理课程资源的形式和内容，而且为地理教学提供了更加广泛的技术支撑，为信息技术在地理教学中实现更加广泛的应用提供了更多的可能性和选择性。

三、地理课程信息化资源开发的意义与作用

以计算机多媒体和因特网为代表的当代信息技术，正以惊人的速度改变着人们的生存方式和学习方式，改变着教育的形态与模式。地理学科的空间性、综合性与学科交叉性的特点，决定了信息技术这种现代教育手段必将在地理教学中发挥越来越大的作用。《普通高中地理课程标准（实验）》明确提出，各中小学要构建基于现代信息技术的地理课程，在课程内容选择以及教学方式改革中，充分考虑现代信息技术影响力，创设适宜的教学环境。《普通高中地理课程标准（2017 版）》提倡信息化课程资源的开发，要求加强数字化地理课程资源建设，逐步建设专门的地理学科数字化课程资源，如地理信息系统（GIS）、全球卫星导航系统（GNSS）（北斗或 GPS）、遥感（RS）辅助教学系统，数字气象站平台系统，天文望远镜遥控观测平台系统，野外实践（水、土、气、岩）采集分析与显示系统等，研发地理课程情景资源库、课程实例或案例等。开发过程中，一方面，重视将地理信息技术的应用作为重要内容，让学生感受到地理信息的发展给人们认识自然和社会的思维

第六章 地理课程信息化资源的开发

方式,以及人们的生活方式等带来了巨大变化;另一方面,配合传统纸质教材,充分利用信息手段,为学生学习提供丰富多样的数字化地图、音频和视频资源,实现纸电联动,使地理教学更直观、生动,学习更有效。鼓励建设基于网络的数字平台,为学生地理学习提供一站式问题解决方案。在新课程的理念中,也包含了加强信息技术在地理教学中的应用。由此可见,开发地理课程信息化资源,完全契合新课程标准的理念与要求,对于提高地理教育教学质量水平,培养和提升学生的信息化素养,可谓具有十分重要的作用。目前,由于受应试教育的束缚,学校和教师对地理课程信息化资源的开发意识还不强、开发能力还比较薄弱,导致所需的地理课程信息化资源显得相对不足,因此,有必要对地理课程信息化资源加以大力的开发和应用,以满足地理教学的迫切需要。

21世纪是一个信息时代,信息化是未来社会发展的必然趋势,这对现代教育提出了新的要求,也为现代教育发展提供了新的机遇。随着现代教育技术的广泛应用,传统的地理教学模式、地理教学方法和地理教学手段等必将发生根本性的变化。将计算机多媒体和网络引入地理教育教学领域,不仅是教育教学手段的改革,也将从根本上影响和改变教师的教育观念。多媒体和网络把教学信息以文字、图形、图像、声音、视频等形式在课堂上加以呈现,弥补了传统教学课堂形式单一的缺点,打破了"粉笔加黑板,教师一言堂"的传统教学模式,不但在教学中起到事半功倍的效果,而且有利于提高学生的学习兴趣和分析解决问题的能力,大大提高教学的效率和质量。具体而言,运用多媒体在优化地理教学中具有以下多方面的重要作用:

(一)活跃课堂,激发兴趣

爱因斯坦说过:"兴趣是最好的老师。"地理学科部分章节内容比较抽象,空间性较强,如果利用传统的地理教学方式,很难让空间想象力较差的学生产生兴趣,相反还容易使学生产生心理疲劳和逆反情绪。但是,多媒体技术可以让学生通过图像、声音、视频等多方面信息,激发学生的学习兴趣。课堂教学过程中可借助计算机、投影仪等先进的多媒体工具向学生展示图、文、声、形相结合的课件,以动听的音乐、鲜艳的色彩、优美的图案、直观的形象、逼真的视觉效果再现客观事物,将地理学科的教学过程直观、形象地直接作用于学生的各种感官,活跃课堂气氛,创造意境,从而调动学生学习的积极性,激发其求知欲,使学生能以轻松愉快的心情参与到课堂教学中来。

(二)培养学生读图分析能力

读图能力是地理教学过去、现在和将来都必须要培养学生的基本技能,信息技术的图像处理能力可全方位的帮助学生具备正确的、全面地读图用图乃至制图的重要本领,其主要途径有:①对于展示地理事物空间分布特征和规律的地图,可采用重新着色、闪亮、添加符号、箭头、线条等,突出所要表现的区域、地名、地理分界线等;②对于各种形式的地理图表,可将其和模拟实景、视频、数字、语言等相互转换,教会学生获取资料、运用资料、用好资料的基本处理问题的能力；③对于那些高度浓缩、高度概括的相关模式图表，则可利用信息技术作深入挖掘，培养学生的归纳、概括能力。

（三）培养学生思考能力

在接受大量的地理信息过程中，运用多种媒体把学生的眼、耳、脑各种感官调动起来，并能及时在饶有兴趣的情况下帮助学生分析、综合和归纳，使其形象思维能力大大提高。尽管我们有各种教具、实验、演示手段，也出现了各种模型、仪器、图表以及挂图等，但这些毕竟不能把声、像、动态等特点集中于一体。计算机辅助教学则能做到，这是"书本＋黑板＋模型"模式绝对不能达到的。

（四）发挥学生的主体性，实现个体化学习

教师作为学生学习的组织者、引导者、合作者与陪伴者，应在学生力所能及的范围内，让他们自己跳起来摘果子，使之真正成为学习的主人。凡是学生自己能探索出来的，决不能替而代之；凡是学生能独立发现的，决不加以暗示提醒。信息社会可以为学生建立开放、自主的学习环境，可以给予学生充分的时间和空间，让不同层次的学生都能自己安排自己的学习，充分发挥学生的主观能动性与主体性作用，实现个体化学习，培养学生的自学能力，同时还可为学生创新精神和创新能力的培养做好充分的准备。

四、地理课程信息化资源开发利用的途径

（一）开发大众媒体信息资源

大众媒体信息类型多样，包括报刊、书籍、广播、电视、电影以及互联网等，具有信息量大或传输速度较快的特点，能突破时空局限，为地理教学提供便利的信息。但同时，其不确定性也较突出，给正确辨别、合理取舍信息资源带来一定的难度。因此，在采用大众媒体信息时，要加以科学鉴别，建立合理的学科知识体系。

（二）充分利用地理课程网站资源

网络信息量大且新，很大程度上是对教材的补充和拓展，可以弥补教材的局限性。因此，教师可根据教学的需要，从网络资料中寻找有价值的课程教学资源，教学中合理开发和利用"内容新""时效强""跨度广"的网络信息，以提高地理课堂教学的针对性和时效性。地理课程资源网站一般都有比较成熟的运作方式，里面大多都有诸如教学素材、教案、学案、试题、课件、课例、教学论文等网络资源项目，而且下面还有子项目提供选择，比如试题栏里面有单元试题，期中、期末试题，会考试题，中考、高考模拟试题以及

第六章 地理课程信息化资源的开发

高考真题等，而且还会实时更新，读者还可以上传有关资源进行互动等，因此，充分利用地理课程网站资源，可为地理教学提供极大的便利。这里推荐一些质量和应用较好的地理教学或相关的教学网站供大家选择使用：①中学地理教学参考网（http：//www.jwdili.com/）；②北京地理教学资源网（http：//www.zxdl.bjedu.gov.cn/new/）；③地理学科网（http：/dl.zxxk.com/）；④中国国家地理网（http：//www.dili360.com/）；⑤地理教育资源（http：//www.djz.edu.my/kecheng/dili/dili-main.htm）；⑥地理教学园地（http：//www.pep.com.cn/czdl/jszx/jxyd/）；⑦CCTV国家地理频道（http：//www.cctv.com/geography/nationality/）；⑧星韵地理（http：//fisherman.xingyun.org.cn）；⑨佛山地理教与学（http：//210.39.136.105/Sites/dili/）；⑩高考资源网（http：//www.ks5u.com/index.shtml）；⑪全品中考网（http：//www.zk.canpoint.cn）；⑫全品高考网（http：//www.gk.canpoint.cn）；⑬中国中小学教育教学网（http：//www.k12.com.cn）；⑭中学试卷网（http：//www.shijuan.cn）；⑮启迪慧想（新浪博客）。

（三）借鉴其他学科网络资源

众所周知，在中学各门学科中，地理是唯一一门兼具自然科学与社会科学双重属性的综合性学科，涉及诸多学科的知识问题。因此，在开发地理课程信息化资源的过程中，需要借鉴物理、生物等其他学科的知识与方法等资源。比如，地球运动部分的知识内容涉及万有引力定律、圆周运动公式以及开普勒定律等物理学方面的知识，可以到有关的物理网站去寻求资源，以引导学生较好地突破教学难点，同时还可有效地丰富地理课程信息化资源。

（四）运用多媒体课件，优化地理课堂教学

随着科学技术的迅猛发展，计算机技术在各领域已得到广泛的应用，计算机辅助教学已成为改革传统教学模式的一种新的形式。目前，地理教师运用最为广泛的地理课程信息化资源当属多媒体课件。其特点是采用动态视频、图片、文本和音频来展示现实世界难以实现或表现不清楚的内容，将教学内容在大与小、远与近、快与慢、静与动、虚与实之间进行转换，尽可能地调动学生的多种感官，这有利于教师突破教材的重难点，活跃课堂气氛，有效地拓展了课堂教学容量，提高了课堂教学效率和效果。

（五）学习运用信息技术进行资源开发

地理课程现代信息技术资源是在一切与地理学科相关、能为地理教学目标实现提供服务的所有信息以及相关技术。运用信息技术开发网络资源因可突破传统课程的狭隘性和时空的局限性而备受关注和重视。有关调查研究表明，目前有超过1/3以上的中学地理教师在信息技术的应用意识和能力方面还比较薄弱，尤其是中年以上的老教师以及边远地区技术条件和设施设备较为落后地区的老师。对此，一方面需要国家加大资金投入力度，为学校配备更多计算机等多媒体设备；另一方面需要组织教师积极参加计算机信息技术应用培

训，可以通过课件制作比赛以及微课比赛等，切实增强教师对于地理信息化资源的开发意识和能力水平。同时鼓励教师利用寒暑假等业余时间学习运用信息技术进行资源开发，让教师多参与开发实践和锻炼，比如学习如何运用 Word、Photoshop 等软件制图，视频制作、教学课件制作等。

（六）建立地理课程信息化资源库

虽然各地理教学网站上有许多诸如素材、课件以及课例等地理课程信息化资源，但一方面，有的网站资源需要拿钱购买使用权；另一方面，其中的地理课程信息化资源质量优劣互见，即使有的资源本身质量水平较高，但也不一定就完全适合教学使用的要求，需要进行重新整合处理。同时，在计算机网络上还可以搜索到海量的地理课程信息化资源，但也同样存在上述问题，并且这些资源往往分布零散，缺乏完整的体系，难以直接上手使用。因此，可以根据地理课堂教学的具体需要，将各种地理信息化资源进行筛选、分类、重组和整合，建立地理课程信息化资源库，方便地理教学和研究的使用，有效地提高地理课程信息化资源的使用效率和效益。需要注意的是，在地理课程信息化资源库建立起来之后，由于地理课程以及教学要求和学生学情在发生变化，加之地理信息化资源也在不断涌现，因此，需要有计划地对地理课程信息化资源库进行及时的更新和完善，使之真正发挥其应有的价值和作用。

第七章

地理课程资源库的建设

一、地理课程资源库的概念与分类

（一）地理课程资源库的概念

地理课程资源库是指根据地理教师和学生进行地理教学的需要，按照特点和功能以及有关要求等，进行分类整理而构成的地理课程资源的集合体。

（二）地理课程资源库的分类

1. 按照空间分布，可分为校内地理课程资源库和校外地理课程资源库

（1）校内地理课程资源库。

校内地理课程资源库主要包括与地理教学有关的图件、资料、模型、标本、教学软件、电教器材以及教学实践场所等。其主要构成如下。

①地理教学图件：世界和中国地形图、政区图、交通图、地质图、地貌图、气候图、河流图、植被图、海洋图、洋流图、人口图、城市图、有关区域图、遥感影像图、地理景观图片，以及本省（自治区、直辖市）地图，本市、县、区的乡土地理地图等。

②资料：各类地理图书、地图册、地理风光景观画册、教学软件、VCD及DVD光盘、幻灯片、录像带等。目前，教科书仍是我国最重要的地理课程资源。

③地理教学模型和标本：地球仪、地球运动的模型、等高线地形模型、各大洲地形立体模型、中国地形立体模型、主要矿物和岩石标本、土壤标本、动物标本、有关的地形模型等。也可提供一些材料让学生动手制作地形模型和等高线地形模型等。

④电教器材：卷尺、铁锤、罗盘仪、普通望远镜和天文望远镜、照相机、小型摄像机、电视机、VCD及DVD机、幻灯机、投影仪、微型扫描仪等，还可包括一定数量的航空图片和卫星图片等。有条件的学校还可配备GPS等。

⑤相应的管理系统：对学校地理课程资源进行系统化和规范化的管理，列出各种资料

物件的清单，建立严格的管理制度，并对现有的地理课程资源进行补充和更新。

（2）校外地理课程资源库。

校外地理课程资源库则主要是指能够为中学地理教学提供校外活动的场所总称。其中，青少年活动中心、科技馆、图书馆可扩展知识范围，供学生参与各种地理科技活动，收集所需要的地理资料，组织开展一些地理专题研究。天文台、地震台、气象台、水文站专业设施较为齐备，拥有系列科研资料，有专业人员进行专题解释，有利于开展地理专题教育，拓展探究深度，帮助师生对地理现象有更深入的了解。博物馆、展览馆、陈列馆、主题公园、植物园、动物园等，学生能够仔细观察在日常生活中难以接触到的地理事物，通过阅读有关说明或借助于讲解、观察过程，建立系统的地理学科及相关学科的知识框架，有助于了解地理事物的内在机制和来龙去脉。在运用校外活动场所的过程中，要注重学生地理创新能力的培养，激发学生的研究兴趣，引导学生探究有关的地理事象。

2. 按照存在的形式，可分为传统地理课程资源库和现代数字化地理课程资源库

传统地理课程资源库是指除与现代电子信息技术密切相关的资源以外，以具体物质形式存在的各种地理课程资源构成的地理课程资源库，比如地理图书、地图挂件、地理模型与地理标本等实物资源库。现代数字化地理课程资源库则是指借助于计算机网络媒体技术并以数字化形式存在的地理课程资源库，比如校园地理网站中的地理课件库、地理素材库以及试题库等。

二、地理课程资源库的意义与作用

（一）利于科学高效地管理和利用地理课程资源

地理课程资源不仅种类多样，形式和内容非常丰富，而且质量水平有高有低，分布也比较零散，给地理教学带来了诸多不便。通过地理课程资源库的建设和维护，各种地理课程资源被分类整理，这有利于科学高效地管理和利用地理课程资源，提高地理课程资源的使用效率，为地理教师的教学工作提供便利。

（二）利于地理课程资源的共享

在地理教学过程中，如果学校缺乏地理课程资源库，在选择和使用课程资源方面，地理教师大多各自为战，各自按照自身的条件搜集教学素材和设计制作教学课件等，难以集思广益，并导致教师人力资源的重复和浪费性使用。相反，一旦建立了学校地理课程资源库，便有利于实现地理课程资源的共享，因为这是集体智慧的结晶，不仅可以取人之长、补己之短，而且还可以有效地避免教师的重复劳动，从而可以提高教师的工作效率。

（三）利于提升教学质量

建立学校地理课程资源库，不仅可以提高课程资源的使用效率，而且可以实现资源的共享，为地理教师个人备课和课堂教学提供更加丰富多样的资源选择，有利于丰富地理课堂教学的内容和形式，比如，学生可以在课堂上有更多的机会观看到有关的地理标本、地理模型，欣赏到质量较高的地理动画视频等，这不仅可以激发和培养学生的地理学习兴趣，而且有助于培养学生的观察和分析能力，以及地理实践动手能力，从而利于地理教学质量的有效提高。

三、地理课程资源库建设的一般流程

（一）建立组织机构，成立管理和建设队伍

要搞好学校地理课程资源库的建设工作，首先要成立有关的组织管理机构，组建地理课程资源库的管理和建设人员队伍。一般情况下，可由学校校长或者分管教学工作的副校长抑或是地理学科组长担任负责人，安排全校所有的地理教师进入建设队伍，还可以根据情况邀请其他学校或有关人员加入队伍，以充实和壮大建设的力量。

（二）做好规划和部署

有道是，凡事预则立，不预则废。在管理和建设队伍成立之后，由负责人牵头，组织所有有关人员进行地理课程资源库建设的规划和部署，对建设的质量标准和时间进度提出具体的要求，将有关各项工作进行具体的分工落实，并定期和不定期地进行工作质量和进度检查，适时调整工作进度和要求，以切实保证课程资源库的建设质量和成效。

（三）搜集整合资源，开展具体建库工作

由于有明确的工作分工和具体的要求，因此教师接着便可按照建设工作的规划和部署进行地理课程资源的搜集、分类、整理以及开发等整合工作。通过调查，掌握学校地理课程资源的情况，并分门别类地建立地理课程资源档案，将有关的地理课程资源进行入库，以此开展地理课程资源库的具体建设工作，从而逐步形成学校地理课程资源库。

（四）加强调研，维护和更新课程资源库

地理课程资源库初步建成以后，难免存在一些欠缺和不足之处，在学校师生具体使用的基础上，可以通过较为广泛的调查和研究，征求大家的意见和富有建设性的建议，据此对资源库进行修正等工作，以进一步完善学校地理课程资源库。由于信息技术以及地理课

程的改革和不断地发展,因此还需要对课程资源库不断进行维护和更新,以保证资源库的时效性,切实发挥地理课程资源库的功能和作用。

第二篇

实践应用篇

第八章 案例分析

第八章

案例分析

案例一 人教版教材"澳大利亚"图像系统探究[①]

"澳大利亚"为人教版初中地理七年级下册第八章"东半球其他国家和地区"第四节内容,教材内容丰富翔实,图文并茂。本节教材的课堂教学,需要充分利用教材有关插图,引领学生认真细致地读图、填图、析图和作图,以实现地理知识的高效传授,同时培养学生的地图意识和分析能力,提升学生的地理素养,为以后的学习奠定良好的基础。下面拟从课标解读、教材分析以及图像探究3方面予以解析,供诸参考。

(一)课标解读

依据国家教育部关于初中区域地理课程标准、教材知识内容以及初一学生的认知水平与要求,笔者对本节地理课标解读见表8-1。

表8-1 本节地理课标解读

"澳大利亚"课程标准详细解读	(1) 运用地图说出澳大利亚的地理位置、领土范围和首都 (2) 运用地形与气候类型分布图,总结出澳大利亚地形的主要特点、主要地形区和河流、气候特征及其分布特点 (3) 知道澳大利亚特有的动物,并运用资料说明澳大利亚生物的独特性及其成因 (4) 运用地图说出澳大利亚"骑在羊背上的国家""坐在矿车上的国家"等称谓的由来 (5) 了解澳大利亚的经济特点,主要出口的农矿产品。运用地图和资料分析澳大利亚自然条件对农牧业和工矿业发展的影响,树立因地制宜发展经济的观念 (6) 运用地图,说出澳大利亚主要城市以及人口、城市、交通分布的特点并分析其成因 (7) 通过认识澳大利亚宝贵可爱的古稀动物,培养学生热爱和保护自然的良好品质 (8) 通过学习澳大利亚主要的自然地理环境及经济发展特征,理解自然地理环境与人类发展之间的关系,以及人地关系协调发展的重要性,树立可持续发展的地理观念

[①] 王昌勇."澳大利亚"教材图像系统探析(人教版)[J].地理教育,2016(04):13-15.

（二）教材分析

本节"澳大利亚"是在学生已经学完多个国家与地区以后的又一个区域地理内容。教材没有首先直接介绍澳大利亚的自然地理特征，而是选取了 3 个话题，即世界活化石博物馆、"骑在羊背上的国家""坐在矿车上的国家"，以此来突出澳大利亚特有的自然地理环境与经济发展特征。其典型的区域地理特征均蕴含于这 3 个形象的标题之中，因此可激发学生探究的欲望和兴致，同时也为师生的课堂探究活动提供了很好的平台。作为世界分区地理内容之一，教材仍然延续了以前章节的编写体例：首先，对国情的介绍不追求面面俱到，而是突出特有的自然地理环境及经济发展特征；其次，将人地关系作为贯穿教材的主线，注重人类活动与地理环境的有机结合。本节教材除文字表述材料以外，还插入了 5 幅地理要素分布示意图，以及 8 幅景观图片。其中，5 幅地理分布图分别反映了澳大利亚地理位置、农牧业空间分布、地形与气候类型空间分布以及工矿业和城市分布状况；8 幅景观图则分别展示了澳大利亚特有的 4 种动物、农牧业及主要城市风貌。教材所配地图与图片内容简明，色彩美观，选材精当，突出了重点和教材的地理味，充分体现了地理学科特色，有利于强化学生的地理空间概念和地图意识，增强感性认识，不仅有助于学习兴趣的维持与提高，而且可有效地降低学习难度，利于课堂教学活动的顺利开展。本节重点包括：澳大利亚特有的古生物及其生存环境；澳大利亚工农业经济发展特点；澳大利亚人口与城市的分布。教学难点体现在：探究澳大利亚存在独特而古老生物的原因；分析澳大利亚自然条件与其农牧业和工矿业发展之间的关系。

（三）图像探究

安排的插图虽然不多，但景观图片突出了区域特色，直观、生动、形象，契合了初中学生认知心理特点和要求；澳大利亚地理位置、地形、气候以及工农业与城市等地理要素分布示意图的有机插入，图文并茂，抓住了教学的核心和关键，而且配图质量高，利于施教。对于图像系统，笔者拟从以下 5 个方面予以探究。

1. 典图精读，获取信息

本节教材插图中，8 幅景观图浅显易懂，可不作为析图重点，其余 5 幅分布图均可作为读图重点，可引导学生详细地进行读图分析探究，获取和解读有效信息。对"澳大利亚在世界中的位置"，可结合地理图册，引导学生回忆复习描述一个国家或地区地理位置的基本思路和方法，包括大洲位置、纬度位置、半球位置以及海陆位置等，在此基础上，师生共同归纳出澳大利亚地理位置的基本特征：位于大洋洲，处于中低纬度，位于东半球和南半球，四面临海，西北、西面和西南面临印度洋，东北、东面以及东南面临世界最大的洋——太平洋。这样进行教学处理，既复习巩固了旧知识，同时又学习了新知识，达成了温故知新、学以致用的教学实效。对"澳大利亚矿产和城市的分布"的教学处理，则可这样进行：首先引导学生关注并阅读图幅左下角的图例，然后再对照图例，找出其主要矿产及城市的分布情况。由此可获取如下信息：矿产和城市的地区分布不均；煤矿主要分布在东部大分水岭地区；铁矿主要集中分布在西北沿海地区；铜矿主要分布在北部和东北部地区；金矿主要分布在西南部地区；城市主要分布在东南部和西南部沿海地区。通过以上读图分析活动过程的开展，引导学生复习归纳地图的一般阅读方法：读图名、读比例尺、读图例、识方向、读内容。如此展开教学，不仅传授知识内容，而且实现了方法运用与能力培养的同步跟进，践行了"授人以鱼不如授人以渔"的教育教学理念。

2. 据图设疑，诱思激趣

地理教学过程中，地图不仅可帮助师生突破教学重难点，进行知识迁移，还具有帮助学生建立地理空间概念、强化空间思维模式的作用。因此，不能仅停留在获取信息的层面上，还应引导学生加以充分挖掘，可通过问题的设置，据图思考，使得插图得以高效利用，不失为地理教学的有效策略。以"澳大利亚农牧业的分布"为例，可设置如下疑问让学生合作讨论思考：澳大利亚农牧业空间分布有何特点？结合农牧业生产对地形、气候和交通的一般要求，推测澳大利亚农牧业发展的有利条件有哪些？结合澳大利亚作为发达国家经济发达、科技先进、地广人稀的国情特点，推测其农牧业生产还有哪些特征？澳大利亚为什么被称为"骑在羊背上的国家"？针对初中学生感性认识能力较强而理性认识能力较弱的特点，教学过程中一定要降低重心，适时加以启发引导，由浅入深、层层剖析、步步为营，如是，方能实现教学设计意图，达成教学目标，落实教学任务。对"澳大利亚的地形"，课标明确要求：运用地形图和地形剖面图，归纳地势及地形特点，解释地形与当地人类活动的关系。据此设疑：有哪几种地形？有哪些地形区？地势有什么特点？地形分布有哪些特征？地形对农牧业生产及人口和城市的分布有什么影响？在此基础上，还可梳理描述地形特征的一般思路和方法：地形类型构成；地形（区）空间分布状况；地势特点，包括海拔高度、地势倾斜状况以及地势起伏状况。再如，对"澳大利亚的气候"，课标要求：运用图表说出气候的特点以及气候对当地农业生产和生活的影响，由此可设置如下问题：澳大利亚气候有哪几种类型？其气候的地区分布如何？总体呈什么形状分布？为什么？澳大利亚气候具有哪些特征？澳大利亚气候对其农牧业以及人口与城市的分布具有哪些影响？通过一系列问题的设置，以问题引领地图教学，不仅落实课标要求，而且可有效地抓住学生的注意力，帮助他们活学活用知识，尤其是可以强化并挖掘地图的教学功用，切实锻炼和增强学生的读图析图意识和能力素养。当然，根据具体不同的学情，教学中还可以通过填空、填表或者填图的形式进行类似问题教学法的课堂训练，提高学生的参与度，切实提高课堂教学效率。

3. 增补地图，丰富信息

鉴于本节教材配图较少，可以有选择性地从其他版本的地理教材、地图册、中考试题以及网络媒体等选取有关图文视频资料等作为教学补充素材，丰富教材知识信息，开阔学生视野，扩大教学知识容量。在教材配置的景观图片中，澳大利亚特有的动物图片只有4幅，不仅内容偏少，而且静态呈现，为弥补缺陷，笔者建议补充展示澳大利亚国徽的图案，结合教材相关插图，据此引导学生进行分析解读：盾面 6 幅图案代表 6 个州；袋鼠与鸸鹋代表特有动物；金星的 7 个角代表 6 个州和北部自治区；底部饰带上的文字为国名。学生还可学习澳大利亚的英文表达，突出澳大利亚的特色（动物和语言），也有利于学生英语学科的学习。同时还可登录简单学习网，免费下载澳大利亚 PPT，其中有澳大利亚特有动物的动画视频，用于教学，效果非常不错。探究教材"活动"时，需分析澳大利亚存在古老而特有动物的原因，分析中需用到澳大利亚大陆长期与其他大陆相分离这一因素，可补充大陆漂移过程示意图进行剖析，直观形象，具有很强的说服力。

4. 图图叠换，活用信息

本节教材插入的几幅地理要素分布示意图中，地形图与气候图虽然非常直观，但不够形象到位。对此，可补充澳大利亚沿南回归线地形剖面示意图（图 8-1）和澳大利亚东南部地中海气候气温与降水量柱状统计图、悉尼市气温与降水量柱状统计图（图 8-2，图 8-3）。在教学过程中，由于地形剖面图反映地势的起伏非常明显形象，气候要素气温与降水的显示也非常具体到位，易于学生识读和对照教材的相关插图进行分析，因此可有效降低地图分析的难度，利于增强学生的学习信心，提高教学实效。

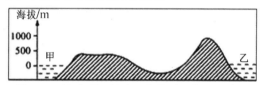

图 8-1 澳大利亚沿南回归线地形剖面示意图

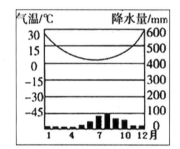

图 8-2 澳大利亚东南部地中海气候气温与降水量柱状统计图

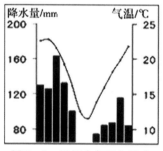

图 8-3 悉尼市气温与降水量柱状统计图

5. 思维导图，总结提升

针对初中学生心智发育尚不成熟、分析归纳能力相对较弱的特点，运用时下流行的思维导图方式对本节内容进行归纳总结不失为佳法。教师通过引导示范，带领学生步步跟进，结合教材内容，按照教材编排知识结构体系，运用颜色变化、线条粗细以及框图构建澳大利亚思维导图（图 8-4）知识体系，这不仅有助于完善课堂教学结构，而且有利于整合梳理教材知识信息，锻炼学生动手能力，激发学生的兴趣与成就感，最终达到事半功倍的效果。

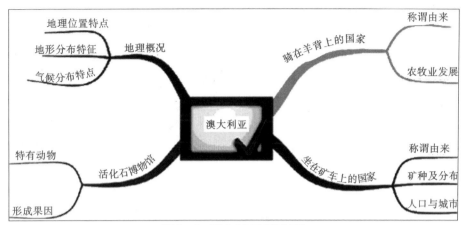

图 8-4 澳大利亚思维导图

案例二 山脊与山谷的判别

等高线是中学地理学习与考试中十分常见的内容，属于地理主干知识的范畴，系高考高频考点，尤其是等高线地图的判读与分析，对学生的能力要求较高。对地形的判读是常见的考查方式之一。因为地形本身虽有高低起伏的变化，但是等高线地图却是平面示意图，学生一般不能直观地感受到地形地势的高低起伏状况，而死记硬背又容易遗忘，尤其是山脊与山谷的判断，不仅是教学的重点，同时也是教学的难点。不少学生常常在相关的练习与考试中出错。针对这一教学重难点，笔者在长期的中学地理教学实践过程中，尝试让学生从不同的角度，运用多种方法进行判别，摸索出了几种行之有效的判读方法与技巧，学生有意识认真地通过理解记忆与分析运用，基本上都能掌握并能进行正确的判读与分析。对此总结如下，以资参考。

首先明确一下山脊与山谷的含义。如图 8-5 所示，山脊又被称为分水岭，是指由两个坡向相反、坡度不一的斜坡相遇组合而成条状延伸的凸形地貌。山脊最高点的连线就是两个斜坡的交线，叫作山脊线，其等高线凸向低处。如图 8-6 所示，山谷又被称为汇（集）水线，是指由两个坡向相反、坡度不一的斜坡相遇组合而成条状延伸的凹形地貌。山谷最低点的连线就是两个斜坡的交线，叫作山谷线，其等高线凸向高处。

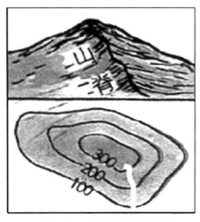 

图 8-5　山脊及其等高线分布　　　　图 8-6　山谷及其等高线分布

山脊与山谷的判读方法如下。

（一）纵向比较法

让学生带着问题细心观察：图中山脊与山谷的等高线在凸出方向上各有什么特点？

通过观察得出结论：等高线向海拔较低处凸出的是山脊，等高线向海拔较高处凸出的是山谷。因此，可引导学生总结出相应的口诀"凸低为脊，凸高为谷"，这样便于学生记忆。也可以总结出"凸低为高，凸高为低"的结论口诀，学生在有关的练习与考试中可以直接加以运用。

（二）辅助线比较法

图 8-7 为山脊等高线分布及其俯视图，经过位于内侧等高线弯曲最大处的点作一条大致与虚线互相垂直的直线，分别将切点和各个交点用字母 A、B、C、D、E 做出标识。读图仔细观察：图中 A 点海拔与 B、C、D、E 相比，是高还是低？A 点的海拔为 300 m，B、C 的海拔相同都为 200 m，D、E 的海拔也相同均为 100 m，可知 A 点海拔高于其余 4 点。由此得出结论：中间高，两侧低，应为分水岭，判断该处为山脊。

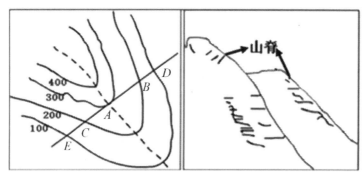

图 8-7　山脊等高线分布及其俯视图

运用同样的思路和方法,观察山谷等高线分布及其地形(图8-8),比较 A' 点与 C'、B'、E' 和 D' 4点海拔的高低,然后可得出结论:中间低,两侧高,应为山谷。

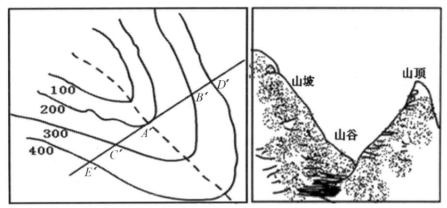

图8-8 山谷等高线分布及其地形

(三) 手示法

图8-9为手示法判断山脊与山谷,先将左手5根自然手指并拢,然后手背向上作拱曲状,参照图示方法,在手背上绘制出若干条曲线代表等高线,并标注出数值表示海拔高度,最后通过等高线的分布状况判定相应的地形。这种方法因用手配合表示等高线的分布,故称作手示法。虽然此法操作起来相对比较麻烦,但有利于培养学生的动手操作能力,从而可培养学生的地理实践力,最终达到培养和提升学生的地理学科核心素养的目的和效果。

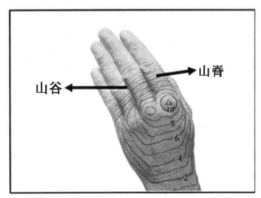

图8-9 手示法判断山脊与山谷

(四) 假设论证法

运用河流流向一般与该处等高线的弯曲方向刚好相反的规律,结合生活地理常识,然后通过假设论证来进行分析判断。

图8-10示意某地等高线分布情况,首先,假设图中虚线处存在一条河流,根据河流

流向一般与该处等高线的弯曲方向刚好相反的规律，可推知该河流流向应为从东南流向西北。结合等高线上标识的高程可以看出，该河流是由低处流向高处，显然，这与人往高处走、水往低处流的生活地理常识相悖，表明假设不成立，因此，可以由此判断该处应为山脊。如果在分析的过程中发现河流的流向符合常识，则表明假设成立，可推知该处应为山谷。

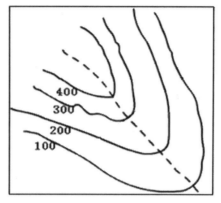

图8-10　某地等高线分布

综上所述，以上4种方法与技巧可谓各有优点。纵向比较法朗朗上口，对于喜欢背诵，且记忆能力较强的同学比较适合；辅助线比较法以及假设论证法对于逻辑推理能力要求较高，对于记忆能力要求则相对较低，尤其适合数理逻辑思维能力较强的学生；比较而言，手示法显得非常直观形象，特别适合动手能力和观察能力较强的学生使用。当然，具体方法与技巧的使用因人因时而异，最好的办法是几种方法都去尝试体验一下，看哪一种方法与技巧掌握起来最为得心应手，就予以重点掌握和运用，其他方法则可灵活对待。

案例三　等值线图判读的基本原则

我们知道，在目前中学地理的知识结构体系中，等值线以及相关示意图的判读分析，可谓是高考中的高频考点。等值线很多，目前在地理学习与考试中常见的，包括等高线、等温线、等压线、等深线、等自转线速度线、等震线、等降水量线、等太阳高度线、等太阳辐射量线、等盐度线、等潜水位线、等时线、等风速线、等日照时数线、等云量线、等湿度线、等密度线等。其中，经常考到的等值线主要是等高线、等温线和等压线，需要大家多加探究。不同的等值线虽然具有不同的特点，但都具有很多共性之处。把握了共性，不少问题也就容易得到解决。这里就等值线判读的几个基本原则加以分析说明。

（一）题眼原则

一般而言，我们在判读等值线的时候，首先要识别以下内容，因为这些内容常常是解题的关键所在，是判读等值线的着眼点，即题眼。

1. 图名

一般来讲，等值线图的图名能够明确地反映出该等值线图所反映地理事物的空间分布，比如，等温线图能够反映某地的气温或者水温的分布状况，等高线图则能明确地反映出某地的海拔高度分布情况。也有少数的等值线图尚不具备这个特点，比如，如果不知道等震线的含义是指地震烈度相等的各点连接而成的线，就难以直接从等震线图的图名看出反映的具体地理事物是什么。不过，这只是极少数的情况而已。据笔者所知，在目前正规的地理考试中，如果出现新颖的等值线图，一般都会在题干中将等值线的含义加以说明，便于考生作答。

2. 等值线分布的疏密状况

我们知道，等值线分布的疏密状况，可以反映等值线在数值上的空间变率或者变化幅度的大小。在清晰合理的等值线图上，可以比较容易地直接看出等值线空间分布的疏密状况。一般而言，在同一幅等值线图中，等值线越密集的地方，等值线所反映的地理事物在空间分布上的差异就越大，反之，就越小。比如，从我国1月和7月等温线分布图上可以看出，1月份等温线分布明显比7月份的等温线密集，表明我国冬季南北温差大，而夏季南北温差较小，据此可得出我国夏季全国普遍高温的结论（除青藏高原地区以外）。

3. 等值线的延伸方向

在等值线图上，我们可以发现，等值线常常沿着不同的方向延伸，从而表现出弯弯曲曲的特点。等值线在空间平面上延伸的方向，可以反映出等值线在数值变化上的大致趋势，并可由此推知其主要的影响因素是什么。比如，等高线的延伸走向，可以反映出该地的地形起伏状况。就等温线而言，若大致与海岸线平行，表明该地气温主要受海陆分布的影响；若与纬线大致平行，表明其气温主要受纬度位置或者说是太阳辐射的影响；若是呈现闭合圆圈状分布，表明该地气温主要受地形因素的影响；若是大致沿着山脉的走向延伸分布，毫无疑问，其主要影响因素就是山地地形；等等。

4. 等值线数值及等差值

等值线上一般都标注有具体的数值，如果没有标注数值，也可以根据等值线的原理自行推导出来。等值线上的数值以及等差值，可以反映出该等值线在空间上的定量分布及其递变规律。一般来讲，任意两相邻等值线之间在数值上的差值可能为0，或者等于一个相同的定值，称为一个等值距，比如，等高线图上叫作等高距，等温线图上叫作等温距。其余以此类推。

5. 等值线的弯曲状况

一般情况下，由于地理要素在地表分布并不均匀，因此，等值线在空间分布上常常表现出弯曲的特点。等值线发生弯曲，就表明影响该等值线的因素在该处发生了改变。比如，如某处等温线向低值方向弯曲凸出，说明其弯曲处的温度值比两侧高，据此可判断，影响该地温度的因素可能是暖流或谷地等地形，抑或是冬夏季节海陆的分布——夏季的陆地或冬季的海洋。

6. 局部小范围的闭合

根据等值线的形成和绘制原理，等值线的形状一般应该呈现闭合形态，但由于我们所看到的等值线图幅有限，因此，等值线图中所画的等值线可以不闭合。在这种情况下，若等值线图中依然出现小范围的闭合圆圈，就表明该处出现局部的极大值或极小值。比如，在等压线图中出现闭合小圆圈，则表明该处存在高压或者低压中心。

（二）数值原则

此处所讲的数值原则，主要是指通过等值线上的地理数值，可以推知任意地点之间的数量关系。

1. 同线等值

在任意同一条等值线上，其各点所反映的地理数值都是相等的，这是等值线最基本的特点。比如，在等高线图上存在一条数值为 200 的等高线，那么，我们据此可以知道，在该条等高线上各点的海拔高度都等于 200 m。

2. 邻线等差或等值

一般而言，也就是任意两条相邻等值线之间的数值之差会出现两种情况。一种情况是差值为一个非 0 的定值，称为一个等值距；另一种情况是差值为 0。当然，为了进一步详细地反映局部地区等值线所代表地理事物的情况，有时会出现半等值距甚至 1/4 等值距，比如用于军事用途的等高线图。但不论哪种情况，在中学地理范围内，如果没有作明确的说明，大家都可以据此去进行分析判定。需要补充说明一下的是，任意相邻等值线之间的差值绝对不能大于或等于 2 个等值距，这一点是可以肯定的。

3. 涉及非线上点的数值差以范围而定

在确定等值线图上某两点之间的数值差时，如果两点之中有一点在等值线上，另一点不在线上，则二者的数值差只能得到一个数值范围；如果两点都不在等值线上，那么这两点的数值都只能确定一个数值范围，所求的数值差同样也只能是一个数值范围。在具体计算时，需要将两个点的数值相减，一般方法是采用"大减小，小减大"的原则进行计算，比如，有 A、B、C 3 点的海拔高度分别为 $A = 400$ m，200 m $< B < 300$ m，400 m $< C < 500$ m，据此可算出 AB 两点之间的高差 H_1 范围为 100 m $< H_1 < 200$ m，BC 两点之间的高差 H_2 范围为 100 m $< H_2 < 300$ m。当然，也可以画图分析计算（略）。

（三）弯曲原则

前面已经有所论述。具体来讲，主要分为两种情况：若等值线在某处向低值方向弯曲凸出，说明该处数值比其两侧要高，该处为高值区；相反，若等值线在某处向高值方向弯曲凸出，说明该处数值比其两侧要低，该处为低值区。为了便于大家记忆，用口诀归纳起来就是"凸高为低，凸低为高"。

（四）闭合原则

关于等值线的闭合问题，前面也已经有所论述。这里再做进一步分析探讨。当有闭合状等值线出现在相邻两条等值线之间的时候，闭合曲线上的数值一般总是与这两条相邻等值线上的某一个数值相等，比较而言，其中会有一个高值和一个低值。具体又可能会出现两种情况：若闭合曲线上的数值等于其中的高值，则该曲线内各点的数值会高于这个高值并且不超过一个等值距；若闭合曲线上的数值等于其中的低值，则该曲线内各点的数值就会低于这个低值并且不超过一个等值距。同样地，为使于记忆，用口诀可以表述为"高高高，低低低"，或者"大于大的，小于小的"。以等高线图为例，假如等高距为100 m，在图上400 m与500 m的两条等高线之间出现了一个闭合圆圈（曲线），并且该圆圈上的数值等于400 m，根据等值线"低低低"的闭合原则，即可推算出该闭合圆圈里面各地的海拔高度 H 的取值范围为 $300 \text{ m} < H < 400 \text{ m}$。

案例四　新形势下地理中考实践探索
——以2017年内江市地理中考试题为例

面临高考即将采取"3 + 3 选考"模式，以及高中文理不再分科的形势与要求，地理中考可谓势在必行。各地的中考改革方案虽然存在差异，但不少地方已将地理学科纳入中考的范畴。这不仅顺应了国家新一轮基础教育改革的要求，而且提高了初中地理的学科地位，并为高中地理教育奠定了良好的基础。以内江市2017年中考地理为例（见附录），考虑到目前处于改革过渡时期，采取折中方案，将毕业会考与升学考试合二为一，按满分35分计入中考成绩，对新形势下地理中考做出了积极的实践探索。借此，结合地理命题实践，对试题特点及考生在答题过程中出现的典型问题加以分析总结，探讨中考地理教学备考有效策略，以资参考。

（一）命题指导思想及概况

内江市2017年中考地理命题采取毕业会考与初中升学考试相结合的模式，目的是为了更全面准确地评价考生是否达到新课标所规定的学业水平和升入高一级学校学习的潜能。命题的指导思想是，结合市内初中地理教学的实际，以教育测量学为理论指导，以课程标准为指南，坚持以生为本，注重双基，强调应用，难易适中，确保试题的区分度和信度，利于培养学生的创新意识和实践能力，促进师生教学方式的转变；全面反映初中学生学业水平，为高中学校综合评价、择优录取提供可靠的依据。本着有利于学生进一步学习和终身学习的原则，关注初、高中教学衔接，力求与普通高中新课程改革接轨。根据初中地理教学特点和初中生身心特点及发展规律，命题从多方面考查考生在知识与技能、过程与方法、情感态度与价值观等方面应达到的课标要求。在重视基础的前提下，注重考查综合性与灵活性，力求体现对学生地理学科素养的考查，以促进地理课程改革，促进学生自主、合作、探究学习，促进学生地理素养的形成。为了确保命题质量，教育部专门制定了考试范围及说明作为考试大纲。命题依据考试大纲、新课标以及初中地理教材，命题范围包括初中七年级和八年级地理上、下册，题型包括选择题和综合题，分值总共100分，按总分35分折算计入中考成绩。其中，选择题48分，综合题52分。全卷试题易、中、难比例大致为6:3:1，难度系数控制在0.60—0.65，总体难度高于单纯的会考，但又明显低于高考。为了体现公平公正，通过推荐与考察相结合的方式，组建全市中考地理命题专家库，从中随机抽选3人与市教科所教研员一起组成中考地理命题组，严格按照有关要求，采取隔离封闭式命题，确保考试机密。

（二）试题特点分析

1. 抓纲务本，重视"双基"考查

考虑到目前初三年级未开设地理课程，通过广泛征求意见和建议，内江市决定将初中地理毕业会考与初中升学考试合二为一，使得中考地理兼具毕业会考和初中升学考试双重性质，既属于初中学业水平性考试，同时又兼具选拔性考试功能。有鉴于此，地理中考试题命制严格按照新课标的理念与要求，抓纲务本，重视基础知识与基本能力的考查。这里所说的"纲"，一方面对应的是初中地理课程标准，另一方面是市上制定的考试大纲；"本"则是指全市初中采用的地理教材。试题命制着重对课本中的基本概念、基本原理、基本规律以及主要地理事象特征进行考查，突出考查考生对于地理基础知识与基本能力的掌握情况。试题图文材料大多取材于教材，但又不拘泥于教材，充分体现了教材的重要作用。试题题量适中，充分体现了试题的基础性，符合全市初中地理教学实情。

2. 彰显学科特色，注重考查读图能力

目前，我国基础教育课程标准提出了基于学科素养的培养目标和要求。作为地理中考，体现自身学科特色完全必要。地图被称作地理的第二语言，可谓是地理学科的一大特色。综观全卷，插入图表达19幅之多，题题有图，并且地图种类多样，主要有经纬网地图、等高线地图、气候与人口分布图、气温与降水柱状图、景观图、国家和地区区域地图以及河流水系图等。全卷试题内容丰富、图文并茂、地理学科特色鲜明。试题注重考查学生读图析图能力，要求考生能从地图中获取和解读有效地理信息并能进行图文转换，充分体现了地理学科素养的要求。

3. 关注时事，贴近生活实际

新课程的基本理念要求学习对生活有用的地理，初中地理课程选择与生活密切相关的

地球与地图、世界地理、中国地理和乡土地理等基础知识，引导学生在生活中发现地理问题，提升学生的生活品位，增强学生的生存能力。因此，命题以学生学习、生活、社会、环境与科学发展为出发点，试题设计符合学生的知识和技能水平，在考查考生发现和解决问题能力的同时，也触及其人文情感和价值取向，体现了地理源于生活与社会，又服务于生活与社会的时代主题。试题注重与现实之间的联系，关注时事热点，贴近生活实际，比如，选择题第 1 小题借助房屋平面布局图，要求考生计算定制衣柜的长度；综合题 18 题以我国"一带一路"作为题材，着重考查考生分析解决实际问题的能力，充分体现了新课标的理念与要求。

4. 注重科学探究，力求知识覆盖面广

科学探究作为地理学科的重要特征之一，也是地理学习的重要形式。其主要目的在于培养学生的观察能力、思维能力以及动手能力等。比如，选择题第 2、9、10、15 题，综合题 18 题第（3）小题，20 题第（4）小题等，考生如果只是死记硬背是难以正确作答的，必须通过观察思考、科学探究才能得出正确结论。由于本次中考地理试题兼具学业水平测试功能，为了较好地检测考生对于课本基础知识与方法的掌握程度，因此，试题命制力求考查知识的覆盖面尽量广。从全卷试题来看，所涉及的地理知识与方法，覆盖了初中地理教材大部分的章节内容。当然，试题尽管追求知识覆盖面，但也不可能对教材上所有的知识点都全部进行考查。正因为如此，试题在一定程度上也体现出了一定的灵活性与差异性。

5. 引领教学，突出导向功能

全市中考地理试题按照统一要求，明确定位，突出考查考生基本地理知识与读图析图能力，试题命制以此引领教学，兼具明显的导向功能。通过把控总体难度，以及知识高覆盖度，一方面，突出试题的基础导向，为初中地理教学指明方向，利于激发并维持学生的地理学习兴趣，也有利于今后高中地理教学，为学生将来在高考学习中选考地理奠定良好基础。另一方面，试题素材绝大部分源于教材，主要目的在于引导师生回归教材，加强对教材的研究性学习。同时，试题中大量采用地图，旨在引导学生关注和重视地图的学习与运用。毕竟，不重视地图学习，是难以学好地理的。此外，试题命制还借鉴了高考命题手法，比如选择题第 2、9、10 和 15 题，以及综合题 20 题第（4）小题。试题直接导向高考，利于初高中地理教学的衔接，这可谓是本次中考地理试题命制的一大亮点。

（三）考生答题情况分析

内江市地理中考实行网上统一集中评卷，以确保阅卷公平、公正及安全高效。统计结果表明，全市地理人均 62.64 分，折合中考地理成绩 21.92 分，难度系数 0.63。其中，选择题人均 27.74 分，综合题人均 34.90 分。比较而言，综合题得分率相对较高。信息反馈表明，考试结果与命题预期基本吻合。阅卷过程中发现考生答题存在不少问题，归纳起来，主要体现在以下几个方面：

1. 审题能力较差

有的考生不注意认真审题而导致失分。比如综合题17题第（3）和第（4）小题，以及18题第（1）和第（2）小题都是单选题，不少考生由于粗心大意，没有认真审题，没有看清题目要求就做出了多项选择答案，因此得0分，颇为可惜。全卷最后一道题目要求考生做出主观选择：你是否赞同在图示区域内大量开发热带雨林？请表明观点并说出一条理由。题目意图和要求很明显，考生的态度应该是要么赞同，要么反对，结果不少考生将两种观点都做了选择，还有不少考生忽略了后面的要求而未能说出理由，导致不必要的丢分。

2. 地理基础知识薄弱，读图析图能力较差

有的题目本身难度并不大，但仍然存在比较严重的丢分现象，究其原因，除了审题不仔细，还在于考生对地理概念、地理原理和规律等基础知识与方法掌握不好，不能灵活运用地理专业术语作答，加之阅读和分析地图的能力不强，不能熟练地从所给的图中获取并解读有效信息。

3. 答题书写习惯和能力较差

有的考生不按规定位置作答，将答案写在答题方框之外；有的考生则书写马虎，字迹十分潦草，甚至难以辨认，造成不必要的失分现象，比如将北温带写成兆温带，将马六甲写成马陆甲等。

（四）关于教学的思考

1. 重视基础，狠抓落实

基础是能力形成的载体，只有牢固掌握基本知识与基本方法，才能做到举一反三，灵活运用，分析解决各种与地理有关的实际问题。同时，基础既是重点又是关键，同时也是知识的主体。因此，教师在教学时，一定要加强学生对基础知识以及地理专业术语的掌握，注意多给学生留有消化的余地，稳扎稳打，狠抓知识和能力"双基"的落实，鼓励学生摆脱枯燥乏味的死记硬背模式，讲究科学记忆方法，比如采用比较记忆法、编顺口溜、以图代文、形象记忆、口诀法等。同时要引导学生多研读课本，回归教材，养成良好的学习习惯，实现由学会到会学的转变，不断提高学生答题应试能力。

2. 重视读图训练，强化答题规范

鉴于地图在地理学习与考试中的重要地位与作用，在平时及后期复习教学过程中，一定要高度重视地图知识的学习，以及读图析图能力的有效训练。可以通过基本的识图绘图、图文转换、图图转换等方式加以练习，培养学生看图、用图以及析图的良好习惯，引导学生学习并总结读图析图的方法与技巧。同时，培养学生养成良好的书写答题习惯，重视审题环节，注重强化训练，不仅纠正学生答题的错误，更要及时准确地找出错误的原因,最好让学生准备错题本,必要时再有针对性地进行类似训练;加强对学生语言表达能力的训练和答题技巧指导;创设情境,让学生有机会充分暴露错误和薄弱环节,以便对症下药,使学生在知错纠错的过程中,达到规范化答题训练的目的。考前最好组织学生进行针对网评的规范答题适应性练习,以避免无谓失分。

3. 加强探究性学习,重视认知迁移

探究能力是地理课程标准中明确要求的能力之一,是学生学习中的难点。在教学过程中,一定要加强课堂探究性学习,帮助学生建立和巩固地理概念,探究地理原理和地理规律。须知,知识迁移是获得知识并灵活运用的有效方法。重视知识迁移训练,加强各单元章节之间以及与其他学科之间知识的有机联系,运用思维导图,构建知识网络化体系,努力培养学生吃透、理解、重组以及灵活掌握多个知识点分析回答问题的能力,提高思维的灵活性,有效锻炼和提高学生的观察能力、动手操作能力、思维能力和创新能力,切实培养学生的地理学科素养。

4. 关注时政热点,突出知识应用性

地理学的价值在于其能运用到现实生活以及生产实践中。在教学过程中,随时注意关注时政热点,及时传递社会热点信息,力求理论联系实际,尽可能拓展学生的知识面,突出知识的应用价值。真正让学生学会关心、学会生存、学以致用。学习对生活以及终生发展有用的地理知识,契合中考地理考试的要求,也是新课标形势下地理教学的必然归宿。

案例五 关于天体的几个问题

在现行高中地理必修一教材第一单元"行星地球"一章中介绍了有关天体的知识,讲到了天体的概念,天体是指宇宙间物质存在形式的统称,教材中列举了恒星、星云、行星、彗星、流星、卫星以及行星际物质等天体,这些天体都是自然界本身形成的,具有自然属性,均属于自然天体。与之相对的还有一类天体,是由人类制造的,不具有自然属性,称为人造天体,比如太空中运行的宇宙飞船、航天飞机、太空实验室等。关于天体的有关知识问题,主要从以下几个方面加以探讨。

(一)天体的判断

关于天体的判断,主要分为以下3种情况。

1. 判断是否属于天体

如果属于天体,必须具备3个基本条件。一是存在于宇宙空间;二是由物质组成,具有物质性;三是独立于其他星球,因为一个天体表面附近及其内部的物质形式都不能单独算作天体。比如放置于我国西昌卫星发射架上尚未发射出去的卫星、在天空大气层中飞行的飞机,因未脱离地球系统,故都不属于天体。

2. 判断自然天体与人造天体

判断属于自然天体还是人造天体,首先得看它是否属于天体,具体见第一种情况。其次,在判定属于天体的基础上,再看它具有自然属性还是人文属性。如果具有自然属性,就属于自然天体,比如恒星、星云、行星、彗星、卫星以及行星际物质等;如果具有人文属性,就属于人造天体,比如在宇宙太空运行的宇宙飞船、通信卫星以及太空实验室等。

3. 判断自然天体的类别

正确判断,就必须知道这些天体的概念或内涵。中学地理一般涉及的自然天体,主要就是上述所列举的几种类型。其中,恒星是指质量和体积很大,本身能够发光发热,由炽热气体组成的球状或类球状自然天体,比如太阳是距离地球最近的恒星。在银河系内的恒星就多达上千亿颗。晴朗的夜晚天空中绝大多数星星都是恒星,其中,我们用肉眼能够观测到的恒星就有6 000多颗。由于人们观测到恒星在空中几乎不动,因此将之称为恒星,但实际上它处于不断的运动和变化之中,只是由于距离地球太遥远,因此看起来几乎不动。星云是指由气体和尘埃杂质组成的云雾状自然天体,主要成分是氢,物质密度较小,但体积和质量甚至比恒星还要大。星云和恒星是目前宇宙中最基本的两种天体类型,二者在一定条件下可以相互转化。行星是指在椭圆轨道上环绕恒星运行的近似球状的自然天体。行星由于体积和质量比恒星小很多,因此本身并不发光,只是靠反射恒星的光而发亮,比如,地球就是一颗普通的行星。彗星是指拖着长长的尾巴在扁长的椭圆轨道上围绕太阳运行的自然天体,它由彗核、彗发和彗尾组成。其中最著名的一颗彗星叫作哈雷彗星,其公转运行周期大约为76周年。流星是指在夜晚天空一闪而逝的自然天体。实际上,人们所看到的流星并非是它本身,而是它被地球大气层捕获以后,进入大气层高速运动摩擦燃烧发光的现象。一般都会燃烧殆尽。如果没有燃尽而坠入地表,就被称作陨星。由石头组成的叫作陨石,由铁组成的叫陨铁。需要注意的是,陨星不再属于天体的范畴。卫星是指环绕行星在椭圆轨道上运行的自然天体,体积和质量都比较小,本身也不发光,靠反射恒星的光而发亮,比如,月球就是地球的卫星。一颗行星的卫星可能没有或者不止一颗,比如,太阳系内的水星和金星由于距离太阳太近因此没有卫星,木星和土星由于体积和质量特别大,因此分别都有多颗卫星绕其运转。在宇宙太空中,恒星之间以及行星之间并非真空,都存在气体与尘埃杂质,分别叫作恒星际物质与行星际物质,二者均属于自然天体的范畴。

(二)天体的运动

所有天体都具有物质性和运动性,都处于不断的运动和变化之中。根据开普勒定律可知,质量较小的天体总是环绕附近质量较大的天体质心不断运转,运行的轨道都是椭圆形状,并且其质心的连线在单位时间在轨道平面内所扫过的面积相等。人们把一个天体环绕另一个天体的运动称作公转运动,同时,天体也在围绕自我中心不断的自转运动。天体之间互相吸引、相互绕转，就构成了天体系统，比如地月系、太阳系、银河系以及河外星系等，按照由低到高的级别，依次为行星系、恒星系、银河系（与河外星系同级）、总星系，总星系是目前人类能够观测到的最高一级天体系统，也就是目前我们所观测到的宇宙部分。由于天体的公转运动轨迹都呈椭圆形状，因此，二者的距离时而近，时而远。距离最近的点叫近星点，最远的点叫远星点，比如，地球绕日公转轨道上存在近日点与远日点。同理，人造卫星或月球围绕地球公转运动轨道上也存在一个近地点和一个远地点。在近星点由于万有引力较大，因此公转速度较快，而远星点则相反。

（三）人造天体的有关问题

1. 发射问题

发射人造天体需要考虑诸多方面的因素，包括气象条件、安全以及经济因素等。比如人造卫星的发射，出于安全与节能增效的考虑，需要考虑和具备一定的条件。从发射方向来讲，一般应向偏东方向发射为好，可以借助地球自转的惯性速度脱离地球，从而降低发射能耗和成本。为了保证环绕地球运行，在北半球最好向东南方向发射，在南半球向东北方向发射，在赤道上则向正东方向发射为佳。从发射速度来讲，需要根据发射的目的来考虑。研究表明，如果发射脱离地球大气层系统，运行速度就必须至少达到第一宇宙速度即 7.9 km/s；如果要脱离太阳系，就至少要达到第二宇宙速度即 11.2 km/s；如果要脱离银河系，则至少要达到第三宇宙速度即 15.6 km/s。发射一般应选择晴朗无云的天气，并尽量选在夜晚的时候发射，主要目的在于便于跟踪监测，并且比较安全。此外，从发射地的海拔和纬度位置考虑，应尽可能选在高海拔和低纬度地区，因为地势高的地方，视野相对比较开阔，并且地球自转的线速度相对较大，纬度较低的地区则地球自转的线速度较大，这样可以降低发射能耗，减少卫星载荷，降低发射成本，同时可以产生更多的经济效益。

2. 变轨问题

由于人造天体需要脱离地球等引力系统并在椭圆轨道上环绕其他天体运行，因此，还需要考虑改变其运行轨迹的问题，称为变轨。在脱离地球引力系统的过程中，需要借助其自身公转速度来变轨才比较容易，因而应选在近地点速度较大时变轨。同理，在脱离太阳引力系统时也应选在其近日点变轨为佳。当人造天体进入预定椭圆轨道以后，仍然需要考虑变轨的问题。不过，此时变轨与脱离引力系统时的变轨有所不同。因为在椭圆轨道上变轨以后，还需要保持在椭圆轨道上运行，此时若选在其公转速度较大的近星点变轨，一方面由于惯性较大，因此变轨至预定方向比较困难，另一方面很容易脱轨而造成灾难和损失，很不安全。因此，人造天体进入预定轨道以后，其变轨应该选在远星点进行，此时其公转运行速度较慢，不仅变轨容易，而且也比较安全。

3. 回收问题

人造天体常常肩负着人类的使命，所以，不少时候还涉及其回收的问题。考虑到人造天体的运行速度非常大，出于安全考虑，一般将其回收地点选在地势平坦、视野开阔、大气能见度高、地广人稀、荒无人烟的草原或者沙漠地区。这样，一方面比较安全，另一方面回收时人造天体对地面的冲击破坏所带来的损失也相对较小。当然，如果不考虑人造天体的再利用，回收地点也可以考虑大海，这样可以将带来的损失和影响降至最低。

案例六　关于地转偏向问题的探究

（一）问题的背景

由于地球在不断地进行自转运动，因此导致在地球表面及其附近做水平或近似水平运动的物体发生偏离原来运动方向和轨迹的现象，在地理学上称为地转偏向。人们自然会问，究竟是什么原因导致地转偏向？如果笼统地解释为地球的自转运动，显然难以让人信服。由于以前的考试大纲对此是不做要求的，加之对此进行较为详细的解释并且能够让高一的学生听懂，不少地理教师也是勉为其难。目前，面临高考文理不分科以及选学选考地理的新形势，再以高考不考做借口进行搪塞，显然是行不通的。因此，作为地理课程资源开发内容，有必要对此进行探究。

（二）地转偏向的一般规律

地转偏向是有规律可循的，其一般规律是：由于地球自转运动，因此在地球表面及其附近做水平或近似水平运动的物体，在北半球向右偏转，在南半球向左偏转，在赤道上不发生偏转；在同等条件下，纬度越高、速度越快，则偏转程度越大。

（三）地转偏向的成因

在中学地理教学中，地理教师常常采用地转偏向力来解释地转偏向的成因。认为，由于地球的自转运动，产生了地转偏向力，正是由于地转偏向力的作用，因此使得在地球表面及其附近做水平或近似水平运动的物体发生地转偏向的现象。地转偏向力总是垂直于物体的运动方向，在北半球指向右侧，在南半球指向左侧，它本身只是改变物体运动的方向，但并不改变物体运动速度的大小。并且，地转偏向力随着物体运动速度和纬度的增加而增大。但地转偏向力是一种依据运动效果而假想的力，就好比物理学上所讲的惯性离心力，实际上是并不存在的。因此，学生依然会对地转偏向的成因产生疑问。在网络上搜索，各种各样的解释五花八门，大都让人似懂非懂。以前人教版地理老教材专门通过图文并茂的形式对此作过分析解释，在此作一个简单介绍：物体在地球表面运动，由于惯性，它要保持原有速度的大小和方向。另外，地面的观察者认为地面上各点都是静止的，而实际上各点都在绕地轴转动，物体到达不同的点，就要参考所到达点绕地轴转动的速度来判断它的运动情况。地球的自转，使物体相对于地面的观察者速度要发生偏向。地球上水平运动的物体，无论朝哪个方向运动，都发生偏向，因为任何物体在运动的时候都有惯性，总是力图保持原来的方向和速度。图 8-11 为地转偏向图,在北半球,质点向北沿经线取 A_1B_1 方向做水平运动,经过一定时间后,经线 L_1 转至 L_2 的位置。沿经线方向运动的质点,由于惯性,必然保持原来的方向和速度沿 A_2B_2 的方向前进。这时,在 L_2 位置上的人看来,运动质点已经离经线方向而向右偏了。同样道理,沿纬线方向运动的质点也向右偏,图上 C_1D_1 则取 C_2D_2 方向前进。南半球则向左偏。只有在赤道上,水平运动没有右偏或左偏的现象,因为那里的经线是互相平行的。

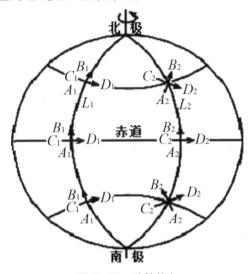

图 8-11 地转偏向

不难看出,教材的这种解释令人感觉浅显易懂,但也存在给人不够深刻的缺陷。因此,还可以从运动速度和力的作用以及地平面的日转动两个角度,对地转偏向的成因加以进一步的探究。

1. 从运动线速度和力的作用角度解释

以北半球为例,分以下 3 种情况予以分析解释。

第一种情况:除南北两极以外,地表各地的自转角速度都相同,在由北向南运动时,南边的纬线圈较大,即越向南,纬线圈越长,地球自转的线速度越大,在北边时具有的一个小的线速度,与南边的线速度相比就显得慢了,因此,由于运动惯性的作用,物体的运动便表现出往右偏的特点。在向北运动时,物体由自转线速度较快的地方运动到自转线速度较慢的地方,速度因此"超前",故其在前进方向上,同样也会出现向右偏转的现象。

第二种情况:若物体沿纬线做东西方向的水平运动,此时,万有引力的方向指向地心,而纬线圈自转的方向指向的圆心并非地心,由于二者存在一个偏角,因此万有引力不能完全抵消物体围着纬线圈的圆心转动产生的惯性离心力,作用力综合的结果,会使物体运动往右偏转。

第三种情况:在赤道上不受地转偏向力作用,不发生地转偏向,是因为地心正好就是纬线圈自我旋转的圆心,二者重合,使得重力正好可以抵消掉向外的力。

从科里奥利力的角度分析可知：对于水平运动的物体，在北半球，其所受的地转偏向力指向运动方向的右侧，在南半球，地转偏向力指向运动方向的左侧；对于在竖直方向运动的物体，无论在哪个半球，若物体竖直向上运动，则地转偏向力指向正西方，若物体竖直向下运动，则地转偏向力指向正东方。对于一个做一般运动的物体，可将其速度分解成竖直方向和水平方向两个分量，分别求出两个速度对应的地转偏向力后，对两力求矢量和。

由于赤道上地平面绕着平行于该平面的轴旋转，空气相对于地平面做水平运动产生的地转偏向力位于与地平面垂直的平面内，因此只有垂直地转偏向力，而无水平地转偏向力。由此可知，地转偏向力的产生是由于地心引力与向心力之间存在夹角，纬度越低，地转偏向力也会越小。在赤道上，由于地心引力与向心力重合，因此，物体在赤道上运动时，不受地转偏向力的影响。

2. 从地平面的日转动角度解释

在北半球，以极地地平面为例，由于地球的自转，使得极地地平面产生了绕它的垂直轴做逆时针方向的转动，它的角速度就等于地球自转的角速度。若有物体相对于极地地平面运动时，站在地面上的观察者会感到物体受到一个平行于地平面的力的作用，这个力称为水平地转偏向力。再以赤道平面为例，在赤道上，与其上任何一点相切的地平面都随着地球的自转而绕着穿过这一点与地轴相平行的一个轴转动，只有水平方向的角速度。地球自转时，赤道地平面的东边一侧"下降"，而西边一侧"上升"。若有物体相对于地平面运动时，地球上的观察者感到向东运动的物体受到向上的力的作用，而向西运动的物体，则受到向下的力的作用。所以，在赤道平面上运动的物体，只受到垂直方向力的作用，此力即为垂直地转偏向力。

在赤道和极地之间的各纬线上，由于地球的自转，其各处的地平面均产生转动。此转动可分解看成一个绕垂直轴的转动（相当于极地地平面的情况）和一个绕水平轴的转动（相当于赤道平面的情形）。地球自角速度在垂直和水平两个方向均有分量，因此，在中间纬度地区（即除赤道与两极点以外的地区）沿水平或近似水平方向运动的物体，既受水平地转偏向力的作用，又受垂直地转偏向力的作用。

虽然地球自转引起的现象是立体空间的，为了便于理解，我们还可以体会一下平面上的情况：假定有一个旋转游戏台，整体在转动，那么，游戏台上所有点转动的角速度相等，中心附近的点运动速度较慢，而靠近外缘的点运动速度则较快。如果你站在中心附近的点上，想要直接从中心出发的一条直线上走向靠近外缘的点，在中心附近的出发点上，你取得了该点的速度，惯性效应使你保持缓慢运动。当你越往外走的时候，脚下的台面运动得越快。你本身的慢速和台面的快速的结合，使你觉得被推向与旋转运动相反的方向去。如果旋转游戏台在逆时针方向转动，当你向外走时，你的路线会明显地呈顺时针方向弯曲。如果你从靠近外缘的一点出发向内行进，你保持着出发点的快速运动，但你脚下的台面运动得越来越慢。因此，你会觉得你在旋转方向上被越推越远。如果旋转游戏台再呈逆时针方向转动,那么,你的路线会再次明显地呈顺时针方向弯曲。

(四)地转偏向力的应用与实例

(1) 维基百科指出,地转偏向力是惯性力在非惯性系中的体现,计算公式为 $F = 2mv\omega\sin\varphi$。根据此公式,也可得出赤道上没有地转偏向力,赤道上纬度 $\varphi = 0$,则 $\sin\varphi = 0$,即 $F = 0$;而在两极点时,$\varphi = \pi/2$,$\sin\varphi = 1$(为最大值),所以 F 最大。须知,地转偏向力本身很小,但它所带来的影响却不可小视,尤其是在大气和水流运动中表现十分明显。

(2) 傅科摆。其摆动是一种往复直线运动,当摆面与地球自转的角速度有一定的夹角时,摆面就会受到地转偏向力的影响,从而产生一个与地球自转方向相反的扭矩,使摆面发生转动。在北半球时,摆面缓慢的向右旋转,南半球相反。法国科学家傅科提出并完成这一实验,因而此实验被称作"傅科摆实验"。

(3) 定位风暴。19 世纪时,荷兰气象学家白贝罗应用科里奥利效应找出一条规律,发现最近的风暴:在北半球,当你背风而立,风暴在你的左侧;在南半球,则在你的右侧。地转偏向力在气象中的应用,产生了很大的价值,方便了预测等。

(4) 三角洲的形成。以长江三角洲为例,由于地转偏向力的作用,使得长江水不断的向南发生微妙的偏转,冲刷侵蚀着长江南岸,使得南岸水深更利于建立河港。因为南岸附近的水流流速较快,而北岸水流流速较慢,使得北岸泥沙不断的淤积,迫使河道逐渐南移。位于长江入海口的崇明岛,隶属上海市,可是它却在逐渐远离上海。因为崇明岛南岸受到水流的冲刷,而北岸泥沙却在不断地淤积,最终将会导致崇明岛与长江北岸(江苏省)连接在一起。

(5) 对气流的影响。由于地转偏向力的影响,当气流从高气压带向低气压带运动时,不仅受到水平气压梯度力的作用,并且还会受到地转偏向力的影响,使其发生偏转,所以,地球上风向大多都是西北风、东北风、西南风或东南风。气旋和反气旋的旋转方向同样也受到地转偏向力的影响,呈逆时针或顺时针方向,用口诀简单归纳就是,气旋:北逆南顺,反气旋:北顺南逆。

(6) 舆洗池中的水流漩涡为什么向右偏?

我们在北半球,时常都会看到一个非常有趣的现象:当我们打开水龙头放水时,水在池中呈顺时针方向旋转;可当我们池底的塞子拔掉放水时,却呈逆时针方向旋转。个中道理类似于反气旋和气旋。

(7) 我国火车为什么都靠左侧行驶?

图 8-12 为火车轨运行方案,如果选用左侧的 A、B 方案,你会发现地转偏向力是相向的,火车很容易相撞;右侧的 C、D 方案是最好的,因为地转偏向力是相背离的。在高速公路上靠右行驶的原理与此是类似的道理。

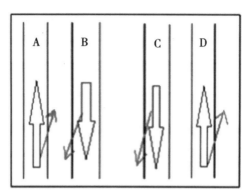

图 8-12 火车在轨运行方案

（8）为什么跑步要沿逆时针方向？

一个是人的生理原因，另一个原因是受到地转偏向力的影响。

首先，人的大脑分左右两个半球，功能不一。人的左脑支配右半身的活动，右脑支配左半身的活动。在日常生活中，人们养成了用右手干活、写字学习以及工作的习惯，而左脑则主要进行高级思维活动，这大大加重了左脑的负担；人体为了维护全身的平衡，必须加强受右脑支配的左腿功能，所以，多数人感到左腿比右腿有力。再有就是，人的心脏在身体的左侧，所以人的左侧比右侧重，因而跑动中向左转比向右转容易，所以，不管在南北半球，都是逆时针跑步。其次，与地转偏向力有关。图 8-13 为跑步取向原理：只有沿逆时针方向跑，运动中形成的向心力和地砖偏向力方向相反，正好可以抵消，使得运动员姿势更加稳定。如果细心的话我们会发现，滑冰、骑自行车拐弯时，也会有同样的感受。

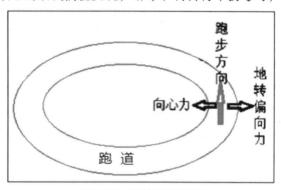

图 8-13 跑步取向原理

通过以上分析，就不难理解地转偏向力的成因了，它就存在于我们身边，影响着我们生活的许多方面。关于地转偏向的现象还有很多实例，有兴趣的读者可自行观察和搜集。

案例七　傅科摆实验

地球运动方面的知识历来是行星地球部分的重要内容。其中，地球自转运动是初中地理和高中地理教材中都会涉及的基本知识内容。可以找到不少的地理现象来证明地球在不断地自转运动。其中有一个著名的实验叫作傅科摆实验，这里做一个介绍和探讨。

（一）傅科摆实验概述

为了证明地球在不断地自转运动，法国物理学家傅科（1819—1868年）于1851年做了一次成功的摆动实验，傅科摆由此而得名。实验在法国巴黎先贤祠最高的圆顶下方进行，摆长67 m，摆锤重28 kg，悬挂点经过特殊设计使摩擦减少到最低限度。这种摆的惯性和动量大，因而基本不受地球自转影响而自行摆动，并且摆动时间很长。在傅科摆试验过程中，人们看到，摆动过程中摆动平面沿顺时针方向缓缓地转动，摆动方向不断地发生变化。分析这种现象，摆在摆动平面方向上并没有受到外力作用，按照惯性定律，摆动的空间方向应该不会改变，由此可知，这种摆动方向的变化，是由于观察者所在的地球沿着逆时针方向转动的结果，地球上的观察者看到相对运动现象，从而有力地证明了地球在不断地自转运动。

傅科摆放置的位置不同，摆动情况也不相同。在北半球时，摆动平面沿顺时针方向转动；在南半球时，摆动平面则沿逆时针方向转动。而且纬度越高，转动的速度越快，在赤道上的摆则几乎不转动，在两极极点旋转一周的周期为一个恒星日（23 h 56 min 4 s），简单计算中可视为24 h。傅科摆摆动平面偏转的角度可用公式 $\theta° = 15°t\sin\varphi$ 来计算，单位是度。式中 φ 代表当地的地理纬度度数，t 为偏转所用的时间，用小时作单位，因为地球自转角速度1 h等于15°，所以，为了换算，公式中乘以15°。

摆的运动可以超然于地球的自转，但悬挂摆的支架一般却要带动它参与地球的自转。为了解决这一问题，傅科采取了一种简单而巧妙的装置——万向节，从而使摆动平面超然于地球的自转。

傅科的这个摆是一个演示地球自转的实验。这种摆也因此被命名为"傅科摆"。

（二）傅科摆实验原理

傅科摆为什么能够演示出地球的自转呢？简单而言，就是因为惯性。

通常，人们说"地球在自转运动"时，并没有明确出它到底相对于什么自转。这是一个非常重要的问题。因为如果没有参照物，谈论运动是不可想象的。不可能在空间中打上一根钉子作为绝对的参照物，因此，只能依靠较远的、看起来似乎是静止的天体来作为参照物。事实上，那些天体也绝不是"空间中的钉子"，只不过因为它们实在太遥远，我们不妨把它们作为参照物。以遥远的恒星作为参照物，一个物体不受外力作用的时候，将一直保持它的运动状态。这也是牛顿第一定律的内容。

摆是一种很有趣的装置。给摆一个恰当的起始作用，它就会一直沿着某一方向，或者说某一平面运动。如果摆的摆角小于5°的话（高中物理允许在10°之内），摆锤甚至可以视为做一维运动的谐振子。

考虑一种简单的情况，假如把傅科摆放置在北极点上，那么会发生什么情况呢？很显然，地球在不停地自转——相对于遥远的恒星自转。同样，由于惯性，傅科摆的摆锤相对于遥远恒星的运动方向（平面）是不变的。（可以想象，有3颗遥远的恒星确定了一个平面，而傅科摆恰好在这个平面内运动。由于惯性，当地球以及用来吊起摆锤的架子转动的时候，摆锤仍然在那个平面内运动）那么什么情况发生了呢？站在傅科摆附近的地球表面上，显然会发现，摆动的平面正在缓缓地转动，它转动的速度大约是钟表时针转动速度的一半，也就是说，每小时傅科摆都会顺时针转过15°。摆在同一平面内运动，这里所说的平面是由远方的恒星确定的。

如果把傅科摆放置在赤道上呢？那样的话，人们将观察不到任何转动。将摆锤的运动看作一维谐振（单摆），由于它的运动方向与地轴平行，而地轴相对遥远的恒星是静止的，因此，我们观测不到傅科摆相对地面的转动。

把傅科摆移回巴黎。摆锤的运动可以分解为沿地轴方向的和与之垂直方向上的两个分运动。后者会产生相对地面的旋转（正如北极的傅科摆）。这两个分运动合成的结果是，从地面上的人看来，傅科摆以某种角速度缓慢地旋转——介于傅科摆在北极和赤道的角速度之间（也可以从科里奥利力的角度解释，得出的结论是一样的）。如果在北极观测到傅科摆旋转一周的时间是 A（$A=24$ h），那么在任意纬度 γ 上，傅科摆旋转一周所需的时间是 $A/\sin\gamma$。对于巴黎，这个数字是 31.8 h。

傅科使用如此巨大的摆是有道理的。由于地球转动的速度比较缓慢（相对摆的周期而言），因此需要一个比较长的摆线才能显示出轨迹的差异。又因为空气阻力的影响，这个系统必须拥有足够的机械能（一旦摆开始运动，就不能给它增加能量）。所以傅科选择了一个28 kg的铁球作为摆锤。此外，悬挂摆线的地方必须允许摆线在任意方向运动。傅科正是因为做到了这3点，才成功地演示出地球的自转现象。

（三）傅科摆实验的教学运用

傅科摆实验本身虽然简单，但真正要做好这个实验也并非那么容易。可以将之作为课程资源加以开发，并在地理课堂教学中加以运用。教师可以到网络上搜索相关的实验视频，引导学生对实验过程中发生的现象进行认真细致的观察，以此作为课堂导入的素材引入新课的学习。也可在此基础上引导学生探究学习其之所以能证明地球自转运动的原因。还可以将傅科摆实验作为地理命题的素材，考查学生分析和解决地理问题的实际能力。这里提供笔者命制的有关傅科摆实验的一道原创地理题目，供参考。

傅科摆实验证明了地球自转运动的存在,其摆面转动角速度为 $\omega = 15°\sin\varphi/h$（$\varphi$ 为实验当地的纬度数）。据此回答以下问题。

若傅科摆实验在杭州（30°N）刚好持续进行了 2 h,图 8-14 中虚线表示初始摆动平面,实线表示终了摆动平面,则其中正确示意的是　　　　　　　　　　　　　　（　　）

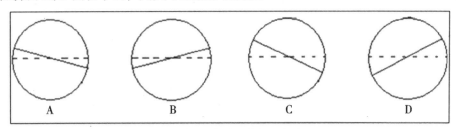

图 8-14　傅科摆方向及角度

案例八　关于晨昏线（圈）问题的探讨

晨昏线（圈）知识及其应用作为地球运动知识部分的重要内容,已经在近年来的高考试题中多次出现,成为高频考点。由于对读图分析能力、空间想象能力、地理计算能力要求较高,因此也常常成为地理教学中的一大难点。下面从晨昏线（圈）的概念、基本特点以及判读与应用方面加以探讨,供读者学习参考。

（一）对晨昏线（圈）概念的认识

现行人教版高中地理必修一教材第一单元第三节"地球的运动",对晨昏线（圈）给出的定义是：昼半球与夜半球的分界线,叫作晨昏线（圈）。为了便于学生理解学习,教材还专门配"图 1.19　昼半球和夜半球"。该示意图简洁明了,学生从图上很容易认识到,晨昏线（圈）由晨线与昏线组成,是一个圆心经过地心的大圆圈。须知,由于地球本身是一个既不发光也不透明的球体,在太阳光的照射下,便产生了昼夜现象,因此而形成了晨昏线（圈）。据笔者所知,在实际的地理课堂教学中,不少老师并没有跟学生说明晨昏线（圈）实际上并非是线,导致不少学生学完本部分内容以后,对晨昏线（圈）的认识并不到位。就晨昏线（圈）的内涵而言,需要明白,在实际的地球表面上,由于大气对太阳光线产生折射和散射等作用,使得晨昏线（圈）所在的地方其实是处于白昼与黑夜之间的过渡地带,晨昏线（圈）本身并非是一条线,换言之,晨昏线（圈）上各地在时间上可能处于清晨或黄昏的一个时间段,而并非一个截然区分的时刻点,因此,晨昏线（圈）又被称作晨昏蒙影。在实际生活中,人们常常可以发现,日出前与日出后的一段时间内,天空均会呈现出微弱的亮光,我们把这种自然现象与这段时间都称作晨昏蒙影。日出前曙光初露的时刻叫作晨光始,日落后暮色消失的时刻称作昏影终。这与当地的经纬度位置、季节状况、海拔高度以及气象条件有关。通过长期的观测与科学探究,人们发现,由于大气的折射及散射作用，使得地平面以下34′的太阳光线能被折射到地平面以上，因此在清晨太阳位于地平面以下34′时，我们就可以见到太阳光了，同理，黄昏太阳已经落到地平面以下34′时，我们都还能够看到太阳光。此外，从地球上看，太阳是一个发光的圆面而并非一个光点，具有16′的视半径，因此，昼半球向各个方向扩大了50′，夜半球相应地缩小了50′，昼半球与夜半球并非一样大，晨昏线（圈）也并非是一个大圆。测算表明，二分日时，全球各地并非昼夜平分，昼长约为12 h 8 min，夜长约为11 h 52 min。但为了简便起见，仍将它看作昼夜平分。这些事实有必要做一点了解，它可以加深我们对理论与生活实际之间差别的理解。对晨昏线（圈）有了以上这些认识以后，对现实生活中的有关问题认识会更加切合实际。当然，还需要明白的是，地理教材以及有关的示意图中，之所以将晨昏线（圈）画成一条线，这是为了便于大家更简洁地认识和分析研究而做出的简化处理，有利于从理论的角度分析和探究有关地理问题。这种简化处理方法在中学地理学习与考试中会经常遇到，比如，高山上的雪线并非是一条线，国际日界线虽然是一条折线，但在高考试题中常常被画成直线，等等。对于这一点，师生尤其是老师一定要做到心中有数。本书主要从理论角度对晨昏线（圈）加以探讨。

（二）晨昏线（圈）的基本特点

要真正深入地理解晨昏线（圈）并运用相关知识分析和解决有关问题，需要对晨昏线（圈）的特点有一个较为全面的认识。笔者结合有关资料以及长期的地理教学实践认识与体会，对晨昏线（圈）的特点作如下归纳总结。

（1）晨昏线（圈）将地球平分为昼半球和夜半球，由晨线与昏线共同组成。

（2）晨线与昏线均为半圆，其长度与经线等长，约为20 000 km。

（3）晨线与昏线共同组成一个大圆，即晨昏线（圈）是地球表面的一个大圆。

（4）晨昏线（圈）所在的平面始终与太阳光线互相垂直。

（5）晨昏线（圈）上各点的太阳高度均为0°，晨昏线（圈）也是0°等太阳高度线。

（6）晨昏线（圈）与赤道互相平分，晨线和昏线的中点均位于赤道上。

（7）晨昏线（圈）上纬度位置最高的点即为晨线与昏线的交点，其所在经线的地方时为0：00或者12：00。若为0：00，表明该交点所在纬度刚好处于极昼；若为12：00，则表明该交点所在纬度刚好处于极夜。

（8）晨昏线（圈）的交点是晨线和昏线上各点中地球自转线速度最小的点。

（9）晨线与赤道交点的地方时为6：00，昏线与赤道交点的地方时则为18：00。

（10）晨线上各点的地方时处于0：00—12：00，昏线上各点的地方时则处于12：00—24：00（即次日0：00）。

（11）在任意一天之内，晨昏线（圈）总是做自东向西的转动，转动的角速度与地球自转角速度相同，大约为15（°）/h。在不同的日期之间，晨昏线（圈）随着太阳直射点的南北移动而发生偏摆，一年之中的摆动幅度角达到46°52′。

第八章 案例分析

(12) 晨昏线（圈）上各点所在纬度的最大值刚好与黄赤交角的度数互余，即二者之和等于90°。晨昏线（圈）上各点所在的最高纬度刚好是该日出现极昼极夜现象各点的最低纬度。晨昏线（圈）上各点所在纬度的最大值的取值范围为66°34′—90°。

(13) 位于晨线上的各点，正好同时处于日出的时刻。位于昏线上的各点，则正好同时处于日落的时刻。

(14) 晨昏线（圈）上各点到太阳直射点的球面距离相等。

(15) 晨昏线（圈）与昼（夜）半球的空间位置关系：晨昏线（圈）是昼半球与夜半球的分界线，其位置随着昼（夜）半球的变化而改变。位于晨线东侧的部分为昼半球，晨线西侧部分的为夜半球；昏线则与此相反。

(16) 晨昏线（圈）与经线（圈）的空间关系存在两种情况，一种是重合，一种是相交。当太阳直射赤道的时候，即二分日时，晨昏线（圈）与经线（圈）刚好重合，晨昏线（圈）经过南、北两极点；当太阳直射点不在赤道上时，二者呈相交关系。晨昏线（圈）所在的平面与经过赤道跟晨昏线（圈）交点的经线（圈）所在平面之间的夹角（二面角）与该日太阳直射点的纬度度数相等，该夹角大小取值范围为0°—23°26′。

(17) 晨昏线（圈）与纬线（圈）的空间位置关系存在3种情况，一种是相交，一种是相离，还有一种是相切。第一种情况，晨昏线（圈）与纬线（圈）相交，二者相交关系又分为垂直相交和斜交两种。当太阳直射点位于赤道上时，晨昏线（圈）与纬线（圈）垂直相交，此时全球各纬线圈上的昼弧与夜弧等长，全球各地昼夜平分。在晨昏线（圈）与纬线（圈）相交的情况下，当太阳直射点不在赤道上时，晨昏线（圈）与纬线（圈）呈斜交关系，并且晨昏线（圈）所在平面与纬线（圈）所在平面的夹角与太阳直射点纬度度数之和等于90°（互余）。第二种情况，晨昏线（圈）与纬线（圈）相离，即二者在空间上既不相交，也不相切或重合。与晨昏线（圈）相离的纬线（圈）要么出现极昼，要么出现极夜现象。第三种情况，晨昏线（圈）与纬线（圈）相切。无论在哪一天，总有纬线（圈）与晨昏线（圈）相切，且其切点所在经线的地方时为0：00或12：00。相切纬线（圈）上各地该日刚好出现极昼或极夜现象，其纬度度数与该日太阳直射点的纬度度数之和等于90°（互余）。

（三）晨昏线（圈）的判读与应用

1. 晨线与昏线的判断

在日照图上，常常需要判断晨线与昏线。最基本的判断方法是，如果顺着地球自转方向，自西向东跨越晨昏线（圈）时，若是由黑夜进入白昼，表明该处时间为清晨，推断该线为晨线；若是由白昼进入黑夜，表明该处时间为黄昏，推断该线为昏线。有时根据图上所展示的晨昏线（圈）并不能直接看出昼夜分布的状况，需要根据晨昏线（圈）的特点灵活加以判断。比如，晨昏线（圈）上的地方时若处于0：00—12：00之间的时段，则为晨线；若线上各点的地方时处于12：00—24：00（即次日0：00）的时段，则应为昏线。

有时，在判断过程中，需要区分出一条线段中的某一段为晨线，另一段为昏线。显然，只要能够找出该晨昏线（圈）上某一点为晨线与昏线的交点，就能很快达到目的。在晨昏线（圈）上的各点中，地方时为 0∶00 或 12∶00 的点，或者纬度位置最高的点，或者自转线速度最小的点，或者刚好出现极昼或极夜的点，均属于晨线与昏线的交点。在教学过程中，笔者发现，有部分学生往往会有这样的认识，即经过晨线就会看到日出，经过昏线就会看到日落。通过分析不难发现，这种认识是片面的。我们可以分几种情况来加以讨论分析。第一种情况，如果自西向东跨越晨线，看到的是日出现象；自西向东跨越昏线，则看到的是日落现象。第二种情况，如果自东向西跨越晨线，就会由白昼进入黑夜，看到的不再是日出而是日落现象，与第一种情况刚好相反；同理，如果自东向西跨越昏线，看到的则是日出现象。第三种情况，保持在晨昏线（圈）上。在此情况下，可能一直看到日出的现象（晨线上），也可能一直看到日落的现象（昏线上）。当然，由于晨昏线（圈）总是随着地球的运动而变化，因此要保持位于晨昏线（圈）上，就需要进行移动。具体应该往什么方向运动，可以根据晨昏线（圈）的走向及移动情况来确定，这个问题留给大家自行去探究。

2. 确定太阳直射点的位置

在太阳光照侧视图上，经过地心作一条垂直于晨昏线（圈）的入射直线，此线与球面相交并且位于昼半球一侧的点，即为太阳直射点。显然，这里所画的这条直线表示图示该日的太阳直射光线。一般通过日照图确定太阳直射点的位置，需要找出其经度和纬度。太阳直射点处于地方时为正午 12∶00 的经线上，也是平分昼半球的中央经线，找出该条经线的经度即可。太阳直射点的纬度数与晨昏线（圈）相切纬线的纬度数互余，与晨昏线（圈）所在平面跟地轴之间的夹角相等，据此并结合太阳直射点所在南、北半球的情况可以确定出太阳直射点的纬度。

3. 确定地方时

根据晨昏线（圈）的时间特点，可以确定一些地点的地方时。比如，晨线与赤道交点所在经线上各地的地方时为 6∶00，昏线与赤道交点所在经线上各地的地方时为 18∶00，昼半球中央经线上各地的地方时为 12∶00，夜半球中央经线上各地的地方时为 0∶00，等等。

4. 确定日期和季节

根据晨昏线（圈）的位置情况，还可以确定日期和季节情况。比如，若晨昏线（圈）与经线（圈）重合，可判断为二分日，即春分日或秋分日；若晨昏线（圈）与极圈相切，可判断为二至日，即夏至日或冬至日。这是属于比较特殊的情况。如果属于一般的情况，可以根据上述方法，首先根据晨昏线（圈）确定太阳直射点的纬度，然后再依据太阳直射点南北移动的方向和速度规律，即平均每 4 天向北或向南移动纬度 1°，即可推算出大致的日期。在晨昏线（圈）图上，常常存在两个相邻的日期，需要确定何为较大日期，何为较小日期。可以找出地方时为 0：00 的经线，该经线也是自然日界线，其东侧为较大日期，西侧为较小日期。同时，还要找出 180°经线所代表的人文日界线，其西侧为较大日期，东侧则为较小日期。在确定季节时，如果能够直接确定日期，就能直接得出结论；如果不能直接确定日期，根据极圈内的极昼极夜状况来加以确定即可。

5. 确定地球自转的方向

在太阳光照图上，无论是侧视图还是俯视图，如果已知晨线和昏线，以及昼夜半球的分布情况，可以据此确定地球的自转方向。在晨线附近，由夜半球进入昼半球的方向，以及昏线附近由昼半球进入夜半球的方向，均为自西向东，即地球自转的方向。

6. 确定东经和西经

利用晨昏线（圈）图可以确定东经和西经以及相应的经度度数。首先，可以从晨昏线（圈）入手，找出地球自转的方向，然后，再在找出 0°经线的基础上找出具体的经度。

7. 确定日出、日落与昼夜长短

在晨昏线（圈）图上，可以确定各地的昼夜长短情况，方法有多种。比如，找到晨线或昏线与该地所在纬线的交点，该交点的地方时即为其日出或日落的时间，根据公式可以算出其昼长和夜长的时间；在图上找出该点所在纬线上的昼弧与夜弧，推算出昼弧与夜弧所跨圆心角的度数，用此度数除以 15 即可得到结论，也可以找出昼弧与夜弧的比例算出结论。

在实际的地理学习与考试中，利用晨昏线（圈）示意图，还可以确定极昼、极夜的范围，确定球面上两点之间的最短距离等，大家还可以不断加以探讨和总结。

案例九　太阳直射点移动规律及其应用

人教版高中地理必修一教材第一单元第三节第二框题的内容通过图文并茂的形式，介绍了太阳直射点移动的成因和基本规律，并通过活动设计，要求学生画出太阳直射点移动规律的示意图。下面结合新课程标准的要求，就太阳直射点的移动规律及其应用的有关问题加以探讨。

（一）太阳直射点的概念

现行人教版高中地理教材对太阳直射点的概念是这样介绍的：地表接受太阳垂直照射的点，简称太阳直射点。这一概念本身并不复杂，所以，在实际的地理教学过程中往往是一带而过。笔者发现，实际上学生并未能真正深入地理解和掌握这一概念，具体表现就是，在绘制二至日的太阳光照侧视图时，不少学生所画的太阳直射光线延伸出去并未能穿过地心，甚至于地理师范专业还有不少的学生仍然犯同样的错误。究其原因，是由于不少高一学生的空间想象和思维能力还不强,几何知识还比较欠缺,而地理老师又高估了学生的学情,因此导致这一知识点教学中并未引起高度的重视,以至于学生到了大学里面还出现同样的知识问题。因此,建议教师在进行这一概念的教学时,最好给学生做出较为详细的分析说明:由于日地距离达1.5亿km左右,十分遥远,可以将太阳光视为平行光线。因地球是一个球形,地表呈现圆弧状,所以在地表不同的地方,地平面与太阳光线之间的夹角就会有所不同。当太阳光线垂直于地表照射下来时,太阳光线与地平面之间的夹角应为90°,如果将太阳光线向地球内部延伸,则垂直照射地表的太阳光线就会穿过地心,太阳垂直照射地表的点,简称太阳直射点。据此,在判定某条太阳光线是否垂直照射地表,或者说,判断太阳光线与地表的交点是否是太阳直射点时,方法就是看该条太阳光线的延长线是否穿过地心,若穿过地心,就表明是,否则不是。需要指出的是,只有老师把太阳直射点的概念讲到位了,学生才能真正理解这一概念,才能准确深刻地理解并掌握太阳直射点的移动规律及其相关的应用,教学才能达成预定的目标和效果。

(二) 太阳直射点移动的成因分析

对于太阳直射点移动的成因,教材上的论述非常明确:由于地球在绕日公转过程中存在黄赤交角,即地球自转轨道平面(赤道平面)与地球公转轨道平面(黄道平面)之间的夹角,因此在一定时期内,地轴的空间指向和黄赤交角的大小可看作保持不变,由此引起太阳直射点在南、北回归线之间做来回往返的移动,其周期为365 d 5 h 48 min 46 s,称为一个回归年。同样道理,如果只是这样单纯做文字性的讲解,学生是难以深入理解其成因的。为了突破这一教学难点,可以根据学生的具体学情以及教学设施等条件,采取灵活多样的教学方法与策略加以应对。有一种方法是模拟实验演示法。接通电源电路,在讲桌中间位置安置一个发光的电灯泡,用来替代太阳(注意将其高度适当抬高,方便学生观察和实验的演示)电灯光代表太阳光。叫一名学生上台配合演示,其余学生注意观察。用手将地球仪托举至一定高度,使电灯泡中心大致与地球仪的中心同高。可以分以下几种情况进行演示:

(1) 将地球仪的"身子"摆正,使赤道平面呈水平状态与黄道平面重合,即让黄赤交角变为0°,保持地球仪本身不围绕自我中心做转动,即地球不自转,将地球仪围绕电灯泡做圆周运动,表示地球绕日做公转运动。

(2) 将地球仪"身子"倾斜回归原位状态,黄赤交角为23°26′,演示方法同(1)。

(3) 将地球仪"身子"倾斜回归原位状态,黄赤交角为23°26′,保持地球仪与电灯泡之间的空间相对位置不变,即地球不绕日公转,使地球仪围绕本身自我中心以较慢的速度做匀速转动,演示地球只是自转但不公转的情形。

在具体演示的过程中,一定要注意,演示速度不能太快,要尽量让班上每位学生都能观察到,演示过程中的每一种条件务必在演示之前给学生讲解交代清楚,便于学生带着问题和条件观察。还可以单独邀请一位同学到讲台前近距离仔细观察,然后给全班同学分享观察的结果,然后老师及时加以正确的引导。通过课堂实验的模拟演示,很容易归纳总结得出如下结论:如果黄赤交角变为0°,那么太阳光线就只能直射赤道,太阳直射点不会发生南北移动;如果黄赤交角保持23°26′不变,随着时间的推移,太阳直射点就会在南、北回归线之间进行南北往返的移动;如果在一天之内,太阳直射点也不会发生南北移动,而是保持在同一条纬线上自东向西移动。在此基础上,学生在老师的逐步启发引导下,实现由感性认识到理性认识的不断提升,最后再归纳总结得出总的结论:太阳直射点之所以会发生移动,其成因就在于地球的自转和公转运动。其中,太阳直射点发生南北移动,主要原因是地球绕日公转运动过程中存在黄赤交角的缘故;太阳直射点发生自东向西的移动(15(°)/h),主要原因则是地球的自转运动。

需要补充说明的是,对于太阳直射点移动的成因分析结论,目前,市面上绝大多数的地理教参、教辅资料,甚至于不少教师都认为,是地球绕日公转运动过程中存在黄赤交角的缘故,而忽略了地球自转运动这一因素,值得大家关注和思考。

(三) 太阳直射点移动规律

目前,大家熟知的太阳直射点移动规律示意图如图8-15所示,一般都是画成类似于正弦函数的曲线,或是画成图8-16的折线形式,但基本上都是将太阳直射点移动的方向箭头表示成自西向东。通过以上的探究,我们不难发现,这样的示意图只能反映不考虑地球自转的情况下太阳直射点的移动规律,而且容易误导学生。有鉴于此,可以考虑将太阳直射点移动的方向箭头表示成自东向西,如图8-17和图8-18所示。通过对传统的太阳直射点移动规律示意图的改造,不仅可以反映太阳直射点的南北移动规律,同时也可以反映出太阳直射点的自东向西移动的规律,这样可以更加全面地反映出太阳直射点的移动规律,还可以有效地避免学生对此产生误解。

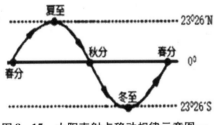

图8-15 太阳直射点移动规律示意图一

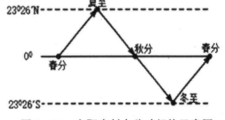

图8-16 太阳直射点移动规律示意图二

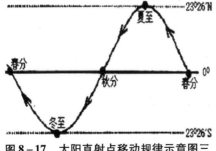

图8-17 太阳直射点移动规律示意图三

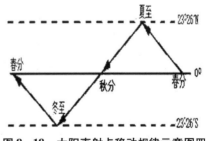

图8-18 太阳直射点移动规律示意图四

（四）太阳直射点移动规律的应用

对于太阳直射点移动规律的应用，在地理学习与考试中常常有多方面的体现。主要体现在以下几个方面。

1. 判断太阳直射点的地理位置及其移动方向

太阳直射点的地理位置包括南、北半球位置以及纬度位置。纬度位置的判定，一般只要求能够推算出某个日期太阳直射点所在的大致纬度即可，因为太阳直射点在南北方向上的移动速度在不断变化，并非是固定的，因而只需进行模拟推算。可以这样大致推算：假设太阳直射点南北移动速度是均匀的，那么，根据太阳直射点从春分日 3 月 21 日前后到夏至日 6 月 22 日前后来算，该时段的时长共 3 个月约 90 d 时间，太阳直射点向北移动的纬度数大约23.50°，算得太阳直射点平均大约每 4 天移动纬度 1°，利用这个结论，就可以对任意日期太阳直射点的纬度位置进行模拟推算，也可以大致判断出太阳直射点位于某条纬线时的大致日期。比如，7 月 20 日太阳直射点大致位于 16.5°N，太阳直射 15°S 时的日期大约为 11 月 22 日左右。太阳直射点的南、北半球位置及其移动方向的判断都非常简单。移动方向包括南北方向上的移动和东西方向上的移动。首先通过学习和思考，构建太阳直射点的南北和东西移动规律心理地图，对照心理地图，确认该日期是处于二分、二至日的哪一个时间段，立即就可以得出南、北半球以及南北移动方向的结论，比如，元旦节 1 月 1 日处于冬至日 12 月 22 日左右与春分日 3 月 21 日前后之间，故知太阳直射点位于南半球，并将向北移动。太阳直射点在东西方向上的移动始终是自东向西，移动的角速度可认为是均匀的，为 15（°）/h。

2. 推测气压带和风带的南北移动方向

我们知道，由于受地球公转运动的影响，气压带和风带的纬度位置随太阳直射点的南北移动而发生有规律的变化，其南北移动规律是：就北半球而言，大致是夏季偏北而冬季偏南。因此，只要能够正确判断出太阳直射点的大致纬度位置以及南北移动方向，就可以正确推测出气压带和风带的南北移动方向以及纬度位置情况。比如每年 5 月份，因太阳直射点位于北半球并且北移，故推知此时气压带和风带位置偏北并且正向北移。

3. 推测昼夜长短及其变化情况

黄赤交角的存在，使得地球绕日公转的过程中，形成了昼夜长短的季节变化，这是地球公转的地理意义之一。具体规律的分析与论述，可参阅本书关于地理多角度命题以昼夜长短的变化一例。

4. 判断正午太阳高度的大小及其变化

知道太阳直射点的纬度，通过正午太阳高度公式 $Hs = 90° -$ 纬差，便可以直接算出正午太阳高度值的大小。再结合正午太阳高度的变化规律，即可推断出其变化情况。需要明确的是，全球正午太阳高度的纬度变化规律是：太阳直射点所在纬线上各地正午太阳高度达最大值90°，并且正午太阳高度由太阳直射点向南北两侧分别递减。正午太阳高度的季节变化规律是：北回归线及其以北各地，夏至日时，正午太阳高度达一年中的最大值，冬至日达一年中的最小值；南回归线及其以南各地情况刚好相反；二分日时，北回归线及其以北以及南回归线及其以南各地，正午太阳高度均达一年中的算数平均值。不过，这只是一般性的论述。相对而言，还可以总结出比较全面的结论，具体见表8-2。

表8-2 全球各地正午太阳高度季节变化规律总结表

地区	夏至日正午太阳高度	冬至日正午太阳高度	二分日正午太阳高度
北回归线及其以北地区	达一年中最大值	达一年中最小值	达一年中的算数平均值
南回归线及其以南地区	达一年中最小值	达一年中最大值	达一年中的算数平均值
赤道上各地	达一年中最小值	达一年中最小值	达一年中最大值90°
南、北回归线之间地区	每年两次太阳直射的时候达到一年中最大值90° 赤道与北回归线之间，冬至日正午太阳高度达一年中最小值 赤道与南回归线之间，夏至日正午太阳高度达一年中最小值		

5. 推测自然带景观的变化特点

太阳直射点的南北移动，会带来四季的更替变化，而陆地自然带的自然景观常常会随着季节的变化而发生变化，因此，把握太阳直射点的移动规律，就能进行相关的分析和推断。比如，在每年5月至10月时段，因太阳直射点北移导致气压带和风带北移，北半球热带草原地区因受赤道低气压带的控制，形成湿季，水草丰茂，南半球的草食动物就会因此向北迁徙，在北半球干季时段又向南迁徙，具有周期性的规律。同样，北半球苔原带的驯鹿也会有类似规律迁徙。在温带季风气候条件下，温带落叶阔叶林春夏季节叶茂而秋冬季节枯黄，季相变化非常明显。有关知识的考查在地理高考中已经多次出现，可多加关注和探讨。

6. 推测人类活动的季节变化以及其他具有季节变化规律的现象

太阳直射点的移动规律作为地球运动知识板块中的重要组成内容，是地理会考和高考的高频考点，与人们的生产生活息息相关，比如，农业生产中的农作物的种收季节，三峡水库夏季泄洪而秋季蓄洪等。其命题切入口较宽，建议大家引起高度重视，并多与生产生活实际相联系，力求综合运用，举一反三。

案例十　关于飞机上昼夜问题的探讨

在不少的地理教辅参考资料中，飞机上的昼夜问题已经得到广泛的探讨，并形成了一些结论性的认识。但由于仁者见仁、智者见智，因此所得结论难免良莠不齐。有的教师在具体的地理教学过程中，由于不注意认真细致的分析和辨识，因此导致出现以讹传讹的教学现象。加之这一问题贴近生活实际，对培养学生的综合分析能力具有较高的价值，借此做一个较为全面的分析和解读。

（一）问题背景

随着人们经济收入的提高以及生活质量水平的提升，飞机作为现代交通运输工具，因其快捷安全而受到人们广泛的青睐。不少人都有过乘坐飞机出行的经历。新的课程标准提倡学生学习生活中实际的有用的地理知识，加之国家教育部又提倡开展研学旅行活动，因而，飞机上的昼夜问题在地理学科的教学和教研中得到了广泛的关注和研讨。由于飞机在空中处于飞行运动之中，因此在飞机上的人们所处的经纬度位置会随之而发生改变。而昼夜长短本身会随着经纬度位置的变化而改变，因而使得人们在飞机上所经历的或可以感受到的白昼与黑夜的时间长度会因此而发生改变。其中，昼夜长短究竟会有什么样的改变？昼夜更替时间会发生怎样的变化？有没有规律可循？……一连串的疑问，便成为地理学科练习与考试的题材。不难看出，与此有关的问题，主要考查的知识点在于昼夜长短的变化规律，旨在考查学生获取与解读有效信息，并运用所学知识分析和解决有关地理实际问题的意识与能力。

（二）问题的具体分析

对于飞机上昼夜问题的分析，这里将之具体分为南北向与东西向两个大的方面进行分析。

1. 飞机做南北向运动

当飞机做南北方向或接近南北方向的飞行运动时，在飞机上的人们所处位置的变化主要是纬度位置的改变，其所处的经度位置保持不变或变化很小，可以认为保持不变。不难发现，在此情况下，在飞机上的人们所经历的昼夜时间长度的变化，是由其所处纬度位置的改变而带来的。结合其出发地点和时间的昼夜状况以及飞行的时间，根据当时全球昼夜长短的分布规律，可以较为容易地推算出飞机上人们经历的昼夜时间情况。下面分两种情况来讨论。

（1）若飞机飞行的时间正好在二分日，即春分日或秋分日，由于此日全球各地昼夜平分均为 12 h，各地的昼长和夜长不会随着纬度位置的变化而改变，因此，在飞机上的人们所经历的昼长与夜长时间均保持不变，仍然各为12 h，这是一种非常特殊的情况。

（2）若飞机飞行的时间不在二分日，由于全球各地（赤道除外）昼夜并不等长，各地的昼长和夜长会随着纬度位置的变化而改变，因此，在飞机上的人们所经历的昼长与夜长时间均会发生改变。举例来讲：如果在飞机飞行的时间里，太阳直射点位于北半球，则北半球各地昼长夜短，南半球各地昼短夜长，赤道上各地昼夜等长，全球除有极昼极夜的地区之外，越往北的地方，其昼越长而夜越短。因此，若飞机向北飞行，则在飞机上的人们所经历的昼长必然会增长，而夜长则必然会因此缩短，若飞机向南飞行则刚好相反。如果在飞机飞行的时间里，太阳直射点位于南半球，则在飞机上的人们所经历的昼夜长短的变化刚好相反。具体到昼夜时间的长短变化多少，还要视飞机飞行时的具体情况而定。下面具体来分析说明：假如飞机于夏至日在杭州（30°N，120°E）飞往河北秦皇岛市（40°N，120°E），从出发地到目的地经历的时间为6 h 10 min（途中在青岛停留3 h 5 min），已知夏至日时，杭州天亮时间与天黑时间分别为北京时间4 h 30 min 51 s和19 h 31 min 57 s，秦皇岛天亮时间与天黑时间分别为北京时间4 h 00 min 35 s和20 h 6 min 39 s，此日二地的昼长分别为15 h 1 min 6 s与16 h 6 min 4 s，夜长分别为8 h 58 min 54 s与7 h 53 min 56 s。这里又要分3种情况：如果飞机一直在白昼时段飞行，则飞机上的人们在该日所经历的昼长将增长1 h 5 min 2 s，夜长则缩短1 h 5 min 2 s，昼夜更替的时间仍然为24 h。如果飞机一直在黑夜时段飞行，则飞机上的人们在该日所经历的昼长将不变，夜长则缩短1 h 5 min 2 s，该日所经历的昼夜更替时间缩短1 h 5 min 2 s，变为22 h 54 min 58 s。如果飞机飞行时段跨越了白昼与黑夜，则又要分两种情况：

一种情况是，飞机飞行出发时处于白昼，而到达时处于黑夜。假设飞机在中途天黑时所经过地方的昼长为t h（$t > 15$ h 1 min 6 s），可知飞机上的人们在该日所经历的昼长将增长$t - 15$ h 1 min 6 s，夜长则缩短1 h 5 min 2 s。第二种情况是，飞机飞行出发时处于黑夜，而到达时处于白昼。假设飞机在中途天亮时所经过地方的夜长为T h（$T < 8$ h 58 min 54 s），可知飞机上的人们在该日所经历的昼长保持不变，仍为15 h 1 min 6 s，夜长则缩短8 h 58 min 54 s $- T$，该日所经历的昼夜更替时间缩短8 h 58 min 54 s $- T$，变为15 h 1 min 6 s $+ T$。有关具体问题的推算，可参照上述方法进行即可。

2. 飞机做东西向运动

当飞机做东西方向或接近东西方向的飞行运动时，在飞机上的人们所处位置的变化主要是经度位置的改变，其所处的纬度位置保持不变或变化很小，可以认为保持不变。不难发现，在此情况下，在飞机上的人们所经历的昼夜时间长度的变化，是由其所处经度位置的改变所带来的。根据其出发地点和时间的昼夜状况以及飞行的时间和具体的方向，结合地球自转运动的基本规律，可以推算出飞机上人们所经历的昼夜时间情况。下面分两种情况来讨论。

（1）飞机自西向东运动。

当飞机做自西向东方向的运动时，由于运动方向与地球自转运动的方向基本一致，相当于人们在地表不运动的情况下，感觉地球自转运动的速度比原来加快了，因此使得飞机上的人们所经历的昼夜更替的时间缩短了，但具体缩短多长时间，以及所经历的昼长与夜长的变化情况如何，还需要视有关具体的情况而定。下面分3种情况进行讨论。

第一种情况：飞机自西向东飞行所经历的时段一直处于白昼时间段，那么，在飞机上的人们该日所经历的昼长将会缩短，而所经历的夜长将保持不变，因此所经历的昼夜更替时间肯定缩短。举例予以分析说明：假如飞机在赤道上空 H km 的高度以 1 670（1 + H/R）km/h 的速度（R 为地球的赤道半径）自西向东运动，即飞机向东运动的角速度与地球自转角速度相等，均为15（°）/h，飞机运动总共的时间为 x h，并且飞机飞行过程中一直处于白昼时间，那么，该日飞机上的人们所经历的昼长时间将缩短为（12 − x）h，而夜长将保持不变，该日所经历的昼夜更替时间则缩短为（24 − x）h。将此推广到一般的情况：假设飞机在某条纬度为 $α$ 的纬线上空 H km 的高度以速度 v（R 为该条纬线上的地球半径）自西向东运动，飞机运动的总共时间为 x h，并且飞机飞行一直处于白昼时间，推知飞机向东运动时相对于地轴的角速度为 $v/(R+H)$，据此可进一步算得该日飞机上的人们所经历的昼长时间将缩短 $vx/[15(R+H)]$ h，而夜长将保持不变，则该日飞机上的人们所经历的昼夜更替时间缩短为 $24 − vx/[15(R+H)]$ h。

第二种情况：飞机自西向东飞行所经历的时段一直处于黑夜时间段，那么，在飞机上的人们该日所经历的昼长将保持不变，而所经历的夜长将缩短，因此所经历的昼夜更替时间肯定缩短。假设飞机在某条纬度为 $α$ 的纬线上空 H km 的高度以速度 v（R 为该条纬线上的地球半径）自西向东运动，飞机运动总共的时间为 x h，并且飞机飞行过程中一直处于夜晚时段，同理可推出如下结论：该日飞机上的人们所经历的昼长时间保持不变，而夜长将缩短 $vx/[15(R+H)]$ h，该日飞机上的人们所经历的昼夜更替时间则缩短为 $24 − vx/[15(R+H)]$ h。

第三种情况：飞机自西向东飞行所经历的时段既有白昼也有黑夜。假设飞机在某条纬度为 $α$ 的纬线上空 H km 的高度以速度 v（R 为该条纬线上的地球半径）自西向东飞行，飞机在途中白昼时段飞行的时间为 T_1 h，在途中夜晚时段飞行的时间为 T_2 h，可以推知，飞机上的人们在该日所经历的昼长将缩短 $vT_1/[15(R+H)]$ h，夜长则缩短 $vT_2/[15(R+H)]$ h，该日飞机上的人们所经历的昼夜更替时间将因此缩短 $v(T_1+T_2)/[15(R+H)]$ h。有关具体问题的推算，仍可参照上述方法进行。

（2）飞机自东向西运动。

当飞机做自东向西方向的运动时，由于运动方向与地球自转运动的方向刚好相反，相当于人们在地表不运动的情况下，感觉地球自转运动的速度比原来减慢了，因此使得飞机上的人们所经历的昼夜更替的时间增长了，但具体增长多少时间，以及所经历的昼长与夜长的变化情况如何，也需视有关具体情况而定。同样可以分几种情况进行讨论，因具体分析跟上述分析思路与方法大体相同，有兴趣的读者可自行推算，在此不再赘述。这里只将有关一般性的结论介绍于后：假设飞机在某条纬度为 α 的纬线上空 H km 的高度以速度 v（R 为该条纬线上的地球半径）自东向西飞行。

第一种情况：飞机自东向西飞行所经历的时段一直处于白昼时间段，那么，在飞机上的人们该日所经历的昼长将会增长 $vx/[15(R+H)]$ h，而夜长将保持不变，该日飞机上的人们所经历的昼夜更替时间则增长为 $24+vx/[15(R+H)]$ h。

第二种情况：飞机自东向西飞行所经历的时段一直处于黑夜时间段，那么，在飞机上的人们该日所经历的昼长将保持不变，而夜长会增长 $vx/[15(R+H)]$ h，该日飞机上的人们所经历的昼夜更替时间则增长为 $24+vx/[15(R+H)]$ h。

第三种情况：飞机自东向西飞行所经历的时段既有白昼也有黑夜。假设飞机在途中白昼时段飞行的时间为 T_1 h，在途中夜晚时段飞行的时间为 T_2 h，则飞机上的人们在该日所经历的昼长将增长 $vT_1/[15(R+H)]$ h，夜长则增长 $vT_2/[15(R+H)]$ h，该日飞机上的人们所经历的昼夜更替时间将因此增长 $v(T_1+T_2)/[15(R+H)]$ h。

对于飞机上的昼夜问题，还需要注意的是，一般比较常见的问题多是飞机做东西方向的飞行运动，在具体分析时，务必要把握一个关键点，那就是看飞机飞行途中是经历的白昼还是黑夜的情况，若经历白昼，则白昼的时间就会缩短或增长；若经历黑夜，则夜晚的时间就会缩短或增长；若经历的时段既有白昼又有黑夜，则白昼与夜晚的时间都会缩短或增长。在进行具体计算时，可将飞机飞行的速度转换成相对于地轴的角速度再进一步推算即可。如果要借此进行有关的地理命题资源的开发与利用，还需要注意飞机可能的飞行速度，否则，若所采用的数据与实际相差甚远的话，题目本身也就失去了存在的意义。

案例十一　太阳能集热板的倾角问题

太阳能是太阳辐射能的简称，而太阳辐射则是太阳源源不断地往外释放出来的各种电磁波的总称，其能量非常巨大。太阳能作为一种新能源，清洁干净，可再生，分布广泛，利用前景十分广阔。为了利用太阳能，人们设计制作了太阳能热水器等能源利用装置。我们知道，影响太阳辐射强度的因素是多方面的，包括太阳高度（角）、地势高低以及天气状况等，其中，最主要的因素则是太阳高度角，简称太阳高度。太阳高度越大，太阳光热越集中，则单位时间、单位面积的地表所获得的太阳辐射能量越多，太阳辐射也就越强。因此，要使太阳能集热板的集热效果达到最佳状态，就需要调整集热板与地面之间的倾角，使之与太阳光线之间保持垂直关系。借此，对太阳能集热板的倾角问题予以探究。

（一）基本关系式

假设太阳能集热板的倾角为 α，太阳高度为 h，如图 8-19 所示，根据集热板与太阳光线相互垂直的原理，可以得到如下关系式：$\alpha + 90° + h = 180°$，据此，推导出太阳能集热板倾角的基本关系式如下：$\alpha = 90° - h$。这是在地表呈水平状态下，关于太阳能集热板倾角的基本公式。需要说明一下的是，这里所采用的太阳高度是基于地表呈水平状态下的理论值（下同）。

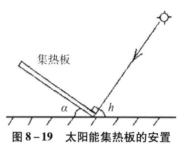

图 8-19　太阳能集热板的安置

（二）实际关系式

在实际生活场景中，地表呈水平状态是一种比较理想化的情形，很多时候地表是呈倾斜状的。假设地表与水平面之间的倾角为 θ，即地表坡面角度为 θ，则有 $0° \leqslant \theta \leqslant 90°$。下面分两种情况来进行讨论：

第一种情况：假设太阳光线顺着地表坡面照射，如图 8-20 所示，根据几者的空间关系可知，$\alpha + 90° + h - \theta = 180°$，推知 $\alpha = 90° - h + \theta$。

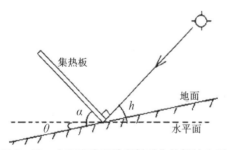
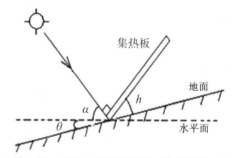

图 8-20　太阳光线顺坡照射时集热板的安置　　图 8-21　太阳光线逆坡照射时集热板的安置

第二种情况：假设太阳光线逆着地表坡面照射，如图 8-21 所示，同理，可以推知，$\alpha = 90° - h - \theta$。

综上所述，可以归纳得出太阳能集热板倾角的一般公式为：$\alpha = 90° - h \pm \theta$（顺加对减，其中，$\alpha$ 表示太阳能集热板相对于地面的倾角，h 表示太阳高度角，θ 表示地面坡度角）。

（三）正午太阳能集热板倾角的年调整幅度问题

在地理学习与考试中常有相关问题的出现，在此做一探讨。根据太阳能集热板倾角的一般公式 $\alpha = 90° - h \pm \theta$，可知，在地表坡度角一定的情况下，太阳能集热板倾角 α 随着太阳高度 h 大小的变化而变化。由此可推知，正午太阳能集热板倾角的年调整幅度值就等于该地在一年中正午太阳高度的年变化幅度值，即等于该地一年中正午太阳高度的最大值与最小值之间的差值。因此，对本问题的探究即相当于探究该地一年中正午太阳高度的年变化幅度问题。为了便于推算，不妨将正午太阳能集热板倾角的年调整幅度值用 M 表示，一年中正午太阳高度的年变化幅度值用 N 表示，一年中正午太阳高度的最大值用 H_1 表示，一年中正午太阳高度的最小值用 H_2 表示。假设该地的地理纬度度数为 x，以下分两种情况进行讨论。

（1）若 $0°\leqslant x\leqslant 23°26'$，即该地位于赤道与南（北）回归线之间的地区，因会受到太阳直射，则其一年中正午太阳高度的最大值为 $H_1=90°$。其一年中正午太阳高度的最小值出现在当地冬至日时，由此推知 $H_2=66°34'-x$，因此，$N=H_1-H_2=23°26'+x$。因 $M=N$，故 $M=23°26'+x$。

（2）若 $23°26'<x\leqslant 90°$，即该地位于北回归线以北或南回归线以南地区，根据正午太阳高度季节变化规律及计算公式可知，$H_1=113°26'-x$，$H_2=66°34'-x$，推知 $N=46°52'$，故 $M=46°52'$。

案例十二　等太阳高度线图的解读

（一）等太阳高度线

等太阳高度线，即在某一时刻，地表太阳高度相等的各点的连线。在等太阳高度线图中，常常包含以下信息。

（1）圆心表示太阳直射点，太阳高度以该点为中心点向四周逐渐降低；通过该点的经线即太阳直射的经线，其地方时为正午12∶00；通过该点的纬线即太阳直射的纬线，其正午太阳高度为90°。

（2）竖向的直线表示经线。

（3）横向的线表示纬线。当太阳直射赤道时，该线应为直线；当太阳直射点没有位于赤道上时，该线则应为曲线。

（4）太阳高度一般由内圈向外圈递减。

（5）位于横线上的两地（位于太阳直射点的同一侧），其太阳高度的差值小于或等于两地的经度差。当太阳直射赤道时，其太阳高度的差值等于两地的经度差；当太阳直射点没有位于赤道上时，则其太阳高度的差值小于两地的经度差。

（6）位于竖向直线上的两地（位于太阳直射点的同一侧），其太阳高度的差值等于其纬度之差。

（7）竖向直线不一定表示同一条经线。只有当太阳直射点位于赤道上时，竖向直线才表示同一条经线。

（8）当最外圈大圆的太阳高度为0°时，整个等太阳高度线图就表示昼半球，最外圈的大圆则表示晨昏线（圈）。

（二）等太阳高度线图的判读

在等太阳高度线图中，需要判读的基本内容有：太阳直射点的地理坐标；地方时与区时等时间的计算；昼夜长短的变化；太阳高度和正午太阳高度的分布规律；正午太阳高度的计算与比较；推断与图示相关的日期、季节以及有关地理现象等。

等太阳高度线图可以看作是以太阳直射点为中心的俯视图。在判读等太阳高度线图时，掌握以下方法，有助于正确解答有关问题。

（1）根据太阳直射的纬线，推断太阳直射点所在的南北半球及表示的季节，并判断与之相关的地理现象。

（2）在太阳直射点所在的经线上，两地（位于太阳直射点的同一侧）太阳高度相差的度数等于其纬度数之差。据此可计算该经线上某地的纬度值；如果太阳直射赤道，则赤道上太阳高度相差多少度，经度就相差多少度；如果太阳直射点没有位于赤道上，则太阳高度相差多少度，其经度差一定大于太阳高度的差值，由此可推算该纬线上某点的大致的经度数和地方时。

（3）如果图中标注了太阳高度的数值，则可视具体数值而定：一是最外侧的大圆圈为0°，即该大圆为晨昏线（圈），一般情况下，太阳直射经线以东最大的半圆为昏线，以西最大的半圆为晨线。二是图中最大的圆圈不是0°等太阳高度线，则该圆就不表示晨昏线（圈）。如果没有标注太阳高度的数值，通常图中最外侧大圆的太阳高度为0°，即晨昏线（圈）。

（4）由于太阳直射经线的南北跨度为180°，因此当太阳直射赤道时，此经线最北点为北极点，最南点为南极点；当太阳直射北半球时，北极点位于图中最北点以南，图中没有南极点；当太阳直射南半球时，结果相反。

（三）典例分析

【例1】图8-22表示某时刻地球表面等太阳高度线分布情况，图中同心圆为等太阳高度线。读图，完成（1）—（2）题。

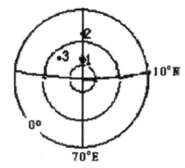

图8-22 某时刻地球表面等太阳高度线分布

(1) 此刻北京时间为 ( )
A. 10：00 B. 14：00 C. 8：40 D. 15：20
(2) 若图中1、3两地纬度相同，则下列说法错误的是 ( )
A. 1地的太阳高度大于3地 B. 2地的太阳高度小于3地
C. E地出现极昼现象 D. E地的地方时为12：00

【解析】此题中的图示是根据等值线与日照图基本原理绘制而成的等太阳高度线图，主要考查学生识图、析图的能力。第 (1) 题，据图可知，太阳直射点即圆心的地理坐标是 (10°N，70°E)，3个同心圆表示的太阳高度由内向外分别为60°、30°和0°。根据70°E经线地方时为12：00，可以推算出北京时间为15：20。D选项正确。第 (2) 题，据图容易得知，1地的太阳高度大于同纬度的3地，并且3地的太阳高度大于纬度较高的2地；据图也可以推知，E点的地理坐标为 (80°N，70°E)，由于太阳直射10°N纬线，因此E地出现极昼现象，其地方时应为0：00点。故D选项正确。

(四) 强化训练

【例2】读某时刻等太阳高度线分布图 (图8-23)，回答1—8题。

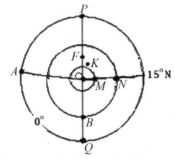

图8-23 某时刻等太阳高度线分布

1. M 点位于 K 点的 ( )
   A. 正南方 B. 东南方 C. 西南方 D. 都不对
2. M 点与 N 点的经度相差 ( )
   A. 30° B. 小于30° C. 大于30° D. 无法判断

3. 若此时北京时间为下午2点，则 （   ）

   A. P 点为 90°W   B. P 点为 90°E

   C. O 点为 90°W   D. Q 点为 90°W

4. 实际上，人们发现 M 地此时太阳高度不等于 60°，其原因很可能是受（   ）的影响。

   A. 植被   B. 洋流   C. 地形   D. 建筑物

5. 假如由于某种因素的影响，使等太阳高度线在 N 地向内弯曲，则 N 地此时的太阳高度值 （   ）

   A. 等于 30°   B. 小于 30°   C. 大于 30°   D. 无法判断

【例3】设想一架飞机此时由 F 地沿所在纬线以每小时 275 km 的速度向东飞行（不考虑飞行高度对昼夜长短的影响）。据此回答 6—8 题。

6. 从理论上讲，在飞机上的人经历昼夜的时间 （   ）

   A. 等于 24 h   B. 短于 24 h   C. 长于 24 h   D. 无法判断

7. 若飞机刚好飞行一圈，并且当日 60°S 的夜长为 18 h，则在飞机上没有太阳光照的时间不会超过（不考虑飞行高度对昼夜长短的影响） （   ）

   A. 3 h 40 min   B. 4 h 30 min

   C. 4 h 50 min   D. 5 h 40 min

8. 此时，关于此图的说法正确的是 （   ）

   A. A 地日出时地方时为 7 点   B. B 地日出时地方时为 5 点

   C. P 地日出时地方时为 12 点   D. Q 地日出时地方时为 12 点

【参考答案】1. B 2. C 3. A 4. C 5. B 6. B 7. B 8. D（具体解析略）

案例十三　多角度命题探究——以昼夜长短变化为例

时下提倡深度教学，通过引领学生提升思维层次，促进其综合思维能力的提高，进而促进学生地理学科核心素养的培养和提升。从命题测试的角度来看，就某一个知识点，如果从多个角度进行命题，不仅可以深度挖掘知识本身的内涵，而且还可实现知识的交叉生长，由存量知识衍生出增量知识，达到综合考查学生分析和解决问题能力的目的，促进地理教学质量的提高。下面以昼夜长短变化作为案例，从多方面进行多角度的命题尝试。所选试题皆是笔者在南充一中任教期间所承担的课时练习设计项目内容，全部为原创单项选择试题。结合对照试题本身，提供试题解析，供大家学习参考。

（1）直接考查昼夜长短的定量计算，旨在检测学生对于昼夜长短计算公式与方法的掌握和运用能力，考查的知识点比较单一，能力要求层次不高，因此，题目一般难度不大。

【例1】图 8-24 为夏至日太阳光照侧视图，据图推算 C 点的昼长约为 （   ）

第八章　案例分析

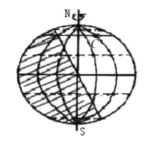

图 8-24　夏至日太阳光照侧视

A. 10 h　　　　　B. 12 h　　　　　C. 20 h　　　　　D. 24 h

【解析】本题旨在考查昼长时间的计算，以及读图析图的能力。计算 C 点的昼长，主要有两种方法。第一种方法：通过昼弧与夜弧的比例进行计算。从图 8-24 中可以看出，C 点所在纬线上，昼弧与夜弧的比例为 5∶1，可知其昼长与夜长时间比为 5∶1，而昼长与夜长之和等于 24 h，由此算得其昼长为 20 h。第二种方法：通过昼长与日出时间的关系式进行计算。从理论上来讲，在同一条纬线上的各地在同一天的昼长时间相等，其日出的地方时刻数相同。由图可知，晨线与 C 点所在纬线交点的地方时为 2∶00，可知 C 点此日日出的地方时为 2∶00，根据昼长公式：$T = 24 - 2x$（x 为日出地方时数），算出 C 点昼长为 20 h。故正确答案选 C。

（2）直接考查昼夜长短的纬度分布和季节变化规律，属于对教材基础知识本身的考查范畴，难度较小。

【例 2】下表所列的是夏至日甲乙丙丁 4 地的白昼时间，判断 4 地中属于北半球的是

（　　）

	甲地	乙地	丙地	丁地
白昼时间	5 h 30 min	9 h 09 min	11 h 25 min	13 h 56 min

A. 甲地　　　　　B. 乙地　　　　　C. 丙地　　　　　D. 丁地

【解析】本题旨在考查昼夜长短的纬度变化规律。按照约定俗成，在没有明确指出具体半球的情况下，夏至日一般是就北半球而言的。因此，本题所提到的时间夏至日应为 6 月 22 日前后，太阳直射北回归线，北半球各地昼长夜短，并且昼长达一年中的最大值，夜长达一年中的最小值，北极圈及其以北各地出现极昼现象，昼长达 24 h，南半球则昼最短而夜最长，南极圈及其以南各地出现极夜现象，昼长为 0 h，赤道上昼夜平分，各为 12 h。表中 4 地，只有丁地满足题设条件，故正确答案选 D。

【例 3】下列日期中，我国北京市昼长将变短的是　　　　　　　　　　　　　（　　）

A. 3 月 21 日　　　B. 5 月 1 日　　　C. 7 月 1 日　　　D. 1 月 1 日

【解析】本题旨在考查昼夜长短的季节变化规律。就北半球而言，无论太阳直射点在哪个半球，如果太阳直射点向北移动，则昼长时间将变长而夜长时间将缩短（出现并保持极昼或极夜的地区除外）；如果太阳直射点向南移动，则情况相反；南半球与北半球相反。北京市位于北半球中纬度地区，根据昼夜长短的季节变化规律可知，其昼长变短的时段，

也就是太阳直射点向南移动的时段，又据太阳直射点的南北移动规律推知，此时段应为每年夏至日6月22日前后至冬至日12月22日前后，故正确答案选C。

（3）从对称性特点的角度，考查昼夜长短的纬度分布和季节变化规律。相较于对教材基础知识本身的直接考查而言，难度相对较大。

【例4】已知某地（40°S，120°E）某日昼长为14 h，则另一地（40°N，120°W） （　　）

A. 日出时间早于6：00　　　　　　B. 日落时间晚于18：00
C. 昼长时间10 h　　　　　　　　D. 夜长时间10 h

【解析】本题旨在考查全球昼夜长短纬度分布的对称性。根据全球昼夜长短的纬度分布具有对称性的特点可知，在一年中的任意一天，北半球地表某地的昼长时间与南半球纬度相同地方的夜长时间相等，即二者的昼长之和等于24 h，由此可知，题目中另一地的夜长等于14 h，其昼长则应为10 h，日出时间晚于地方时6：00，日落时间则早于地方时18：00，故正确答案选C。本题涉及日出、日落时间的早晚与昼夜长短之间的关系，属于生活地理常识的范畴，需要平时注意观察和积累。

【例5】一年之中，与成都市国庆节昼长时间相等的另一个日期大约在 （　　）

A. 2月15日　　　B. 3月15日　　　C. 11月15日　　　D. 12月15日

【解析】本题考查的考点有：昼夜长短季节变化在时间分布上具有对称性的特点，太阳直射点南北移动的时间规律，以及国庆节的时间常识。旨在考查学生对所学知识的灵活迁移运用能力。对照教材上或者地图册上的太阳光照侧视图，通过观察不难发现，昼夜时间长短不仅在纬度分布上具有南北对称的特点，而且在时间分布上也具有对称性的特点。具体而言，也就是在二至日前后距离时间相同的任意两天，地表任意一地的昼长大致是相等的。在具体推算时，北半球夏半年时段可以夏至日作为参照，而冬半年则可以冬至日作为参照。我国规定国庆节在每年公历10月1日，这一天在秋分日之后的第8天，那么，根据昼长的对称性可知，昼长时间相等的另一个日期大约在春分日前的第8天，故正确答案选B。

笔者通过细心思考分析，总结出了某地一年中昼长相等的两个日期的数学关系。假设某地一年中昼长相等的两个日期分别为X_1月Y_1日和X_2月Y_2日，则有：$X_1 + X_2 = 12$，$Y_1 + Y_2 = 44$。如果推算出二者的日期数Y_1与Y_2之和大于31，则减去30，再在所求的月份数上加1；如果算出的月份数为0，则表明两个日期的月份数相同。限于中学生的知识与能力水平要求，加之太阳直射点南北移动速度存在时间上的差异，所以，地理考试一般只要求进行模拟计算。其中的关系式，有兴趣的读者可以自行推导，在此省略。

（4）从定性分析的角度，考查昼夜长短的变化幅度，难度中等。

【例6】在下列地点中，昼夜长短变化幅度最大的是 （　　）

A. 广州　　　　B. 上海　　　　C. 北京　　　　D. 哈尔滨

【解析】本题旨在考查昼夜长短变化幅度大小与纬度分布的关系，以及空间定位的能

第八章 案例分析

力。所谓昼夜长短的变化幅度，是指地表某地在一年中昼长的最大值与最小值之间的差值。根据全球昼夜长短的变化规律，不难得知，除存在极昼极夜的极地地区以外，昼夜长短的变化幅度随纬度的增加而增大，赤道上因终年昼夜平分变化幅度为0。一般而言，昼夜长短变化幅度最大的城市，其纬度分布应是最高的，在所给的4个选项中，哈尔滨的纬度最高，故正确答案选D。

(5) 从生活地理常识的角度，考查昼夜长短的季节变化规律，难度一般不大，但能充分地体现新课标所提倡的学习生活中有用的地理知识的理念。

【例7】天安门广场上的国旗与太阳同时升起，我国下列节日中升旗仪式最早的是
( )

A. 劳动节　　　　B. 建党节　　　　C. 建军节　　　　D. 国庆节

【解析】本题旨在通过考查日出时间与昼夜长短之间的关系，考查昼夜长短的季节变化规律，并非考查昼夜长短时间的具体计算。由题设信息可知，升旗仪式最早，意味着日出最早，也就是昼长最长。4个选项所给天安门广场日期的昼长时间很难计算出来，因此只能进行大致的昼长大小比较。天安门广场位于北京，处于北半球北回归线以北的中纬度地区，每年夏至日6月22日左右时，其昼长达到一年中的最大值，由昼夜长短的季节变化规律可知，距离夏至日时间越短的日期，昼长应该越长，反之则越短。要能正确作答此题，还需要知道我国常见节日的日期情况，劳动节在5月1日，建党节在7月1日，建军节在8月1日，国庆节在10月1日等。显然，4个选项中的日期距离夏至日最近的是7月1日建党节，故正确答案选B。不难看出，本题本质上是在考查地理规律，但同时考查了生活常识，非常契合新课标的理念，值得进一步探讨。

(6) 从定性比较分析的角度，考查影响昼夜长短的地形、大气等因素，难度中等。

【例8】一般地，就某地而言，其理论上的白昼时间（P）和实际上的白昼时间（Q）相比
( )

A. $P > Q$　　　　B. $P < Q$　　　　C. $P \approx Q$　　　　D. $P = Q$

【解析】本题旨在考查影响昼长时间长短与大气热力作用之间的关系，以及生活常识，体现了学习生活中有用的地理的新课程理念。以春分日为例，内江师范学院昼长的理论值应为12 h。但由于大气对太阳辐射光线的散射作用，因此清晨太阳还未从地平线上升起的时候，东方天空已经明亮了；黄昏时太阳已经落下山坡了，但天还没有黑，也就是说，内江师范学院昼长时间实际上要大于12 h。据此可知，实际上白昼时间一般要长于理论上的白昼时间。故正确答案选B。补充说明一下，本题无论是借助于生活常识作答，还是运用大气的散射作用原理进行分析，都可以得到正确答案，因此，本题既可以作为新课的练习，也可以作为复习检测考试使用。

【例9】在同一条纬线上的各地昼长应该相等。我国拉萨市与成都市同处于30°N附近，但拉萨的昼长时间却一般都比成都要长，其原因主要在于
( )

A. 地势高　　　　B. 位置偏西　　　　C. 天气晴朗　　　　D. 气温较低

【解析】 本题考查影响昼长时间长短的地形因素，旨在考查学生对所学知识的迁移运用能力。拉萨位于我国青藏高原，海拔达 3 000 m 左右，由于地势高，因此空气稀薄，云雨雾日少，天气晴朗，大气能见度高，常常可比地势较低的成都市先看到日出，后看到日落，因而昼长较长。位置偏西本身会影响到日出日落时间的早晚，但不会对昼夜时间的长短产生影响；天气晴朗有一定影响，但根本原因是由于地势高造成的；气温的高低与昼夜长短之间没有多大关系。故正确答案选 A。由此题可以看出，在没有特别说明的情况下，一般题目中的昼夜长短都是指理论上的时间。

（7）结合地方时与区时的换算，考查昼夜长短时间计算以及昼夜长短的季节变化规律。由于地方时与区时的换算本身就是教学难点，因此难度相对较大。

【例 10】 春分日，内江师范学院（约 106°E）的日出时间为　　　　　（　　）

A. 早于北京时间 6：00　　　　　B. 晚于北京时间 6：00

C. 北京时间 6：00　　　　　　　D. 不能确定

【解析】 本题考查的知识与能力点包括昼夜长短的季节变化规律，昼夜长短与日出时间的关系，以及地方时与区时的换算，旨在考查学生综合运用知识分析和解决问题的能力。春分日时，太阳直射赤道，全球各地昼夜平分各为 12 h。根据昼长与日出时间的关系公式 $T_{昼}=24-2x$（x 为日出地方时数），可知内江师范学院的日出地方时为 6：00，此时，北京时间即 120°E 经线的地方时应为 6：56，故正确答案选 B。需要说明一下的是，本题部分学生容易误选 C 选项，原因在于，学生在运用昼长与日出时间的关系公式 $T_{昼}=24-2x$ 进行计算时，没有注意算出来的时间应为当地的地方时。

（8）从比较分析的角度，结合经纬网等地图，考查昼夜长短与日出日落时间早晚的关系，有利于考查学生的读图分析与综合计算能力，难度一般较大。

【例 11】 如图 8-25 所示，已知某日 P 地昼长为 8 h 34 min（记为 8 h 34 min，下同），Q 地昼长为 10 h 4 min，据此回答问题。

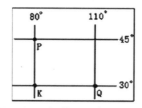

图 8-25　经纬网局部地区分布

此日，P 地与 Q 地相比　　　　　　　　　　　　　　　　　　　　　（　　）

A. 日出晚 45 min，日落早 45 min　　　B. 日出晚 2 h，日落晚 30 min

C. 日出晚 2 h 45 min，日落晚 1 h 15 min　D. 日出早 45 min，日落早 2 h 15 min

【解析】 此题借助经纬网地图，考查昼夜长短与日出日落关系的比较，旨在考查学生读图综合分析与计算的能力。由图可知，K 地与 Q 地在同一纬线上，昼长相同。K 地的地方时比 Q 地晚 2 h，推知 K 地的日出与日落时间均比 Q 地晚 2 h；又 K 地与 P 地地方时相同，K 地的昼长比 P 地长 1 h 30 min，可推知 K 地比 P 地日出早 45 min，日落晚 45 min。

综合比较可知，P 地比 Q 地日出晚 2 h 45 min，日落晚 1 h 15 min，故正确答案选 C。

（9）从定性或定量综合分析的角度，考查飞机上的昼夜交替变化问题，难度一般较大。

【例 12】在地表自西向东或者自东向西运动，经历昼夜交替时间会发生变化。据此回答下面问题。

某日，勇者超人乘坐飞机自西向东飞行了 5 个小时，一路上万家灯火，由此推知
（ ）

A. 他该日经历的白昼时间缩短
B. 他该日经历的白昼时间延长
C. 他该日经历的昼夜交替时间长于 24 h
D. 他该日经历的夜长时间缩短

【解析】本题考查在运动中的飞机上的昼夜交替问题，旨在考查获取和解读信息，调动和灵活运用所学知识分析和解决问题的能力，难度相对较大。分析可知，当飞机向东飞行时，相当于迎着太阳运动，因而昼夜交替的时间将因此缩短，反之，若飞机向西飞行，就相当于在追赶太阳，因而，昼夜交替的周期将变长。前者的昼夜时间之和小于 24 h，后者则长于 24 h。究竟是昼长在改变，还是夜长在变化，具体要看飞机在什么时段飞行。如果飞机一直在白昼时段飞行，那么改变的就是白昼时间；如果飞机一直在夜晚时段飞行，那么改变的就是夜长时间；如果飞机飞行时段既有白昼时间也有夜晚时间，那么白昼和夜晚的时间长度都将因此而改变。题目中飞机向东飞行，勇者超人该日经历的昼夜交替时间应小于 24 h，C 错。一路上万家灯火，表明飞机飞行时段一直是在夜晚时段，因而，他该日所经历的夜长时间缩短，而白昼时间不会因飞机的飞行而改变，综上所述，正确答案选 D。关于飞机上的昼夜交替问题的详细分析，具体可参阅本书相关章节。

（10）从假设分析的角度，考查昼夜时间长短的计算问题。因对学生的空间想象能力要求较高，所以题目难度一般较大。

【例 13】假设地球赤道半径为 R，若某点始终位于赤道 160°E 上空，并且该地与地心之间的直线距离为 $2\sqrt{3}R/3$，从理论上推算，秋分日时该点的昼长时间等于
（ ）

A. 8 h　　　　B. 12 h　　　　C. 16 h　　　　D. 18 h

【解析】如图 8-26 所示，圆圈表示赤道，圆心 N 为北极点，据题设条件可知，$PN = QN = 2\sqrt{3}R/3$，$NA = NB = R$。不难推知，$\angle ANP = \angle BNQ = 30°$，该点随地球自转从 Q 处逆时针转动至 P 处的时间即为其昼长时间，转动角度为 240°，根据地球自转角速度 15 (°)/h，可算出其昼长时间为 16 h，故正确答案选 C。

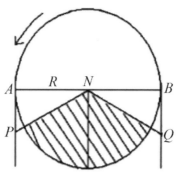

图 8-26 秋分日地球俯视

案例十四　关于日期范围问题的探讨

在地球运动知识的学习与考试中，经常会涉及关于日期范围的计算问题，作为地理课程资源，下面在日期基本知识、分析思路与方法的基础上，对相关问题进行反思性探究。

（一）关于日期的基本知识

关于日期的基本知识，我们必须知道一些基本常识。一般所说的日期，是指目前全球各地统一采用的公元计时方法所得到的日期，是公历而不是阴历或者农历日期。某个日期的时间范围，是指从该日期的 0：00 至 24：00，这里需要注意的是，该日的 24：00 与次日的 0：00 是指同一个时刻。某地处于某个日期，也就意味着该地的时间处于该日期的时间段范围之内。在任意一个时刻，地表及其附近各地均处于某两个相邻的日期或在理论上处于同一个日期。从空间上而言，其中较大日期的范围，是指地表及其附近从自然日界线向东至国际日期变更线之间的地区，其余地区则为较小日期的范围。自然日界线是指某个时刻条件下地方时处于 0：00 的经线，它不是固定不变的，随着时间的推移，自然日界线在地表以 15（°）/h 的角速度自东向西转动。国际日期变更线在地表则是相对固定的，与 180°经线大致吻合但不完全重合，又被称为人文日界线。某个时刻，较大日期所占全球空间范围的比例与较小日期所占全球空间范围的比例之和始终等于 100%。

（二）日期范围问题的分析思路与方法

要正确分析日期范围问题，除了掌握以上关于日期的基本常识以外，还需要了解和掌握一定的方法。一般的分析思路与方法如下。

（1）根据已知的时间信息，找出地方时为 0：00 的经线和经度，也就是自然日界线。可按照东加西减的时间计算原则，利用数轴法或者公式法进行计算。如果已知时间为区时，则首先将其换算成地方时，然后再进行计算。

（2）算出较大或较小日期所跨越的经度范围。较大日期所跨越的经度范围为地方时为

0：00的经线经度向东至180°经度，较小日期所跨越的经度范围则为地方时为0：00的经线经度向西至180°经度。需要说明一下，为了简便起见，一般在计算时间及日期时，常常用180°经线代表国际日界线。

（3）算出较大或较小日期所跨经度范围的比例。较大日期所占全球空间范围的比例，等于该日期所跨经度数除以360，然后通过约分得出最后结论。较小日期所占全球空间范围的比例，可以通过两种方法获得。一种方法是先找出较小日期所跨越的经度数，用该经度数除以360，然后通过约分得出结果。另一种方法是，用1直接减去已经求出的较大日期所占全球空间范围的比例值即可。

以上是计算日期范围的一般思路与方法。除此以外，还可以运用有关公式进行计算。计算日期所跨经度范围比例的公式为：较大日期所跨经度范围的比例（M）=180°经线的地方时/24，较小日期所跨经度范围的比例（K）=1−M。运用公式方法计算相对比较简单，但容易出现一个问题，就是容易将较大日期与较小日期弄反。比如，若北京时间为2017年8月19日22：00，求与北京日期相同的地区占全球经度范围的比例。因不少学生将北京时间误认为较大日期，于是直接代入公式计算，得到答案为1/12。不难得知，正确答案应为11/12。为了避免这种错误，需要总结归纳一下：当北京时间处于某日0：00—20：00时，此时全球与北京相同的日期为较大日期，另一日期为较小日期；当北京时间刚好处于某日20：00时，此时全球理论上处于与北京同一个日期；当北京时间处于某日20：00—24：00时，此时全球与北京相同的日期为较小日期，另一日期则为较大日期。

（三）对日期范围问题的深度思考

稍微细心一点就不难发现，在中学地理练习与考试中，关于日期范围的计算，一般都只是要求进行大致的估算。其主要的原因在于：一方面，国际日界线实际上是弯曲的，而大家在具体计算的时候，往往忽略这一点，所以命制题目的时候也是考虑到这一科学性问题而将要求定格为"大约"；另一方面，尽管有时题目给出的时间为区时，但在实际计算的过程中，大家却往往采用地方时来进行计算。不难看出，运用地方时与运用区时计算相比，二者常常存在误差，最大误差甚至可以达到经度15°的差值。

【例】假如北京时间处于2017年8月20日17：59，据此推算，此时与北京处于同一日期的经度范围占全球的比例约为　　　　　　　　　　　　　　　　　（　　）

A. 21/24　　　　　B. 11/12　　　　　C. 1/12　　　　　D. 都不对

【解析】按照采用地方时的一般常规方法计算，180°经线的地方时大约为22：00，由此算得此时与北京处于同一日期的经度范围占全球的比例约为11/12，答案选B。再用区时来推算一下，北京时间为东8区区时，此时为8月20日17：59，据此可推知，西9区区时为8月20日0：59，因此，与北京处于同一日期的经度范围应是从西9区向东至东12区总共跨越了21.5个时区，算得答案应为21.5/24，答案选D。二者相比，答案比较接近，但是有明显的差别。因为，若采用区时计算，只要北京时间处于8月20日17：01至8月20日17：59之间，得到的结果都是一样的。实际上，就科学性而言，运用区时来进行计算相对更加合理。因为，目前在世界地表各地的时间，除印度等少数个别国家或地区采用半时区计时以外，一般都是采用区时，因而日期也是以此为准来进行划分和确定的。由此可以看出，我们在计算日期范围比例的时候，常常将区时加以淡化，这应该说是不太合理的。无论是学习者，还是命题者，都应该明白这其中的道理，虽然很多时候得出的计算结果八九不离十。不过，一旦命题者将所给参考答案选项中设计的数据差值减小，就容易出现问题。

通过上述分析以后，我们应该知道，运用区时来进行计算相对比较科学。但如果进一步思考，又会发现一个新的问题。我们在具体计算日期范围的时候，即使采用区时进行计算，也总是将全球各地的日期严格按照时区的划分原则来加以对待，需要清楚的是，这其实只是一种理想化的状况，与实际的情况有着很大的差异。以我国为例，虽然自西向东跨越了5个时区，但全国各地实际上是统一采用北京时间，即东8区的区时。这就导致所算出来的结论并非真实情况的反映，最多也只能算是一种理论上的结果。从某种意义上来讲，这可能也是日期范围类题目只是要求进行大致估算的一个重要原因。

案例十五　高中地理"行星地球"单元教学考量

1. 太阳系

讲解太阳系小行星带时，可以补充介绍一下行星爆炸理论。小行星带的空间位置不是处于火星与木星之间，应该是处于火星公转轨道与木星公转轨道之间。为了便于学生记忆掌握小行星带的空间位置，还可以采用奇特联想记忆法，口诀为：火烧木，越来越小（火即火星，木即木星，小代表小行星带）。

在介绍太阳系八大行星特征时，可以补充归纳：随着距太阳距离的增大，八大行星公转周期递增，表面温度递减。原因在于：距太阳距离的增大，行星受太阳的引力作用减小，并且所获得的太阳辐射能量递减。

2. 地球上存在生命物质的原因与条件

教材介绍了地球上存在生命物质的条件包括外部宇宙环境与地球自身的有利条件，而地球上存在生命物质的原因则是夹在其中介绍的。需要注意的是，千万不能将地球上存在生命物质的原因与条件混为一谈。对地球上存在生命物质的原因，可以单独归纳概括如下。

（1）太阳光照等状态稳定。

（2）地球周围的行星及小行星公转方向基本一致，并且各行其道，互不干扰，使地球具有安全的宇宙环境。

（3）日地距离适中，并且地球自转和公转周期适当，有利于生物分子的形成与演化发展。

（4）地球的体积和质量适中，能够产生足够的引力，从而形成包围地球的大气层。

（5）原始地球体积收缩与内部放射性元素的衰变产生热能，使地球内部的结晶水气化，冷凝汇聚形成原始的海洋，进而孕育生命。教材提到，地球表面均匀地吸收太阳辐射，这种说法欠妥。因为，任意时刻，太阳在照射地球时，只能照亮地球的一半左右，而另一半则背对太阳。并且地球表面由于存在海陆分布以及地形地势的高低起伏等，使得地表的物理性质并不均一，因此地表的热容量（比热容）存在区域差异。

3. 太阳辐射

（1）可以补充介绍太阳能量来源于其内部热核聚变反应的公式，也就是爱因斯坦的质能转换公式：$E=mc^2$。其中，E 表示核聚变反应所释放的能量，m 表示所消耗的太阳质量，c 表示光速。还需要补充说明的是，太阳内部核聚变反应是在其内部温度 1 500 万 K 和 2 500 亿个大气压强的条件下进行的；与核裂变相比，核聚变反应释放的能量更加巨大，即轻原子核（例如氕和氘）结合成较重原子核（例如氦）时放出巨大能量。因为化学是在分子、原子层次上研究物质性质、组成、结构与变化规律的科学，而核聚变是发生在原子核层面上的，所以核聚变不属于化学变化；核聚变反应无高端核废料，可不对环境构成大的污染；核聚变能利用的燃料是氕和氘，地球上燃料供应充足，重氢有 $10×10^3$ 万亿 kg（每 1 L 海水中含 30 mg 氘，而 30 mg 氘聚变产生的能量相当于 300 L 汽油）。因此，核聚变能是一种取之不尽用之不竭的新能源。

（2）对于太阳辐射的影响因素，除了教材 P 9 "活动"中介绍的纬度因素以外，还需要进行补充。可以将此设计成课堂探究问题，在教师的引导下进行研究性学习，然后逐步归纳出有关的结论。影响到达地面的太阳辐射的主要因素有：

①纬度位置：纬度低，则正午太阳高度角大，太阳辐射经过大气的路程短，被大气削弱得少，到达地面的太阳辐射就强；反之，则弱。这是太阳辐射从低纬向两极递减的原因之一。

②天气状况：晴朗的天气，由于云层少且薄，大气对太阳辐射的削弱作用弱，因此到达地面的太阳辐射就强；阴雨天气，由于云层厚且多，大气对太阳辐射的削弱作用较强，因此到达地面的太阳辐射就弱。如赤道地区受赤道低压控制，多阴雨天气，而副热带地区受副热带高压控制，多晴朗天气，所以，赤道的太阳辐射弱于副热带地区。

③海拔（地势）高低：海拔（地势）高，空气稀薄，大气对太阳辐射的削弱作用弱，到达地面的太阳辐射就强；反之，则弱。如青藏高原成为我国太阳辐射最强的地区，主要就是这个原因。

④日照长短：日照时间长，获得太阳辐射强，日照时间短，获得太阳辐射弱。夏半年，高纬地区白昼时间长，弥补太阳高度角低所损失的能量。

也可以参照湘教版教材，其将影响到达地面的太阳辐射的主要因素归纳为：纬度因素，下垫面因素，其他因素（如气象因素）等。

4. 太阳活动

教材 P 11 "活动" 探究图 1.13 "太阳黑子数的变化"，在第一问中的第二个问题是"太阳黑子的周期大约是多少年？"从图上可以看出，结果应为 10 年。但据笔者所知，不少教师却引导学生硬生生地将答案改为 11 年。而且将第二问"18 世纪以来太阳黑子数的变化周期是否与（1）相同？"答案确定为"相同"，这显然是不可取的，建议将第二问的答案定为"大致相同"。在介绍太阳活动的特点时，应注意引导学生对其特点进行分析，可以总结归纳为：太阳活动具有整体性、关联性与周期变化性等特点。

5. 地球的运动

（1）地球的自转与公转运动只是地球运动的两种基本形式，因为地球还有其他的运动形式，比如由于其他行星对地球的吸引而干扰了地球的公转轨道造成地球的摄动等。

（2）按照教材上简单介绍地球自转的两个周期，即恒星日与太阳日，学生是难以深入理解和掌握该知识点的。可以补充以前老教材上的"恒星日与太阳日示意图"，而且还可以据此设计课堂探究问题，以此培养学生的综合思维能力。

（3）介绍地球的自转角速度与线速度时，不能直接给出结论，可以引导学生在理解概念的基础上进行分析计算，培养学生的探究意识与能力。

（4）介绍地球的自转与公转运动规律特点时，应引导学生进行总结，即探讨天体运动规律时，应从其运动轨道、运动方向、运动周期以及运动速度等方面进行分析描述。

（5）教材在介绍地球运动的意义时，没有像以前老教材那样进行分类介绍，以至于学生阅读了教材以后，都未必能知道哪些属于地球自转运动的地理意义，以及哪些属于公转运动的地理意义。对此，笔者建议，可以先将这些内容进行分类归纳为：地球自转的地理意义有昼夜交替、时差以及沿地表水平运动物体的偏移；昼夜长短的变化、正午太阳高度的变化，以及四季更替和五带，属于地球公转的地理意义。然后在此基础上进行较为详细的探究学习。

（6）教材上介绍地球自转的地理意义——昼夜交替，这种提法，笔者认为欠妥。因为，即使地球不进行自转运动，由于地球的公转运动，仍然存在昼夜的更替现象，只是昼夜的更替周期由现在的一个太阳日 24 h 变为一年，因此，建议教学时可将"昼夜更替"改为"昼夜的明显更替"更为合适。

（7）现在国家大力提倡开展研学活动，笔者建议，可以设计有关的研学活动，引导学生探讨学习地球自转与公转运动的地理意义，比如，可以让学生想办法找出地球上存在时差的表现，据此进行分析和探究；可以设计测定当地某日正午太阳高度的地理实验，引导学生思考探究出现误差的原因；等等。

（8）地理学科教学的总体目标为培养学生的地理核心素养，其中包括综合思维能力的

第八章　案例分析

培养。因此，可以借助板图板画以及有关的变式图培养学生的空间想象能力与读图析图能力，通过假设条件分析，培养学生的观察、计算、演绎、比较分析等综合思维能力。

案例十六　高考试题例析及相关知识链接

目前的高考文科综合地理学科考试大纲对计算能力提出了明确的要求，尤其是地理时间的计算，更是要求学生必须掌握的内容，包括地方时、区时以及昼夜时间长短的计算等。下面以2007年四川高考文综地理试题为例，对此进行较全面的分析和总结。

【例】（2007年文综四川卷36题）根据材料，回答下列问题。

材料一：见图8-27。

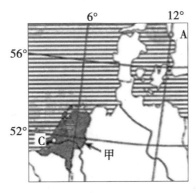

图8-27

材料二：2005年10月2日13时30分（当地区时），"和平之旅"使者哥德堡号仿古木帆船于图8-27中A港启港，经大西洋、印度洋、太平洋，于2006年8月29日10时30分（抵达地区时）抵达上海港。

（1）哥德堡号从A港至上海港，共航行了_____天_____小时。航行期间，A港白昼长短的变化依次是_____。

【解析】此题着重考查学生对区域地图的判读能力和时间计算能力。首先，据图判读出A港位于12°E，属于东1区，上海港位于120°E经线附近，属于东8区。由题设条件可知，出发时间2005年10月2日13时30分为东1区的区时，按照"东加西减"的计算原则，将之转换为东8区区时为2005年10月2日20时30分，然后根据抵达地上海所在东8区的区时2006年8月29日10时30分进行比较，可分成两个时段进行计算：第一个时段为2005年，10月份走了29 d，11月为30 d，12月为31 d，共90 d；第二个时段为2006年，1、3、5、7月各为31 d，因2006年为平年，2月只有28 d，4、6月各为30 d，8月计29 d，共241 d，总共计为331 d。在时刻方面相差为10 h 30 min减去20 h 30 min等于－10 h，综合后，得出航行时间330 d 14 h。在航行期间，从2005年10月20日至2005年12月22日，太阳直射点位于南半球并向南移，A港在北半球中纬度地区为昼短夜

· 197 ·

长且昼变短而夜变长；从 2005 年 12 月 22 日至 2006 年 6 月 22 日，因太阳直射点向北移，故 A 港昼变长而夜变短；从 2006 年 6 月 22 日至 2006 年 8 月 29 日，因太阳直射点位于北半球且向南移，故 A 港昼长夜短且昼变短而夜变长。

【参考答案】（1）330，14，逐渐变短到逐渐变长，再逐渐变短。

【相关知识链接】

（1）由于地球不停地自转，因此不同经度的地方具有不同的地方时，且东边时刻总是早于西边。经度每相差 15°，地方时相差 4 min。

（2）一天为 24 h，一年为 12 个月，1、3、5、7、8、10、12 月为大月，各有 31 d，4、6、9、11 月为小月，各有 30 d。2 月的总天数有两种情况：平年为 28 d，闰年（即非整百年份能被 4 整除的，以及整百年份能被 400 整除的）为 29 d。

（3）运动时间等于到达地的时间减去出发地的时间，但必须是采用同一个时间标准，可以换算成到达地的时间进行比较。

（4）计算公式如下。

①地方时差 = 两地经度差 × 4 min。

②所求地方时 = 已知地方时 ± 地方时差（东加西减）。

③区时差 = 时区差 × 1 h。

④所求区时 = 已知区时 ± 区时差（东加西减）。

⑤已知某地经度求其时区，用经度数除以 15，采用四舍五入法，所得商即为时区数，除 0 时区和 12 时区外，东经度考虑为东时区，西经度则考虑为西时区。

⑥自西向东跨过日界线，日期减 1 h；反之，则加 1 h（必须是同一个时间标准，譬如都为北京时间）。

⑦昼长 = 日落时间 − 日出时间。

昼长 = 昼弧度数 ÷ 15（h）

昼长 = 24 h − 夜长

昼长 = 24 − 2x（x 为日出时当地的地方时）

昼长 =（日落地方时 − 12）× 2 h

日出时间 + 日落时间 = 24 h

夜长 = 日出地方时数 × 2

（5）昼夜长短变化规律：太阳直射点所在的半球，昼长夜短，而另一半球则昼短夜长，越往该半球高纬方向，昼越长（极昼除外）；赤道上终年昼夜平分。太阳直射点往北移，则北半球各地昼变长而夜变短，南半球相反（保持极昼和极夜的地区除外）；太阳直射点往南移，则情况相反。

（6）已知某地的纬度数，可大致推测出其一年中出现极昼的天数（t）。

假设该地的纬度为 θ，则

A：$\theta = 66°34'$，$t = 1$ d

B：$66°34' < \theta < 90°$，$t = (8\theta - 532)$ d

C：$\theta = 90°N$，$t = 186$ d

D：$\theta = 90°S$，$t = 179$ d

E：北极圈内各地出现极昼的天数，等于南极圈内相应纬度地区极夜的天数。

（7）太阳直射点的纬度数与刚好出现极昼（或极夜）地方的纬度数之和等于900。

（8）在任意一天，同一条纬线上的各地昼长相等，夜长也相等。

（9）在任意一天，南北半球纬度数相同的任意两地，其昼长之和等于24 h，即一地的昼长等于另一地的夜长。

（10）地表任意一地，在太阳直射 $x°N$ 与 $x°S$ 的两个日子，其昼长之和等于24 h。

（11）地表任意一地，在一年中昼长相同的两个日期，设为 t_1 和 t_2，将 t_1 和 t_2 折算成天数，则：t_1 与 t_2 之和等于6月22日折算成天数的两倍。

（12）如果在地表及低空附近运动，则经历的昼夜更替时间将发生变化：自西向东，则短于24 h；自东向西，则长于24 h。假如（自西向东）沿 $x°N$（s）纬线方向以 m km/h 的速度运动，则感受到的一昼夜时长为 $(1\,670 \times 24 \cdot \cos x) / (m \pm 111 \cdot \cos x)$ h（说明：自西向东运动取"+"号，自东向西则取"-"号）。

（13）由于大气对太阳辐射具有散射作用，因此某地实际昼长时间长于理论上昼长时间。

（14）在同一条纬线上的各地，由于地势高低起伏，因此其在同一天的昼长时间并不一定相同：地势高的地方，其在同一天的白昼时间较长，而地势低的地方则白昼时间较短。

（15）就地表任意某地而言，在一年中，日出时间越早，则其昼越长，而夜越短；反之，日出时间越晚，则其昼越短而夜越长。

（16）就地表任意两地而言，日出时当地的地方时刻数较小者，其白昼时间较长，反之则较短。

（17）需要掌握的几个重要的地理时间：北京时间为东8区区时，纽约时间为西5区区时，印度时间为东5.5区区时，东京时间为东9区区时，悉尼时间为东10区区时，曼谷时间为东7区区时，伦敦时间为0时区区时，又称国际标准时间或世界时，美国西部时间即太平洋时间为西8区区时。

（18）某地昼夜长短情况可以通过太阳升落方位加以判断：

①太阳从东北升而从西北落，则北半球昼长夜短，南半球各地昼短夜长。

②太阳东南升而西南落，则北半球各地昼短夜长，而南半球各地昼长夜短。

③太阳正东升而正西落，则全球各地昼夜平分。

④北极圈及其以北各地（北极点除外）：太阳从正北升正北落，出现极昼现象，昼长为24 h，夜长为0。

⑤南极圈及其以南各地（南极点除外）：太阳从正南升而正南落，则出现极昼现象。

⑥南北极点在任意一天之内，均无太阳升落现象：太阳高度大于0，则为极昼；反之，太阳高度小于0，则为极夜。

案例十七　研学活动案例：太阳周日视运动

（一）背景

所谓太阳周日视运动，是指一个太阳日中在地球某地所看到的太阳"巡天"运动，它实际上是由地球不停地围绕太阳做自转运动产生的自然现象。但由于理解和把握太阳周日视运动需要读图分析和空间想象能力，因此这往往成为教学中的难点内容。不少老师和学生对此望而却步，因此，有必要对此加以探讨。

【例1】图8-28为某地某日太阳周日视运动轨迹，据图判断P地位于O地的什么方位　　　　　　　　　　　　　　　　　　　　　　　　　　　　（　　）

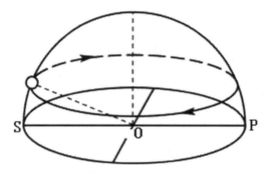

图8-28　某地某日太阳周日视运动轨迹

A. 正东　　　　　B. 正南　　　　　C. 正西　　　　　D. 正北

【解析】此题系广安市高三"一诊"考试题目。由图可以看出，太阳周日视运动轨迹与地平圈平行，表明该地在此日一天中，太阳高度保持不变并大于0，即该地出现了极昼现象，由此推知该地应位于北极点或南极点。进一步挖掘图中信息可知，从外太空看到太阳周日视运动轨迹呈顺时针方向，推知在该地（O点）所看到的太阳周日视运动轨迹应呈逆时针方向，因此该地应位于北极点，而地表其余各地均位于北极点的正南方，故正确答案应选B。

【例2】（2016年天津高考题）2011年7月17日，我国南极中山站（69°22′S，76°22′E）越冬科考队的队员们迎来了极夜后的第一次日出。据材料回答问题。

当中山站"第一次日出"时，若在天津观测太阳，太阳位于观测者的　　（　　）

A. 东北方向　　　B. 东南方向　　　C. 西北方向　　　D. 西南方向

【解析一】中山站位于南极圈内，7月17日，当中山站极夜后出现"第一次日出"时，该日昼长由前一天的0 h，到大于0 h，即日出的地方时（76°22′E）为12：00之前的较短时刻,太阳直射在北半球,可推知直射点经度大约为76°E,所以太阳位于天津观测者的西南方向。答案应选 D。

【解析二】 由常识可知,当中山站极夜后出现"第一次日出"时,其该日的昼长应该是很短的,可以进行模拟计算:假设中山站该日的昼长为 1 h,根据昼长公式 $T = 24 - 2x$(x 表示日出时当地的地方时)可算出其该日日出的时间为 11:30,再根据时差公式算出正午 12:00 的经度为 83°52′E,即太阳直射点应位于 83°52′E 经线上。而天津位于 120°E 附近,可知太阳应位于天津的西侧。大致算得天津的地方时约为 14:00—15:00 点之间,太阳的位置应偏南,故正确答案选 D。

【解析三】 根据题设条件,绘出中山站极夜后首次太阳周日视运动轨迹图(图 8 – 29)。由图可知,日出时,太阳位于中山站正北方附近,推知此时中山站的地方时大约在正午 12:00 前后,由此可大致算得天津的地方时约为 15:00 点前后,太阳此时应位于天津的西南方,故正确答案选 D。

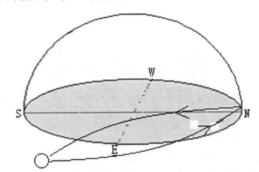

图 8 – 29　中山站极夜后首次太阳周日视运动轨迹

通过比较以上 3 种不同的解析,不难发现,第一种和第二种解析都需要用到有关的地理常识,而且学生只是通过计算难以建立起有关的空间概念。相比之下,第三种解析借助太阳周日视运动轨迹图进行分析和计算,学生可以在大脑中建立有关的空间概念,理解和掌握起来的效果都相对较好。

通过以上例题分析可知,学习和把握太阳周日视运动及其轨迹图,有助于更好地理解和掌握地球运动有关的知识,训练学生的地图素养和空间想象与分析能力,有利于学生地理学科核心素养的培养和提升。

(二)太阳周日视运动轨迹图

太阳周日视运动常常通过太阳周日视运动轨迹图来反映,老师可以将此作为研究性学习课题,引导学生进行分析归纳并绘图,体验知识的再生过程,以增强教学实效。下面将太阳周日视运动轨迹图分类做一个梳理,供学习参考。

1. 非极昼极夜类

(1)北回归线以北至北极圈之间的地区太阳周日视运动轨迹(图 8 – 30)。

(2) 南回归线以南至南极圈之间的地区太阳周日视运动轨迹（图8-31）。

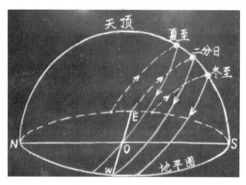

图8-30 北回归线以北至北极圈之间的地区太阳周日视运动轨迹

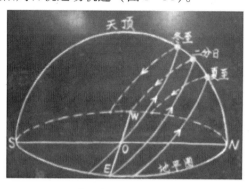

图8-31 南回归线以南至南极圈之间的地区太阳周日视运动轨迹

(3) 赤道地区太阳周日视运动轨迹（图8-32）。

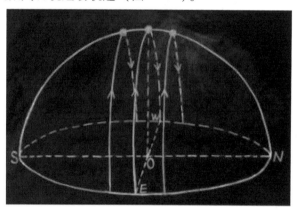

图8-32 赤道地区太阳周日视运动轨迹

2. 极昼类

(1) 北极圈及其以北地区（北极点除外）刚好极昼时太阳周日视运动轨迹（图8-33）。

(2) 南极圈及其以南地区（南极点除外）刚好极昼时太阳周日视运动轨迹（图8-34）。

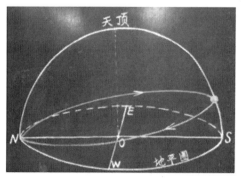

图8-33 北极圈及其以北地区（极点除外）刚好极昼时太阳周日视运动轨迹

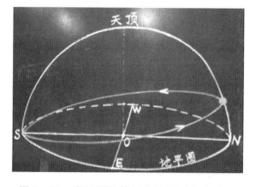

图8-34 南极圈及其以南地区（极点除外）刚好极昼时太阳周日视运动轨迹

(3) 北半球高纬地区（北极点除外）极昼时的太阳周日视运动轨迹（图 8-35）。

(4) 南半球高纬地区（南极点除外）极昼时的太阳周日视运动轨迹（图 8-36）。

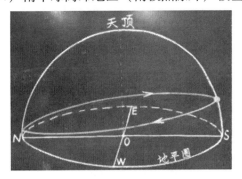
图 8-35　北半球高纬地区极昼时太阳周日视运动轨迹

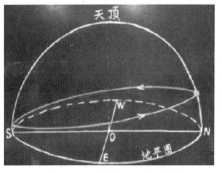
图 8-36　南半球高纬地区极昼时太阳周日视运动轨迹

(5) 北极点极昼时的太阳周日视运动轨迹（图 8-37）。

(6) 南极点极昼时的太阳周日视运动轨迹（图 8-38）。

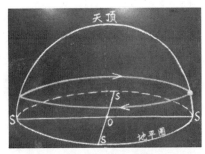
图 8-37　北极点极昼时太阳周日视运动轨迹

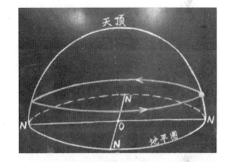
图 8-38　南极点极昼时太阳周日视运动轨迹

3. 极夜类

(1) 北极圈及其以北地区（北极点除外）刚好极夜时太阳周日视运动轨迹（图 8-39）。

(2) 南极圈及其以南地区（南极点除外）刚好极夜时太阳周日视运动轨迹（图 8-40）。

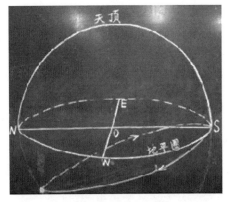
图 8-39　北极圈及其以北地区（北极点除外）刚好极夜时太阳周日视运动轨迹

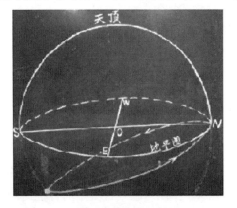
图 8-40　南极圈及其以南地区（南极点除外）刚好极夜时太阳周日视运动轨迹

(3) 北半球高纬地区（北极点除外）极夜时的太阳周日视运动轨迹（图8-41）。

(4) 南半球高纬地区（南极点除外）极夜时的太阳周日视运动轨迹（图8-42）。

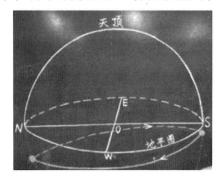
图8-41 北半球高纬地区（北极点除外）极夜时太阳周日视运动轨迹

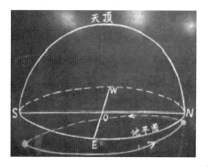
图8-42 南半球高纬地区（南极点除外）极夜时太阳周日视运动轨迹

(5) 北极点极夜时的太阳周日视运动轨迹（图8-43）。

(6) 南极点极夜时的太阳周日视运动轨迹（图8-44）。

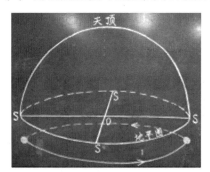
图8-43 北极点极夜时太阳周日视运动轨迹

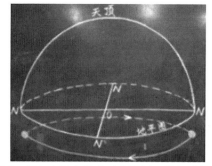
图8-44 南极点极夜时太阳周日视运动轨迹

（三）教学实践考量

1. 有关知识基础

要通过教学过程让学生真正理解并掌握太阳周日视运动及相关轨迹示意图，可以一边画图，一边讲解，边讲边画，边画边讲，讲画结合，同时还可以让学生跟着老师一起画图。让学生掌握画图的过程，也就能够达到让学生理解并掌握太阳周日视运动有关基础知识的目的和效果。在绘图的过程中，需要讲清楚以下内容：以图8-31的太阳周日视运动轨迹示意图为例，图中椭圆表示观测者O点所在的地平面，又称为地平圈。椭圆上的字母E、S、X、N分别表示观测者所能观测到的东南西北方位。带有箭头的圆弧线分别表示观测者在二分、二至日不同时间所能观测到的太阳周日视运动轨迹。连接N、S两点的半圆弧表示天球子午圈，在某日太阳周日视运动过程中，太阳经过该子午圈时，就表示观测者当地的地方时为正午12:00时，太阳高度此时达到当日的最大值，即为正午太阳高度。经过观测者O点与地平面垂直的线与天球子午圈的交点即为天顶。

2. 有关应用

（1）判断太阳升落的方位。以图8-31的太阳周日视运动轨迹示意图为例，观测者位于北回归线以北至北极圈之间的地区，由图可以看出，夏至日时，太阳从东北方升起，从西北方落下；春秋二分日时，太阳从正东方升起，从正西方落下；冬至日时，太阳从东南方升起，从西南方落下。而且，还可以据图进一步判断出太阳升落的方位偏角情况：假设太阳从地平面升起地点与观测者之间连线跟东西方连线之间的夹角为 β，则该日太阳升（落）方位角就等于东（西）偏北或东（西）偏南 β（角度）。判读与分析：通过太阳周日视运动轨迹示意图，可以进行有关的判读与分析。

（2）判断太阳所在的方位。以图8-31的太阳周日视运动轨迹示意图为例，以地方时为准，夏至日时，从日出时刻至早上6：00之间的时段，太阳位于观测者的东北方位；早上6：00的时刻，太阳则位于观测者的正东方位；从早上6：00至正午12：00之间的时段，太阳位于观测者的东南方位；正午12：00的时刻，太阳则位于观测者的正南方位；从正午12：00至下午18：00之间的时段，太阳位于观测者的西南方位；下午18：00的时刻，太阳则位于观测者的正西方位；从下午18：00至该日日落之间的时段，太阳则位于观测者的西北方位。其余可以类推。

（3）进行昼夜长短的计算或判断。以图8-31的太阳周日视运动轨迹示意图为例，可以将太阳周日视运动轨迹线路看作昼弧，根据该弧线相对于观测者为圆心的圆心角 a，可以判断该日观测者所在地的昼夜长短情况：如果角 $a>180°$，则昼长夜短；如果 $a<180°$，则昼短夜长；如果角 $a=180°$，则昼夜等长。也可以具体计算出该日观测者所在地的昼长，计算公式为：昼长 $T=24a/360$（h）。

（4）判断日影的方位及长短情况。如前所述，一方面，据图判断出太阳的方位情况，然后根据日影朝向与太阳的方位相对的原理，即可判断出日影的朝向情况。以图8-31的太阳周日视运动轨迹示意图为例，夏至日时，地方时上午10：00的时刻，太阳位于观测者的东南方位，因而，日影朝向为西北方。另一方面，由常识可知，太阳高度越大，则日影越短，反之，则日影越长，据此还可以判断并比较日影的长短情况。

（5）判断或计算正午太阳高度的大小。以图8-31的太阳周日视运动轨迹示意图为例，夏至日时，太阳位于上中天位置（即太阳周日视运动轨迹线与天球子午圈的交点）的时候，时间为地方时正午12：00，此时的太阳高度即为正午太阳高度，如果该交点距离天顶位置越近，就表明其正午太阳高度越大，反之，则正午太阳高度越小。当然，也还可以据图进行正午太阳高度大小的具体计算，方法是：作辅助线，将太阳周日视运动轨迹线与天球子午圈的交点跟观测者所在的 O 点连接起来，此连线与地平圈之间的二面角，即与南北方连线之间的夹角，就是正午太阳高度角，根据图示有关信息算出结果即可。

（6）命制地理试题或者分析解答有关地理问题。一方面，运用太阳周日视运动轨迹示意图来命制地理试题，有利于考查学生的读图析图能力，以及空间想象和计算分析能力，因而有助于对学生地理学科核心素养的考查，达到以考促学的目的和效果。另一方面，太阳周日视运动以及轨迹示意图还可以用于分析解决有关的地理问题，通过画图辅助分析，学生可以更加直观、具体、形象地感受和体会到有关知识的运用，效果较好。

案例十八　自然地理说课案例：热力环流

尊敬的各位领导、各位同仁：大家好！

我今天说课的课题是热力环流，选自现行人教版高中地理必修一教材第二章第一节的第二框题。下面，我将从课标解读、教材分析、学情分析、教学目标、重难点、教学媒体、教学方法、教学过程以及板书设计等方面进行说课。

（一）课标解读

《普通高中地理课程标准（2017 版）》对本节的要求是，"1.6 运用示意图等，说明大气受热过程与热力环流原理，并解释相关现象。"在理解大气热力状况的基础上，认识大气的垂直运动和水平运动，进而运用示意图，说明热力环流的形成过程。这是本节课的指导思想和教学依据所在。

（二）教材分析

本节课的教材内容是"热力环流"，选自现行人教版高中地理必修一教材第二单元第一节的第二课时。本节教材第一课时主要学习大气的受热过程，其中的主要知识结论"地面是近地面大气主要的直接热源"，是学习本节课热力环流的知识基础，因为只有真正理解了地面是近地面大气主要的直接热源而不是太阳辐射，才能够正确地理解热力环流的形成原因和过程，以及不同的表现形式。本节课热力环流内容居中，既承接前面的"大气受热过程"，同时又为后面学习大气水平运动和气压带风带等知识奠定基础。由此可以看出，本节内容对于大气运动知识的学习非常关键，在教材中具有承上启下的地位和作用。所以，可以通过本部分内容的学习来衡量学生掌握大气运动知识的程度，应予于足够的重视。

（三）学情分析

高一学生在初中阶段初步学习了"天气和气候"的基本知识，在高中地理必修一教材第一单元已学习掌握了太阳辐射的有关知识，对本课题内容已经具有一定的生活体验，而且具备一定的读图和分析能力，为本节课的学习奠定了一定的基础。但由于受认知能力水平的限制，学生仍然局限于感性认识层面，尚无法自主实现将地理规律和地理原理与个人经验的有机结合，对于地理概念和有关理论的归纳能力还较弱。因此，必须采用有效的方法给予学习指导，启发引导学生实现对新知识的接纳乃至于运用。

（四）说教学目标

根据新课标的要求，结合高考考试大纲的要求以及学生发展的需要，我将本节课的教学目标确定为三维目标如下。

1. 知识与技能目标

（1）知道气压、等压面的概念，会在有关示意图上判断气压的高低和气压形式。（地理实践力）

（2）知道热力环流的定义，能阐释热力环流的成因和形成过程，并能运用热力环流原理，解释有关的地理现象。（综合思维）

2. 过程与方法目标

通过实验观察，绘制热力环流示意图，并通过课堂讨论、合作学习，分析探究热力环流的成因与形成过程。（地理实践力、综合思维）

3. 情感、态度与价值观目标

通过实验观察和课堂探究，培养观察能力和科学探究精神，树立求真务实的品格。（地理实践力）

（五）说教学重难点

教学重难点：根据课程标准要求和本节教材知识特点以及学生的学情，我将热力环流的形成过程作为教学重点，将等压面的分析判读以及热力环流原理的运用作为教学难点。

（六）说教学方法

（1）实验观察法：从网络上搜集下载热力环流的实验视频进行剪辑整合，通过幻灯片进行课堂播放，使枯燥静态的教学内容显得生动具体，让学生通过实验观察，获取对热力环流的感性认识，以培养学生的观察能力，提高学生的学习兴趣，实现对知识的体验式学习，为后面的探究学习打下基础。

（2）讲授法：在介绍气压概念、气压高低的影响因素等铺垫性知识的时候，主要采用讲授法。因为这些内容本身不是本节课的教学重点，没有必要花大量时间进行探讨，但又是学习热力环流必需的知识基础，所以需要进行讲解。

（3）合作探究法：在进行热力环流形成过程的教学时，需要采用合作探究法。虽然通过实验观察，学生对热力环流有了一定的感性认识，但这是远远不够的。一方面，热力环流形成过程作为本节课的教学重点，需要一步一步进行推演，但高一学生还缺乏相关的推理能力，因此，可以引导学生在课堂上进行讨论，集思广益，使其在老师的启发指引下，完成对热力环流的形成过程深入细致的探究。另一方面，只有让学生真正地参与进来进行探讨学习，才能有效地达成过程与方法的关键性目标，保证教学质量。

（4）作图分析法：绘制热力环流示意图，有助于学生深入理解和掌握热力环流的形成机制，同时还可以培养学生地图意识和作图能力，培养其地理实践力，提升其地理学科核心素养。

（七）说教学媒体

本课教学媒体主要以板书和板画为主，以计算机多媒体作为辅助教学手段。计算机多媒体主要展示气压方面的基础知识和热力环流的实验视频，一方面它可以节约课堂时间，另一方面它生动、具体、形象，有助于学生体验热力环流的形成过程，增强课堂实效。其余内容则主要采用传统的板书、板画形式。这样，一方面，在老师板书的启发下，学生能够绘制热力环流的简单示意图。另一方面，板书也还可以提供机会，让学生在课堂上有更多的时间进行思考学习，以弥补多媒体的不足。

（八）说教学过程

教学过程是我说课的重点。根据教学内容以及教学目标的要求，在此将教学过程分为以下4个环节。

1. 歌曲导入，激趣引思

播放《军港之夜》歌曲片段，让学生课前在悠扬的歌声中逐步得到放松。然后，紧接着借用歌词中"海风你轻轻地吹"，提出问题，引导学生思考夜晚的海边究竟吹什么风？以此设置课堂悬念，顺利导入新课。歌曲激趣导入，是本节课的一大亮点。

2. 温习旧知，做好铺垫

通过讲解演示，使学生温习气压的概念，认识气压与海拔高度以及空气密度之间的关系，使学生能够快速正确地判别气压的高低以及气压的形式，为本节课后面热力环流的探究学习奠定基础，做好铺垫。

3. 实验探究，突破重难点

通过多媒体幻灯片播放热力环流的实验视频，引导学生认真观察实验过程，然后，模拟绘制出热力环流的简单示意图，培养学生的观察能力，以及动手绘图的能力，在此基础上，老师通过问题导引，启发引导学生进行课堂讨论学习，读图分析，探究热力环流的成因和具体的形成过程，以此突出重点，突破教学重难点。

4. 链接生活，实例拓展

对于海陆风的探究学习，可以将学生分为两个学习小组进行合作讨论，一个小组探讨白昼的情况，另一个小组则探讨夜晚的情况，然后分别让学生代表上台分享小组的学习讨论成果，在黑板上完成画图，并给大家讲解相应时段海陆风的形成过程，然后由老师及时进行课堂点评，并结合歌词内容和拍照的生活实例，讲解海陆风，揭开谜底，首尾呼应，然后进行课堂小结，并采用"巴山夜雨涨秋池"的古诗做进一步拓展延伸。

（九）说板书设计

我采用综合式板书，图文并茂，使知识条理化，以便于学生理解掌握，形成知识体系。"热力环流"板书设计如图 8-45 所示。

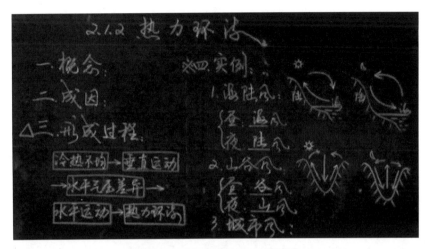

图 8-45 "热力环流"板书设计

我的说课到此结束，谢谢大家！谢谢！

【点评】本篇说课稿设计思路清晰，重点突出，紧扣课标要求，图文并茂，注重过程学习，理论联系实际，师生能良好互动，教学方法运用得当，教学过程环环相扣，逻辑严明，科学合理，能够说清楚"教什么、为什么以及怎么教"的问题，可操作性强。其中亮点纷呈，主要体现在以下 4 个方面：一是通过歌曲播放，激趣导入；二是通过观察实验动画视频，使课堂变得生动有趣；三是让学生绘图，并读图析图，师生互动良好，地理特色鲜明；四是首尾呼应，课堂结构十分严谨。需要完善的地方主要在以下 3 个方面：一是小标题应符合说课的要求和特点，可以改为说课标、说教材等；二是对于教学重难点的教学处理方法说的不够到位，可以结合具体的教学过程设计进行详细的分析说明；三是对于等压面教学难点的处理思路与方法未能做出具体的分析说明。（本案例由内江师范学院地理与资源科学学院 2013 级学生艾道淋提供，略有改动）

案例十九 导学案设计案例：
世界主要气候类型的分布、成因与特征

（一）考纲解读：抓纲务本，明确目标

(1) 理解并掌握世界主要气候类型的分布、特点及成因。
(2) 理解并掌握影响气候的主要因素，并学会分析某地气候的成因。

（二）自主学习：温故而知新，构建知识体系

1. 气候形成因子（表8-3）

表8-3　气候形成因子

_____	影响气候的最基本因素，主要影响气温
大气环流	气压带、风带的分布及其季节移动，主要影响_____；具有双重性质
_____	同纬度陆地夏季气温比海洋高，冬季低；内陆降水少。同纬度海洋冬季气温比陆地高，夏季低；近海一般降水较多
_____	气温随海拔的升高而降低；背风坡降水少，迎风坡降水多
洋流因素	暖流经过地区，气温较高，降水较多；寒流经过地区，气温较低，降水较少
人类活动	直接或间接地对气候产生影响

2. 世界主要气候类型的分布、成因与特征（表8-4）

表8-4　世界主要气候类型的分布、成因与特征

气候类型	分布规律	成因	气候特征
热带雨林气候	南北纬10°之间	纬度低，终年受赤道低压控制	终年_____
热带季风气候	10°N—25°N的大陆东岸	气压带、风带季节移动，海陆热力差异	全年高温，旱、雨季分明
热带草原气候	南北纬10°—20°大陆内部和西岸	受赤道低压与信风带交替控制	终年高温，_____两季分明
热带沙漠气候	南北纬20°—30°大陆内部和西岸	受副高或信风带控制	全年高温少雨
亚热带季风气候	南北纬25°—35°的大陆东岸	海陆热力性质差异	冬季低温少雨，夏季_____
地中海气候	南北纬30°—40°的大陆西岸	受副高或西风交替控制	冬季_____，夏季炎热干燥
温带海洋性气候	南北纬40°—60°大陆西岸	终年受西风带控制	冬季_____，夏季_____，降水季节分配均匀
温带大陆性气候	南北纬40°—60°大陆内部	终年受大陆气团控制	冬季寒冷，夏季炎热，全年降水很少
温带季风气候	北纬35°—55°大陆东岸	海陆热力性质差异	冬季_____，夏季_____
苔原气候	北纬70°—80°	终年受极地高压控制	终年寒冷，降水稀少
冰原气候	南、北半球极地内陆	终年受极地高压控制	全年严寒，降水稀少

（三）合作探究：调动和运用知识，提升能力

探究1：如何判读气候类型？
探究2：如何描述气候特征？
探究3：气候分布及成因的分析比较？

（四）课后作业

（1）结合课本 P 40 气候主要类型的气温和降水图，选择其中3种气候，对其主要特征予以描述。

（2）举例说明气候分布的非地带性现象并对其成因做出探究。

（3）仿照新课标高考题型模式，与同学合作研究，命制1—2道关于气候方面的地理试题并自我作答。

（五）总结反思

小小测试

对接高考，学以致用（15 min，满分28分）

班级_____姓名_____成绩_____

图8-46是47°N部分地点海拔与年降水量对照图，读图回答1—3题。

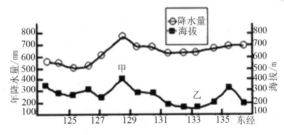

图8-46　47°N部分地点海拔与年降水量对照图

1. 与乙地相比，甲地年降水量大的主要影响因素是　　　　　　　　　　　　　（　　）

　　A. 距海距离　　　　B. 地形条　　　　C. 局地水域　　　　D. 植被分布

2. 图8-47是某地一年中月均温与月降水量分布资料，图中各点代表各月的气温及降水量，关于该气候类型叙述正确的是　　　　　　　　　　　　　　　　　　　　（　　）

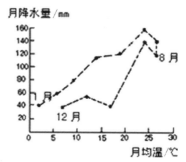

图8-47 某地一年中月均温与月降水量分布

A. 夏季盛行西南季风　　　　　　　　B. 主要成因是海陆热力性质差异
C. 对应自然带是亚热带常绿硬叶林带　　D. 适宜发展橡胶种植

读气压带风带分布示意图（图8-48），回答5—6题。

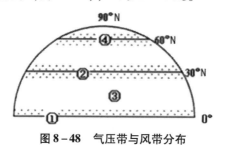

图8-48 气压带与风带分布

3. ③处的盛行风向是　　　　　　　　　　　　　　　　　　　　　　　　（　　）
   A. 东北风　　　B. 西北风　　　C. 东南风　　　D. 西南风
4. 在气压带①控制下的气候特征是　　　　　　　　　　　　　　　　　　（　　）
   A. 炎热干燥　　B. 高温多雨　　C. 温和干燥　　D. 温和湿润

（说明：本导学案系笔者2013年在西南地区巡回讲学时采用的课案）

案例二十　三种锋面活动的比较

中学地理所讲到的常见锋面活动包括冷锋、暖锋与准静止锋三种类型，三者既有相同或相似点，也存在不同点，在地理教学与学习过程中，有必要对三者加以比较，以便学生更好地理解和把握该考点。

（一）相同点

（1）组成结构相同或相似。无论是冷锋、暖锋还是准静止锋，均是由冷气团与暖气团交绥形成的锋面以及锋线所组成，并且都是冷气团处于锋面之下，暖气团位于锋面之上。

（2）过境时，均会产生比较复杂的天气变化现象。3种锋过境时，由于均有冷、暖气团的交锋，在锋面两侧因存在较为明显的气温、气压、湿度等物理性质的差异，因此而带来云、刮风、降水等较为复杂的天气变化现象。

（3）降水均主要降落在冷气团一侧。

（4）过境之前与过境之后，因均受单一冷气团或暖气团的控制，天气均比较单一、晴好。

（5）锋面均有一定的倾斜度，并且均向冷气团一侧倾斜。

（二）不同点

（1）成因不同。

冷锋是由于冷气团主动向暖气团移动所形成的锋；暖锋是由于暖气团主动向冷气团移动而形成的锋；准静止锋则是由于冷、暖气团势均力敌，或者是由于冷气团在向暖气团移动的过程中，因受到高原或山地等地形的阻挡削弱作用，使得冷、暖气团交绥所形成的锋面来回摆动、移动幅度很小的锋面活动现象。

（2）冷、暖气团的势力对比不同。

在冷锋中，冷气团的势力强于暖气团；在暖锋中，暖气团的势力则强于冷气团；在准静止锋中，冷、暖气团的势力总体上势均力敌。

（3）锋面坡度不同。

锋面坡度即锋面与地面的夹角。一般而言，冷锋中由于冷气团势力强劲，推动锋面快速移动，其上的暖气团抬升剧烈，因此锋面坡度较大，而暖锋中由于暖气团缓慢爬升至冷气团之上，推动锋面移动速度较为缓慢，因此锋面坡度较小。准静止锋由于冷、暖气团相互作用势均力敌，因此锋面坡度总体居中。

（4）云系不同。

冷锋云系一般窄而厚，暖锋云系一般表现出相对较宽而且较薄的特点，准静止锋云系则大致总体上居于二者之间。

（5）雨区位置和范围不同。

冷锋雨区一般主要位于锋线之后以及锋线附近，降水区域相对比较狭窄；暖锋雨区只位于锋线之前，雨区的范围相对比较宽广；而准静止锋由于锋面来回摆动，因此可以认为雨区锋前锋后均有，雨区范围大小大致介于前二者之间。

（6）势力强弱以及降水的强度不同。

一般而言，冷锋的势力很强，移动速度较快，常常带来狂风暴雨，降水的强度大，比如我国北方夏季的暴雨和冬季的寒潮；暖锋的势力则相对较弱，移动的速度缓慢，降水的强度常常较小；准静止锋一般势力不强，常常形成阴雨连绵的天气。

（7）降水的历时不同。

一般地，冷锋降水历时较短，暖锋降水历时较长，准静止锋的降水历时更长，比如我国江淮地区夏初季节的梅雨由江淮准静止锋造成，降水可以长达一个月左右的时间。

（8）过境所带来的具体天气现象不同。

冷锋过境时常形成大风、大雪、暴雨、寒潮、沙尘暴等剧烈的天气现象，暖锋过境时则形成阴天或连续性降水天气，准静止锋过境时则常形成阴雨连绵的天气现象。

（9）过境所带来的气温与气压变化不同。

冷锋过境之前，因受单一暖气团的控制，一般气温较高，气压较低，过境时以及过境之后，气温则明显下降，气压升高。暖锋过境之前，因受单一冷气团的控制，一般气温较低，气压较高，过境之后，气温则会上升，气压降低。一场春雨一场暖，一场秋雨一场寒，正是暖锋与冷锋过境时与过境后的鲜明写照。准静止锋过境之前，有可能是被冷气团控制，也可能被暖气团所控制；过境时，由于冷、暖气团交界面来回摆动，时而呈现冷锋状态，时而呈现暖锋状态，因此气温时降时升，气压因此呈现出时高时低的波动状态；过境之后，原来的冷气团（或暖气团）被相应的暖气团（或冷气团）所替代，气温因此会上升（或下降），气压则呈现出相反的变化特征。

（10）表示符号不同。

因冷锋势力一般较强，常用三角形符号表示为▲▲▲，其中三角所对方向为冷锋移动方向；而暖锋势力一般较弱，故用半圆形符号表示为●●●，其中半圆圆弧所对方向为暖锋移动方向；准静止锋因时而表现出冷锋状态，时而表现为暖锋状态，二者兼而有之，故采用三角形与半圆形交叉错位相对的形式表示为▼●▼●。

（三）几点注意

（1）暖气团空气密度较小，即暖而轻；冷气团空气密度较大，即冷而重，故二者相遇时，总是暖气团在锋面之上，而冷气团则总是在锋面之下。

（2）冷气团与暖气团的划分是相对而并非是绝对的，即冷气团的气温不一定就比暖气团的气温低。

（3）相比较而言，若冷气团的气温越低，则表明其气压越高，其势力越强大；若暖气团的气温越高，则表明其气压越低，其势力也就越强大；

（4）锋面活动势力的强弱常常可以通过锋面坡度的陡缓反映出来。比如，冷锋势力一般很强，因而其锋面的坡度很陡，属于急行冷锋，又称为快行冷锋。有时，虽然冷气团主动向暖气团移动，但由于冷气团势力并不强大，形成势力较弱的慢行冷锋，因此其锋面坡度则比较平缓。暖锋因势力一般较弱，所以其锋面坡度也比较小。总之，锋面坡度越陡，则锋面活动的势力就越强，反之，则越弱。

（5）锋面经过时一定会带来天气的变化，但不一定会产生降水，降雨的形成过程是水汽凝结成云滴，再受到上升气流的顶托、抬升，使云滴增大成为雨滴并降落到地面的过程，当锋面上面的暖气团比较干燥时，就不能形成降水，比如我国北方冬、春季节的沙尘暴就是冷锋造成的，产生大风天气但往往没有伴随着降水。

(6) 天气若没有降水，未必就是晴天，因为阴天也可能没有降水。须知，晴天是指大气没有降水，而且天空中的云层很少或者没有的天气。

(7) 准静止锋并非是完全静止的，只是由于它来回摆动的幅度很小，较长时间地保持在某个地区，因此看起来仿佛静止一般。

(8) 冷锋常常会带来降雪的天气，但降雪的天气未必就一定是冷锋造成的。就这一点而言，不少人常常存在认识上的误区。实际上，暖锋也可能会带来降雪的天气。比如，我国东北地区冬季受暖锋的影响，多以连续性降雪天气为主。在我国江浙一带冬季一月份前后，由于从东南洋面上来的暖湿气团与陆地上的干冷气团交绥形成暖锋，因此常常能够形成大雪天气。

(9) 全球锋面活动主要分布地区在温带。因为温带地区处于寒带与热带之间的地带，寒带地区容易发育冷气团，热带地区则容易发育暖气团，冷、暖气团容易交绥的地方正好位于温带，因而，温带地区可谓是全球锋面活动发生和分布最多的地区。在温带地区，锋面活动常常与气旋活动相伴而生，形成锋面气旋，又称为温带气旋。

案例二十一　气候原创试题及解析

【例】目前，全球气候的发展变化引起了世界各国的广泛关注。图 8-49 为亚欧大陆甲、乙、丙 3 种气候各月气温与降水分布图，分析完成下列问题。(36 分)

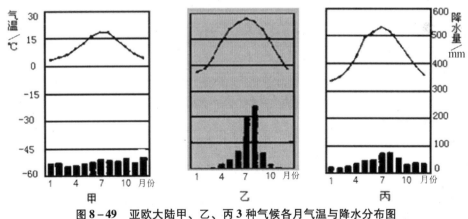

图 8-49　亚欧大陆甲、乙、丙 3 种气候各月气温与降水分布图

(1) 气候甲的类型名称为_____，气候乙的基本特征是_____。(4 分)

(2) 气候甲一年中降水偏多的季节在_____，分析其形成的主要原因。(8 分)

(3) 就平均气温而言，气候丙的春温比秋温_____(高或低)，其原因有哪些？(10 分)

(4) 试比较气候甲与气候乙的异同。(8 分)

(5) 在甲、乙、丙 3 种气候类型中，亚洲缺失的是_____，简析其主要原因。(6 分)

【解析】本题以文科综合高考地理主观试题的命题形式，着重考查考生对于气候知识的掌握以及迁移与分析运用的能力。(1) 根据气候的两大要素即气温和降水，不难判断出3种气候类型的名称，甲为温带海洋性气候，乙为温带季风气候，丙为温带大陆性气候。判断出气候乙的类型为温带季风气候，就可知道其基本特征为夏季高温多雨，冬季寒冷干燥。(2) 第一问可以直接从图上获悉答案。分析原因可从该气候的分布与成因上着手，也可以采用推理的方式进行：冬季降水偏多—空中水汽多并且容易凝结—西风势力强且气温低—冬季南北温差大。(3) 丙为温带大陆性气候，其大陆性强，春夏季节气温回升快，而秋冬季节气温下降很快，所以，其春温比秋温高。(4) 比较两种气候的异同，可以从气候带、基本特点、成因、分布等方面进行。(5) 本题实际上是对区域地理特征的考查。熟悉3种温带气候的分布规律，就不难推知亚洲缺失的是温带海洋性气候。

【参考答案】

(1) 温带海洋性气候（2分），夏季暖热（高温）多雨，冬季寒冷干燥（低温少雨）（2分）。

(2) 冬季（2分）。主要原因：气候甲为温带海洋性气候，分布于中纬大陆西岸，常年受盛行西风的影响（2分）；冬季时，其南北温差较大，产生的水平气压梯度力较大，使得西风势力偏强；西风从海洋上带来更多的水汽（2分）；冬季气温偏低，空气容纳水汽的能力降低，致使空中水汽更容易冷却凝结，从而形成更多的降水（2分）。

(3) 高（2分）。原因：气候丙为温带大陆性气候，主要分布于内陆地区；由于陆地的热容量小，因此其春季气温回升快，季节均温较高；而秋季时气温则下降快，故秋温较低（8分）。

(4) 同：①二者都属于温带气候（或都处于温带地区）；②年降水量都比较丰富。(4分)

异：①气温年较差不同。气候甲的年温差小，气候乙较大；②降水的季节和年际变化不同：甲降水的季节和年际变化小，年内分配均匀，乙降水的季节和年际变化大，主要集中在夏季；③成因不同：甲主要是终年受盛行西风的控制，而乙则是由于海陆热力性质的差异（或受冬、夏季风的交替控制）所致；④分布不同：甲一般分布于中纬大陆的西岸，乙则分布于中纬大陆的东岸。(4分)

(5) 甲（2分）。原因：亚洲西部距海较远，缺少暖性洋流的增温增湿作用（2分）；加之受高原和山地等地形的阻挡作用，西风难以深入亚洲西部地区，致使亚洲低空终年受西风湿润气流的影响小（2分）。

【感悟】气候在高考大纲中可谓是主干知识中的重要考点，在近年来全国各地的高考地理试题中出现频率极高，应引起高度的重视。从命题来看，主要是结合有关地理图表和文字材料，以选择题或者综合题的形式，考查气候的形成因子、气候类型及特征的判断、气候成因的分析与比较，以及气候对自然环境和工农业等人类生产生活的影响等。

案例二十二　河流凌汛探秘

（一）凌汛的定义

凌汛是中高纬度冬半年气候寒冷地区河流存在的一种自然现象，又称为冰排，是指有结冰期的河流在结冰之后或者融冰之前，河道中的冰凌对水流产生阻力而导致江河水位明显上涨的水文现象。冰凌有时可以聚集成冰塞或冰坝，使得河流的水位显著抬高，从而导致河水漫滩或者河堤决堤。我国北方的河流，如黄河、松花江等，在冬季的封河期和春季的开河期都有可能发生凌汛。

（二）世界河流凌汛概况

世界上发生凌汛的河流大多处于北半球中高纬度的寒冷地区，比如，俄罗斯的北德维纳河、涅瓦河、鄂毕河、叶尼塞河和勒拿河，欧洲易北河下游德国汉堡河段，北美的马更些河、育空河以及圣劳伦斯河蒙特利尔河段，我国黄河上游宁（宁夏）蒙（内蒙古）河段以及黄河下游山东河段、黑龙江支流额尔古纳河、松花江，等等。其中，尤以我国黄河上游宁（宁夏）蒙（内蒙古）河段的凌汛最为严重，凌汛洪水在发生频次和规模上远较其他地区高，往往造成较大的灾害和损失。

（三）河流凌汛的主要特点

不同地区的河流以及同一河流的不同河段，所形成的凌汛各有不同的特点，但其凌汛也存在一些共同特征，主要表现在4个方面：一是突发性强。形成冰坝的位置难以预测，有可能造成多处出险。二是水位上涨快。一旦开河时形成阻水冰坝，河道水位可能骤涨3 m到4 m。三是破坏力大。河中的冰块在动力作用下，有摧枯拉朽之力，能切断碗口粗的杨树和水泥电线杆，冲击大堤时，比推土机力量还要大。四是抢险困难。冰封之地取土困难，冰坝破除难。

（四）河流凌汛发生的条件

目前发现，发生凌汛的河流都是处于中高纬度的寒冷地区，但这些地区的河流未必都能发生凌汛。凌汛的发生需要具备一定的条件，归纳起来，主要有以下几个方面：

1. 河流有明显的结冰期

河流所处的纬度位置较高，得到的太阳辐射能量较少，冬季月均温达0℃以下，气候比较寒冷，河流具有较长的结冰时期，可以产生大量的冰凌，具备形成凌汛的温度和物质条件。如果结冰期不明显，时间太短，冰凌易被冲走，那么就难以形成冰塞或冰坝，因而也就难以产生凌汛现象。

2. 河流由较低纬度流向较高纬度地区

河流具有较长的结冰期，只是凌汛形成的必要条件之一。从河流的流向来看，如果河流是由较低纬度向较高纬度流动，那么在秋末冬初结冰时，河流在较下游的河段就会比较上游的河段先结冰，从而易在较下游的河段形成冰塞或冰坝，从而导致凌汛现象的发生；而到了冬末春初河流开始解冻的时候，河流在较上游的河段又会比较下游的河段先融冰，从而易在较下游的河段形成冰塞或冰坝，进而导致凌汛现象的发生。相反，如果河流是由较高纬度流向较低的纬度方向，虽然其结冰与融冰的时间仍然存在一个时间差，但难以形成冰塞或冰坝，因而也就难以形成凌汛现象。以黄河为例，由于其下游河道是由西南流向东北方向，纬度逐渐增高，因此上段河道降温较迟、回暖较早、负气温持续的时间较短；而下段河道则降温较早、回暖较晚、负气温持续的时间相对较长。与此相对应的凌情变化规律是，上段河道封冻较晚、解冻较早、封河历时较短、冰盖较薄；而下段河道封冻较早、解冻较晚、封冻历时较长、冰盖也较厚。

3. 河水流速较为缓慢

如果该河段的河水流动速度较快，那么其对河道中冰凌的冲击力就会比较强，冰凌也就难以聚集形成冰塞或冰坝，凌汛也就难以形成。相反，河水流速较慢，则其冲击力相对较弱，冰凌因此容易积聚而形成凌汛现象。当然，河水流速缓慢的河段，其河道落差一般较小，比如，黄河凌汛发生的上游河段处于宁夏与内蒙古之间流经宁夏平原与河套平原，下游山东境内的河段流经华北平原地区，地势都十分平缓。同时，从时间角度来看，同样的河段，在不同季节的流速也会存在差异，比如，夏季河流处于丰水期时，河水的流速会较快，冬季枯水期时流速会较慢。河流容易发生凌汛的时间一般处于冬春季节，除了与低温条件和冰凌物质条件有关以外，还与枯水期水量小而导致河水流速较慢也有一定的关系。

4. 河道较窄或曲度较大

首选，不难想象，如果河道的宽度过大：一方面，河道中的冰凌物质难以集聚，难以形成冰塞或冰坝；另一方面，即使在河道中形成了冰塞或冰坝，由于河道过宽导致其长度过长，难以经受河水的不断冲击而容易被冲断，因此难以形成凌汛现象。从经常发生凌汛的一些河流来看，其凌汛发生的河段一般都比较窄或较为弯曲。同样以我国黄河为例，其上游宁夏平原河段，还有其下游因人工约束形成地上河，都因宽度较小而容易发生凌汛。其中正庄至五庄两岸堤距尤为狭窄，素有"窄胡洞"之称，最窄处只有460 m，两岸无滩地过水，河道容水量小，冰凌堵塞整个河道后，上游下泄的大量冰水无出路，积蓄在狭窄的河道内，造成水位急剧上涨，在冰坝形成的24 h内，冰坝以上30 km的河段均超过保证水位，壅水影响河段达90 km。其次，河道形态的上宽下窄，引起槽蓄水量的上多下少和排洪能力的上大下小。其三，就局部河段而言，河道的宽窄，鸡心滩的多少、大小，河床纵比降的陡缓，弯曲半径的大小等对卡冰阻水都有影响。例如，济南的老徐庄、利津的王庄、垦利的张家圈等河段之所以能成为历史上卡冰结坝的重点河段，就是因为开河期块大质坚的密集流冰，在通过"L""V""S"型弯道时，要拐90°甚至连拐数弯而极易卡冰的缘故。

（五）河流凌汛的危害

河流凌汛的危害主要体现在以下3个方面。

1. 冰塞形成的洪水危害

通常发生在封冻期，且多发生在急坡变缓和水库的回水末端，持续时间较长，逐步抬高水位，对工程设施及人类有较大的危害。

2. 冰坝引起的洪水危害

通常发生在解冻期。常发生在北半球流向由南向北的纬度差较大的河段，形成速度快，冰坝形成后，冰坝上游水位骤涨，堤防溃决，洪水泛滥成灾。

3. 冰压力引起的危害

冰压力是冰直接作用于建筑物上的力，包括由于流冰的冲击而产生的动压力，由于大面积冰层受风和水剪力的作用而传递到建筑物上的静压力及整个冰盖层膨胀产生的静压力。比如1929年2月山东省利津县冰坝堵塞河道，造成决口，淹没了利津县、沾化区60余村。

（六）河流凌汛的防治

与其他种类的河汛相比，凌汛的防御难度最大。历史上曾有"伏汛好抢，凌汛难防""凌汛决口，河官无罪"之说。历史上，凌汛灾害频繁发生，人们在与凌汛灾害的不断斗争中，逐步认识并致力于凌汛的防治。针对凌汛的危害，目前主要采取以下4种措施加以应对。

（1）监测预防，即通过人造卫星等遥感技术手段，对可能发生凌汛的河段进行实时监测，随时了解和掌握河流凌汛的动态情况，针对凌情，有计划地组织防汛队伍，防守大堤，抗御凌洪，一旦发现险情，立即进行抢护，确保大堤安全。

（2）蓄水，就是将凌汛河段上游的来水蓄积起来，使得其上游河段在解冻开封之前的来水量较小，河槽里面的蓄水量较少，从而不至于造成河流水位明显上涨而鼓开冰坝造成灾害。

（3）分洪，就是利用河流的分洪工程和泄洪闸，及时分泄凌水，从而减轻河流大堤的压力，以确保大堤的安全。

（4）排凌，就是在容易导致卡冰的狭窄或弯曲河段，想法炸碎冰盖，打通溜道，使得凌汛河段上游的来冰能够顺利地向下排泄。如果冰坝的形成威胁到大堤的安全，就及时地采用大炮、飞机或炸药等炸毁冰坝。不过，这是迫不得已的办法，因为不仅比较危险，而且还会对河水造成污染，并会导致河中鱼类等水生生物死亡。

需要补充说明的是，对于凌汛形成的条件或原因的分析，现行不少地理教辅参考资料书上的表述为，河流的流向由低纬流向高纬，不少中学师生不加细究，在地理教学或考试答题的时候也这样进行表述。稍微仔细分析一下，不难发现，这种说法其实是不科学的。一是因为低纬度的河流地区气温一般较高，河流不存在结冰期；二是河流由低纬流向高纬的纬度跨度很大，按南北向最短距离计算，这样的河段长度至少在3 330 km以上，显然，一般河段要达到这样的条件是比较罕见的；再者，从全球存在凌汛现象的主要河流来看，几乎没有一条河流具备如此条件。因此，科学的表述应为：河流的流向由较低纬度流向较高纬度。

案例二十三　板块构造图解读

由于板块交界处位于海洋地带，无明确的地名作分界，再加上七大洲、四大洋轮廓的思维定式，因此此类试题做起来并非得心应手，容易把板块的位置、名称弄混。如何突破这一难关？下面介绍几种方法。

（一）把六大板块与七大洲、四大洋的海陆位置、范围、轮廓进行比较，找出它们的联系和区别

（1）北冰洋被亚欧板块和美洲板块划分了。

（2）大西洋被美洲板块、亚欧板块与非洲板块划分了。

（3）大洋洲绝大部分被划分到印度洋板块。

（4）南、北美洲划分到一个板块——美洲板块。

（5）六大板块除太平洋板块几乎只包括海洋外，其余五个板块里都既有陆地又有海洋。

（6）亚欧板块包括欧洲和除中南半岛、阿拉伯半岛外的亚洲及其北部、西部、东部边缘的一部分海洋（北冰洋、大西洋、太平洋），东西跨度较大。

（7）非洲板块包括整个非洲，还有西部大西洋的一部分，东部印度洋的一部分，南北跨度大。

（8）印度洋板块既包括印度洋的一部分，又包括亚洲的阿拉伯半岛、中南半岛，大洋洲的绝大部分，呈西北—东南走向，跨的大洲多。

（9）美洲板块包括南、北美洲及东部大西洋的一部分和西部北回归线以北太平洋的狭长区域。南北方向长。

（10）南极洲板块包括南极洲及其周围的部分海洋，呈团状分布。

通过细心比较，可得出以下结论。

（1）亚欧板块、非洲板块、美洲板块、南极洲板块比它们所对应的大陆范围大，面积广。

（2）太平洋板块比太平洋范围小。

（3）印度洋板块名不符实，不是海洋板块而是陆地板块，地跨亚洲、大洋洲的部分陆地，显得比较特殊。

（二）用经纬网对六大板块进行空间定位

在命题时，如果沿某条经纬线在六大板块构造图上做剖面图，往往选择经过的板块名称多、复杂的经线或纬线，依照这个原则，可以选取0°、60°E、120°E、120°W经线；0°（赤道）、南北回归线（23°26′N，23°26′S）、60°N纬线等。

（1）0°经线自北向南大致穿过亚欧板块、非洲板块、南极洲板块。

（2）60°E经线自北向南穿越亚欧板块、印度洋板块、非洲板块、南极洲板块。

（3）120°E经线自北向南依次穿过亚欧板块、印度洋板块、南极洲板块。

（4）120°W经线自北向南穿过美洲板块、太平洋板块、南极洲板块。

其中，60°E经线穿过的板块最多，最为复杂。

（1）0°纬线（赤道）横跨的板块共有5个，除南极洲板块以外，其余板块均包括在内，分别是非洲板块、印度洋板块、太平洋板块、南极洲板块、美洲板块。

（2）23°26′N（北回归线）贯穿板块多而复杂，有非洲板块、印度洋板块、亚欧板块、太平洋板块以及美洲板块5个，其中所跨太平洋板块长，亚欧板块短，即除南极洲板块外均有。

（3）23°26′S（南回归线）东西贯穿的板块有美洲板块、非洲板块、印度洋板块、太平洋板块与南极洲板块5个，唯独没有亚欧板块。

（4）60°N纬线横跨的板块有两块，分别是亚欧板块和美洲板块。

通过分析可知：南北纬50°与0°经线、120°E经线所围成的区域以及南北纬50°与120°W经线、60°W经线所围成的区域板块名称多、分布复杂，这些区域又是地球上人口、国家稠密的地区，考试命题的概率较大。

（三）找出板块交界地带著名地理事物的名称及板块边界类型

将有陆地分布的板块交界地带比较有名的地理事物名称（地名、国名）及边界类型找出来，以便清晰地分辨板块交界位置。

需要注意以下几点。

（1）板块相撞形成的岛弧或山脉并不在交界线上，往往位于两个板块中位置较高、密度较大的那个板块上。

（2）边界类型分为消亡和生长两类，海沟、造山带属于消亡边界的标志；海岭、断层属于生长边界的标志。

(3)边界类型与附近地带形成地貌之间的关系是：碰撞消亡成山成岛，张裂生长变谷变洋。

①亚欧板块与非洲板块（消亡边界）——直布罗陀海峡、地中海、阿尔卑斯山脉、阿特拉斯山脉（阿尔及利亚、西班牙、意大利、土耳其等）。

②亚欧板块与太平洋板块（消亡边界）——日本群岛（日本）、台湾省（中国）、菲律宾群岛（菲律宾）等。

③亚欧板块与印度洋板块（消亡边界）——小亚细亚半岛（土耳其）、伊朗高原（伊朗、阿富汗）、印度河（巴基斯坦）、雅鲁藏布江（中国）、喜马拉雅山脉（印度、中国、尼泊尔）、孟加拉湾（孟加拉国）、苏门答腊岛、爪哇岛（印度尼西亚）。

④印度洋板块与非洲板块（生长边界）——死海、红海、亚丁湾等（埃及、苏丹、沙特、索马里、也门等）。

⑤太平洋板块与美洲板块（消亡边界）——海岸山脉，落基山脉（美国）。

⑥美洲板块与亚欧和非洲板块（生长边界）——大西洋。

⑦印度洋板块与太平洋板块（消亡边界）——新几内亚岛（印尼）、所罗门群岛、新西兰。

⑧南极洲板块与美洲板块（消亡边界）——墨西哥、中美洲、安第斯山脉（秘鲁、智利）。

案例二十四　地质构造及应用

（一）地质构造的定义

所谓地质构造，是指在地球的内、外应力作用下，岩层或岩体发生变形或位移而遗留下来的形态。在层状岩石分布地区最为显著。在岩浆岩、变质岩地区也有存在。具体表现为岩石的褶皱、断裂、劈理以及其他面状、线状构造。地质构造的规模，大的上千公里，需要通过地质和地球物理资料的综合分析和遥感资料的解译才能识别，如岩石圈板块构造。小的以毫米甚至微米计，需要借助于光学显微镜或电子显微镜才能观察到，如矿物晶粒变形、晶格的位错等。这是百度百科给出的解释。中学地理一般所讲的地质构造，是指由于地壳运动所引起的地壳变形或变位，包括地壳连续性变形形成的褶皱以及非连续性变形变位所形成的断层，是人们研究地壳演化历史的重要依据。其中，在地壳运动产生的强大挤压力作用下，岩层会发生弯曲变形，产生一系列的波状弯曲，称为褶皱。褶皱的一个单元称为褶曲，包括背斜和向斜。背斜一般是指岩层向上拱曲，中部岩层较老而两翼岩层较新的地质构造；向斜则一般是指岩层向下凹曲，中部岩层较新而两翼岩层较老的地质构造。断层是指具有显著位移的地壳断裂，在地壳中发育广泛，但分布并不均匀。断层的组合形态包括地垒和地堑。在断层面两侧的岩块中，相对上升的岩块称为地垒，常常形成断块山，比如我国庐山、泰山和华山等；相对下降的岩块则称为地堑，常常形成平原或谷地，比如东非大裂谷、我国的渭河平原以及汾河谷地等。若褶皱的岩层上升到地表而未受到剥蚀作用时，则背斜为高地，向斜为低地，地面上常见到时代最新的岩层。褶皱岩层遭到强烈风化剥蚀后，地面的起伏主要取决于岩石抗风化剥蚀的能力。若褶皱岩层为同一种岩性或强度相近，由于背斜核部断裂较向斜核部发育，背斜顶部岩性破碎很容易被外力侵蚀，常成为低地或谷地，而向斜槽部由于受到挤压力的作用，岩性坚硬，不易被侵蚀，反而形成高地或山梁，因此这种背斜成谷而向斜成岭的现象，被称为地形倒置现象。

（二）褶皱与断层构造的分类

除了以上介绍的类型以外，褶皱和断层构造还有其他的分类。

1. 褶皱构造的分类

根据轴面的空间位置形态，可将褶皱分为直立褶皱、斜歪褶皱、倒转褶皱以及平卧褶皱4种类型。其中，直立褶皱轴面直立或近于直立，两翼岩层产状倾向相反，倾角相等或接近相等。斜歪褶皱轴面倾斜，两翼岩层产状倾向虽然相反，但倾角并不相等，其中一翼岩层较陡，另一翼岩层则较缓。倒转褶皱轴面倾斜，两翼岩层往同一个方向倾斜，其中一翼岩层正常，另一翼岩层则发生倒转。平卧褶皱轴面呈水平状或近于水平，其中一翼岩层正常，另一翼岩层发生倒转。

翼间角是指构成褶皱两翼的同一褶皱面的拐点切线的夹角。根据褶皱翼间角的大小，可将褶皱分为平缓褶皱、开阔褶皱、闭合褶皱、紧闭褶皱以及等斜褶皱5种类型。其中，就翼间角的大小而言，平缓褶皱翼间角＞120°；开阔褶皱翼间角介于70°—120°；闭合褶皱翼间角介于30°—70°；紧闭褶皱翼间角介于5°—30°；等斜褶皱翼间角＜5°，常接近0°，两翼岩层产状近于水平。

2. 断层构造的分类

断层构造由四大几何要素构成，包括断层面、断层带、断层线以及断盘。其中，断盘是指位于断层面两侧并沿断层面滑动的岩块。根据断盘的相对运动情况，可将断层分为正断层、逆断层和平移断层3种类型。正断层是指上盘相对下降而下盘相对上升，且断层面倾斜角度较大的断层构造。逆断层的上盘相对上升而下盘相对下降，其中，断层面倾斜角度＞45°的称为逆冲断层，又叫作高角度逆断层；断层面倾斜角度＜45°的称为逆掩断层，又叫作低角度逆断层；滑动距离很远且断层面倾斜角度＜30°的逆掩断层又被称为推覆构造。平移断层则是指断层两盘沿断层面走向相对滑动形成的断层，其断层面一般呈直立状。

（三）地质构造的判断

1. 背斜与向斜的判断

（1）根据岩层的一般形态判断。若岩层向上拱曲，则为背斜；若岩层向下凹曲，则为向斜。

（2）根据岩层的新老关系判断。若岩层中部较老而两翼较新，则为背斜；若岩层中部较新而两翼较老，则为向斜。

（3）根据其中部的储藏物质判断。若其中部储存有石油、天然气等密度较小的矿物质，则为背斜，因为背斜是良好的油气储藏构造；若其中部储存有较多的地下水，则该处应为向斜构造，因为向斜是良好的储水构造。

2. 断层构造的识别

在地质构造示意图或在实际的场景中，可以通过以下方式或途径识别断层。

（1）借助断层的有关地貌标志加以识别。比如，存在断层的地方常常存在断崖、断层三角面、错断而不连续的山脊、沿断层面分布的串珠状湖泊、洼地和泉水等，以及河流因错断而呈现直线状或急转弯的水系特征等。

（2）借助断层的构造标志加以识别。比如地质体因错开中断而不连续，地层产状出现急变或陡立形成构造强化带，岩层出现密集的节理或破碎带等。

（3）借助地层的有关标志加以识别。比如出现地层的重复或缺失等情形。

（四）地质构造的主要学说

以前的地理教材里面介绍了大陆漂移学说、海底扩张学说以及板块构造学说，目前只保留了板块构造学说。建议在地理教学与学习过程中，除了了解板块构造学说以外，有必要对前面两种学说加以学习和了解。具体内容可以在网络上查阅。此略。

（五）地质构造的实际应用

研究地质构造以及构造地貌，可以更好地协调人地关系，对于找矿、找水以及工程建设等都有很大的帮助。

1. 地质构造与找水

（1）利用向斜构造找水。"向斜岩层蓄水好，水量丰富容易找。"向斜构造有利于地下水储存，两翼的水向中间汇集，下渗形成地下水，故打井可在向斜槽部打，如澳大利亚大自流盆地就有许多自流井。图8-50为向斜储水构造。

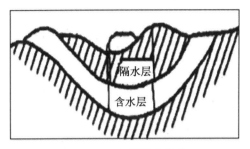

图 8-50 向斜储水构造

（2）利用断层找水。由于地下水容易沿着断层线出露，加之断层处岩石破碎，易被侵蚀为洼地，有利于地表水汇集，因此断层处常为泉水、湖泊分布地，并常有河谷发育。

2. 地质构造与找矿

（1）利用背斜找油。如图 8-51 所示，由于背斜的密闭性很好，因此是良好的储油气构造。其中，天然气比重最小，常分布于背斜的顶部；地下水的比重最大，常分布于底部；石油的比重介于水和天然气之间，故中间多为石油。

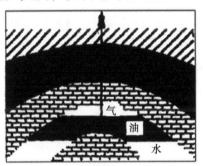

图 8-51 背斜储油气构造

（2）利用向斜和背斜确定钻矿的位置。由于岩层中含有某种矿产如煤、铁矿等，且往往在向斜构造的地下，因此，钻探或打井应在向斜构造处。而背斜由于顶部易被侵蚀，因此其岩层中的矿石很可能已经被侵蚀掉了。

3. 地质构造与工程建设

（1）建筑工程以及隧道选址应避开断层。若在断层地带进行大型工程建设，比如修建水库等，很容易诱发断层活动，产生地震、滑坡、崩塌以及渗漏等不良后果，导致建筑物塌陷。地下隧道则应避开向斜部位。这样做是因为：一方面，向斜构造在地形上一般表现为盆地，如果在向斜部位开凿地下隧道，向斜是雨水和地下水的汇集区，隧道很可能变为水道；另一方面，由于两侧岩块的倾斜，在重力作用下很可能向下坠落到隧道里面，因此造成隧道安全隐患甚至安全事故的发生。

（2）断层能加大地震烈度，地震发生时，有断层的地区烈度会变大。

（六）教学考量

（1）关于水库大坝的选址，是考虑在向斜还是背斜的问题，应辩证地看待。有不少的地理教辅参考资料和地理教师都认为，水库大坝只能选在向斜，理由是背斜因受到张力作用，顶部岩石比较破碎，不利于建坝，而向斜岩石因受到挤压力的作用，岩性坚硬，不易被外力侵蚀，建坝比较安全。这种观点有一定的道理，但有失偏颇。从地质构造的稳固性角度考虑，背斜是适合建坝的，比如我国著名的三峡水库大坝位于湖北三斗坪，就刚好建在背斜上面，因为这里的岩石为花岗岩，岩性非常坚硬，加之背斜构造两翼的岩层向上产生巨大拱曲力，使得构造本身比较稳固，并对水库大坝产生顶托作用，因而建坝相对安全可靠。如果从岩性的角度考虑，向斜则是建坝比较理想的选择，分析如前所述。

（2）在判断背斜和向斜的各种方法中，最为科学的方法是，依据岩层的新老对比关系进行判断。当然，这里所讲岩层的新与老是相对而并非是绝对的，形成的时间较早的岩石，其年龄被认定为较老，反之则较新。切忌根据地貌来判定背斜或向斜，因为背斜既可以形成山地，也可以形成谷地，向斜亦是如此。

（3）断层中两个岩块的上升或下降运动是相对而不是绝对的。其中，位置较高的岩块相对于另一个位置较低的岩块而言，其运动是相对上升，但其实际上的运动可能会有3种情况：一是两个岩块都呈现上升运动，但其中一个岩块上升速度和幅度大于另一个岩块，使得二者沿断层面出现错动位移，导致位置一高一低；二是两个岩块都呈现沉降运动，但其中一个岩块沉降速度和幅度小于另一个岩块，使得二者沿断层面出现错动位移形成断层；三是一个岩块上升运动，另一个岩块则做沉降运动。此外，从理论的角度讲，还有两种可能性存在：一是其中一个岩块位置大致保持不动，另一个岩块做沉降运动；二是其中一个岩块位置大致保持不动，另一个岩块则做上升运动。对此，务必要认真体会，多加理解。

（4）地质构造与构造地貌不是一回事，二者不能画等号。地质构造是由于地壳运动所引起的变了形和变了位置的地壳，比如背斜、向斜和断层等，而火山就不属于地质构造。构造地貌则是指地质构造在内、外力的共同作用下所形成的地貌类型，比如背斜山、向斜谷、背斜谷、向斜岭、断块山等。不难看出，二者既有区别，又有联系。

（5）判断断层面两侧岩块的相对运动方向，一般可以依据岩块的新老关系来加以确定。正常情况下，岩层应该呈水平分布状态，且较老的在下而较新的在上。因此，两个断盘在同一高度上的岩层相比，正常岩层较老的那一盘应为上升盘，另一盘则为下降盘；如果是倒转地层，则结论刚好相反。

（6）地垒与地堑构造在空间分布上总是相伴而生的。换言之，若某个地方存在断层，形成了地垒，那么附近就必然存在地堑。比如，我国华山北坡存在大断崖，华山属于地垒形成的断块山，其北侧相邻的渭河平原则属于地堑形成的平原地形；江西的庐山属于地垒形成的断块山，其附近的鄱阳湖则属于地堑形成的湖盆构造。

案例二十五 雪线问题探微

(一) 雪线的概念

雪线是指高山上的多年积雪区与季节性积雪区之间的分界线，雪线处的年降雪量等于年雪消融量。同一山地不同坡向雪线的高度往往不同，雪线的高低主要受山体的气温和降水等因素的影响，会随着季节的变化而变化。实际上，雪线并非是一条线，只是一种形象的称谓。准确地讲，雪线应该叫作雪带，它是指在高山的中上部存在终年积雪的区域与季节性积雪区域之间的过渡地带，在此地带内，同期的积雪量与融雪量保持平衡。在雪线以上的高山地区，因地势更高，气温更低，年积雪量进一步增多，而融雪量进一步减少，使得年积雪量大于同期的融雪量，因而存在多年积雪，形成终年或多年积雪区域；在雪线以下的高山地区，因地势降低，气温升高，年积雪量随之减少，而融雪量则进一步增大，使得年积雪量小于同期的融雪量，因而只能存在季节性积雪，形成季节性积雪区域，此区域的积雪常常是冬季存在而夏季则基本上全部融化。

(二) 世界雪线随纬度分布的规律

图 8-52 为世界雪线海拔高度的纬度分布变化，不同纬度的山地，雪线高度分布的基本规律是：由南、北半球的副热带地区分别向两侧的高纬和低纬地区递减。因为副热带地区盛行下沉气流，年降水量稀少，加之气温高，积雪较易融化，因而雪线最高。比如 20°S—25°S 之间的安第斯山脉，雪线最高可达 6 400 m 左右，是世界上雪线最高的地方。赤道地区由于大气对流运动旺盛，云层较厚，大气对太阳辐射的削弱作用强，气温不如副热带地区高，且年降水量较多，加之年冰雪消融量不如副热带地区大，因而雪线较低。比如热带非洲雪线高度在 4 500—5 600 m。在中高纬度地区，随纬度的升高，气温相应降低，雪线的高度也随之降低。比如北极圈附近雪线的海拔高度一般都在 200 m 以下。

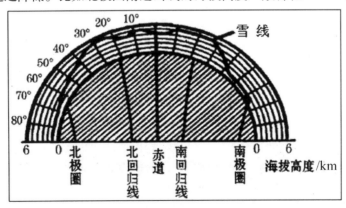

图 8-52 世界雪线海拔高度的纬度分布变化

（三）雪线高度的主要影响因素

（1）温度：雪线高度与气温成正相关。从图8-53可以看出，世界范围内雪线分布高度的总体趋势是两极最低，并逐渐向低纬地区升高。同一山体，阳坡因日照强，气温较高，故雪线常高于阴坡。如天山南坡雪线比北坡约高200—400 m。图8-53为雪线高度的影响因素。

（2）降雪量：雪线高度与年降雪量成负相关。高山迎风坡一侧年降雪量较多，积雪量较大，雪线高度相对较低，比如，喜马拉雅山南坡虽然为阳坡，但其雪线高度仍然比北坡低大约500 m，主要原因就是其南坡年降雪量较多。

（3）山体坡度：比较而言，高山上坡度较小的缓坡区域，因积雪不易下坠，而使雪线较低；而坡度较大的山坡，往往由于容易发生雪崩，从而使得雪线分布位置较高。

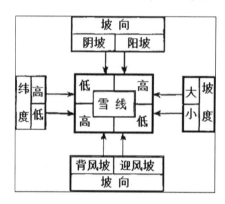

图8-53　雪线高度的影响因素

（4）季节变化：一般而言，夏季时，因气温上升，导致积雪融化量明显增加，使得雪线高度上升；冬季时则由于气温下降，导致积雪量增多，从而使得雪线的高度下降。

（5）纬度位置：雪线高度与纬度的高低之间成负相关关系。一般而言，纬度越低的地区，因气温升高，使得雪线的高度越高；纬度越高，则气温越低，雪线分布的高度也越低。

案例二十六　人文地理说课案例：城市化

尊敬的各位评委老师、朋友们：

大家好！今天，我说课的课题是"城市化（Urbanization）"。下面，我将从教材、教法、学法以及教学过程等方面对本节教材第一课时的教学设计进行说课。

第八章 案例分析

（一）说教材分析

1. 课标解读

《普通高中地理课程标准（实验）》对本节的要求是，运用有关资料，概括城市化的过程和特点，并解释城市化对地理环境的影响。具体对应到本课的要求就是，通过对有关的图文资料进行分析，探究归纳出城市化的历史进程以及空间地区差异。城市化的过程主要是由时间进程带来的城市空间的变化。学习城市化的过程和特点，目的是让学生认识和理解人类社会的重心是怎样逐渐向城市转移的。因为城市化属于历史进程，学生从日常的生活经验中很难感受到城市化的过程，因此，本条标准要求学生会运用资料进行概括。为了实现本条标准，可从运用实际资料入手展开教学。

2. 教材的地位和作用

本课内容选自现行人教版高中地理必修二教材第二章第三节"城市与城市化"第一课时。

一方面，从必修二的教材结构来看，城市化承接了上一章"人口的迁移"，而城市的大规模发展，又对后面工业、农业，以及交通运输等区位选择产生重大的影响，在整个必修二"人文地理模块"中可谓是占有非常重要的地位。另一方面，从本章教材知识结构来看，教材在前两节从静态的角度，分析介绍了城市的内部空间结构与服务功能的特征，本节教材主要是从时间这个维度探讨了城市的发展历程以及今后的发展变化趋势，可以理解为是对本单元前面一、二节知识内容的呼应和升华。本节所讲的城市化，对一个城市而言，是城镇等级水平不断升级的过程；对一个地区而言，则是城市等级体系逐步形成的过程。城市化不仅受到地理环境的影响，形成不同的城市地域形态和不同的城市内部空间结构，而且，城市化也深刻地影响着地理环境，因此，本课在本章中具有承上启下以及提炼与升华的作用，可谓是本章的重点内容。

3. 说教学目标

根据高中地理新课标的要求、新课程改革的理念、高一学生的年龄特征以及学生的学情，将本课教学过程中应达到的三维目标确定如下。

（1）知识与技能目标。

①知道城市化的概念和意义，了解引起人口向城市迁移的动力。（综合思维）

②能运用有关图文资料，概括出世界城市化的过程和特点。（综合思维）

（2）过程与方法目标。

运用地理图表资料的分析方法，对地理信息进行整理和归纳，概括城市化的过程和特点。（地理实践力、综合思维）

（3）情感态度与价值观目标。

养成求真求实的科学态度，关注家乡城市化的现状与趋势，培养以可持续发展观念，

建设家乡的社会责任感和使命感。（人地协调观、地理实践力）

4. 说教学重难点

（1）重点：根据高中地理课程标准和高考考试大纲的要求，以及教材知识本身的特点，因此，将重点内容确定为两个方面：一是城市化的概念和城市化的主要标志；二是不同城市化阶段的主要特点。

（2）难点：从学情方面来看，高一学生心智发育尚不成熟，学生分析与归纳总结的能力还不强；从教材知识本身的特点来看，城市化是一个连续渐进的变化发展过程，各个阶段之间区别明显，但在过渡阶段却兼有两个阶段的特点，所以给学生具体分析判断一个地区的城市化水平带来了一些困难。因此，结合新课程标准的要求，将本课教学难点确定为：运用有关图文资料，归纳概括城市化的过程和特点。

通过对以上重难点的把握，经过读图分析、图文转化、案例呈现等多种方式来突出重点、突破难点，让学生轻松愉悦地学习知识。

（二）说教法

1. 教学方法及依据

（1）情景教学法：高一学生缺乏社会实践经历，对城市化这一社会现象缺乏感性认识，融入有关的情境，有助于学生产生体验性认识，以便更好地接受新知识，并提高学习兴趣。

（2）案例教学法：通过对有关案例的分析，有利于整合知识，学用结合，是人文地理教学的重要方法和有效方式。

（3）合作探究法：通过师生合作，对所学知识加以探究学习，这不仅体现新课标的理念与要求，更重要的是，能够让学生真正地参与课堂，从而实现知识与能力的同步提升。

（4）读图分析法：借助有关地图进行分析，培养学生的读图习惯和读图能力，体现地理的学科特色和内在要求，并可有效地培养学生获取和解读信息的重要能力。

2. 说教学手段

（1）自制多媒体课件，利用学校配备的多媒体教室，采用计算机多媒体辅助教学。

（2）通过"Google 地图"自制 2005 年华凤镇地图和目前的华凤镇地图（尤其是四川省南充一中对面"望天坝"区域的建设）。

（3）学具：地图册、课本等，事先印发的导学案，包括学生上课需要完成的图表、课堂练习、学生学习目标评估和自我分析题目。

老师和同学要高度重视地理课程内容，充分地利用教材、地图册，搜集城区的各种资料，运用地理相关软件（如 Google 地图等），运用计算机多媒体设备以及各种课程资源来互相补充，协调统一，有机整合。

（三）说学法指导

城市化发生在我们身边，前面又学习了城市的一系列特征，学生有了对城市的基础性认识，但还没有接触过"城市化"这个专有名词，对城市化的一系列特征仍存在较大的疑惑。针对学生的学习实际情况，本课采用结合乡土材料，案例呈现等方式，通过分析有关图表等资料，引导学生由浅入深地进行层层剖析，联系生活实际，激发学习兴趣，探究地理问题。

（四）说教学过程（第一课时）

本课主要拟从课堂导入、新课教学、训练小结和课堂总结 4 个环节进行。课堂教学时间分配如下：新课导入 2 min，新课教学 30 min，课堂总结 2 min，作业布置 1 min，大约余下 5 min 左右的时间，交由学生进行自我消化和总结，总共用时 40 min 左右。

1. 联系生活情景，设问激趣导入

采用幻灯片展示图片（图 8-54），顺势提问学生：大家能看出这是哪里吗？学生对此非常熟悉，指出这是南充市的城市中心五星花园。然后说明并继续提问学生：我们生活在我国著名"绸都"之一的南充市是很不错的，那么请问：您知道南充市的城区面积有多大？您知道南充市的城区人口有多少？您知道南充市的未来城区规划吗？通过图片将生活情景带入课堂，并通过一系列的问题引发学生的思考，在激趣引思的同时，导入新课的学习。表 8-5 为南充市不同时段的城区面积、人口比较表。

图 8-54　南充市中心——五星花园

表 8-5　南充市不同时段的城区面积、人口比较表

时间/年	2005	2012	2015（规划）
城区面积/km²	60	106	120
人口/人	610 万	810 万	930 万
城市人口/人	57 万	103 万	120 万

2. 新课教学

（1）理例结合，明确概念。

在引入新名词"城市化"之后，首先让学生观察，对比分析。

①教材图2.16"长江三角洲地区的城市发展"，从1985年发展到2000年有什么区别？

②今天的华凤镇地图和2005年华凤镇地图之间有什么变化？根据这些变化，试着提炼出城市化的概念，然后再结合课本给出的概念加深理解和记忆。要强调概念中的4个关键词：人口、农村、城市以及过程。再通过该图之间的对比分析，引导学生归纳出城市化的3个主要标志。然后讲解说明，城市化是一个发展的过程，它不是一蹴而就的，而是循序渐进的、不断进行的。在这个过程中，人口是其重要的参与元素，人口在农村与城市间的迁移活动，便引起了城市化。

（2）常识回忆，层层递进。

在引导学生学习城市化的概念之后，接着剖析城市化发展的动因。要从现象观察到本质提炼，可用两个城市化发展的现象以及原因引入根本原因。依次用幻灯片加以展示并引导学生进行分析。

湖南省的株洲市，以前只是一个规模很小的城市，但自从成为铁路交通枢纽之后，发展十分的迅速，现在已经发展成为我国的高新技术产业城市，被称为"火车拉来的城市"。这是什么因素对城市化的影响？交通。不难看出，无论是政策因素还是交通因素，最终都是通过引起人口的迁移来带动城市化的。那么，我们再从人口迁移的角度来谈谈城市化发展的动因。提出问题：为什么绝大部分的人口想在城市里生活，希望在城市安家？请学生回答，然后结合教材中图2.17进行分析讲解。

（3）角色扮演，激发兴趣。

通过幻灯片展示有关图文材料，介绍城市化的案例：我国江苏省的华西村被誉为"亿元村"，其发展可谓是我国城市化的一个典型案例。改革开放之前的华西村，只是一个普普通通的村子，经过改革开放以后，发生了翻天覆地的变化，成为我国城市化进程的典型。其面积由原来的0.96 km^2扩大到30 km^2，人口由原来的2 000多人增加到30 000多人。2004年，华西村人均年工资收入12.26万元。同年，全国农民人均纯收入2 936元，城镇居民人均可支配收入9 422元。华西人的收入达到了全国农民的41.76倍、城镇居民的13.01倍。在案例学习的基础上，让学生扮演不同时期的华西村村民，说明城市化给自己在生产方式、生活方式以及价值观念等方面带来的巨大改变，进而总结归纳城市化的意义。

（4）科际间联系，图文结合。

在讲解第二个知识点"世界城市化的进程"时，要充分结合教材上的两幅图，联系历史知识，激发学生的求知欲。先讲世界城市化发展的走势，引用教材中图2.18"世界城市化水平"，先为学生讲解图上注释、标记的意思，然后提出疑问：为什么发达国家在1800年进入了城市化发展的高速时期，而发展中国家直到20世纪中叶才出现城市化的快速发展？让学生结合历史知识进行思考，激发学生浓厚的兴趣。在讲到"城市化的阶段"

第八章 案例分析

这一重点时,要将图 2.19 "城市化进程示意"与"英国的城市化进程"结合起来,用示意图来说明案例,用案例来论证示意图,以加深学生对世界城市化发展阶段以及各阶段主要特征的理解,以提高学生的读图析图能力以及材料分析解读能力。指导学生完成课本 P 34 的活动内容。

(5) 实例剖析,巩固理解。

展示 3 个新闻材料作为学习案例,用本课所学的课堂知识对其进行辨析,加深学生对本节课堂知识的理解。新闻内容如下。

①在中国人口流动最频繁区域之一的东部沿海的浙江省,户籍管理部门调查发现,全省"农转非"数量从 2010 年时的 97 万人,降到 2012 年的 68 万人,降幅高达 67%。人们不愿意进城落户,甚至把户口从城市返迁回农村。

②几个月前,杭州市滨江区户籍官员遇到头疼事:马湖村 20 余名大学生强烈要求,把户口迁回农村。

③在中国东部一个经济发达的县,出现了几十名政府公务员把户口迁往农村的现象。于是,有人开始高呼,中国城市发展开始"逆城市化"了。

然后把学生分为 6 个学习小组,讨论这个观点的对错,并结合所学知识,由每个小组推举首席发言代表总结判断的理由。然后老师加以归纳总结。

3. 课堂探究,知能并进

探究一:对照课本上的城市化进程示意图,引导学生完成表 8-6。

表 8-6 城市化进程

城市化阶段	城市化水平	城市化速度	地域扩展趋势	常见的问题
初期				
中期				
后期				

通过读图填表,让学生学习知识的同时,也同时培养学生从图文材料中获取和解读有效信息的能力,调动其运用知识描述和阐释事物和现象的能力,以及论证和探讨地理问题的能力,达到知识与能力的同步增长。

探究二:对照课本上图 2.18 和图 2.19,引导学生分析图 2.23 中几个国家城市化发展的差异,并完成表 8-7。

(1) 城市化的开始时间有什么不同?
(2) 目前各处于城市化的哪一阶段?
(3) 概括发达国家和发展中国家的城市化地区差异?

表 8-7 不同国家城市化发展的差异

发达国家和发展中国家的城市化地区差异					
比较项目	起步时间	目前速度	城市化水平	所处阶段	问题及原因
发达国家					
发展中国家					

4. 总结课堂，布置作业

在课堂探究活动结束以后，本堂课的新课学习就告一段落。在此基础上可以趁热打铁，引导学生对本节课学习的内容加以回顾总结，并强调指出城市化的概念、判断标志以及城市化的进程和特点需要重点加以理解掌握和运用，尤其是要学会运用比较思维的方法，结合有关的案例图文材料加以分析。课后安排学生及时对本课内容加以复习，并让学生思考完成两个问题：一是区别比较郊区城市化和逆城市化的异同点，二是预习探讨城市化对地理环境有哪些影响，为下一节课的学习做好准备。

（五）说板书设计

考虑到本堂课属于新课教学，我采用了地理教学中最为常见的板书形式：纲目式板书。提纲挈领，文字简练，内容结构清晰，利于突出重点，分化教学难点，便于学生笔记和复习，有利于学生把握课堂知识的要点。

2.3.1　URBANIZATION（城市化）

一、什么是城市化

1. 概念：人口、农村、城市、过程

2. 主要标志：城市人口/总人口×100%

3. 城市化发展因素：推力和拉力

4. 意义

二、世界城市化的进程

（一）时间上：三个不同阶段

1. 初期阶段

2. 中期阶段

3. 后期阶段

（二）空间上：地区差异

1. 发达国家

2. 发展中国家

以上是从教材分析、教法、学法以及教学过程等几个方面对"城市化"一节第一课时

第八章 案例分析

的教学设计说课，恳请大家批评指正！说课到此结束，谢谢！

【点评】本课"城市化"属于高中人文地理的重点知识内容，说课抓住了重点即教学过程，思路清晰，逻辑性强，主次分明，不乏亮点。其中亮点主要表现在，情景教学，唱歌激趣，案例材料丰富翔实，双语特色，理念先进，师生互动，课堂容量大等。不仅说出了教学的有关目标以及重难点设计和具体操作过程，而且也比较详细地分析说明了教学设计的理由，对地理课堂教学的设计与实施具有不错的参考价值。不足之处在于，课堂设计安排内容偏多，课堂教学时间可能比较紧促。（本案例获四川省南充市2013年中学青年地理教师教学竞赛一等奖，由四川省南充市第一中学符扬提供，略有改动）

案例二十七　示范课课例：城市化

在2008年7月四川省广安市中学地理骨干教师培训活动中，组委会专门安排了骨干教师示范课项目。由于有老师突然生病不能来授课，因此笔者临场受命，承担了示范课任务。这时离上课时间已不足1个小时，手上包括地理教材在内的什么资料都没有。因受到时间限制，根据组委会提供的人教版试验修订本高中地理下册教材，随机选择了一个课题——城市化，整个备课过程总共花了大约不到30 min时间。最终，在未借助计算机等多媒体辅助教学的情况下，顺利地完成了示范课教学任务，受到了与会专家和老师们的一致好评。以下是本堂课的实录。

（首先板书）Urbanization（城市化）

【组织课堂，导入新课】

师讲（双语激趣）：Morning to everyone here! Allow me to introduce myself first. I'm Wang Changyong. I'm from Zhongxin middle school Wusheng county Sichuan province. Very very glad to meet all of you here. Today, we'll learn urbanization（城市化）together. OK…

师问：从一定程度上来讲，这说明我们国家目前城市人口比例高不高？

生答：不高。

师问：那大家说说心里话，想不想到大城市去生活啊？

生答：想啊……

师讲：好，这就涉及城市化的问题。那么，什么是城市化呢？城市化的进程如何？空间分布又有何差异呢？今天，老师就带领大家一起来探究学习，请看黑板——Urbanization 城市化（采用隶书字体板书）。

【探究新知】

师讲：请大家翻开课本，自主学习课本第一框题内容，思考回答：什么是城市化？城市化的主要意义是什么？

（学生自主学习本部分内容以后，老师抽问学生，完成自主学习）

生答：人口由乡村向城市地区集聚，乡村地区转变为城市地区的过程，叫作城市化。

师讲：我们请这位同学继续来分析一下，从城市化的概念来看，城市化主要包含两个方面，一是人口由乡村向城市集聚，这个应该是属于什么方面的城市化呢？

生答：人口城市化（老师板书）。

师问：回答正确！另一个方面是乡村地区变为城市，这应该是属于什么方面的城市化呢？

生答：空间城市化。

师讲：对，也就是地域城市化（板书）。这位同学回答得非常棒，请坐。好，请大家掌声鼓励一下，好吗？（老师带头鼓掌表扬鼓励，课堂气氛因此变得活跃）。

师讲：现在我们学习了解了城市化的含义，大家也愿意到城市生活，那说明城市化有没有作用呢？

生答：有！

师讲：是的。那么，请大家再快速浏览一下课本第一自然段，概括说明城市化的意义（学生看书，寻求答案）。

师问：请坐在中间这位同学起来回答一下（该生特别活跃），城市化的主要意义是什么？

生答：城市化是社会经济发展的必然结果，是社会进步的表现，能够带动区域经济的发展，还能缩小城乡之间的差距。

师讲：很好！请坐。（复述答案并提醒学生快速在课本上勾书予以落实）。

师问：城市化具有如此重要的意义与作用，那大家肯定会想，我们应该促进城市化的发展。而城市化在发展的过程中究竟达到了什么水平，还需要进行衡量。请同学们快速阅读课本第二自然段，快速找出城市化的主要标志有哪些？

生答：城市化有3个主要标志，分别是城市人口增加，城市人口在总人口中的比重上升，城市用地规模不断扩大。其中，衡量城市化水平最重要的指标是城市人口占总人口的百分比。

师讲：对。人们常常通过城市人口的绝对数量与相对数量以及城市空间用地规模大小来对城市化水平的高低进行衡量。请大家在课本上勾画一下。

师问：通过刚才的学习，大家了解了城市化的3个主要标志，那么，我们究竟应该怎样来衡量城市化水平呢？下面，大家一起来做一个课堂练习。调查表明，江苏省1950年和1980年的总人口分别为1 500万人和3 000万人，其城市人口分别为500万和1 000万（老师将题目数据板书在黑板上）。请大家通过快速计算判断，1980年与1950年相比，江苏省的城市化水平发生了怎样的变化？A. 明显上升；B. 不变；C. 略有上升；D. 下降。

（老师公布完课堂练习题目以后，随机抽选一个同学上黑板前进行计算，并叫其余的同学拿出纸和笔，在下面进行快速计算，比一比，看谁算得快，答得对。）

生答：选B。（台上的同学与台下的同学得到的答案完全一样）。

师讲：恭喜恭喜，你们的答案跟高考题的答案完全一样！这道题是老师凭着记忆给大家展示出来的，原题是江苏省2003年的高考试题。但是（停顿3秒钟，课堂气氛突然严肃起来），高考题的参考答案是错的！借此机会，老师要告诫大家，千万不要一味地迷信我们的专家权威，在学习过程中，一定要多开动脑筋，要敢于大胆地思考和质疑！（及时地进行思想教育）那么，请大家再仔细想想，高考答案究竟犯了什么错误呢？（让学生互相讨论一下）。

生答：以偏概全！

师讲：非常正确。它是将城市人口占总人口的比重作为衡量城市化水平高低的唯一标准，这显然是不对的。在衡量城市化水平高低的3个标志中，这只是其中最重要的标志之一。通过计算可知，江苏省在这两年的城市人口比重虽然相等，但由于其城市人口增加了一倍，因此，正确答案应选C。希望大家注意认真领会并加以掌握。

师讲：在不同的社会发展历史时期，由于受生产力水平不同的影响，因此世界城市化的进程表现出不同的特点。下面，请大家看书，讨论思考，世界城市化的进程在时间上有何特点？世界城市化的进程有哪些特点？（板书）

生答：产业革命前，低水平缓慢增长；产业革命后，城市化加速发展；20世纪尤其是二战结束以来，城市化空前发展。

师讲：归纳得很好。在产业革命以前，人类还处于农业社会时代，生产力水平还比较低，城市的发展受到很大的制约，导致城市化水平呈现低水平缓慢发展。产业革命以后，随着生产力的发展，城市人口以及城市人口比重不断增加。大家看看课本图6.17，不难发现，无论是发达国家还是发展中国家，从1920年至2000年，世界城市人口比重都在明显快速地增长。从课本图6.18可以看出，与此同时，城市用地规模也在不断地扩大。由此可以看出，20世纪尤其是二战结束以来，世界城市化得到了空前的发展。

师讲：但同时，世界城市化还存在明显的地区空间差异，尤其是发达国家与发展中国家之间。下面，请同学们结合阅读教材上的图文材料，对此予以归纳总结，可以列表（老师将表格设计出来并快速地板书在黑板上，如表8－8所示）。

表8－8 世界城市化的地区差异比较表

世界城市化的地区差异				
地区	开始时间	发展速度	水平	后果
发达国家				
发展中国家				

生答：发达国家城市化起步早、水平高，出现逆城市化现象；发展中国家城市化起步晚、发展快、水平较低，城市化发展不合理。

师讲（采用启发式讲解）：对。发达国家由于工业化较早，因此，城市化开始的时间也比较早，英国是世界上第一个进行工业革命的国家，因而也是世界上最早出现城市化的国家。目前，发达国家城市化人口的比重一般都达到70%甚至更高，大家可以从课本图

6.19看出来。由于城市化的潜力不大,加之城市交通与环境等出现多方面的问题,因此导致其城市化发展速度缓慢,甚至出现逆城市化,也就是由于人们对环境质量要求提高,加之乡村地区和小城镇基础设施等生活条件改善,因此出现城市人口向乡村地区转移回流的现象。但需要注意的是,逆城市化作为城市化发展的高级阶段,其本身并不会降低城市化的水平,它只是城市人口在空间分布上的再分配。比较而言,发展中国家由于起步较晚,经济水平较落后,因此,城市化水平一般都较低,城市人口的比重一般都在30%左右甚至更低。有少数拉美国家,比如墨西哥、阿根廷、巴西等国,由于大量无业人口由农村涌向城市,导致城市化的畸形发展,因此城市化发展不合理,出现一系列的社会问题。这个问题留给同学们课后进行思考。

【课堂小结】好,今天的新课内容就学习这些。下面跟着老师一起来小结一下:本节课我们学习了城市化的概念与主要标志,知道城市人口占总人口的比重是衡量一个国家或地区城市化水平高低的最重要标志,但并非唯一的指标!通过学习还了解了世界城市化的进程在时间和空间上的差异。可以通过列表加以对比分析,效果相对较好。目前我国城市化水平还较低,希望大家多多努力,为促进我国城市化的进一步发展建言献策。

【作业布置】在课本最后安排有一个活动题目,请大家课后认真完成。

师讲(结束语):OK, thank you very much for your cooperation this lesson! Good luck to all of you here. So much for this today, thank you! 谢谢大家!谢谢!

【教学反思】本堂示范课在时间条件极为仓促的情况下能够取得成功,殊为不易!课堂激情飞扬,亮点纷呈,主要体现在以下4个方面:一是双语教学,虽然只是初级层次,但流利的口语充分体现了教师的用心与功底,对于激发学生课堂学习兴趣有着独特的作用与功能,值得借鉴与推广;二是给师生展示分析了高考题的错误,可以说是本堂课最大的亮点!三是对学生适时进行思想教育,毫无矫揉造作之感,显得非常自然得体,有效地提升了地理教育的质量;四是充分体现了新课程的理念,既有自主学习,也有师生合作探究,学生不仅学到了知识,也学到了分析问题的方法。回顾整个课堂,理念先进,设计合理,讲练结合,容量适中,思路清晰,逻辑严明,双语教学,特色鲜明,用时得当,效果优良。当然,教学是一门遗憾的艺术,本课也存在一些缺点与不足,比如,未能使用计算机多媒体辅助教学,对教材知识拓展还不够,教师本人的普通话水平有待于提高,等等。

案例二十八　高考微专题分析：可持续发展

（一）人地关系思想发展的历史演变（表8-9）

表8-9　人地关系思想发展的历史演变

阶段特征	崇拜自然	改造自然	征服自然	谋求人地协调
生产力水平	低下	不断提高	迅速提高	以惊人的速度向前发展
历史时期	采猎文明	农业文明	工业文明	现代文明
人地关系	恐惧和依赖	依附性减弱对抗性增强	不协调，人地矛盾激化	谋求人地协调
环境问题	资源破坏，影响小	局部环境问题出现	环境污染与生态破坏严重	全球性环境问题日益突出，人类开始认识环境问题，逐步解决环境问题

由上表可知，人类对人地关系的认识随着生产力的发展而不断深化。环境问题产生于人类生产与生活活动，但并非不可避免。通过发展社会生产力，最终可以实现人地关系的协调发展。

（二）可持续发展

1. 可持续发展的概念

1987年，联合国世界环境与发展委员会在 Our Common Future《我们共同的未来》一书中，首次正式阐述了可持续发展（The Sustained Development of Mankind）概念的含义，即既满足当代人的需求，又不损害后代人满足其需求能力的发展。

2. 可持续发展的内涵、地位和目标（表8-10）

表8-10　可持续发展的内涵、地位和目标

内涵	地位	目标
生态持续发展	基础	发展要与资源和环境承载力相协调
经济持续发展	条件	发展不仅要重视增长数量，更要追求改善质量、提高效益、节约能源、减少废物，改变传统生产和消费模式，实施清洁生产和文明消费
社会持续发展	目的	发展要以改善和提高生活质量为目的，与社会进步相适应

可持续发展是一个综合的概念，包括生态持续发展（A）、经济持续发展（B）以及社会持续发展（C）3个方面。其中，A是指保护生物和维持生态系统健康而安全的发展，B主要是指满足人类需求能力的提高和物质财富的不断扩大，C是指控制人口并实现人类自

身的发展及解决贫富分化问题。须知，三者之间互相联系、相互制约，共同构成可持续发展的复合系统。

3. 可持续发展的3个原则（表8－11）

表8－11　可持续发展的3个原则

原则	内容和要求
公平性原则	同代人之间的横向公平性，代际之间的纵向公平性，人类生存与其他物种生存的公平性；各国有权开发本国资源并确保不对其他国家的环境造成损害，人类需要与子孙后代共享资源和环境等
持续性原则	面对有限的地球面积和有限的地球承载力，人类的经济活动和社会发展必须保持在资源和环境的承载能力之内；人类应该做到合理开发和利用自然资源，保持适度的人口规模，处理好发展经济和保护环境的关系等
共同性原则	地方性的决策和行动应该有助于实现全球的整体协调；许多跨国界的全球性问题必须进行全球合作；对于全球共有的资源需要在尊重各国主权和利益的基础上，制定各国都可以接受的全球性目标和政策等

需要注意的是，在对可持续发展原则进行判断时，不能采取单向思维，应该进行综合思考，灵活判断。换言之，针对人类的某种行为或态度，其所遵循或违背的可持续发展原则不一定只有一个，也可能是多个。比如，竭泽而渔，一方面，体现了人类在其他物种（鱼类）面前的自私和贪婪，打破了物种生存之间的公平，违背了可持续发展的公平性原则；另一方面，人类所捕获的渔业资源超过了一定的度（量），因此还违背了可持续发展的持续性原则。

4. 可持续发展的实施

（1）树立可持续发展观。

就其社会观而言，主张公平性；就其经济观而言，主张经济的持续发展；就其生态观而言，主张人地和谐。这是对传统观念的挑战，是对人类行为方式的新变革。因此必须树立可持续发展观，才能真正使可持续发展从观念走向实践。

（2）实施途径。

①控制人口增长数量，提高人口素质。

②搞好国土整治工作。国土整治即是为全国或国内某个区域的国土资源拟定开发、利用、治理、保护规划，提出实施此规划的措施和步骤，制定相应的政策，并在实施过程中进行国土管理的工作。

③清洁生产。从"原料开采—生产制造—消费使用—废弃物处理"全过程来评估产品对环境的影响程度，属于可持续的生产，是工业可持续发展的模式。例如，循环经济采用

"资源—产品—再生资源"模式,把经济活动组织成一个物质反复循环流动的过程,极大地提高了资源的利用率,减轻了资源和环境的压力。

④公众参与。这不同于一般活动的参与,因为它不仅包括积极参与有关可持续发展决策、宣传、教育和培训活动并承担相应义务,而且人们必须改变自身态度与行为习惯。

⑤选购带环境标志的产品。环境标志表明该产品在生产、使用和处理处置过程中符合特定环保要求,与同类产品相比,具有低毒少害、节约资源的特点。

(三) 中国的可持续发展道路

1. 必然性

我国自古就有朴素的可持续发展思想。可以说,选择可持续发展道路是由我国国情决定的:庞大的人口压力,大大超过了资源与环境承载力,进而形成资源短缺和环境问题。从总体上看,我国环境问题仍较严重,局部地区甚至呈现恶化趋势。因此,走可持续发展道路就成为我国的必然选择。

2. 生态农业

生态农业又称有机农业,指主要或完全依靠生物有机质来提高作物产量的耕作制度,是农业的可持续发展模式。从某种意义上说,它是我国目前改善生态、保证农村经济持续发展的根本途径。留民营村改变过去单一的农业结构,步入区域化种植、规模化经营和清洁化生产的良性发展轨道,并朝着绿色食品、农业观光及生态旅游方向发展,实现了良性循环,综合效益十分突出。

本考点是近年高考的热点之一,目的是引导学生关注人类的生存环境,切实保护环境。命题方式:一是以选择题形式考查环境问题的概念,人地关系以及不同类型的国家、城乡之间环境问题的差异。二是以材料、图表、漫画等形式,考查目前人类社会发展中出现的重大环境污染、温室效应、臭氧空洞、酸雨、荒漠化、水土流失以及赤潮等,要求通过数据与资料分析,揭示人口、资源、环境与发展之间的关系,重点考查学生的综合分析能力。三是通过实例来考查可持续发展的概念、内涵和原则,以及如何实现人类与环境的可持续发展。通过具体案例分析我国走可持续发展道路的必然性,并提出建设性意见或建议。也可能以科研课题的形式加以考查。总之,考题的综合性较强,知识跨度大,能力要求较高,考查形式多样。因此,在复习本考点时,一定要注意与其他单元知识的整合及与现实生活之间的联系。

案例二十九　平面正三角形结构统计图的判读方法与技巧

（一）问题背景

【例】世博会被誉为世界经济科技文化的盛会，2010 年上海世博会的主题是"城市，让生活更美好"。读图 8-55 和表 8-12，回答下列问题。

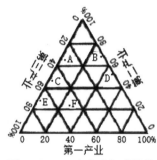

图 8-55　三大产生组成结构

表 8-12　2000 年上海产值构成（%）

第一产业	第二产业	第三产业
1.8	47.6	50.6

（1）根据"2000 年上海产业构成"表中的数据，图中正确表示 2000 年产业构成的是_____点（填写字母）。

（2）随着上海经济迅速发展，预计今后变动的趋势是向_____点（填写字母）方向发展。

此题系上海市高考地理试题。题目采用了社会统计学中常常使用的一类平面等边三角形统计图，又称为平面正三角形坐标图，属于社会统计学中结构图的一种类型，一般用来表示地理事物与现象的内部组成、比重变化以及演变趋势等。通过分析地理事物内部结构的变化，分析其形成原因、影响机制和发展趋势，明确其内外因共同作用的联系与规律，旨在考查学生通过读图析图，运用联系与发展的观点来分析和解决有关问题的能力。运用平面正三角形坐标结构统计图来表示的地理事象有：

（1）运用平面正三角形结构统计图来表示自然环境中某种地理事物的组成成分，如大气成分的组成，地球表面各种水体的组成，地壳岩石的化学成分组成等。

（2）运用平面正三角形结构统计图表示农业地理中某种事物的内部结构，如全球、某国、某地区的农业产值结构，土地资源构成、农村劳动力组成、农业收入等。这种农业结构的比例往往是不断变化与发展的，尤其要注意发达国家与发展中国家的差异。

（3）平面正三角形结构统计图表示工业的产业结构、地域组成、原材料进口与出口以及贸易结构等，尤其是南北差异明显，其结构图显然不同。

（4）平面正三角形结构统计图表示人口的年龄、学历、就业、城市化以及地域差异等，尤其是人口的年龄结构、学历结构及产业结构更为常见。

在地理学科的练习与考试中，经常会遇到此类平面正三角形结构统计图，因此，平面正三角形结构统计图的判读成为一个重要的考点。在具体的地理教学过程中发现，不少学生未能真正掌握判读和分析此类型统计学图的基本方法，更缺乏相关的判断和分析技巧。有必要对此加以探讨。

（二）平面正三角形结构统计图的基本特点

（1）在此类平面正三角形结构统计图中，三角形的三条边分别表示统计的地理事象组成结构的三大要素状况，可以是国民经济中一、二、三产业的产值情况，如图 8-55 所示；也可以是国家人口不同年龄段的组成情况，如图 8-56 所示；等等。而且，此类平面正三角形结构统计图的构成要素只能是 3 项，不能像其他的统计图构成要素那样可多可少。

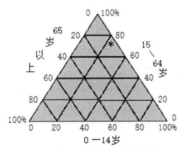

图 8-56　人口年龄组成结构

（2）在平面正三角形结构统计图中，任意一点所反映的地理事象组成结构三大要素的数据均为相对值，而非绝对值，即三大要素在总值中所占的比例或权重。

（3）三角形的三条边上的坐标刻度值均朝同一个方向递变，比如均呈顺时针或逆时针方向递增或递减。

（4）在平面正三角形结构统计图中，任意一点所反映的地理事象组成结构三大要素的数值之和均等于 1，即 100%。

（三）平面正三角形结构统计图的基本判读方法

解答此类结构统计图的题目，正确读取有关的数据是关键。读懂每一个坐标代表什么变量是判读的基础，遵循某一事物 3 个变量之和为 100% 是基本的判读原则。其基本的判读方法，可以归纳为以下 3 种。

方法一：平三对一，平一对二，平二对三。以上述高考试题为例，在平面正三角形内的 A 点分别作第三产业坐标所在边的平行虚线，读取平行虚线与第一产业坐标所在边的交点数值,即为 A 点所反映的第一产业的比例值;再作第一产业坐标所在边的平行虚线,读取平行虚线与第二产业坐标所在边的交点数值,即为 A 点所表示的第二产业的比例值;然后,作第二产业坐标所在边的平行虚线,读取平行虚线与第三产业坐标所在边的交点数值,即为 A 点表示的第三产业的比例值。其余 B、C、D、E、F 点产值构成的数据亦可采用同样的方法读取。通过对数据的比较、鉴别,再根据上海经济发展特点即可得出答案:C 和 E。

方法二:平边指大法。在针对此类平面正三角形结构统计图中某点进行判读时,采用此法分 3 个步骤进行:第一步画线。如图 8-55 所示,将正三角形的位置摆正,经过该点作底边的平行虚线。第二步定向。仔细观察,找出所平行的底边上的坐标数值递增的方向。第三步取点。在第一步中所做的虚线与三角形两个侧边分别会有一个交点,取其中沿与所平行的底边上的坐标数值递增的方向一侧的交点作为读取数值的依据点。第四步读数。根据第三步所定的交点读取该点所在的三角形的边上的刻度值。第五步校正。据图对所读取的 3 个数值进行适当的微调,以使得其数值之和等于 100%。为了便于理解和掌握运用本方法,笔者将之命名为"平边指大法",用简单的语言归纳描述为:过点作正三角形某条边的平行虚线,让虚线指向所平行边上数值大的一端的交点读出数值即可。

方法三:转"三"为"二"法。所谓转"三"为"二"法,就是将三维坐标转化为常见的二维坐标。

(四)平面正三角形结构统计图的判读技巧

在以上 3 种基本判读方法中,无论是方法一、方法二,还是方法三,都需要依次进行逐个的判读,针对某个需要读取的数值而言,不一定马上就能找出所需要的答案,这样不仅操作起来比较麻烦,判读的效率较低,而且容易遗忘。对此,笔者通过观察分析,总结出了转动读图的判读技巧。具体操作技巧如下:

首先,将平面正三角形的位置摆正,保持底边呈水平状态,如图 8-56 所示。其次,认真观察平面正三角形三条边上的坐标刻度值是呈什么方向递增:如果是呈逆时针方向递增,则将三角形需要读取数值的那条边转动至右边的位置,如图 8-56 中的第二产业所在边的位置。然后,经过图中需要读取数值的点,作水平虚线指向右边的交点,读出数值即可。当然,如果平面正三角形三条边上的坐标刻度值是呈顺时针方向递增,则将三角形需要读取数值的那条边转动至左边的位置,如图 8-56 中的第三产业所在边的位置,读图方法同上。

不难看出,与前述几种基本的判读方法相比,这种通过转动调整平面正三角形三条边位置来进行判读的方法,使得读图的针对性和指向性更加明确,在保证读图准确性的前提下,不仅可有效地节约读图的时间,提高读图的效率,而且操作程序也相对比较简单,便于理解掌握和运用。

案例三十 带限制性条件简答题的解答策略

在目前高考文科综合地理学科的测试中，简答题可谓是一种非常重要并且十分常见的考试题型。它不仅需要考生解答准确，而且语言也要简洁精练和规范，对考生的要求颇高。不难发现，在近年来全国各省市高考文科综合地理试题中出现了一类带有限制性答题条件的简答题，对考生可谓提出了更高的要求。针对此类题型，结合高考题实例，下面就其解题策略予以探究。

【例1】（2009年重庆卷39题）图8-57是某区域风能资源分布图。

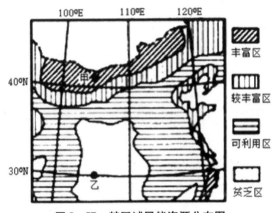

图8-57 某区域风能资源分布图

从自然和市场条件分析甲地建设风力发电基地的不利因素。

【解析】此题着重考查考生运用所学知识有针对性地分析解决问题的能力。对分析甲地建设风力发电基地不利条件进行了限制，界定了答题的角度，要求考生必须并且只能从自然和市场两个方面进行具体的分析。有的考生由于没有认真审题，因此出现将答题范围扩大导致答题指向性不明确的失误，不仅导致无谓失分，而且白白地浪费了宝贵的答题时间。笔者分析认为，应在认真细致审题的基础上，抓住问题的关键，即题目中给出的两个限制性答题条件——自然和市场，然后对照题目图示，定位甲地在内蒙古西部，联系并运用所学知识剖析出其与风力有关的自然特点：处于非季风区，属于温带大陆性气候，受夏季风的影响小，受冬季风的影响大，冬春季节易受寒潮以及沙尘暴等气象灾害的影响等，以此作为答案素材，用简练规范的语言加以表述即可——①夏季风力相对较小。②易受冰冻、雪灾以及沙尘暴等气象灾害影响。③从市场条件看，该地地处内蒙古西部，地广人稀，工农业经济落后，电力需求少，其电力消费市场应在东部等经济发达地区。这样就导致输送电力的线路和距离远，答案也就迎刃而解——远离消费市场，输电距离远。

【例2】（2009年四川卷39题）交通可以缩小时空距离。不同形式和层次的交通运输网，使不同地域间相互交流、联系，实现互补。今日世界交通运输联系不仅仅局限于一国之内，而且扩大到国与国之间、洲与洲之间。交通建设要受控于地理环境，亦深刻影响着地理环境。昆曼公路北起中国昆明，经西双版纳进入老挝，南止于泰国曼谷，长达1 850 km，有"21世纪新丝绸之路"之称。沿途复杂多样的自然环境，显著的地域差异铸就了这条斑斓的彩带。

运用所学交通运输网知识、地域差异地理知识，说明昆曼公路对四川经济发展的促进作用。

【解析】笔者发现，考生回答此题的失分现象相当普遍。表现在回答交通运输方面时，只是笼统地答改善交通运输条件，而不结合题目中图示的信息进行具体分析说明。在回答区域差异时，很多考生根本就没有这方面的明确表述，从而导致过失性失分。此题的解答思路可以这样来进行：

首先从题图中找到昆曼公路，然后寻找它与四川交通线的关系，不难发现它与成昆铁路相连，这样就可构成四川出海的一个重要通道。其对四川经济建设发展的促进作用也就不言而喻。就区域差异方面而言，一个是四川，一个是东南亚，联系所学地理知识，很快就可以明确：四川地处亚热带，东南亚地处热带，二者不论是物产，还是旅游景观方面，差异都非常明显，互补性很强，交通条件的改善对促进四川地区经济贸易交流与合作具有十分重要的作用。

【参考答案】昆曼公路与成昆铁路连接，构成了四川出海（与东南亚联系）的又一条通道；四川与东南亚（或泰国）分别位于亚热带、热带、物产（或自然、人文景观）差异显著，互补性强，该公路为两地贸易的发展（或旅游合作）提供了便利的交通条件。

通过以上两个高考题例的详细分析探究，我们不难发现，考生在带有限制性答题条件的简答题解答过程中存在的问题，主要体现在以下几个方面：

（1）缺乏审题环节，答非所问。

（2）审题粗心大意，解答不到位：指向不明或不全面。

（3）语言冗长繁杂，表述不规范、不简练。

（4）笼统作答，扩大答案外延，内容空洞。

此类题目对考生的要求比较高，但其答题条件的指向性非常明确，只要考生认真细致地审题，把握住题目解答的限制性条件，结合题目的要求，挖掘题目中的显形信息和隐性信息，联系所学的地理知识，梳理出答案的要点，然后用规范而精练的语言加以表述，获取高分甚至满分都完全可能。其解答思路可以归纳为如下流程：

细心审题—抓条件，抓要求—对应联系相关知识—构思答题要点—简练而规范地表述答案。

建议考生在平时的学习训练中，注意对此类题型加以收集和整理，对自身存在的问题加以针对性的考量并不断地进行总结，从而减少过失性失分，为取胜高考奠定良好的基础。

第八章 案例分析

案例三十一 高考命题瑕疵案例分析与策略探究

笔者长期从事高三毕业班地理教育教学工作,在考试命题研究过程中发现,近十年来高考地理试题,无论是单纯的地理学科试题,还是文科综合测试中的地理试题,在命题上都不同程度地存在一些瑕疵,诸如:所提供的参考答案不完善、出现知识性错误、脱离中学地理课堂教学实际等等。借此,下面通过案例的形式加以剖析,并提出有关的对策。

(一) 参考答案存在错误

【例1】(2003年江苏高考地理试题)图8-58是某地区1950年—1980年人口增长图。读图回答:

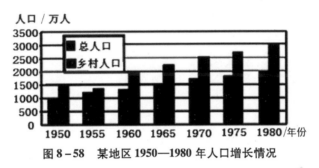

图8-58 某地区1950—1980年人口增长情况

30年间该地区城市化水平 ( )

A. 大幅提高 B. 略有提高 C. 没有变化 D. 略有下降

就此题的命制而言,无论是选材角度,还是设问,完全符合中学地理课堂教学和学生知识水平的实际情况,算得上是一道好题。其参考答案选C。笔者推测命题者解答该题的思路为:利用图表信息推理、计算,然后完成关于城市化的定量分析,即由图知总人口1950年为1 500万,1980年为3 000万。利用总人口减去乡村人口得出1950年城市人口为500万,1980年城市人口为1 000万。计算1950年和1980年的城市人口比重,进而比较其变化:1950年城市人口比重占33.33%,1980年城市人口比重也占33.33%,因此认为该地区城市化水平没有变化,故C选项为正确答案。本题这个答案明显是错误的,属于知识性的错误!这在一定程度上折射出命题者对把握中学教材内容存在比较严重的问题。其所犯的错误在于,对衡量城市化水平高低的指标的理解具有片面性,误将其最重要的指标作为唯一的标准,即认定只要城市人口在总人口中所占的比重不变,其城市化水平就完全一样。人民教育出版社出版的《全日制普通高级中学教科书(试验修订本·必修)地理》下册第六单元第四节明确提出:衡量城市化水平的标志有3个,它们分别是:城市人口不断增多;城市人口占总人口的比重;城市用地规模不断扩大。其中,②城市人口占总人口的比重是衡量城市化水平高低最重要的标志!据此而言,尽管计算出城市人口占总人口的比重前后没有变化，但这并不意味着其城市化水平就一成不变，因为其城市人口数量1950年为500万而1980年为1000万，净增500万，城市人口明显增多，这也是城市化水平提高的一个重要标志。所以，综合考虑，应这样认定：其城市化水平不是没有改变，而是略有上升或提高，故其正确答案应选B，该选项较为合适。

（二）考查知识点单一，缺乏综合性，题目文字信息资源浪费严重，考查难度梯度小

【例2】（2013年高考江苏卷）图8-59是2013年5月15日14:00欧洲部分地区海平面等压线分布图，图8-60是①、②两种气候类型的气温与降水量季节分布图。读图回答1~2题。

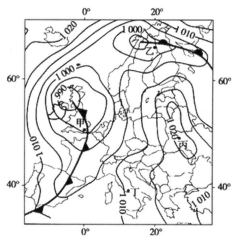

图8-59 欧洲部分地区海平面等压线分布图　　图8-60 两种气候类型的气温与降水量季节分布图

（双选）1. 甲、乙、丙、丁四地天气状况及其成因的描述，可信的有　　　　（　　）

A. 甲地阴雨，受冷锋影响　　　　　　B. 乙地降雨，受暖锋影响
C. 丙地晴朗，受反气旋影响　　　　　D. 丁地强风，受上升气流影响

2. 图8-61所示①、②气候类型与图8-60中甲、乙、丙、丁四地气候类型相符的有
（　　）

A. ①—甲　　　B. ①—丙　　　C. ②—乙　　　D. ②—丁

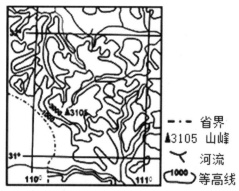

图8-61 两种气候类型的气温与降水量季节分布

· 248 ·

【评析】 第一，知识点单一，缺乏综合性。两道双选题，一题考查有关等压线中各种天气系统图的判读和天气状况分析；一题考查判断区域气候类型。每题的4个选项都相对统一，紧扣天气和气候，缺乏与其他地理要素的关联。本题中可考查的内容很多，如欧洲不同地区河流水文特征、时间判断、农业地域类型、工业区以及高新技术产业等。第二，未充分挖掘图中信息，出现信息浪费现象。材料中的日期"2013年5月15日"未能充分利用上，可以设计此季节相关的气候特征、成因、水文现象等；材料中的时间"14：00"也没有利用，可以考查地区温度变化、热力环流等，这也是很多学生容易忽略的信息；图中区域以欧洲为依托，考查有关欧洲背景知识较少，空间性不强，失去地理特征；图中等压线显得有点多余（除了1题中D答案的强风需要判断），利用率不高，参考答案中对地图和材料信息没有充分挖掘，这对于地理能力较强的学生可谓是浪费，需要消耗大量不必要的时间分析。第三，图中信息铺垫太多，题目过于简单，区分度不明显，导致选拔功能下降。等压线的数值在每条等压线上都加以标注，降低了对学生能力的考查，学生自己可以根据等压线知识来判断天气系统类型并解答题目，题目中已经画出天气系统符号，则大大降低了难度，对于具有选拔功能的高考而言就有失妥当。

【例3】（2013年高考天津卷第11题）2009年4月14日晚，渤海沿岸发生了一次较强风暴潮，这次风暴潮是由低压系统、向岸风共同引起的，海水涌向陆地，给沿岸地区造成较大损失。读图（图略），回答第4题。

4. 在渤海沿岸能有效抵御风暴潮的措施是 （   ）
A. 完善预警系统　　B. 围海造田　　C. 修筑沿海堤坝　　D. 建防护林

【参考答案】C。本题解题信息过于隐晦，地理学科专业性不强，立意不高。第一，科普式考查，学科能力要求低。本题解题的关键在于理解题干材料，"这次风暴潮是由低压系统、向岸风共同引起的，海水涌向陆地，给沿岸地区造成较大损失"。理解风暴潮的形成是海水涌向陆地所致，与其说是对地理知识的考查，不如说是考查学生读题的习惯和语文的理解能力，地理学科的能力要求较低。关于设问要求找出"在渤海沿岸能有效抵御风暴潮的措施"，没有选修地理知识的考生也能够完成。第二，设计视野狭窄，立意不高。本类试题的出现，必然加强学生对识记性知识的学习，加强对地理概念的理解本属应该，但这样会导致一定程度偏离高考"能力立意"的要求，所以笔者认为此题的立意不高。

【例4】（2013年天津卷）图8-62所示照片是摄影师在夜晚采用连续曝光技术拍摄的，照片中的弧线为恒星视运动轨迹。读图回答第5题。

图 8-62 北极星附近 a 星辰运动轨迹

5. 图中 a 恒星视运动转过的角度约为 50°，据此判断摄影师连续拍摄的时间为（   ）

   A. 1 个多小时　　　　　　　　　　B. 3 个多小时

   C. 5 个多小时　　　　　　　　　　D. 7 个多小时

【参考答案】B。本题着重考查考生获取和解读信息以及分析计算能力，即直接从题目中获取信息"a 恒星视运动转过的角度为 50°"，结合所学知识可知，恒星视运动是以地球为参照物，恒星相对运动 50°，实际上就是地球自转了 50°的角度，再运用地球自转角速度 15（°）/h 计算可知拍摄时间为 3 个多小时。完成答案后回头来细品一下试题。文字材料首先解读了照片的制作过程，夜间连续曝光拍摄，并指出了图中弧线为恒星视运动轨迹。图片上明确标注了北极星，且 a 恒星运动轨迹清晰可见，结合所学地球运动和数学中弧度的相关知识，考生不难从图中获取恒星视运动角度即对应的圆心角约 50°。那么，到此会发现，题目中给出的"a 恒星视运动转过的角度约为 50°"完全成了多余，将题目改成"据图 8-62 中 a 恒星视运动转过的角度判断摄影师连续拍摄的时间为……"反而更完美。所以，该题题目图像设置多余，信息有画蛇添足之感。

（三）地理学科专业特性不足

【例 4】图 8-63 显示某国移民人数及其占总人口比例的变化。读图，完成 6—7 题。

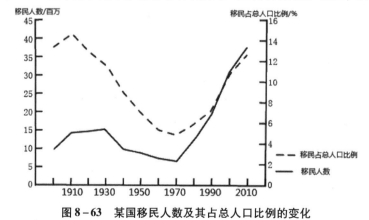

图 8-63　某国移民人数及其占总人口比例的变化

6. 图 8-64 所示的①、②、③、④四幅图中，符合该国人口增长特征的是　　　（   ）

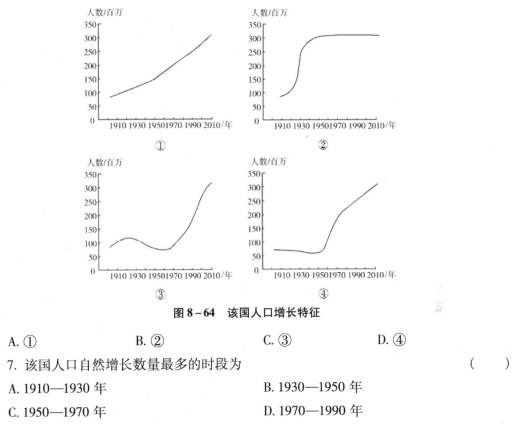

图 8-64 该国人口增长特征

A. ① B. ② C. ③ D. ④

7. 该国人口自然增长数量最多的时段为　　　　　　　　　　　　　　　　　　（　　）

A. 1910—1930 年　　　　　　　　　　B. 1930—1950 年

C. 1950—1970 年　　　　　　　　　　D. 1970—1990 年

该组试题需要较强的数学运算能力或思维能力，占分多且能拉开考生分差，但对考生地理知识和地理能力的考查甚少，这样的题目应该作为数学题，作为地理试题有越俎代庖之嫌，考查方向存在较大偏差，更令人担忧的是，这样的命题会引导中学地理教学向数学化的方向发展，从而降低地理学科自身的特性。

众所周知，高考地理试题作为检验中学考生学识与能力的重要手段，同时还担负着为国家选拔人才的重大使命，相应的命题工作就显得尤为重要。要避免出现诸如本书案例分析中的瑕疵问题：一方面，参与命题的教师必须坚持认真研究学习地理课程标准、高考地理考试大纲和考试说明以及中学地理教材，务求纲举目张，心中有数；另一方面，就笔者所知，高考地理试题的命题要求由高校的地理专业教师操作，中学地理教师只参与审题或选题，一般不予更改，这有利于避嫌，但也容易脱离中学地理教学实际，甚至出现错误。高校教师在命题方面具有理论知识以及命题技术上的优势，但中学地理教师比高校教师更熟悉中学地理考纲、教材和教学实际。为了兼顾二者，笔者建议，今后高考地理试题的命制，不再由高校地理教师独立操作，应邀请在中学课堂曾经长期担任地理学科教育教学工作出色的各级骨干教研员，或者中学地理一线知名的专家学者型教师，让他们也更多地真正参与到高考地理试题的命制过程中来，这不仅可保证高考地理命题的理论知识水平，也更加符合中学地理教学实际。希望有关决策人士对此予以高度重视，相信高考地理试题中出现瑕疵的现象也将因此而减少直至杜绝！

案例三十二 从一道高考冻土试题说起

【例】冻土是指温度在0℃或0℃以下,含有冰的土层或岩层,分为季节冻土和多年冻土。我国科学家考察了全球变暖对青藏高原多年冻土的影响及其产生的后果。

读图8-65,据图文信息判断,下列说法符合事实的是   ( )

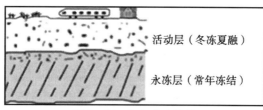

图8-65 多年冻土结构

A. 活动层厚度变小,补给河流的水源增加
B. 活动层厚度变大,春耕播种的时间推迟
C. 永冻层上界上升,利于喜温植物的生长
D. 永冻层上界下降,建筑基础稳定性变差

【解析】此题来源于2017年高考地理天津卷,题目图文并茂,以冻土作为命题素材,旨在考查考生获取和解读有效信息,以及调动并运用所学知识分析和解决问题的能力,试题难度中等偏上。结合题干中对冻土概念以及多年冻土层结构的图文介绍可知,如果冻土的活动层厚度变小,则下面的永冻层埋藏深度会变小,表明气温相对较低,使得夏季时冰川的融水量会明显减少,从而补给河流的水源减少,A选项错误;相反,若冻土的活动层厚度变大,则说明气温相对较高,农作物的热量条件得以改善,因而春耕播种的时间得以提前,B选项错误;如果永冻层的上界上升,表明冻土的活动层厚度相应变小,可推知温度下降,利于耐寒植物的生长发育,但不利于喜温植物的生长,C选项错误;相反,如果永冻层上界下降,表明温度上升,冻土的活动层厚度相应变大,冻融作用更加明显,可推知建筑基础的稳定性会因此变差,故正确答案为D选项。

【启示】通过以上的试题解析,可以得到如下启示:

(1) 目前的高考地理试题命题立意出现了新的变化,由以前的知识立意向能力立意转变,进而向素养立意转变,对此应该引起足够的关注与重视。最新修订的地理课程标准将高中地理教学的总体目标确定为培养学生的地理学科核心素养,显然,此题正好契合了新课标的最新理念与要求,不失为一道值得推敲和研究的典型试题。对于冻土的概念以及结构等方面的知识,在中学地理课堂教学中几乎很少涉及,不少地理老师都缺乏相关的研究和教学贮备,许多学生更是缺乏与冻土有关的感性与理性认识,但这并不从根本上影响考生作答。要正确解答此题,需要考生在考场上对题干图文材料进行临时学习解读,靠以前那种死记硬背的学习方式根本无法解决问题。由此可以看出,考题对学生的综合思维与分析能力要求颇高，正好有利于对人才的选拔。

（2）透过高考地理试题本身，从地理教师教学的角度来讲，必须重视对学生地理学科核心素养的大力培养与提升，切实转变传统的教学观念，对知识教学的主要目的，不应该再是积累知识本身，而是理解并掌握知识的生成以及对知识的灵活运用；不要指望将大量的知识超负荷地传授给学生，毕竟师生的精力都是有限的。而且，即使掌握了大量的知识而不会灵活运用，学生也难以获取理想的成绩。比如本题中的冻土知识需要考生即学即用，就很好地说明了学习能力的重要性，这一点应该在地理教学过程中多加重视。

（3）从学生学习地理的角度来讲，不能满足于对课本现存知识的理解与掌握，必须重视学习的过程与方法，注重对自身地理学科核心素养的不断培养和提升。比如，在学习一个新的地理概念的时候，不能泛泛地了解，应该多加思考与探究，多问几个为什么或者怎么样，力求运用自己的语言对所学概念加以阐释，达到举一反三、融会贯通的效果，使自己理解与领悟新生事物的能力真正得到有效的锻炼与提升。毕竟，只有能力素养提高了，才能在考场上做到游刃有余，立于不败之地。

（4）无论是地理教师还是学生，高考地理试题都是难能可贵的地理课程资源，应该好好地加以开发和充分利用，这不仅有助于提升地理知识素养，而且也有助于培养与提升地理综合能力素养。以高考天津地理卷此题为例：一方面，教师可以引导学生学习如何从题目材料中获取并解读有效信息，结合题目要求，链接已经学过的相关知识，达到培养学生获取和解读信息以及调动和运用所学知识分析和解决有关问题的意识和能力。另一方面，引导学生对冻土的概念进行学习和探究，结合多年冻土结构示意图，分析冻土的特点、冻土的危害以及冻土的利用，拓展关于冻土方面的地理知识。同时，地理教师还可以引导学生进行变式训练，即利用高考题的命题素材，结合所学的相关知识，选取多角度进行新的命题设计，活学活用高考试题，达到一题多用，从而有效地丰富地理课程资源，活化地理教学。

【知识链接】

1. 冻土的基本概念

凡是含有水的松散岩石和土体，当温度降低到其冻结温度时，土中孔隙水便冻结变成冰，且伴随析冰（晶）体的产生，胶结了土的颗粒。把具有负温度及冰，且胶结着松散岩石固体颗粒的土（岩），称为冻土（岩）。冻土温度状态随地区及存在条件的差异而发生变化。它主要取决于大气温度、海拔高度、地形、地质和水文地质及植被等条件。此外，环境条件的改变和人类的工程建筑活动也可直接影响其所在地段（区）的冻土温度状态。

2. 冻土的分类

按冻结状态时间的长短，冻土可分为多年冻土、季节冻土和瞬时冻土3种类型。冻结状态持续3年以上的冻土，称为多年冻土。每年冬季冻结，夏季全部融化，冻结状态持续时间大于一个月，每年周期性冻结的冻土，称为季节性冻土，这种冻土的冻结深度为数厘米至1—2 m。瞬时冻土则是指冬季冻结状态仅持续几个小时至数日的冻土，其冻结深度仅为数厘米至数毫米。每年冬季冻结，夏季融化的地表（浅层土体），在多年冻土地区，称之为季节融化层，又称为活动层；在季节性冻土地区称之为季节冻结层（季节冻土层）。

3. 冻土的主要特征

（1）冻土分布区普遍存在不同深度的永冻层。在湿冻土分布区，夏季，永冻层以上解冻，由于永冻层阻隔，融水渗透不深，致使永冻层以上土层水分呈过饱和状态，因此形成活动层。活动层表现出冬冻夏融的特征，永冻层则表现为常年冻结的特点。

（2）冻土分布于高纬度或高海拔地区。因为这些地区由于纬度位置高或地势高，气候寒冷，土温较低，因此容易形成冻土。

（3）全球冻土的分布随纬度和垂直高度而变化，具有明显的纬度和垂直地带性规律。在北半球，其深度自北向南增大，厚度自北向南减薄以至消失。自高纬度向中纬度，多年冻土埋深逐渐增加，厚度不断减小，年平均地温相应升高，由连续多年冻土带过渡为不连续多年冻土带、季节冻土带。多年冻土的厚度由高海拔向低海拔变薄，活动层也相应增厚。

（4）冻土成土年龄短，加之气候严寒或干寒，且有永冻层，有机质含量不高，腐殖质结构简单，土壤黏粒含量少，而且淋溶作用非常微弱，营养元素贫乏，土壤自然肥力很低，呈现出原始土壤形成阶段的特征。冻土若不加以改良，则不适宜于农用。

（5）冻土分布区地表常常为冰川或积雪所覆盖，冻融作用比较明显。随着冻土区温度周期性地发生正负变化，冻土层中水分相应地出现相变与迁移，导致岩石的破坏，沉积物受到分选和干扰，冻土层发生变形，产生冻胀、融陷和流变等一系列复杂过程，称为冻融作用。冻土分布区气温低，土层冻结，降水少，流水、风力和溶蚀等外力作用都不显著，因此，冻融作用便成为冻土地貌发育最活跃的因素。

（6）受全球气候变暖的影响，全球冻土总体上在不断消融，出现退化，表现为土壤冻结持续天数缩短、最大冻土埋藏深度变小等现象。其中，高原冻土的融化加剧冻土区域地面的不稳定性，并引发更多的冻土区工程地质问题，不利于大型道路和工程的建设。

案例三十三　案例评析：2016年高考全国文综Ⅲ卷地理试题

2016年高考与以往有所不同，其中，文科综合地理出现了全国Ⅲ卷，四川、云南和广西3省考生使用该卷。该套试卷命题遵循新课标的理念和要求，兼顾东、中、西部地区教学实际，总体难度系数介于全国Ⅰ卷和全国Ⅱ卷之间，难易适中，试题稳中有新，不乏亮点。本书以地理试卷第一大题选择题第一个题组为例，通过详细的评析，体悟其命题特色与导向价值取向，供大家参考。

【全国卷Ⅲ地理1—3题】目前，我国为保护棉农利益，控制国际棉花进口，国内的棉花价格约比国际市场高 1/3；我国纺织行业工人工资一般为美国的 1/4，是越南/巴基斯坦等国的 3 倍。我国一些纺织企业为利用国际市场棉花，在国外建纺纱厂，并将产品（纱线）运回国内加工，在我国同行业企业纷纷到越南/巴基斯坦等国建厂的情况下，总部位于杭州的 K 企业独自在美国建纺纱厂。2015 年 4 月底，K 企业在美国工厂生产的第一批 110×10^3 kg 纱线运至杭州。据此完成 1—3 题。

1. 如果 K 企业将纺纱厂建在越南/巴基斯坦等国，利润比建在美国高，最主要的原因是越南/巴基斯坦等国   （   ）
   A. 离原料产地较近   B. 离消费市场较近
   C. 劳动生产率较高   D. 劳动力价格较低

2. K 企业舍弃越南/巴基斯坦等国而选择在美国建纺纱厂，考虑的主要因素可能是（   ）
   A. 原料价格   B. 劳动力价格
   C. 投资环境   D. 市场需求

3. 该案例表明，随着工业技术水平的提高，我国纺纱业已大幅度降低了   （   ）
   A. 原料使用量   B. 劳动力使用量
   C. 运输量   D. 设备费用

【评析】本题组以我国棉纺织工业发展题材为背景，考查工业区位因素的选择及其变化，以及产业转移的影响因素，旨在考查考生获取和解读地理信息以及调动和运用知识解决实际问题的能力，总体难度中等。第 1 题难度较小。本题旨在考查工业主要区位因素的选择。由题干材料可知，我国纺织行业工人工资一般为美国 1/4，是越南/巴基斯坦等国的 3 倍，利润比建在美国高，说明主要原因是在越南/巴基斯坦建厂，劳动力价格较低。而美国社会经济技术发达，棉花高产，但劳动力价格高，通过对比分析，易知 A、B、C 不对，故选 D。

第 2 题，难度中等。本题旨在考查工业主要区位因素的选择。由题干材料可知，越南/巴基斯坦等国作为发展中国家，经济技术较为落后，劳动力人口较多并且廉价，原料价格与美国相比有一定优势，A 错。而美国经济技术发达，劳动力价格较高，B 错。题干言明，我国 K 企业独自在国外建厂，但将产品纱线运往国内加工，由此表明，国内才是其产品的主要消费市场，所以，主要也不在于考虑市场需求，D 错。在当时的情况下，中国纺织企业纷纷到越南/巴基斯坦等国建厂，竞争必然十分激烈，考虑到当时巴基斯坦等国政治不稳定，其投资环境因此变差，所以，主要应是考虑美国政局社会稳定，有应对经济下滑而吸引投资的优惠政策，加之先进的设备和基础设施，以及丰富的原料来源等投资环境因素，故选 D。当时，越南/巴基斯坦等国之所以原料价格具有比较优势，原因在于其土地价格低廉，劳动力资源丰富并且非常廉价，生产本身投入的化肥、农药成本较少，加之经济水平低下，物价本身较低，尤其是农产品的价格十分低廉。而美国虽然通过高度机械化降低了劳动力生产成本，但由于能源消耗量较大，加之投入的农药、杀虫剂以及除草剂等成本相对较多，因此棉花品质较好，并且其经济水平高，对利润的追求期望较高，导致其原料价格虽比我国要低,但是比越南和巴基斯坦等国要高,所以不选 A。此题若不注意对比分析,易错选 A 选项。第 3 题,难度中等。本题旨在考查工业区位因素的变化。一般而言,随着工业技术水平的提高,原料和劳动力的使用量都会降低,而运输量和设备费用则不然,C、D 错。题中的案例并不能表明原料的使用量得到了大幅度的降低。在越南/巴基斯坦建厂,使用丰富廉价的劳动力,但美国的劳动力工资成本明显高于我国,而 K 企业却还要独自去投资办纺纱厂,说明我国纺纱业已减少对劳动力数量的依赖,从成本的角度考虑,不难推知,其生产由于机械化与自动化程度高,因此大幅度地降低了劳动力使用量,故选 B。

【错因分析】 一般而言,高考答题更多的不需要死记硬背,而是需要从题目中提取有效信息,并结合所学的相关知识与生产生活常识才能解决问题。从本题组的题干材料中,可以获取的有效信息主要包括:我国棉价高;劳动力工资,巴基斯坦/越南等国大约是我国的 1/3,是美国的 1/12,相应成本很低,我国居中,美国最高;我国不少企业到南亚和东南亚等国建纺纱厂;K 企业独自在美国投资建纺纱厂,但产品运回国内。由此可以看出,本题的信息量是相当大的。部分考生先入为主,捕捉与解读信息不到位,因此造成不应有的失分现象。就第 1 题和第 3 题而言,由于题目材料主要在谈原料问题,因此考虑到巴基斯坦/越南等国距离我国更近,运费更低,第 1 题容易误选 A 项;考虑到随着技术水平的提高,原料的影响力在不断下降,第 3 题也易误选 A 项。第 2 题可谓是全卷的一个亮点,题目本身的难度并不算大,但部分考生由于捕捉信息的能力不强,只是根据自己的想法,认为美国是发达国家,消费市场比巴基斯坦/越南的需求要大,忽略了"K 企业在美国工厂生产的第一批 110×10^3 kg 纱线运至杭州"这句话所包含的有效信息,即消费市场并不是在美国,而是在我国国内。加之不少考生对投资环境这一概念不甚了解,从而误选 D 项。此外,如果考生只是单纯考虑 K 企业到美国去投资,就会认定该企业是为了规避国内高棉价的风险,从而误选 A 项造成失分。

【教学启示】 本题组取材于生产生活实际,考查中学地理学科主干知识,以及获取与解读信息,调动与运用知识解决问题的能力,有效地契合了新课程标准的理念与要求,尤其是对中学地理教学的反馈导向功能作用十分明显。题干材料取自于 2015 年 8 月 9 日澎湃新闻,K 企业就是浙江科尔集团。考生如果在课堂学习之余,时时关注国内外时事新闻,本题组完全可以得到满分。由是观之,今后的高考复习备考,一定要引导学生狠抓地理主干知识与核心能力训练,多观察,多思考,注意对概念的教学探究,对照新闻素材,挖掘有价值的地理信息,与教材知识和能力要求进行有效对接,尤其注意加强对知识的迁移运用,力求举一反三,切实提高学生的地理学科素养,方能立于不败之地。

案例三十四　凭借基本功优化课堂教学尝试

教学虽然是一门遗憾的艺术，但可以尽量加以优化，以减少遗憾。在目前新课程理念的指引下，地理课堂要实现优质教学，必须采取有效策略。结合多年中学地理一线教学的实践体会，下面从基本功的角度，尝试探讨地理课堂优质教学的有效策略。

就教学的基本功而言，主要从语言、教态、板书板画、课件制作及使用以及演示操作5个方面来体现。

（一）语言

为了让不同的学生都能够听懂教师的讲课，教师必须采用普通话实施课堂教学。发音一定要准确，吐词要清晰，声音一定要响亮，语言速度要适中，以保证教室最后一排的学生都能够听得清清楚楚。为了吸引学生的注意力，教师的语言还需要富有抑扬顿挫的变化，体现在声调的高与低、语速的快与慢以及语句的连与断有机结合。教师在讲课时，必须要充满激情，语言要富有感染力。为了提高学生的学习兴趣，在语言的表达上可以加入一些语气词，最好还能带有一定的幽默感，以增强教师的课堂亲和力。

（二）教态

教师在课堂上的一言一行，都会深刻地影响着学生的学习行为和学习情绪。教师的衣着打扮要大方得体，举手投足要有优雅感，让人看着舒心。最好能结合课堂教学的需要加以肢体的配合，比如手势的比划、身体的走动，乃至头部的造型和位置的变化等。须知，肢体语言一定要与教学内容和要求相匹配，切忌盲目性或动的太过夸张，以免失去教学的意义甚至喧宾夺主，反而得不偿失。此外，还需注意的是，教师的面部表情也属于教态的重要组成部分。在实际的教学生态中，时常可以发现，有的教师面部表情虽然丰富而且富有变化，但给人的感觉不自然，甚至有矫揉造作之感。有的老师则恰好相反，课堂上从头到尾都是一副表情，要么一直笑容可掬、面带春风；要么面无表情，波澜不惊；再不就是一直板起一副面孔，威严有加，让人感觉不爽甚至害怕。还有的老师则经常将自身的情绪带到课堂，表情时好时坏，全然不顾学生的感受。实际上，真正好的教学表情，应该是结合课堂教学内容及要求，以及学生的课堂学习表现，随时加以调整和有机应对，比如，学生在课堂上思考答问积极，表现很棒，那老师就该表现出欣慰的笑容，学习的内容属于负面的东西，比如环境污染严重等，那教师绝不能面带笑容，而应该是表现出严肃惋惜的表情才行。总之，老师在课堂上应该将自己的精气神充分地展示出来，饱含激情，力求以情动人，做到教态优雅。

（三）板书板画

一堂优质的地理课，毫无疑问，常常是离不开板书板画的。一方面，老师边讲边写，边写边讲，有助于引领学生集中学习注意力，梳理知识的条理性，强调和突出表现教学的重点、难点以及关键点，适时构建教学知识结构体系，以利于学生更好地理解和把握所学知识内容。另一方面，老师边讲边画，边画边讲，讲画有机结合，还可以让学生跟着老师的进度一起动手画图，使教学内容的分析和展现更加直观形象，尤其是能将地理事象的动态过程揭示出来，加深学生的进一步理解，同时还可以培养学生的动手操作能力，以此培养学生的地理实践力，从而达到培养和提升学生地理学科核心素养的目的和效果。因此，要使地理课堂教学优质化，老师就必须设计和展示科学合理并且漂亮的板书板画，对此需要用心多加学习和操练。

（四）课件制作及使用

现代教育技术日新月异，并且广泛地运用于地理教学过程中。多媒体技术的运用，不仅可以有效地扩大课堂教学容量，而且可以将部分教学内容更直观、更生动形象甚至可以动态地展示出来，有助于吸引学生的注意力，极大地提高学生的学习兴趣和动机，节约课堂时间，提升课堂教学效率，极大地优化课堂教学。但在平常的教学过程中不难发现，有些老师虽然设计并使用了多媒体进行课堂教学，但由于课件制作不佳，比如幻灯片太多，色彩单一或暗淡，字体过小甚至难以辨认，因此影响教学实效。有的老师则是用多媒体不熟练，用手指屏幕认图，抑或是走马灯似的不停翻页，让学生应接不暇，根本没有时间进行思考，教学质量难以得到保障。因此，优质地理课的展示，需要老师根据课程标准、考试要求以及教材内容和学生学情，精心设计课件，并熟练高效地在课堂上运用多媒体进行辅助教学。

（五）演示操作

地理学科涉及有关演示实验、模拟实验以及指图认图等操作环节，从最新课程标准的理念与要求来看，属于地理实践力的范畴，而这正好也是目前中学地理课堂教学中最薄弱甚至缺乏的环节，需要引起高度的重视。如果演示或实验等操作不当，不仅达不到教学应有的目的和效果，而且还会浪费学生宝贵的课堂学习时间，得不偿失。因此，一堂优质的地理课，往往需要老师或学生配合，准确指图或演示某个地理事象或地理过程，比如用书演示背斜或向斜的形成过程，直观形象并且简洁，效果相当不错。

第八章 案例分析

案例三十五　跨学科知识的应用

国家教育部曾指出，加强课程内容的综合性，改变课程结构缺乏整合的现状，使课程结构具有均衡性、综合性和选择性。因此，学科教学过程中强化与其他学科之间的联系，不仅契合高考文理不分科的理念与要求，而且对于复合型创新人才的培养意义重大。众所周知，地理作为一门综合性较强的学科，兼跨自然科学与社会科学双重性质，渗透着自然科学与人文社会科学的思想方法，因此，在地理教学过程中，若能树立大教学观，充分地开发和利用其他学科的知识与方法来考虑和解决有关的地理问题，势必会丰富地理课程资源，收到事半功倍的效果。借此，通过案例分析的方式，就其他学科知识与方法在地理学科中的应用加以探究。

（一）数学知识与方法的运用

数理计算作为地理学的定量分析方法之一，可谓是其对数学知识的直接运用。在现行不同版本的中学地理教材中，均有一些数学知识的体现，尤其是在自然地理方面，比如，1光年等于9.46×10^{12} km用到科学计数法，黄赤交角的概念用到立体几何中的二面角知识，地球公转轨道涉及椭圆知识，立竿测影实验观察正午太阳高度的变化需要运用正切三角函数公式等。在地理学习与考试中，经常会遇到时间计算、距离估算、高程与温差测算等。但由于不少学生在数理推算方面的能力不强，对此存在畏难情绪，因此常常使之成为地理教学中的难点。因此，有必要对其计算方法与技巧加以案例探究。

一般而言，地理学科中的地球运动部分知识介绍与运用，常涉及时间的计算，包括地方时与时区区时等方面的计算。以地方时的计算为例，可以运用数形结合的数学思想，采用数轴法，标出原点作为经度0°的地点，确认左半轴为西经，右半轴为东经，据此在数轴上标出已知地点和所求地点的经度位置，然后根据东加西减的时间计算原则，以及每相差经度15°则地方时相差1 h的规律，很容易就计算出结果。需要注意的是，若计算经度180°附近地点的地方时，可将原点定为180°，但此时左半轴变为东经，右半轴则变为西经，而其他计算原则不变。在计算地方时的时候，还可以采用公式法。笔者在长期的中学地理教学实践过程中，总结推算出了地方时和区时的万能计算公式，只需将有关数据代入公式，即可准确快速地算出答案。地方时的万能计算公式为：$t_2 = t_1 + (\alpha_2 - \alpha_1)/15$。其中，$t_2$表示所求的地方时，$t_1$表示已知地方时，$\alpha_2$表示所求地方时的地点的经度数，$\alpha_1$表示已知地方时的地点的经度数，东经取正数，西经则取负数。若除数不能取整数的，可以通过每相差经度1°则地方时相差4 min，或者每相差经度1°则地方时相差4 s进行换算。区时的万能计算公式为：$T_2 = T_1 + (X_2 - X_1)$，其中，T_2表示所求的区时，T_1表示已知区时，x_2表示所求区时的地点的时区数，x_1表示已知区时的地点的时区数，东时区取正数，

· 259 ·

西时区则取负数。具体运用，学习者可以根据自身掌握的情况加以选择。关于地方时和区时的万能计算公式，限于篇幅，在此省略。有兴趣的读者可自行推导。此外，还可以运用数学模拟计算的思想方法简化解题过程，举例如下。

【例】（2015高考重庆文综地理）二十四节气是我国独有的农业物候历，是我国优秀传统文化之一，寒露节气在每年公历10月8日左右。据此回答问题。

地球绕太阳一周为360°，以春分日地球在黄道上的位置为0°，则寒露日地球在黄道上的位置为 （　　）

A. 15°　　　　　B. 105°　　　　　C. 195°　　　　　D. 285°

本题选自2015年高考文综地理重庆卷第一大题第三小题。试题以我国的二十四节气作为命题素材和背景，考查地球公转的运动特征，旨在考查考生获取和解读信息以及调动和运用所学知识分析和解决问题的能力，试题难度中等。答案解析：为了便于人们了解和记忆，我国流传有二十四节气歌诀：二十四节紧相连。按照公历来推算，每月两气不改变。上半年是六廿一，下半年逢八廿三。这些就是交节日，有差不过一两天。二十四节有先后，下列口诀记心间：一月小寒接大寒，二月立春雨水连；惊蛰春分在三月，清明谷雨四月天；五月立夏和小满，六月芒种夏至连；七月大暑和小暑，立秋处暑八月间；九月白露接秋分，寒露霜降十月全；立冬小雪十一月，大雪冬至迎新年。抓紧季节忙生产，种收及时保丰年。从歌诀里面可以看出，由春分日到寒露日共经历了13个节气，而地球围绕太阳公转一周360°的时间为一个恒星年，全年总共有24个节气，可知每一个节气时段地球在黄道上绕行的黄经度数大约为15°。在春分日到寒露日的时段，地球在黄道上绕行的黄经度数应为13×15°=195°，从题设条件可知，春分日地球在黄道上的位置为0°，因此，寒露日地球在黄道上的位置为195°，正确答案选C。从上述答案解析不难看出，如果严格按照上述答案解析的思路和方法作答，那考生就必须详细记住我国24个节气，方能推断出寒露日为我国一年中的第19个节气，在此基础上，还需要将地球公转速度转化为每个节气时段地球在黄道上公转的角度数，加之地球绕日公转的速度并不均匀，所以，要照此进行详细的计算，这不仅使考生的记忆负担较重，而且也使计算过程费时费力，导致此题解题难度偏大。换成以数学模拟计算为主的角度来分析一下，春分日为每年的公历3月21日前后，题目告知寒露节气在每年公历10月8日左右，从春分到寒露日，相隔时间大于6个月但小于7个月，因此，以春分日地球在黄道上的位置为0°，则寒露日地球在黄道上的位置应略大于1/2，即略大于180°，也就是在黄道上运行了半圈多一点，比较4个选项，即可判断出正确答案应为C选项。上述两种解题方法相比较，孰优孰劣，一目了然。

由此可见，在地理教学过程中，将有关的数学知识与思想方法加以辅助性运用，有助于简化分析过程，有效地降低教与学的难度，从而达成地理过程与方法的关键性教学目标。

（二）理化生知识的运用

理化生是物理、化学与生物三门学科合在一起的简称，在学科属性上属于理科，因此,在自然地理方面有着不少的渗透和运用。因文理分科考虑学科平衡等因素,中学地理被划入文科中,而文科学生的理科知识与能力相对比较薄弱,因而他们对此深感头疼,对不少相关知识与方法的掌握囫囵吞枣。因此,在地理学科中对理科知识加以运用,对于目前广大的中学师生而言,都是一个不小的挑战。随着国家新一轮基础教育的改革,高考将不再划分文理科,而地理学科又文理兼备,所以很有必要对此加以认真学习和研究。

以目前人教版高中地理必修一教材为例,在第一单元地球运动知识部分里面涉及的物理学知识就不少,比如,地球自转的角速度计算:$\omega = \Phi/t = 2\pi/T = 2\pi f = V/r$;地球自转线速度的计算:$V = s/t = 2\pi r/T$;地球公转运动特征涉及运用开普勒第三定律,即一个天体总是围绕另一个质量更大的天体质心在椭圆轨道上做周期性圆周运动,并且二者质心的连线在其公转轨道平面内在相同时间内所扫过的面积总是相等,地球绕日公转轨道上存在近日点和远日点,公转速度在近日点快而在远日点则慢,分析其中的原因,就需要用到万有引力公式:$F = GMm/r^2$,即万有引力等于引力常量乘以两物体质量的乘积除以它们距离的平方(其中 G 代表引力常量,其值约为 6.67×10^{-11},单位 $N \cdot m^2/kg^2$),并且还需要借助圆周运动向心力的公式:$F_{心} = mV^2/r = m\omega^2 r = mr(2\pi/T)^2$,而这些知识在高一学生相关学科的学习进程中还没有讲到。还有地震波分为横波和纵波,也涉及物理学中的机械振动与机械波方面的知识。在第二单元中,比较太阳辐射以及地面辐射和大气辐射会提及波长并对波长进行比较,涉及的物理知识有波长的概念,以及物体的表面温度越高则其辐射中最强部分的波长就越短。热力环流需要用到大气热胀冷缩的物理性质,以及热容量的概念,也就是初中物理讲到的比热容,这一概念在地理学习与考试中还会经常遇到,可以在教学中作一个较详细的分析,并归纳介绍常见地理事物热容量的大小排序供学生参考,比如,海洋>湖泊>池塘>沼泽>草地>沙地等。大气的水平运动涉及水平气压梯度、水平气压梯度力、地转偏向力以及地面摩擦力等概念,讲解高空与近地面风向的形成以及特征时需要进行受力分析,并要用到牛顿第一运动定律,这一些都与物理学科中的力学等方面知识有关。

在讲"外力作用中的风化作用"时,会涉及 3 种类型的风化,包括物理风化、化学风化以及生物风化,自然涉及理化生三门学科知识。在讲"喀斯特地貌的成因"时需要用到相关的化学知识,涉及相关的化学反应方程式:$CaCO_3 + H_2O + CO_2 = Ca(HCO_3)_2$,$Ca(HCO_3)_2 = CaCO_3 \downarrow + H_2O + CO_2 \uparrow$,其形成机理在于,石灰岩($CaCO_3$)溶解后形成可溶于水的重碳酸盐 $Ca(HCO_3)_2$,重碳酸盐溶解于水形成溶液随水流失,长期进行形成喀斯特地貌——溶洞、石林等。$Ca(HCO_3)_2$ 由于压力下降或温度升高,CO_2 逸出,$CaCO_3$ 沉淀形成溶洞中的石笋、钟乳石、石柱等。

在介绍生物在地理环境中的作用时,涉及生物学中绿色植物的光合作用原理:光合作用是绿色植物通过叶绿体,利用光能,把二氧化碳和水合成储存能量的有机物,并释放氧的过程。其中的有机物通常是葡萄糖,进而可以合成蔗糖或淀粉(即单糖可以合成二糖或多糖)等。其公式为:

$$CO_2 + H_2O \xrightarrow[\text{叶绿体}]{\text{光能}} (CH_2O) + O_2$$

在地理学习与考试中，大家还会经常碰到生物学方面的知识，比如树木的年轮特征、植物（农作物）的生长习性特征；比如耐寒的植物一般根系发达而叶片退化成针状或者刺状，喜湿的植物则叶片硕大而柔嫩，这些都是植物适应环境的表现，因而绿色植物对环境常常具有指示作用，可以据此反过来推断其所处的地理环境特征。实际上，相关例子还有不少，读者可以自行收集，在此不再赘述。

（三）文史知识的运用

我国作为一个历史文化悠久的文明国家，从古而今，流传着许许多多的历史故事以及诗歌、对联、谚语等，如果将它们有选择性地作为地理课程资源发掘出来并加以利用，使之融入地理教学中来，不仅可以弘扬国学文化、传承优秀的文明成果，还可以极大地提高学生的学习兴趣，陶冶学生的情操，培养和提升学生的人文素养，有效地提升地理课堂教学效率和效果，可谓一举多得。举例说明如下。

在讲授现行高中地理必修一教材第二单元"地球上的大气"时，其中"常见的天气系统"需要学习锋面与气旋，讲"冷锋与暖锋"时可以引用谚语导入："一场春雨一场暖，一场秋雨一场寒。"讲"准静止锋形成梅雨天气"时，可引用宋朝赵师秀的诗句"黄梅时节家家雨，青草池塘处处蛙。"在讲"洋流"时，可以引入二战中直布罗陀海峡在英法联军的严密把守下依然被德军舰艇多次出入并偷袭成功的历史故事，提出悬念，激趣导课，然后在学习之后再作首尾呼应，揭开谜底，让人产生豁然开朗之感。地理课堂因此变得生动有趣，学生学习效果自然甚佳。

在学习气候方面的知识时，借用一些相关的谚语或者诗句，课堂因此而富有诗意，借此可以产生良好的课堂效果。比如，讲"垂直地带性"可用诗句"人间四月芳菲尽，山寺桃花始盛开"，还可以用横断山区当地的民谣"一山有四季，十里不同天。上山云里钻，下山到河边。对山喊得应，走路要一天。"学习我国西南地区，讲到"云贵高原"可用俗语"天无三日晴，地无三尺平。"这些都是当地地形生动的写照，便于学生理解记忆和掌握。当然，关于天气与气候的诗歌和谚语很多，可以根据情况加以选择运用，在此列举一些供大家参考："忽如一夜春风来，千树万树梨花开"反映了冷锋过境时先刮风后降水的天气变化特征；"人间四月芳菲尽，山寺桃花始盛开"反映了气温垂直分布的特点。正是因为气温随海拔的升高而降低，海拔平均每上升1 000 m，气温下降6℃这一特点，才造成了山上与山下的桃花花期早迟不一这种地理现象；"东边日出西边雨，道是无晴却有晴"可谓是对流雨的极好写照，说明在同一时刻，不同的地方天气不同。从诗句中我们能体会出流雨的基本特点是：降水强度大，范围小，历时短等；"二月江南花满枝，他乡寒食远堪悲"表明我国南方和北方气候差异大，二月时江南已经鲜花满枝，而其他地方却十分寒冷；"好雨知时节，当春乃发生"是说我国春季普遍存在着气温回升快，降水少；"君问归期未有期,巴山夜雨涨秋池"说明四川巴山地区因受地形因素的影响,常常形成夜雨天气;"惟恐琼楼玉宇,高处不胜寒"说明地势越高,气温越低;"五月天山雪,开花只有寒"一是说明地势越高气温越低的道理,二是说明天山海拔高;"羌笛何须怨杨柳,春风不度玉门关"是说玉门关位于我国的非季风区,温暖湿润的夏季风很难到达这里。这里的"春风"可理解为夏季风,我国西北地区为温带大陆性气候,受夏季风的影响小,干旱少雨;等等。新课程标准提倡学习生活中实际的有用的地理,因此,在地理教学中有意识地介绍一些天气谚语很有必要,比如,十雾九晴;天上钩钩云,地上雨淋淋;早霞不出门,晚霞行千里;先雷后雨雨必小,先雨后雷雨必大;瓦块云,晒死人;有雨天边亮,无雨顶(头)上光(亮);鱼鳞天,不雨也疯癫;风静闷热,雷雨强烈;早风雨,夜风晴;等等。有兴趣的读者,可以结合当地的情况,收集整理有关的诗歌、故事和谚语等,以此丰富地理课程资源。

综上所述,在面临新高考的背景下,无论是教师还是学生,仅仅利用地理知识本身来学习和解决地理问题是不够的,需要大家在地理学习中渗透和运用其他学科有关知识甚至思想方法,这样不仅可以实现知识方法的立体化运用,更重要的是可以满足将来国家和社会对于培养和使用复合型与创新型人才的需要。路漫漫其修远兮,吾将上下而求索。这一使命,需要我们大家共同努力完成。

案例三十六　利用研学活动开发课程资源

(一) 研学活动内涵

研学活动是研究性学习活动的简称,是学生基于自身兴趣,在教师指导下,从自然、社会和自身生活中选择和确定研究专题,主动获取知识、应用知识、解决问题的学习活动。研学旅行就属于研学活动的重要内容。

初中和高中设有该科目。在初中,学生可以根据自己的爱好选择课题,各个学校开设的研学科目不同。高中研学课可以挣学分,高中的研学课的理论性更强。高中生课后有时需要写一些小论文,老师根据论文的好坏程度给相应学分。在高中阶段,一般学校的研究性学习内容比较自由,学生可以就个人感兴趣的内容进行调查。通过小组成员讨论、做实验及设计、统计调查问卷等方式来证实或理解所调查的内容。整个研学过程大概分为开题报告(PPT)、调查、整理数据资料、结题报告(PPT)等几个部分,多用电子稿完成,完成后由大家评选出优秀小组,表扬并奖励。

(二) 研学活动的意义

2014年12月16日,在全国研学旅行试点工作推进会上,教育部基教一司司长王定华在讲话中强调国务院 2014 年 8 月 9 日下发的《国务院关于促进旅游业改革发展的若干意见》（国发〔2014〕31 号）中指出积极开展研学旅行的工作方向是正确的，当前，开展研学旅行有 4 方面的重要意义。

（1）研学旅行是贯彻《国家中长期教育改革规划和发展纲要》和十八大及十八届四中全会精神的重要举措。

（2）研学旅行是培育和践行社会主义核心价值观的重要载体。

（3）研学旅行是全面推进中小学素质教育的重要途径。

（4）研学旅行是学校教育与校外教育相结合的重要组成部分。

将研究性学习列入中学课程计划是我国基础教育改革的重大举措，它标志着以培养创新精神和实践能力为重点的素质教育在基础教育中将得到全面落实，具体表现在以下几个方面。

（1）研究性学习有利于创新人才的培养。

传统的人才培养模式强调"灌输""识记"，对创新精神和实践能力、应用能力重视不够，因此使得学校教育与现实生活相差甚远，而这种封闭性的人才培养模式经由应试教育的推波助澜愈演愈烈，致使许多学生在走向社会后缺乏可持续发展能力，无法肩负起推动社会发展的责任。研究性学习一扫"填鸭式"的传统教育模式，将课堂开放到现实的情景中，使学生通过课题研究的实践，解决实际问题，逐步养成学生主动探究的态度和批判、创新的精神。研究性学习的开设，建立了一种从内容到实践都具有开放性的人才培养模式。

（2）研学活动有利于学生素质的全面提高。

①使学生获得亲自参与研究探索的积极体验。

研究性学习强调学生通过自主参与类似于科学研究的学习活动，获得亲身体验，逐步形成善于质疑、乐于探究、勤于动手、努力求知的积极态度，产生积极情感，从而激发他们探索、创新的欲望。

②培养学生收集、分析和利用信息能力。

研究性学习是一个开放的学习过程。在学习中，培养学生围绕研究主题收集、加工、处理和利用信息的能力是非常重要的。研究性学习，可以帮助学生学会利用多种手段、通过多种途径获取信息，学会整理与归纳信息，学会判断和识别信息的价值并恰当利用信息，以培养收集、分析和利用信息的能力。

③培养学生学会分享和合作。

合作的意识和能力，是现代人所应具备的基本素质。研究性学习的开展将努力创设有利于人际沟通与合作的教育环境，使学生学会交流和分享研究的信息、创意及成果，发展其乐于合作的团队精神。

④培养学生的科学态度和科学精神。

在研究性学习的过程中，学生要认真、踏实的探究，实事求是地获得结论，尊重他人想法和成果，养成严谨、求实的科学态度和不断追求的进取精神，磨炼不怕吃苦、勇于克服困难的意志品质。

⑤培养学生对社会的责任心和使命感。

在研究性学习的过程中，通过社会实践和调查研究，学生要深入了解科学对于自然、社会与人类的意义与价值，学会关心国家和社会的进步，学会关注人类与环境的和谐发展，从而形成积极的人生态度。

⑥激活各科学习中的知识储备，尝试相关知识的综合。

高中学生已经具备了多门学科的知识积累，为他们今后的发展打下了有利的基础。但是，如果让这些知识长期处在相互分割和备用状态之中，它们就会被遗忘，就会逐渐失去可能发挥的效用。研究性学习的重要目标就是在综合运用中提高各科知识的价值。

（3）研究性学习活动有利于师资队伍的建设。

研究性学习活动的开展，要求教师不仅要具备教书育人的能力，而且还要具备针对学生的需要，指导学生开展课题研究的能力。研究性学习中课题研究的内容往往是跨学科知识的综合运用，有的内容学生占有的资料甚至比教师要多，这就对教师提出了更高的要求，迫使教师为扩大知识面，提高综合运用知识的能力和指导能力而继续进修，有利于提高整个师资队伍的水平。

（4）研究性学习活动有利于建立平等互助的新型师生关系。

在研究性学习的实施过程中，教师不再是知识的权威，而是学生课题的参与者，指导课题研究的合作者，需要与学生共同展开探究知识的过程。一方面，学生是研究性学习的主体，学生可自行选题，自主研究；另一方面，教师要理解学生的思路，然后根据学生的思路进行指导和帮助，同时又不要介入过多。因此，研究性学习活动的开展，使师生真正处于一种平等互助的地位。

（5）研学活动有利于促进学校、家庭和社会教育的协作配合的环境，从而有助于加快推进素质教育的步伐。

实现"学校、家庭、社会一体化"是教育长期一贯的追求，更是全社会推进素质教育的必然之举。研究性学习是实现这种"一体化"的有效途径。研究性学习的开放性呼唤学校、家庭和社会的共同参与、相互配合；研究性学习很多内容的实施需要借助家庭、社会的资源，社会和家庭可以为研究性学习的实施提供指导力量和研究场所。因此，要想使研究性学习健康持续地发展，必须营造一种学校、家庭、社会相互配合的环境，使社会和家庭切实成为实施素质教育的辅助力量。研究性学习的实践证明，如果学校对社会和家庭的一切教育资源和有利条件开发、利用的好，的确有助于营造良好的育人环境和促进学生的健康发展。

（三）研学活动案例

野外手表真的能够准确定向吗？

我国当前基础教育课程改革强调，一定要让学生学会学习、学会生存，鼓励学生在实践过程中开展形式与内容丰富多样的研学活动。到野外进行实地考察活动可谓是一个非常不错的选择。但有时在野外由于考察或交通的需要，学生需要进行方向的判定。而野外定向存在多种方法，其中，有一种比较特殊的方法，是借助手表进行空间定向，称为手表定向法。因此，了解相关知识，无疑会提高学生的地理实践能力和野外生存技巧。这里就野外手表定向的方法进行探讨。

1. 野外手表定向的基本原理

中央电视台第二套节目曾经对野外手表定向方法进行了专门的介绍，并总结出了手表定向的口诀：时间折半对太阳，12 指向正北方。具体操作就是，将手表水平放置在手掌中，正面朝上，以时针的时数（一天以 24 h 计）一半的位置对向太阳，这时，表面上位于 12 点的时针刻度所指的方向，就是正北方向。这一方向，在太阳与时针同时运动过程中，保持恒定。除此以外，手表定向还有一种方法，就是将手表平放，让时针对准太阳中心，这时的时针与表面上数字"12"之间的角平分线所指的方向，就是正南方。这便是手表定向的基本原理。

可以通过函数分析的方法，对手表定向的原理进行解释：地球自转一周，在人们的视觉假象中，太阳绕地球旋转了 360°。与此同时，手表面上的时针走了 24 h，绕表心旋转了 720°。由于以上两者的转动都是均匀的，从而视觉中太阳绕地球旋转的角度 y，与表面上时针旋转的角度 x 的一半，是同步的。当选定各自计算的起始角后，则有 $y = 1/2x + b$（b 是常数），将函数式变形得：$y - 1/2x = b$。这说明，视觉中太阳旋转的角度与时针旋转的半角之间，相差的是一个常量。这一变量中的常量说明，将"时数的一半"对向太阳时，手表面的位置是恒定的，不因时间的推移和太阳的升落而变化。所以，当手表水平放置以时针时数（一天以 24 h 计）一半的位置对向太阳时，表面上"12"所指的方向就是正北方。

2. 野外手表定向的两大问题

野外手表定向的方法确有它的实用之处，但细心思考可以发现，手表定向法存在两大问题：一是存在误差，难以准确定向，只能粗略地判定方向；二是存在明显的局限性。

（1）误差问题。

之所以说野外手表定向法难以准确定向，是因为它总是存在误差现象。误差的来源，主要体现在以下几个方面：在具体测定方向时，手表本身计时可能不准确、有误差；手表放置在手掌时并未固定，可能有小幅度的摆动现象；将时间折半对应的手表时针刻度正对太阳时未能保持在太阳盘面的正中位置；由于不能将手表的盘面放置到跟太阳周日视运动平面平行的平面之中，因此导致手表辨别方向的精度较差；我国虽然东西跨越了 5 个时区，但全国各地都统一采用北京所在东 8 区的区时即北京时间，除 120°E 经线上的各地以外，其余地方手表上的时间均不是当地的地方时；等等。在以上的各种误差因素中，除最后一项之外，其余因素都可以克服或忽略，因此，这里就手表采用北京时间所带来的误差情况进行探究。

现在假定其他因素所带来的误差影响可以忽略不计，误差只是由于手表采用北京时间而带来。下面分3种情况来对野外手表定向加以讨论。

第一种情况：野外手表定向地点位于我国120°E经线以东的地方。为了便于分析和计算，以测向地点位于135°E为例。设定手表定向时，手表上的北京时间为14：00，时间折半为7：00，根据野外手表定向口诀，将7点钟的时针刻度正对太阳中心位置，12点的刻度正对方向就是正北方，如图8-66所示。但这时，测定地点位于135°E，其地方时并不是14：00。为了避免因手表采用北京时间而带来的误差，应将手表上的北京时间转换成当地的地方时。在采用手表定向时，手表上北京时间为14：00，则测定地点135°E的地方时应为15：00，折半为7：30，因此，应将7：30对应的时针刻度正对太阳中心位置，也

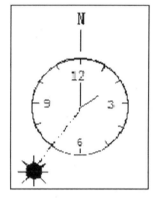

图8-66　手表定向

就是应将手表沿逆时针方向转动15°的角度，手表上12点的时针指向也就相应地沿逆时针方向转动15°的角度。此时，手表上12点的时针指向才是真正意义上的正北方向。由此可见，按照手表上的北京时间所测定的正北方实际上位于北偏东15°的方位。通过上述探究分析，不难发现，测定地点的经度与120°E之间相差的经度数，就等于野外手表定向时所测定的正北或正南方所偏离的方位角度。

第二种情况：野外手表定向地点位于我国120°E经线以西的地方。同样地，为了便于分析和计算，选取测向地点位于105°E为例。设定手表定向时，手表上的北京时间为14：00，时间折半为7：00，根据野外手表定向口诀，将7点钟的时针刻度正对太阳中心位置，12点的刻度正对方向就是正北方。这时，实际上测定地点105°E的地方时应为13：00，折半为6：30。为了避免因手表采用北京时间而带来的误差，应将6：30对应的时针刻度正对太阳的中心位置，也就是应将手表沿顺时针方向转动15°的角度，手表上12点的时针指向也就相应地沿顺时针方向转动15°的角度。此时，手表上12点的时针指向才是真正的正北方。按照手表上北京时间所测定的正北方，实际上位于北偏西15°的方向。同理可知，测定地点的经度与120°E之间相差的经度数，刚好等于野外手表定向时所测定的正北或正南方所偏离的方位角度。

第三种情况：野外手表定向地点刚好位于我国120°E经线上的地方。通过前述两种情况的分析可知，在120°E经线上各地的地方时，正好是东8区的区时，即北京时间，因此，采用手表上的北京时间定向时，所测得的正北或正南方不存在方位偏差。

总结一下：在不考虑其他因素影响的前提下，在采用野外手表定向时，凡是在我国120°E经线上的各地，测定的方向没有方位的偏差；凡是不在我国120°E经线上的各地，所测定的方向均有方位上的偏差，并且偏差的方位角刚好等于测定地点的经度与120°E之间相差的经度数。其中，凡是在我国120°E经线以东的各地，所测定的正北方偏东，所测

定的正南方偏西；凡是在我国120°E经线以西的各地，所测定的正北方则偏西，所测定的正南方偏东。

（2）局限性问题。

手表定向的局限性，主要表现在以下两个方面：其一，采用野外手表定向的方法，无论是哪一种情况，都需要借助太阳来确定具体的方位。因此，在阴天或雨雾天气的时候，在野外就根本无法采用手表进行定向。其二，在我国运用上述手表定向方法，在北回归线以北的地方定向是有效的，如果是在北回归线以南的各地，所测定的正北或正南方就会出现偏差。因为，上述手表定向存在一个隐含的前提条件，那就是正午时分太阳应位于正南方。而在北回归线以南的各地，正午时太阳有可能在正北方，有可能在头顶，也有可能在正南方。在野外具体采用手表定向时，必须对此有清楚的认识。

通过引导学生开展以上研究性学习活动，可以得出结论：野外手表可以大致定向，但由于受诸多因素的影响，因此难以准确定向。

3. 野外手表定向试题练习

关于野外手表定向的试题，最早出现在江苏省高考文综地理试卷中。以此作为命题素材，可以考查学生生活中的地理常识、时间计算、读图分析，以及调动和运用所学知识分析和解决实际问题的意识与能力，同时还可引导学生关注野外生存实际问题，锻炼学生的地理实践力，从而培养和提高学生的地理学科核心素养。借此，提供几道野外手表定向的试题供大家练习。

在野外实地考察时，可以借助手表进行方向定位，称为手表定向法。据此回答（1）—（3）题。

（1）若考察地点位于撒哈拉沙漠北部地区，采用手表定向法时，当地时间为下午2时，则图8-67所示手表定向判断正确的是　　　　　　　　　　　　　　　（　）

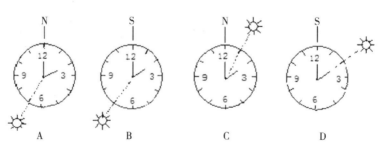

图8-67　手表定向判断

（2）仅考虑时差，则在埃及西部某地（27°N，27°E）（采用东2区区时）采用手表定向法测得的方位为　　　　　　　　　　　　　　　　　　　　　　　　（　）

A. 正东方偏南　　　　　　　　B. 正西方偏北
C. 正南方偏东　　　　　　　　D. 正北方偏东

（3）若在我国某地因时差测出的正南方偏西，则该地很可能位于 （　　）

A. 塔里木盆地　　　　　　　　　　B. 东北平原

C. 黄土高原　　　　　　　　　　　D. 四川盆地

【参考答案】（1）A　（2）C　（3）B。

参考文献

[1] 钟启泉，崔允漷，吴刚平. 普通高中新课程方案导读 [M]. 上海：华东师范大学出版社，2003.

[2] 张万兴. 新世纪素质教育观念集锦 [M]. 北京：中央民族大学出版社，2004.

[3] 夸美纽斯. 大教学论 [M]. 傅任敢，译. 北京：教育科学出版社，1999.

[4] 陈旭远，黄薇. 实践普通高中新课程 [M]. 北京：首都师范大学出版社，2005.

[5] 刘旭东. 校本课程与课程资源开发 [M]. 北京：中国人事出版社，2002.

[6] 胡良民，袁书琪，关伟等. 地理教学论 [M]. 1版. 北京：科学出版社，2005.

[7] 方贤忠. 如何说课 [M]. 上海：华东师范大学出版社，2008.

[8] 周小山，严先元. 新课程的教学策略与方法 [M]. 成都：四川大学出版社，2003.

[9] 陈澄，樊杰. 普通高中地理课程标准（实验）解读 [M]. 南京：江苏教育出版社，2003.

[10] 张华. 课程与教学论 [M]. 上海：上海教育出版社，2001.

[11] 袁孝亭，丁尧清等. 普通高中课程标准实验教科书地理1必修 [M]. 北京：人民教育出版社，2008.

[12] 唐晓杰. 国家基础教育课程标准学习辅导 [M]. 南宁：广西人民出版社，2003.

[13] 美国国家研究院，环境与资源委员会，地球科学与资源局重新发现地理学委员会. 重新发现地理学：与科学和社会的新关联 [M]. 黄润华，译. 北京：学苑出版社，2002.

[14] 罗伯特·M. 卡普拉罗，玛丽·玛格丽特·卡普特罗，詹姆斯·R. 摩根. 基于项目的STEM学习：一种整合科学、技术、工程和教学的学习方式 [M]. 王雪华，屈梅，译. 上海：上海科技教育出版社，2016.

[15] 美国巴克教育研究所. 项目学习教师指南——21世纪的中学教学法 [M]. 2版. 北京：教育科学出版社，2008.

[16] 刘恭祥. 地理微格教学 [M]. 厦门：厦门大学出版社，2007.

[17] 中华人民共和国教育部. 普通高中地理课程标准（2017年版）[M]. 北京：人民教育出版社，2018.

[18] 河南省新乡市红旗区教育委员会. 说课论 [M]. 北京：北京科学技术出版社，1996.

[19] 刘彦昆. 教师如何提高说课艺术 [M]. 长春：吉林大学出版社，2008.

[20] 吴刚平. 课程资源的开发与利用 [J]. 全球教育展望，2001（08）：24-30.

[21] 徐继存，段兆兵，陈琼. 论课程资源及其开发与利用 [J]. 学科教育，2002（02）：1-5，26.

[22] 范兆雄. 课程资源系统分析 [J]. 西北师大学报（社会科学版），2002（03）：101-105.

[23] 范蔚. 实施综合实践活动对课程资源的开发利用 [J]. 教育科学研究，2002（03）：32-34，47.

[24] 李润蕾，丁海涛，卢宏达. 北回归线穿过福建省吗——一道作业题引发的探究 [J]. 中学地理教学参考，2016（21）：61-62.

[25] 王君. 课程资源的开发和利用 [J]. 辽宁教育研究，2002（02）：44-46.

[26] 高海波，陈建洪. 学校地理课程资源库建设的初步实践 [J]. 中学地理教学参考，2009（10）：24-25.

[27] 李爱湘. 论高中地理校外课程资源的开发利用 [J]. 中国校外教育，2010（17）：128.

[28] 杨娅娜，李晴. 地理课程资源：内涵与特征、类型与功能 [J]. 重庆师范大学学报（自然科学版），2005（01）：88-92.

[29] 金如委，宫作民. 地理课程资源开发与利用的思考 [J]. 中学地理教学参考，2009（04）：7-9.

[30] 杨小华. 地理课程资源有效开发的路径 [J]. 地理教学，2014（07）：48-49.

[31] 李刚，孙永平，郑晓非. 地理课程资源开发与利用的策略和途径 [J]. 辽宁教育研究，2006（05）：111-112.

[32] 李文娟. 地理课程资源综合开发及有效利用的策略研究 [D]. 上海：华东师范大学，2011.

[33] 王向东. 地理课程资源开发与利用的基本途径 [J]. 地理教育，2003（02）：56-57.

[34] 赵帅民. 浅谈地理课程资源开发利用存在的问题及应对策略 [J]. 新课程研究（下旬刊），2014（01）：34-35.

[35] 熊和平. 浅谈对地方实施与管理国家课程的几点认识 [J]. 教学与管理，2003（01）：36-38.

[36] 常华锋，冉利珍. 地理课程资源的开发与利用 [J]. 中学地理教学参考，2005（05）：5-6.

[37] 刘国富. 浅谈地理新课程实施中的误区 [J]. 西北成人教育学报，2008（06）：70-72.

[38] 朱海阳. 新课程背景下地理教学的特点、问题及教学策略 [J]. 教育实践与研究，2008（07）：37-39.

[39] 胡锋训. 新课程下中学地理课程资源开发利用现状的调查与分析 [J]. 现代教育科学（教学研究），2012（04）：184，187.

[40] 刘咏梅. 中学地理课程资源开发利用策略探究 [J]. 教育与教学研究, 2012 (06): 120-128.

[41] 徐艳, 周申立, 王兴贵. 中学地理课程资源的开发与利用初探 [J]. 成都大学学报 (教育科学版), 2008 (02): 71-73.

[42] 李如意. 利用地理课程资源 增强地理教学活力 [J]. 校长阅刊, 2007 (03): 100-101.

[43] 苏玲琍. 论中学地理课程人力资源的开发 [D]. 福州: 福建师范大学, 2007.

[44] 邓明忠. 着力教材资源二次开发 有效实施地理素养教育 [J]. 中学地理教学参考, 2016 (16): 7-8.

[45] 涂少珺. 乡土资源的开发及其在地理教学中应用的实践探索 [J]. 福建基础教育研究, 2017 (05): 89-90.

[46] 李树民, 曹东. 校本地理课程资源开发初探 [J]. 地理教育, 2010 (06): 50-51.

[47] 和晶, 王砚蒙, 段华. BOPPPS模式在思想政治课中的运用研究 [J]. 教育教学论坛, 2017 (23): 34-35.

[48] 孟祥增, 刘瑞梅, 王广新. 微课设计与制作的理论与实践 [J]. 远程教育杂志, 2014, 32 (06): 24-32.

[49] 鲁献蓉. 新课程改革理念下的说课 [J]. 课程·教材·教法, 2003 (07): 25-30.

[50] 张志安. 新课程改革与说课内容的扩展 [J]. 课程·教材·教法, 2006, 26 (04): 21-25.

[51] 申继亮, 刘加霞. 论教师的教学反思 [J]. 华东师范大学学报 (教育科学版), 2004, 22 (03): 44-49.

[52] 郑刚, 陈婕. 新课改背景下的说课技巧 [J]. 重庆教育学院学报, 2007, 20 (04): 128-130.

[53] 单永. 例谈教师"说课"存在的误区 [J]. 中学地理教学参考, 2009 (12): 25-27.

[54] 林坚. 说课语言的艺术性 [J]. 福建教育学院学报, 2002 (07): 111.

[55] 王益辉. "导学案"的设计与实施 [J]. 教育科学论坛, 2010 (10): 11-13.

[56] 吴永军. 关于"导学案"的一些理性思考 [J]. 教育发展研究, 2011 (20): 6-10.

[57] 高旭红. 新课改背景下中学地理"导学、设问、讨论、总结"教学模式的尝试 [J]. 学周刊 (教学研究), 2012 (02): 36.

[58] 沈学萍, 尹中峰. 地理导学案编写的设计与思考 [J]. 教学与管理, 2012 (31): 74-76.

[59] 闫伟. 比较法在高中历史模块教学中的应用 [D]. 海口: 海南师范大学, 2016.

[60] 任传芝. 区域地理高考复习策略研究 [J]. 课程教学研究, 2014 (06): 54-57.

[61] 周宗俊. 构建专题复习知识体系应遵循的原则 [J]. 地理教育, 2005 (04): 41.

[62] 封其汉. 地理小专题的设计及其复习策略 [J]. 中学地理教学参考, 2015 (07):

54-55.

[63] 杨洋，李锬. 课堂教学导入方法的应用与思考 [J]. 黑龙江教育学院学报，2011，30（09）：68-69.

[64] 谭云周. 中学地理课堂教学导入新课的艺术 [J]. 科学咨询（科技·管理），2015（08）：106-107.

[65] 光彩玉. 浅谈初中地理课堂教学导入策略 [J]. 中学教学参考，2016（10）：125-126.